BUSINESS ANALYSIS

경영분석

감형규 신용재 이의택

유원북스

머리말

최근 4차 산업혁명과 더불어 핀테크(Fintech), 블록체인(Block Chain) 및 가상자산, 인공지능(Artifi cial Intelligence: AI) 등 미래 산업구조에 큰 변화를 몰고 올 다양한 이슈들이 제기되고 있다. 또한 코로나19(COVID-19)로 인한 팬데믹(pandemic)의 장기화와 세계 공급망 차질, 세계 정치·경제 갈등 고조 등 대내외적 경제·경영환경의 불확실성이 증가하고 있다. 이와 같은 상황에서 그 어느 때보다 기업의 역할이 강조되고 있는 실정이며, 기업의 건전한 성장이 절실히 요구되고 있다. 기업은 경영자의 합리적이고 과학적인 의사결정을 통하여 성장·발전할 수 있으며, 기업의 건전한 성장을 통하여 국민경제의 발전을 도모할 수 있다.

경영분석은 기업의 과거 및 현재의 경영성과와 재무상태를 평가하고 기업의 미래상황을 예측하여 기업의 이해관계자들이 기업과 관련된 다양한 의사결정을 하는 데 이용된다. 경영분석의 목적은 이해관계자(경영자, 금융기관·신용평가기관, 투자자·증권분석기관, 고객, 정부 등)에 따라 다소 차이가 있을 수 있으나 기업에 관한 정보를 얻기 위해 반드시 해야 하는 필수적인 분석이라 할 수 있다.

본서를 집필하면서 재무관리, 투자론 등에서 다루는 내용과의 중복을 피하고 실무에 도움이 될 뿐만 아니라 한 학기 동안의 강의에 적합하도록 내용을 정리하려고 노력하였다. 특히 다음과 같은 점을 배려하였다.

첫째, 경영분석의 전체적인 내용을 일관성 있게 구성하고, 독자들이 숲을 보지 못하고 나무만 보는 우를 범하지 않도록 하기 위하여 본서의 각 내용을 전체적인 관점에서 조망할 수 있도록 노력하였다.

둘째, 한국채택국제회계기준(K-IFRS) 등을 반영하여 재무지표 관련 체제와 용어를 정리하여 상장회사 등을 분석하는 데 어려움이 없도록 하였다.

셋째, 실무와의 관련성을 부각시키고, 현실적응력을 높이기 위하여 사례연구, 현장포커스 등을 다양하게 제시하였다. 실무와 관련된 내용을 살펴봄으로써 독자들이 경영분석과 관련된 문제를 보다 쉽게 해결하고 또한 흥미를 가질 수 있을 것으로 기대된다.

넷째, 본서는 경영분석의 내용을 가능한 쉽게 설명하는 한편, 다양한 예제와 연습문제 등을 통해서 경영분석의 기본적인 개념을 쉽게 습득할 수 있도록 노력하였다. 특히 경영분석을 처음 배우는 학생 또는 실무자들이 짧은 시간 내에 핵심적인 개념을 습득할 수 있도록 배려하였다.

여러 가지 면에서 부족한 점이 많음을 실감한다. 부족한 점에 대해서는 독자들의 많은 조언을 기대하며, 앞으로 본서의 내용을 수정하고 보완해 나갈 것을 약속한다. 그리고 저자들은 이 책을 준비하면서 많은 분들의 도움을 받았다. 국내·외에서 소개되고 있는 많은 교재의 내용을 참고하였으며, 그 내용의 일부를 인용하기도 하였다. 이들 저자에게 깊은 감사를 드린다. 특히 유원북스의 이구만 사장과 편집 실무자들의 헌신적인 도움에 깊은 감사를 드린다.

2021년 12월

저자들 씀

차례

제1편 경영분석의 기초

제1장 경영분석의 개요

제2장 경영분석의 기초자료

제2편 재무제표분석

제3장 재무비율분석

제 4 장 재무비율의 종합평가

제 5 장 질적 경영분석

제3편 경영성과분석과 재무계획

제6장 손익분기점분석

제7장 레버리지분석

제8장 재무예측과 재무계획

제4편 재무제표정보의 활용

제9장 신용평가

제10장 기업부실분석

제11장 기업가치평가

제12장 기업의 합병과 매수

제 1 편

경영분석의 기초

제1장의 개요

경제성장과 더불어 증권시장이 발전함에 따라 기업의 이해관계자들 사이에서 기업내용에 대한 관심이 높아지고 있다. 그들은 자신의 이해관계에 따라 기업의 재무상태와 경영성과를 파악하려고 노력하며, 이와 같은 노력을 통하여 기업의 미래를 전망하는 데 필요한 정보를 얻고 있다.

경영분석은 과거와 현재의 기업실체를 파악하여 미래를 예측함으로써 의사결정목적에 적합한 정보를 얻는 데 목적을 두고 있다. 초기에는 주로 재무제표를 분석하는 데 의존해 왔으나, 재무제표에만 의존하는 경영분석으로는 의사결정목적에 적합한 정보를 얻는 데 한계가 있다는 비판이 제기되었다. 이를 계기로 의사결정목적에 적합한 다양한 정보를 얻기 위하여 재무제표 이외에 경제 · 산업 · 기업 등과 관련된 자료들이 폭넓게 이용되면서 경영분석의 내용에 변화를 가져왔다.

이 장에서는 경영분석에 대한 개괄적인 내용을 설명한다. 먼저 경영분석의 의의와 목적에 대하여 살펴본다. 다음에 이해관계자들의 다양한 의사결정목적에 부응하기 위하여 경영분석의 내용이 어떻게 구성되어야 하며, 경영분석이 어떤 과정을 거쳐 발전되어 왔는가를 설명한다. 마지막으로 이 책의 구성에 대하여 설명하고자 한다.

제 1 장 경영분석의 개요

01 경영분석의 의의와 독적

02 경영분석의 발전과정

03 경영분석의 방법

04 이 책의 구성

01 경영분석의 의의와 목적

1.1 경영분석의 의의

경영분석(business analysis)이란 과거와 현재의 기업 실체를 파악하여 기업의 미래를 예측함으로써 의사결정 목적에 적합한 정보를 얻는 과정이다. 경영분석은 전통적 경영분석과 현대적 경영분석으로 구분된다. 전통적 경영분석은 기업의 회계자료를 이용하여 과거와 현재의 재무상태와 경영성과를 파악함으로써 미래를 예측하는 분석체계를 말한다. 전통적 경영분석은 주로 재무상태표(대차대조표), 손익계산서, 현금흐름표 등 재무제표를 이용하여 기업의 실체를 파악하는 데 초점을 맞추고 있기 때문에 흔히 재무제표분석(financial statement analysis)이라고도 한다.

한편 현대적 경영분석은 회계자료뿐만 아니라 그외에 다양한 기업관련자료를 이용하여 기업의 실체를 파악함으로써 미래를 예측하는 분석체계를 말한다. 기업의 이해관계자들은 회계자료와 그외에 다양한 기업관련자료를 분석하여 과거와 현재의 기업실체를 파악함으로써 기업의 미래를 예측하는 한편 의사결정목적에 적합한 정보를 얻고자 한다. 따라서 현대적 경영분석에서는 재무제표 이외에 국내·외 경제동향, 산업동향, 기업동향(경영전략, 제품구성, 경영자원, 조직분위기 등)과 같은 모든 기업관련요인을 분석대상으로 하고 있다.

전통적 경영분석만으로는 의사결정에서 요구되는 다양한 정보를 얻을 수 없다는 비판이 제기되면서 경영분석에 대한 새로운 접근이 제시되고 있다. 기업규모의 확대와 더불어 자본시장이 발전함에 따라 경영자, 투자자, 금융기관, 종업원, 소비자, 정부 등 기업의 이해관계자들이 요구하는 정보의 유형은 다양화되고 있다. 또한 빠른 속도로 발전하고 있는 경제이론과 재무이론에 기초한 여러 형태의 의사결정기법이 개발되면서 경영분석의 역할을 새로운

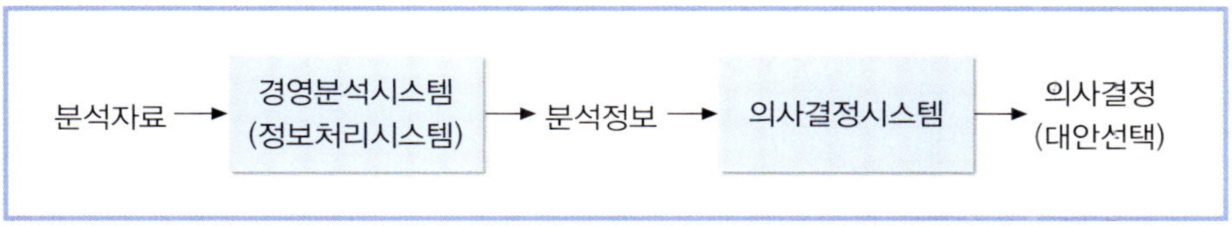

그림 1-1
경영분석의 체계

학문적 시각에서 재조명하게 되었다.

[그림 1-1]은 경영분석의 체계를 보여준다. 여기서 경영분석은 기업의 다양한 이해관계자가 의사결정을 하는 데 목적 적합한 정보를 제공하기 위한 하나의 정보처리시스템(information processing system)에 해당한다. 의사결정의 주체는 기업의 내·외적 관련 자료를 경영분석시스템에 투입, 분석하여 의사결정에 필요로 하는 정보를 얻을 수 있으며, 이와 같은 정보가 의사결정에 얼마나 유용하였는가에 대한 평가는 피드백 과정을 통해 이뤄진다.

전통적 경영분석과 현대적 경영분석의 비교

현대적 경영분석과 전통적 경영분석을 서로 비교하면 다음과 같은 점에서 구분된다. 첫째, 분석 자료의 범위에서 차이가 있다. 전통적 경영분석에서는 주로 회계자료에 의존하고 있으나, 현대적 경영분석에서는 회계자료뿐만 아니라 주가, 시장점유율 등의 양적 자료뿐만 아니라 제품의 질, 경영자 능력 등의 질적 자료까지도 분석대상으로 하고 있다.

둘째, 정보의 내용에서 차이가 있다. 전통적 경영분석에서는 주로 재무제표를 근간으로 산출된 재무비율을 이용하여 과거와 현재의 재무상태 및 경영성과를 파악하여 미래를 예측하는 데 필요한 정보를 제공하고 있다. 그러나 회계자료가 지닌 한계성으로 인하여 전통적 경영분석이 이해관계자의 의사결정에 적합한 정보를 충분히 제공하지 못하는 경향이 있다. 현대적 경영분석은 이와 같은 전통적 경영분석의 한계점을 보완하는 동시에 급변하는 경영환경 속에서 신속한 의사결정을 지원하는 체계로 발전하였다.

셋째, 분석수단에 차이가 있다. 전통적 경영분석에서는 주로 재무제표항목 또는 재무비율을 이용하여 기업 간의 상호비교분석, 시계열 추세 분석, 지수분석, 실수분석 등과 같은 분석방법에 의존하고 있다. 그러나 현대적 경영분석에서는 재무이론과 더불어 계량적, 통계적 분석 등이 결합된 분성방법을 사용함으로써 전통적 경영분석에 비해 보다 과학적이라고 할 수 있다.

그림 1-2
경영분석의 개요

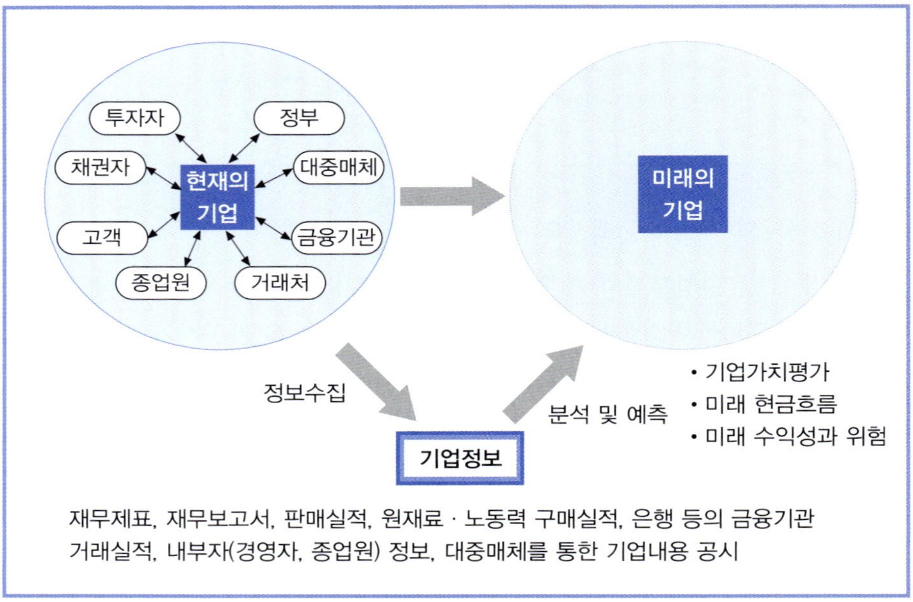

자료 : 권수영·이재경, 중급재무회계, 박영사, 2001, p. 1115.

이상과 같이 현대적 경영분석과 전통적 경영분석이 서로 차이점을 지니지만, 경영분석이 본질적으로 추구하는 목적은 서로 동일하다고 하겠다. 경영분석은 기업의 이해관계자들이 기업과 관련된 다양한 의사결정을 하는 데 유용한 정보를 제공하는 것을 목적으로 한다. 이러한 목적을 달성하고자 기업의 과거 및 현재의 경영성과와 재무상태를 평가하고 기업의 미래를 예측하는 과정, 즉 경영분석을 수행하게 된다. 이와 관련된 경영분석의 의미를 그림으로 제시하면 [그림 1-2]와 같다.

1.2 경영분석의 목적

기업의 이해관계자들이 곧 경영분석의 주체이기 때문에 분석주체가 누구냐에 따라 경영분석의 목적이 달라진다. 기업의 이해관계자는 내부 이해관계자와 외부 이해관계자로 구분된다. 내부 이해관계자는 경영자이며, 외부 이해관계자는 금융기관 · 신용평가기관, 투자자 · 증권분석기관, 고객, 정부 등이 포함된다. 따라서 경영분석은 분석주체에 따라 내부분석과 외부분석으로 구분된다.

내부분석

내부분석(internal analysis)은 경영자가 경영관리의 차원에서 필요한 정보를 얻기 위한 목적으로 수행하는 경영분석을 말한다. 따라서 내부분석의 목적은 기업의 실체를 파악하는 데 그치지 않고 의사결정에서 요구되는 정보를 얻는 데 있다. 내부분석의 목적을 구체적으로 살펴보면 다음과 같다.

첫째, 경영계획을 수립하거나 경영활동을 통제하는 데 필요한 정보를 얻기 위하여 경영분석을 한다. 경영분석을 통해 어느 부분이 취약하고 어느 부분이 비교우위에 있는가를 파악하여, 취약한 부분을 보완하는 한편 비교우위에 있는 부분을 강화시킴으로써 경쟁력을 높일 수 있다.

둘째, 경영전략을 수립하는 데 필요한 정보를 얻기 위하여 경영분석을 한다. 이와 같은 목적에서 수행되는 경영분석은 주로 경쟁력, 기술수준, 연구개발능력, 조직의 효율성 등에 초점을 두고 있다.

셋째, 기업가치를 극대화시키기 위하여 어떤 방법으로 자금을 조달하고 어느 사업에 투자해야 할 것인가를 결정해야 하는데, 이와 같은 의사결정에서 요구되는 정보를 얻기 위해서 경영분석을 한다.

경영자는 기업의 내·외적 환경요인을 전제로 하여 기업을 경영하고 있기 때문에 환경변화에 대처할 수 있는 경영정책이나 경영전략의 수립에 필요한 정보를 보다 신속하게 수집할 수 있는 데이터베이스를 구축하고 있어야 한다. 이와 같은 데이터베이스의 구축은 효율적이고 신속한 경영분석을 가능하게 하는 기초가 된다.

외부분석

외부분석(external analysis)은 기업의 외부 이해관계자들이 수행하는 경영분석을 말한다. 금융기관·신용평가기관, 투자자·증권분석기관, 소비자, 행정기관 등 주체별로 경영분석의 목적을 살펴보면 다음과 같다.

▶ 금융기관·신용평가기관

금융기관이나 신용평가기관은 기업의 신용도를 평가하기 위한 목적으로 경영분석을 한다. 신용평가기관은 회사채나 기업어음(commercial paper: CP)을 발행하고자 하는 기업의 요청으로 그 기업의 채무불이행위험의 정도에 따라 평가된

신용등급을 투자자에게 제공하고 있다. 이와 같은 신용등급은 증권투자에 대한 중요한 정보로 이용된다.

우리나라의 한국신용평가(주), 미국의 스탠다드 앤드 푸어스(Standard and Poor's: S&P)사, 무디스(Moody's)사 등은 채권발행회사의 채무불이행위험을 분석하여 채권등급을 평가하는 전문기관이다. 최근 미국의 S&P사와 Moody's사의 신용등급에 대한 관심이 높아지고 있는데, 이들 신용평가기관은 세계적으로 명성이 높은 유명한 전문기관들이다.

한편 은행 등의 금융기관은 대출금의 규모, 이자율, 대출기한 등과 같은 대출조건을 결정하는 데 필요한 정보를 얻기 위하여 경영분석을 한다. 금융기관에서 수행하는 경영분석을 신용분석(credit analysis)이라고 한다. 우리나라의 경우 대부분의 금융기관은 자체적으로 개발한 신용분석시스템에 의해 평가된 기업의 신용도를 바탕으로 여신결정을 하고 있다.

▶ 투자자·증권분석기관

투자자와 증권분석기관은 채권 및 주식의 내재가치(intrinsic value) 또는 위험특성을 파악하기 위하여 경영분석을 한다. 따라서 투자자 및 증권분석기관이 수행하는 경영분석을 흔히 증권분석(security analysis)이라고 한다.

채권을 대상으로 하는 증권분석에서는 채무불이행위험을 평가하는 데 목적을 두고 있다. 한편 주식을 대상으로 하는 증권분석의 목적은 투자목표에 적합한 포트폴리오의 구성에 필요한 정보를 얻는 데 있다. 투자목표를 투자위험의 최소화에 두느냐 투자수익의 최대화에 두느냐에 따라 증권분석의 내용이 달라진다. 투자수익의 최대화는 자본시장이 비효율적이라는 가정에 근거를 두고 있으며, 투자위험의 최소화는 자본시장이 효율적이라는 가정에 근거를 두고 있다.

▲ 국내 증권사에서 제공하는 증권분석 리포트를 한 곳에 모아 놓은 네이버금융(https://finance.naver.com/research/) 웹 사이트

자본시장이 비효율적이라는 가정에서 수행되는 증권분석에서는 개별증권의 내재가치를 평가하는 데 목적을 두고 있다. 내재가치를 평가하기 위해서는 미래의 현금흐름과 할인율을 추정해야 한다. 미래의 현금흐

름과 할인율에 영향을 미치는 요인은 다양하다. 따라서 증권분석을 통하여 다양한 기업의 내·외적 요인을 분석함으로써 어떤 증권이 과대 또는 과소 평가되고 있는가에 대한 투자정보를 얻을 수 있다.

자본시장이 효율적이라는 가정하에 수행되는 증권분석에서는 개별증권의 기대수익률과 위험도와 같은 증권의 특성을 파악하는 데 목적을 두고 있다. 이와 같은 개별증권의 특성은 투자목표와 일치하는 포트폴리오를 구성하는 데 필요한 정보이다. 개별증권의 체계적 위험에 영향을 미치는 요인은 기업의 투자정책과 자본조달정책 이외에 경제·산업활동에 영향을 미치는 요인 등으로 다양하다. 따라서 증권분석은 이와 같은 다양한 요인을 분석하여 개별증권의 위험특성을 평가하는 데 초점을 맞추고 있다.

▶ 거래처

원자재, 중간재 또는 주요 부품 등을 납품하는 회사의 입장에서는 거래대상기업의 단기채무지급능력 등에 관한 면밀한 분석이 필요하다. 경영활동이 부실하여 파산하는 기업도 있지만 거래대상기업의 부도에 영향을 받아 파산하는 기업의 사례도 적지 않다. 따라서 거래처가 주체가 되어 수행하는 경영분석에서는 단기채무지급능력에 대한 정보를 얻기 위하여 거래대상기업의 다양한 재무자료를 평가한다.

▶ 고 객

고객들도 나름대로 경영분석을 통하여 제품의 품질과 사후서비스(after-sales service)의 가능성을 평가한 후 제품을 구매하는 경향이 있다. 대부분의 소비자들이 유명회사의 제품을 선호하는 이유는 유명회사일수록 사후서비스에 대한 보장을 받을 수 있다는 신뢰감이 작용하기 때문일 것이다.

자동차, 냉장고, TV 등 내구성 제품일수록 구매결정에서 사후서비스의 보증이 중요한 요인으로 작용한다. 따라서 고객이 주체가 되어 수행하는 경영분석은 수익력, 재무구조의 안정성, 경쟁력 등에 대한 평가를 통하여 기업의 계속성에 대한 정보를 얻는 데 목적을 두게 된다.

▶ 정 부

정부는 주로 산업정책의 수립, 산업에 대한 규제 또는 지원정책의 수립, 조세정책의 수립 등에서 필요로 하는 정보를 얻기 위한 목적으로 경영분석을 수행한다. 예를 들어 세무기관은 기업의 조세부담능력을 평가하여 과세정책을 수립하고 있다. 기업의 조세부담능력은 수익력에 따라 영향을 받기 때문에 주로 수익력을 측정함으로써 기업의 조세부담능력을 평가한다. 그 밖에 세금포탈이나 과세누락 등에 대한 정보를 얻기 위한 목적으로 경영분석이 이루어지기도 한다.

경제부처에서는 경제정책의 수립에 필요한 정보를 얻기 위한 목적으로 경영분석을 한다. 가격통제를 통한 물가안정에 필요한 정보를 얻기 위하여 수행되는 경영분석, 국제경쟁이 치열한 산업에 대한 지원정책의 수립에 필요한 정보를 얻기 위하여 수행되는 경영분석, 산업의 구조조정에 대한 정보를 얻기 위하여 수행되는 경영분석, 독과점에 대한 정보를 얻기 위하여 수행되는 경영분석 등과 같이 정책결정의 유형에 따라 다양한 형태의 경영분석이 수행되고 있다.

금융감독기관은 금융시장의 건전한 발전과 유지에 필요한 정보를 얻기 위하여 경영분석을 하고 있다. 예를 들어 금융감독원에서는 투자자보호와 금융시장의 발전을 위한 행정지도의 차원에서 금융기관을 대상으로 자산구성과 수익성을 평가하는 경영분석을 실시한 후 그 결과를 정책결정에 활용하고 있다.

▶ 기타 경영분석의 주체

경쟁회사를 대상으로 하는 경영분석은 주로 경쟁회사의 강점과 약점을 파악하여 경영전략을 수립하는 데 필요한 정보를 얻을 목적으로 실시된다. 노동조합은 단체교섭의 근거를 마련할 목적으로 수익성 및 생산성 등에 대한 분석을 실시한다. 외부감사인이 주체가 되어 수행하는 감사분석은 회계처리 및 재무제표의 적정성 여부를 평가하는 데 초점을 두고 있다. 그 밖에 환경단체, 언론기관, 연구기관 등이 나름대로 필요한 정보를 얻기 위하여 기업을 대상으로 한 경영분석을 수행하고 있다.

02 경영분석의 발전과정

경영분석이 이용되기 시작한 시기는 회계제도의 정착에 따라 공식적으로 재무제표가 작성되기 시작한 이후부터이다. 경영분석의 발상지라고 할 수 있는 미국의 경우를 보면 산업혁명 이후 철도산업을 중심으로 한 공업화가 빠른 속도로 확산되면서 주식회사 형태의 많은 기업이 시장에 진출하는 한편, 기업규모가 확대되기 시작하였다. 이와 같은 공업화의 확산으로 인하여 기업의 자금수요가 증가하면서 자금공급원으로서 금융기관의 역할이 크게 증대되었다. 이러한 환경변화는 금융기관들이 재무제표를 분석하여 기업의 신용도를 평가하는 계기가 되었다.

▲ 뉴욕은행가협회 홈페이지(https://www.nyba.com) 메인 화면

재무제표 작성이 공식화되기 시작한 1895년에 미국의 뉴욕은행가협회(New York Bankers' Association)는 회원은행으로부터 자금을 차입하고자 하는 기업에 대하여 융자신청서의 부속서류로 자산-부채표를 제출하도록 하였다. 그 후 1900년에 표준화된 융자신청서의 제출을 의무화시키면서 재무제표를 이용한 비율분석이 이용되기 시작하였다. 이때부터 재무제표를 체계적으로 분석하기 위한 기법들이 개발되었다. 예를 들어 금융기관은 기업의 채무상환능력을 평가하여 여신결정을 하고, 투자자들도 재무제표를 이용하여 기업의 수익력을 평가함으로써 투자결정에 필요한 정보를 얻으려고 노력하였다.

1910년 이후부터 경영분석에서 이용되는 여러 형태의 분석기법이 빠른 속도로 개발되면서 경영분석에서 재무비율이 본격적으로 이용되기 시작하였다. 재무비율을 이용한 경영분석이 필요했던 주체는 금융기관이었다. 금융기관들은 주로 유동비율을 이용하여 기업의 신용도를 평가하였다. 그러나 유동비율을 이용하여 기업의 신용도를 평가하는 데 따른 한계를 인식하면서 여러 형태의 재무비율이 개발되는 등 비율분석기법이 다양해지는 계기가 되었다. 이 시기에 월(A. Wall, 1919)의 지수법, 블리스(J. B. Bliss, 1923)의 표준비율법, 길만(S. Gilman, 1929)의 추세법 등이 개발되어 지금까지도 널리 이용되고 있다.

비율분석이 체계적으로 정리되기 시작한 1930년 이후는 세계대공황의 후유증으로 많은 기업이 구조조정을 통하여 성장보다 생존을 선택하는 등 보수적인 경영이 지배하였던 시기이다. 경영분석이 시작된 초기에는 주로 외부분석이 주류를 이루었던 반면에 이 시기에는 경영관리의 차원에서 경영분석이 수행되기 시작하였다. 많은 기업이 생존을 위한 방어적인 경영활동을 추구함에 따라 유동성 확보에 관심을 갖기 시작하면서 여러 형태의 경영분석기법이 개발되는 한편, 비율분석기법들이 체계적으로 정리되었다.

1935년 미국에서는 증권거래법에 의거하여 증권관리위원회가 창설되면서 상장회사의 재무제표 작성기준이 마련되는 한편, 회계감사가 의무화되면서 재무제표의 신뢰성과 유용성을 높이는 데 크게 기여하였다. 뇌펠(C. F. Knoeppel, 1933)에 의해서 개발된 손익분기점분석기법이 이익관리에, 그리고 원가분석기법이 원가관리에 이용되기 시작하였다. 또한 1942년에 마이어(J. N. Myer)의 *Financial Statement Analysis*와 월(A. Wall)의 *Basic Financial Statement Analysis* 등이 소개되면서 비율분석의 체계가 정립되기도 하였다.

이처럼 재무비율을 이용한 경영분석기법이 다양하게 개발되면서 내부 이해관계자와 외부 이해관계자들 사이에서 널리 이용되어 왔으나, 재무비율의 신뢰성이나 유용성에 대한 검증이 없었다. 회계관행에 따라 작성되는 재무제표의 한계점으로 인하여 전통적 경영분석이 재무의사결정이론의 발전에 부응하지 못하고 있다는 비판이 제기되면서 경영분석기법이 더 이상 개발되지 못하는 정체기를 거치게 되었다. 경영분석에 대한 이론적인 체계가 정립되지 못하는 정체현상은 1960년대 말까지 지속되었다.

경영분석의 발전이 정체를 보인 이유를 살펴보면 다음과 같다. 첫째, 이해관계자들의 정보에 대한 욕구가 다양화되면서 전통적 경영분석이 이와 같은 다양한 정보욕구를 충족시키지 못하였다는 점이다. 예를 들어 경영전략이나 경영계획의 수립, 기업의 수익력과 위험의 추정, 금융기관의 신용분석, 채권등급의 결정, 기업부실의 예측 등과 같은 의사결정에서 다양한 형태의 정보가 요구되면서 전통적 경영분석의 유용성이 떨어지기 시작하였다.

둘째, 1950년대 이후부터 재무이론이 빠른 속도로 발전하였으나 전통적 경영분석이 이와 같은 재무이론의 발전에 부응하지 못하였다는 점이다. 예를 들어 재무제표만을 분석함으로써 투자결정모형에서 요구되는 현금흐름과 할인율에 대한 정보, 포트폴리오이론에서 요구되는 위험특성에 대한 정보를 얻을 수 없는 등 전통적 경영분석의 한계점에 대한 인식이 확산되었다.

셋째, 재무제표가 기업의 실체를 충분히 대변하지 못하기 때문에 회계이익에 대한 부정적인 시각이 제기되었다. 회계처리방법에 따라 회계이익이 달라진다는 문제점에 대한 인식이 확산되면서 회계처리방법에 따라 영향을 받지 않고 경영성과를 그대로 반영하는 경제적 이익에 대한 관심이 높아지기 시작하였다.

▲ 『Financial Statement Analysis: A New Approach』(1974)의 저자인 렙(Baruch Lev). 그는 뉴욕대(New York University) 스턴경영대학(Stern School of Business)의 교수로 현재까지 주요 회계 및 재무 분야의 저널에 120편 이상의 논문을 발표한 학자로 다수의 수상실적을 지니고 있다.

전통적 경영분석에 대한 이와 같은 비판이 확산되면서 새로운 시각에서 경영분석의 틀을 구성하려는 노력이 1970년대부터 시작되었다. 경영분석은 기본적으로 의사결정에서 요구되는 정보를 얻는 데 목적을 두고 있기 때문에 의사결정모형과 경영분석을 통합시킴으로써 경영분석의 신뢰성과 유용성을 높일 수 있는 실천과학으로 발전시켜야 한다는 주장이 제기되었다.

이와 같은 노력이 렙(B. Lev, 1974)과 포스터(J. Foster, 1977)에 의해서 시도되었다. 이들은 경영분석을 의사결정목적에 적합한 정보를 얻기 위한 정보처리시스템으로 인식하여 경영분석의 유용성과 신뢰성이 의사결정모형과의 상호관계에서 설계되고 검증되어야 한다고 주장하였다. 다시 말하여 경영분석의 역할은 의사결정모형의 설계와 검증에 필요한 정보를 제공하는 것이라고 주장하였다.

우리나라에서는 1962년 한국은행에서 「기업경영분석」을 발간하면서 비율분석이 이용되기 시작하였다. 1970년대에 들어서면서 정부주도의 경제개발계획이 성공적으로 추진됨에 따라 기업규모가 확대되어 경영합리화에 대한 필요성, 자본시장의 발전과 함께 투자정보에 대한 필요성, 경제정책의 수립과 관련된 기업정보의 필요성 등이 높아지면서 경영분석이 본격적으로 이용되기 시작하였다.

경영분석에 대한 관심이 높아지면서 괄목할 만한 발전을 한 것은 1980년대부터였다. 1980년대에 증권회사가 대형화되고, 민간경제연구소, 투자자문회사, 신용평가기관 등이 설립되면서 이들 기관에서 다양한 투자정보를 제공하기 시작하였다. 1990년대에 들어서면서 경영관리의 차원에서 다양한 분야에까지 경영분석이 확산되고 있으며, 신용평가기관과 금융기관에서는 자체 개발한 경영분석시스템에 의해 기업의 신용도를 평가하여 중요한 투자정보로 제공하고 있다. 그리고 2000년대에는 인터넷의 발달에 따라 기업과 관련된 모든 정보가 실시간으로 공개되어 이용되고 있다. 따라서 경영분석은 컴퓨터 통신망의 확산과 함께 시장경제체제의 도입과 개방화 정책의 추진에 의하여 보다 체계적인 방향으로 발전하여 광범위하게 활용되고 있다.

03 경영분석의 방법

경영분석의 내용은 의사결정목적에 따라 달라진다. 재무제표만을 분석함으로써 필요한 정보를 얻을 수 있는가 하면, 재무제표 이외에 다양한 경제, 산업 및 기업 관련자료를 분석해야만 필요한 정보를 얻을 수 있는 경우도 있다.

[그림 1-3]에서 보여주는 것처럼, 경영분석에서 이용되는 분석방법은 크게 재무자료분석과 비재무자료분석으로 구분된다. 재무자료분석은 재무제표 등 회계자료를 대상으로 하는 분석방법으로 비율분석, 실수분석, 지수분석, 통계분석 등으로 구분된다.

비율분석은 재무비율을 표준비율과 비교하여 필요한 정보를 얻는 데 이용되는 방법이며, 실수분석은 재무제표상에 표시된 각 항목의 값을 그대로 이용하는 방법을 말한다. 예를 들어 경제적 또는 논리적인 연관성이 있는 두 개의 항목을 비교하는 비교분석, 재무제표 항목의 증감액을 분석하여 각 항목이 어떤 원인에 의

그림 1-3
경영분석방법의 체계

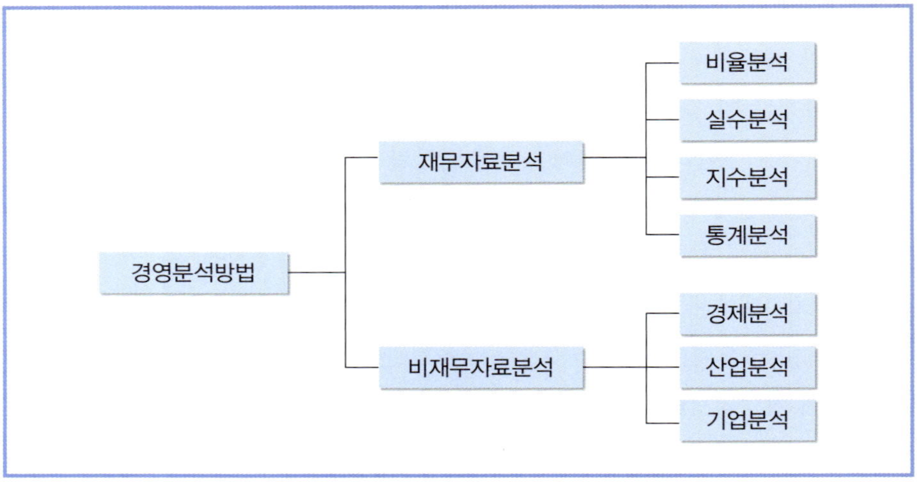

해서 변동하였는가를 평가하는 증감분석, 수익과 비용 또는 현금수입과 지출이 균형을 보이고 있는가를 분석하는 균형분석 등이 실수분석에 속한다. 지수분석은 주요 재무비율을 선정하여 산업에 대한 상대적인 비율을 산출한 후 각각에 부여된 가중치에 따라 가중평균지수를 계산하여 기업의 재무상태와 경영성과를 종합적으로 평가하는 방법을 말한다. 통계분석은 재무비율의 유용성을 높이기 위해 계량적인 분석을 통하여 필요한 정보를 가공하는 방법을 말한다.

비재무자료분석은 재무제표에는 표시되지 않지만 기업의 재무상태와 경영성과에 중대한 영향을 미치는 기업 내·외의 질적 요인을 분석하는 것을 말한다. 전체 경제활동의 동향이나 방향을 파악하는 데 이용되는 경제분석, 산업의 특성이나 산업동향을 파악하는 데 이용되는 산업분석, 제품구성·경쟁력·기술수준 등과 같은 질적 요인의 분석을 통하여 기업의 경영능력을 파악하는 데 이용되는 기업분석 등이 비재무자료분석의 수단으로 이용된다.[1]

이 책의 구성 04

이 책은 모두 4편 12장으로 구성되어 있다.

제1편에서는 경영분석의 기초 개념 및 자료를 설명하였다. 제1장에서 경영분석의 의의, 목적, 발전과정, 분석방법 등에 대하여 설명하였다. 제2장에서 경영분석의 기초자료를 회계자료와 비회계자료로 구분하여 설명하였다. 회계자료로서 재무상태표, 손익계산서, 현금흐름표, 자본변동표와 주석, 그리고 비회계자료로서 증권시장자료, 경제관련자료, 산업관련자료 등에 대하여 설명하였다.

제2편에서는 재무제표분석에 대하여 설명하였다. 제3장에서 비율분석의 의의, 재무비율의 분류와 표준비율, 주요 재무비율의 경제적 의미, 비율분석의 유용성과 한계점 등을 설명하였다. 제4장에서 재무비율의 종합평가로서 공통형재무제표 분석, 추세분석, ROI분석, 지수법·원형도표법, 현금흐름비율분석, 재무비율의 국제비교 등에 대하여 설명하였다. 제5장에서 거시경제분석, 산업분석,

1 넓은 의미의 기업분석은 재무자료, 비재무자료 등 기업과 관련된 모든 자료를 이용하는 분석을 의미할 수도 있다.

기업분석 등 질적 경영분석에 대하여 설명하였다.

제3편에서는 경영성과분석과 재무계획에 대하여 설명하였다. 제6장에서 영업비용의 구조, 손익분기점분석, 손익분기점분석의 활용 등에 대하여 설명하였다. 제7장에서 레버리지의 의의, 영업레버리지분석, 재무레버리지분석, 결합레버리지분석 등에 대하여 설명하였다. 제8장에서 재무예측의 의의와 방법, 재무제표항목의 예측, 장기재무계획, 단기재무계획 등에 대하여 설명하였다.

제4편에서는 재무제표정보의 활용에 대하여 설명하였다. 제9장에서 신용분석의 의의, 금융기관의 여신분석, 채권등급평가 등에 대하여 설명하였다. 제10장에서 기업부실의 의의, 기업부실의 예측방법, 금융기관의 부실예측모형 등에 대하여 설명하였다. 제11장에서 현금흐름의 추정, 경제적 부가가치의 추정, 가치창조경영 등에 대하여 설명하였다. 마지막으로 제12장에서 M&A의 의의, 유형, 시너지효과, 시너지효과의 원천, M&A의 평가, M&A의 방어전략 등에 대하여 설명하였다.

주요용어
Principal Terms

- **경영분석(business analysis)**

  과거와 현재의 기업 실체를 파악하여 기업의 미래를 예측함으로써 의사결정 목적에 적합한 정보를 얻는 과정이다.

- **전통적 경영분석**

  기업의 회계자료를 이용하여 과거와 현재의 재무상태와 경영성과를 파악함으로써 미래를 예측하는 분석체계를 말하며 재무제표분석(financial statement analysis)이라고도 한다.

- **현대적 경영분석**

  회계자료뿐만 아니라 그외에 다양한 기업관련자료를 이용하여 기업의 실체를 파악함으로써 미래를 예측하는 분석체계를 말한다.

- **내부분석(internal analysis)**

  경영자가 경영관리의 차원에서 필요한 정보를 얻기 위한 목적으로 수행하는 경영분석을 말한다.

- **외부분석(external analysis)**

  금융기관·신용평가기관, 투자자·증권분석기관, 소비자, 정부 등 기업의 외부 이해관계자들이 수행하는 경영분석을 말한다.

- **재무자료분석**

  재무제표 등 회계자료를 대상으로 하는 분석방법으로 비율분석, 실수분석, 지수분석, 통계분석 등으로 구분된다.

- **비율분석**

  재무비율을 표준비율과 비교하여 필요한 정보를 얻는 데 이용되는 방법을 말한다.

- **실수분석**

  재무제표상에 표시된 각 항목의 값을 그대로 이용하는 방법을 말한다.

지수분석

주요 재무비율을 선정하여 산업에 대한 상대적인 비율을 산출한 후 각각에 부여된 가중치에 따라 가중평균지수를 계산하여 기업의 재무상태와 경영성과를 종합적으로 평가하는 방법을 말한다.

통계분석

재무비율의 유용성을 높이기 위해 계량적인 분석을 통하여 필요한 정보를 가공하는 방법을 말한다.

비재무자료분석

재무제표에는 표시되지 않지만 기업의 재무상태와 경영성과에 중대한 영향을 미치는 기업 내·외의 질적 요인을 분석하는 것을 말한다.

연습문제

객관식 문제

01. 경영분석에 관한 설명으로 옳지 않은 것은? (경영지도사, 2020)

① 현대적 경영분석은 회계자료와 비회계자료를 포함하여 이용 가능한 모든 자료를 사용한다.
② 현대적 경영분석은 경영자뿐만 아니라 다양한 기업의 이해관계자에게 의사결정에 필요한 정보를 제공한다.
③ 정부 및 감독기관을 제외한 금융기관, 투자자, 외부감사인 등은 경영분석을 필요로 한다.
④ 경영자는 경영전략을 수립하고 기업의 인수합병 등 주요 의사결정에 경영분석을 이용할 수 있다.
⑤ 전통적 경영분석은 재무제표를 기초로 하여 기업의 경영성과와 재무상태를 파악하는 것이다.

02. 현대적 경영분석에 관한 설명으로 옳지 않은 것은? (경영지도사, 2017)

① 재무자료와 비재무자료를 활용한다.
② 현재 경영상태 및 미래의 경영상태를 예측하는 것이 주된 과제이다.
③ 재무제표만으로 분석하는 과거분석을 중시한다.
④ 기업 이해관계자의 의사결정에 유용한 정보를 제공하여 주는 정보처리시스템의 관점을 중시한다.
⑤ 향후 기업활동에 유용한 실천적 측면을 중시하며 다양한 계량모형과 통계기법을 활용하여 그 적용범위가 확대되고 있다.

03. 전통적 경영분석의 한계점을 보완한 현대적 경영분석의 특징으로 옳지 않은 것은? (경영지도사, 2014 수정)

① 경영분석은 의사결정을 위한 하위시스템의 하나로 파악한다.
② 경영분석을 위해 기업관련 자료를 광범위하게 활용한다.

③ 기업의 회계자료만을 이용하여 과거와 현재의 재무상태와 경영성과를 파악함으로써 미래를 예측한다.
④ 경영분석을 위해 계량적, 통계적 분석방법을 활용한다.
⑤ 기업규모 확대와 자본시장 개방, 다양한 이해관계자의 요구에 부응하기 위해 분석방법이 다양화되고 있다.

04. 경영분석의 주체(이해관계자)에 따른 분석목적을 연결한 것 중 잘못된 것은?

① 경영자 – 경영관리의 차원에서 필요한 정보 획득
② 금융기관·신용평가기관 –기업의 신용도 평가
③ 투자자·증권분석기관 – 채권 및 주식의 내재가치 또는 위험특성 파악
④ 거래처 – 거래대상기업의 장기채무지급능력 등에 관한 분석
⑤ 정부 – 산업정책의 수립, 산업에 대한 규제 또는 지원정책의 수립, 조세정책의 수립 등에서 필요로 하는 정보 획득

05. 내부주체인 경영자가 경영분석을 수행하는 목적으로 옳지 않은 것은? (경영지도사, 2019)

① 기업내부의 상황을 통제할 수 있는 업무계획 수립
② 경영전략을 수립하기 위한 정보 수집
③ 경쟁기업 분석을 위한 정보 수집
④ 자금조달 방법을 위한 정보 수집
⑤ 조세부담의 능력평가 및 거시경제 정책수립

06. 경영분석의 방법에 관한 다음의 설명 중 잘못된 것은?

① 실수분석은 재무비율을 표준비율과 비교하여 필요한 정보를 얻는 데 이용되는 방법이다.
② 지수분석은 가중평균지수를 계산하여 기업의 재무상태와 경영성과를 종합적으로 평가하는 방법을 말한다.
③ 통계분석은 재무비율의 유용성을 높이기 위해 계량적인 분석을 통하여 필요한 정보를 가공하는 방법을 말한다.
④ 비재무자료분석은 재무제표에는 표시되지 않지만 기업의 재무상태와 경영성과에 중대한 영향을 미치는 기업 내·외의 질적 요인을 분석하는 것을 말한다.
⑤ 경제분석, 산업분석, 기업분석 등이 비재무자료분석의 수단으로 이용된다.

07. 재무제표상에 표시된 각 항목의 값을 그대로 이용하여 손익분기점 정보, 현금흐름 정보 등의 분석 시 사용되는 방법은? (경영지도사, 2021수정)

① 비율분석 ② 실수분석 ③ 지수분석 ④ 통계분석 ⑤ 산업분석

주관식 문제

01. 전통적 경영분석과 현대적 경영분석을 비교하여 설명하라.

02. 분석주체별 경영분석의 목적을 설명하라.

03. 경영분석의 방법에 관하여 설명하라.

제2장의 개요

경영분석에서는 재무제표 이외에 경제관련자료, 산업관련자료 및 기업관련자료 등 다양한 자료가 이용되고 있다. 재무제표(financial statements: F/S)는 기업이 회계기간 동안에 수행한 경영활동의 결과로서 재무상태와 경영성과를 간결하게 요약한 보고서를 말한다. 재무제표의 작성목적은 기업의 이해관계자들에게 다양한 형태의 재무정보를 제공하는 데 있다. 따라서 정보이용자들은 재무제표를 통하여 기업의 수익력은 물론 재무적 강점 및 약점과 미래의 전망 등을 파악할 수 있다.

이 장에서는 먼저 주요 재무제표인 재무상태표, 손익계산서와 현금흐름표 등에 대해서 살펴본 후, 그 밖에 증권시장자료, 경제관련자료, 산업관련자료 및 기업관련자료 등에 대하여 설명하기로 한다.

제 2 장

경영분석의 기초자료

01 회계자료

02 비회계자료

01 회계자료

경영분석에서 주로 이용되는 회계자료인 재무제표는 기업의 이해관계자에게 재무정보를 제공하기 위해 작성되는 회계보고서로서 재무상태에 대한 정보를 제공하는 재무상태표, 경영성과에 대한 정보를 제공하는 손익계산서, 그리고 현금흐름에 대한 정보를 제공하는 현금흐름표 등으로 구성된다.

1.1 재무상태표

재무상태표(statement of financial position)는 일정시점(결산기 말)에서 기업의 자산, 부채, 자본에 관한 정보를 제공하는 재무보고서로서 대차대조표(balance sheet: B/S)라고도 한다. 재무상태표의 양식은 계정식과 보고식이 있다. 계정식에서는 차변에 자산이, 대변에 부채와 자본이 기재된다. 보고식에서는 위에서 아래 방향으로 자산, 부채, 자본의 순서로 기재된다.

재무상태표는 자금의 운용상태(자산)와 조달원천(부채와 자본)의 관계, 즉 재무상태를 나타낸다. 재무상태표에서 자산항목은 기업이 조달한 자금을 어떻게 활용하고 있는가를 보여주는 것으로 자금의 운용상태(투자활동)를 나타내며, 부채와 자본항목은 기업이 자금을 어떻게 조달하였는가를 보여주는 것으로 자금의 조달원천, 즉 자본구조(자금조달활동)를 나타내고 있다. 따라서 재무상태표는 기업의 투자활동과 자금조달활동의 결과를 한 시점에서 정리한 보고서를 의미한다.

〈표 2-1〉은 디지털미디어, 정보통신, 반도체 등의 사업을 하고 있는 가상의 기업인 한국전자(주)의 보고식 재무상태표를 예시한 것이다.

자산항목

재무상태표에 기재되는 자산의 항목은 일반적으로 유동성이 높은 순서

표 2-1

재무상태표

회사명 : 한국전자(주)

(단위 백만원)

과 목	20X0년 12월 말	20X1년 12월 말	20X2년 12월 말
유동자산	14,714	16,621	17,791
당좌자산*	11,495	13,283	13,973
현금및현금성자산	978	2,027	2,360
단기금융자산	8,675	9,475	8,523
매출채권	1,842	1,781	3,090
재고자산	3,219	3,338	3,818
비유동자산	43,095	48,604	54,728
투자자산	12,645	17,122	21,653
유형자산	28,820	29,777	31,250
무형자산	523	568	653
기타비유동자산	1,107	1,137	1,172
보증금	611	701	861
장기선급비용	496	436	311
자산총계	57,809	65,225	72,519
유동부채	9,635	10,803	11,721
매입채무	1,869	1,936	2,388
단기차입금	3,623	3,487	4,352
기타유동부채	4,143	5,380	4,981
비유동부채	2,977	2,861	2,684
사채	1,222	1,508	1,194
장기차입금	787	584	608
퇴직급여채무	432	439	508
기타비유동부채	536	330	374
(부채총계)	12,612	13,664	14,405
자본금	898	898	898
자본잉여금	6,367	6,575	6,590
자본조정	−6,981	−8,747	−3,597
기타포괄손익누계액	557	1,873	3,807
이익잉여금	44,356	50,962	55,416
(자본총계)	45,197	51,561	58,114
부채와 자본총계	57,809	65,225	72,519

* 한국채택국제회계기준(K-IFRS)에서는 당좌자산을 별도로 구분표시하지 않는다.

에 따라 배열한다. 유동성(liquidity)은 자산의 현금화 정도를 의미한다. 따라서 현금화가 용이한 자산을 유동성이 높은 자산이라고 한다.

〈표 2-1〉에서 볼 수 있는 바와 같이 자산항목으로 유동자산과 비유동자산이

배열되어 있다. 유동자산은 유동성의 정도에 따라 현금및현금성자산, 단기금융자산, 매출채권, 재고자산의 순으로 배열되며, 비유동자산은 투자자산, 유형자산, 무형자산, 기타비유동자산의 순으로 배열된다.

▶ 유동자산

유동자산(current assets)은 보고기간 말로부터 1년 이내에 현금으로 전환되거나 전환이 예상되는 자산을 말하며, 현금화의 용이성에 따라 당좌자산(quick assets), 재고자산(inventories)으로 분류된다.

당좌자산은 유동자산 중에서 환금성이 가장 높은 자산으로 판매과정을 거치지 않고 단기간에 현금화시킬 수 있는 현금및현금성자산, 단기금융자산, 매출채권, 선급비용 등이 포함된다.[1] 한편 재고자산은 정상적인 영업활동과정에서 판매 또는 생산활동을 지원하기 위한 목적으로 보유하는 자산을 말한다. 재고자산은 판매과정을 거쳐야만 현금화시킬 수 있는 자산으로서 당좌자산에 비하여 유동성이 낮은 자산이다. 재고자산에는 상품, 제품, 반제품, 재공품, 원재료, 저장품 등이 포함된다.

▶ 비유동자산

비유동자산(non-current assets)은 정상적인 영업활동에 투자되어 1년 이내에 현금화하기 어려운 자산으로서 그 사용형태가 급격하게 변하지 않는 자산을 말한다. 비유동자산은 투자자산, 유형자산, 무형자산, 기타비유동자산으로 분류되며, 토지를 제외한 대부분의 유·무형자산은 감가상각(depreciation) 또는 상각(amortization)이라는 절차를 통해 장기간에 걸쳐 비용으로 처리된다.

투자자산(long-term investments)은 장기적인 투자수익을 목적으로 보유하는 채권 및 주식 등의 금융자산, 영업활동에 사용되지 않는 투자부동산(토지 및 건물), 특정목적(퇴직금 지급, 설비확장, 채무상환 등)의 장기성예금, 그리고 다른 기업에 대한 중대한 영향력 행사나 지배를 목적으로 장기간 보유하는 주식(관계기업투자주식) 등을 포함한다. 투자자산은 기업의 고유한 영업목적에 사용되지 않는다는 점에서 유형자산과 구분되며, 장기적으로 보유하고 있다는 점에서 단기투자 목

---

1 현금성자산은 현금의 단기적인 운용을 목적으로 취득한 유동성이 가장 높은(만기가 3개월 이내) 금융자산을 의미한다. 그리고 단기금융자산은 기업이 여유자금의 활용목적으로 보유하는 단기예금, 단기대여금, 유동자산으로 분류되는 금융자산 등의 단기보유목적 금융자산을 총칭하는 개념이다.

적의 유동자산과 구분된다.

유형자산(property, plant and equipment)은 제품의 생산, 서비스의 제공, 타인에 대한 임대 또는 자체적으로 사용할 목적으로 장기간(1년 이상) 보유하는 물리적 형체가 있는 자산을 말하며, 토지, 건물, 비품, 기계장치, 건설중인 자산 등을 포함한다.

무형자산(intangible assets)은 물리적 형체는 없지만 독자적으로 식별가능한 비화폐성자산으로 특허권이나 실용신안권 등을 포함한 산업재산권, 저작권, 개발비, 영업권 등이 있다.[2] 기타비유동자산은 비유동자산 중 투자자산, 유형자산, 무형자산으로 분류될 수 없는 자산으로 임차보증금, 장기선급비용 등을 포함한다.

부채와 자본항목

▶ 부 채

일반적으로 부채(liabilities)는 상환만기가 빠른 순으로 기록되며, 상환기간이 1년 이내인 유동부채와 1년 이상인 비유동부채로 구분된다.

유동부채(current liabilities)는 일상적인 상거래에서 발생하는 영업상의 채무와 만기가 1년 이내인 지급채무로 구성된다. 예를 들어 매입채무, 미지급비용, 단기차입금, 선수금 등이 유동부채에 속한다.

한편 비유동부채(non-current liabilities)는 만기가 1년 이상인 장기성 부채로서 사채, 장기차입금 등의 장기금융부채, 퇴직급여충당부채 등의 장기충당부채, 이연법인세부채(유동부채로 분류되는 부분 제외)와 장기선수금 등이 비유동부채에 속한다.

▶ 자 본

자본(stockholders' equity)은 기업의 소유자인 주주에게 귀속될 소유자지분을 의미한다. 자산총액에서 부채총액을 차감한 잔여지분인 자본은 자본금, 자본잉여금, 자본조정, 기타포괄손익누계액, 이익잉여금으로 분류된다.

자본금(capital stock)은 1주당 액면금액에 발행주식총수를 곱하여 산출되며, 우선주 자본금(preferred stock), 보통주 자본금(common stock)으로 구분된다. 자본잉여금(capital surplus)은 자본거래(증자, 감자 등)에서 발생된 잉여금

2 이효익·최관·백원선, 제2판 회계원리(신영사, 2010), p. 222.

으로서 주식발행초과금, 자기주식처분이익 등을 포함하며, 이익잉여금(retained earnings)은 기업의 이익 중 사외에 유출되거나 자본금계정에 대체되지 않고 사내에 유보된 부분을 의미한다. 자본조정(capital adjustment)은 자본의 성격이 결정되지 않은 임시항목으로서 자본총계에 가감하는 형식으로 기재되는데, 회사가 발행한 주식을 소각, 재매각 또는 임직원에게 상여금으로 줄 목적으로 임시취득한 자기주식(treasury stock)이 대표적인 예이다.

그리고 기타포괄손익누계액(accumulated other comprehensive income)은 당기순손익을 제외한 기타포괄손익(other comprehensive income)의 누계잔액을 의미하며, 이에 해당되는 과목으로는 매도가능금융자산평가손익, 해외사업외화환산손익, 보험수리적손익, 자산재평가잉여금, 현금흐름위험회피 파생상품평가손익 등이 있다.[3]

재무상태표의 한계

재무상태표는 일정한 시점에서 자금의 운용결과와 조달원천을 나타내는 보고서이기 때문에 기업의 재무상태를 평가하는 데 유용한 자료로 이용되고 있다. 특히 재무상태표의 정보는 기업의 유동성 및 재무적 탄력성(financial flexibility), 부채상환능력과 이익창출능력 등을 평가하는 데 유용하게 이용될 수 있다.[4]

그러나 재무상태표는 다음과 같은 몇 가지 한계점을 가지고 있다.[5]

첫째, 재무상태표에서 자산을 역사적 원가(historical costs)에 의해 평가하는 경우 자산금액이 공정한 시장가치를 나타낸다고 볼 수 없다는 점이다. 따라서 재무상태표상의 자산가치와 경제적 실질가치 사이에 차이가 있을 수 있다. 또한 물가변동으로 인한 효과가 재무상태표에 반영되지 않을 수 있다.

둘째, 재무상태표에는 많은 질적 정보 또는 비계량적 정보가 반영되어 있지 않다는 점이다. 모든 회계처리가 실제로 발생한 거래를 기준으로 이루어지기 때문에 어떤 자원은 미래의 현금흐름을 창출하기 위해 사용되었음에도 불구하고 그 자원이 재무상태표에 기재되지 않는 경우가 있다. 예를 들어 인적자원을 들 수 있다. 경영능력이 탁월한 경영집단은 기업의 미래 현금흐름을 증가시키는 중

3 포괄손익이란 증·감자나 이익배당과 같은 주주와의 거래가 아닌 거래나 사건으로 인해 일정 회계기간 동안 발생한 순자산의 변동을 총칭하는 것으로서, 이는 당기순손익과 기타포괄손익으로 구분된다.

4 재무적 탄력성은 현금흐름의 금액과 시기를 효과적으로 조절할 수 있어서 예상하지 않은 자금수요 또는 투자기회에 대처할 수 있는 기업의 능력을 의미한다.

5 권수영·이재경, 중급재무회계, 박영사, 2005, pp. 116~117.

요한 인적자원임에도 불구하고 재무상태표에는 이러한 경영자집단의 가치가 기재되지 않는다.

셋째, 대체적 회계처리방법이 인정되고 있다는 점이다. 기업회계기준에서 인정하고 있는 여러 회계처리방법 중에서 하나를 선택하여 회계처리를 할 수 있기 때문에 여러 기업의 재무상태표를 비교분석하는 것이 어려울 뿐만 아니라 동일 기업이라 하더라도 회계처리방법을 변경하는 경우에는 재무상태표를 기간별로 비교하는 것도 현실적으로 어려운 일이다.

넷째, 재무상태표를 작성하는 데 주관적인 판단이 많이 개입된다는 점이다. 예를 들어 매출채권의 회수가능성, 재고자산의 판매가능성과 비유동자산의 내용연수 등을 추정해야 하기 때문에 주관성이 개입될 여지가 많다.

다섯째, 재무상태표에서 부채의 성격을 갖는 부외금융(off-balance sheet financing) 항목이 제외될 수 있다는 점이다. 이와 같은 항목을 회사가 의도적으로 배제시키는 경우가 많아 문제가 심각할 수 있다. 부외금융 항목의 예로는 프로젝트금융(project financing)을 들 수 있다.

이상과 같은 한계로 인하여 재무상태표는 특정시점에서의 재무상태, 즉 자산과 부채 및 소유주지분을 실질적으로 평가하여 작성하는 것이 아니라 단순히 정해진 회계처리방법에 따라 작성된 회계기록의 결과이다. 따라서 차기에 이월될 잔액을 단순히 나열한 것에 불과하고 회계실체의 정확한 경제적 상태를 나타내주지 못한다는 비판을 받고 있다. 그러므로 재무상태표를 분석하는 경우에는 재무상태표상에 나타나지 않지만 재무상태를 파악하는 데 중요한 정보를 보완적으로 이용하여야 한다.

손익계산서 1.2

손익계산서(income statement: I/S)는 일정한 기간 동안 기업에서 발생한 수익과 비용을 대응시켜 당해기간의 손익을 표시한 보고서로서 기업의 종합적인 경영성과를 나타내는 재무제표이다. 가상의 기업인 한국전자(주)의 손익계산서를 예시하면 〈표 2-2〉와 같다.[6]

6 2011년부터 적용되고 있는 한국채택국제회계기준(Korean International Financial Reporting Standards: K-IFRS)에서는 재무제표의 일부로서 〈표 2-2〉와 같이 전통적 손익항목만 표시하는 별개의 손익계산서를 작성할 경우, 기업은 손익을 자본에 직접 반영하는 기타포괄손익거래를 포함시킨 포괄손익계산서를 추가로 작성하도록 요구하고 있다. 한국전자(주)의 포괄손익계산서를

표 2-2

손익계산서

회사명 : 한국전자(주) (단위: 백만원)

과 목	20X0년도	20X1년도	20X2년도
매출액	58,973	63,176	72,953
매출원가	42,360	46,847	55,381
매출총이익	16,613	16,329	17,572
판매비와 관리비	9,679	10,386	13,438
영업이익	6,934	5,943	4,134
금융수익	1,768	1,674	5,727
이자수익	1,239	1,279	1,401
외환차익	404	347	4,050
외화환산이익	125	48	276
금융비용	724	835	5,116
이자비용	303	332	284
외환차손	392	457	4,202
외화환산손실	29	46	630
기타수익	1,642	2,488	1,883
기타비용	404	640	720
법인세비용차감전순이익	9,216	8,630	5,908
법인세비용	1,300	1,205	382
당기순이익	7,916	7,425	5,526
주당손익			
기본주당순이익	5,282원	4,953원	3,768원
희석주당순이익*	5,206원	4,895원	3,734원

* 발행주식 수를 증가시킬 수 있는 전환사채, 신주인수권부사채 등의 전환을 고려하여 산출됨.

손익계산서의 내용

▶ 매출총이익

매출액(sales)은 주된 영업활동을 통하여 재화 또는 용역을 제조·판매한 대가

예시하면 다음과 같다.

포괄손익계산서

회사명:한국전자(주) (단위: 백만원)

과 목	20X1년도	20X2년도
당기순이익	7,425	5,526
기타포괄손익	1,316	1,934
매도가능금융자산평가이익	1,026	1,790
해외사업외화환산이익	290	144
당기총포괄이익	8,741	7,460

로 얻어지는 수익을 말하며, 매출원가(cost of sales)는 재화 또는 용역을 생산하는 과정에서 발생된 비용으로 재화 또는 용역의 취득원가를 의미한다.

매출총이익(gross profit)은 매출액에서 매출원가를 차감한 것으로 생산효율성을 측정하는 근거가 된다. 매출총이익률(매출총이익/매출액)이 높다는 것은 원자재의 원활한 구매 또는 숙련된 노동력으로 인하여 생산효율성이 높다는 것을 의미한다. 제조업에서 매출원가는 제조원가를 의미하며, 판매업에서 매출원가는 판매원가를 의미한다. 제조원가는 재료비, 노무비와 경비 등으로 구성된다.

▶ 영업이익

영업이익(operating income)은 영업활동의 결과 발생된 이익으로 매출총이익에서 판매비와 관리비를 차감하여 산출되며, 영업효율성을 측정하는 근거가 된다.

판매비는 재화 또는 용역의 판매과정에서 발생되는 비용을, 그리고 관리비는 영업활동을 지원하는 부서의 관리 및 유지와 관련하여 발생되는 비용을 말한다. [그림 2−1]에서 볼 수 있는 바와 같이 판매비와 관리비는 어느 부서에서 발생하였느냐에 따라 구분될 수 있다.

판매비와 관리비(selling and administrative expenses)는 급여, 퇴직급여, 복리

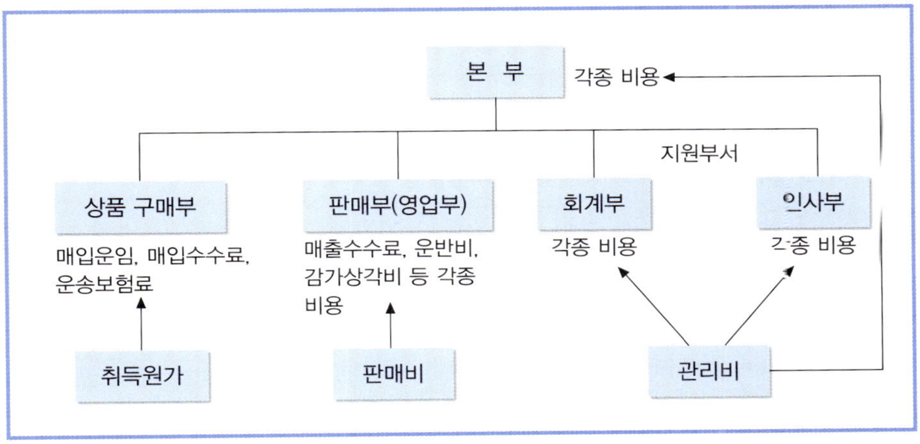

그림 2-1
기업조직과 비용분류

후생비, 지급수수료, 감가상각비, 세금과공과, 광고선전비, 경상개발비와 대손상각비 등 매출원가에 속하지 않는 모든 영업비용을 포함한다.

▶ 법인세비용차감전계속사업이익

법인세비용차감전계속사업이익(중단사업이익 없을 경우 법인세비용차감전순이익)은 영업이익에 금융수익 및 기타수익을 가산한 후 금융비용 및 기타비용을 차감하여 산출된다. 금융수익과 비용 등은 이자수익이나 이자비용 등을 포함하는 재무활동의 결과이므로 재무효율성을 측정하는 근거가 된다.

금융손익 및 기타손익은 매출수익을 얻기 위한 주된 영업활동 이외에 보조적 또는 부수적인 활동에서 발생하는 손익을 말한다. 따라서 금융손익 및 기타손익은 주된 영업활동에서 발생한 손익이 아니라는 점에서 영업손익과 구별되며, 계속사업으로 발생한다는 점에서 중단사업으로부터 발생한 중단사업손익과 구별된다. 금융수익에는 이자수익, 외환차익, 외화환산이익 등이 포함되며, 금융비용에는 이자비용, 외환차손, 외화환산손실 등이 포함된다.

▶ 계속사업이익

계속사업이익은 법인세비용차감전계속사업이익에서 회계이익에 근거하여 산출된 계속사업이익법인세비용을 차감하여 측정된다.

법인세는 사업활동을 수행함에 따라 발생된 소득에 대하여 법인세법의 규정에 따라 부과되는 조세이다. 실제로 부과되는 법인세는 기업회계기준에 따라 측정된 법인세비용차감전순이익에 근거하지 않고 법인세법의 규정에 따라 측정된 과세소득에 근거하여 산출된다. 따라서 회계이익에 근거한 법인세와 세법에 근거한 법인세 사이에 차이가 있기 마련이며, 이와 같은 차이를 이연법인세(deferred taxes)라고 한다.[7]

회계상의 법인세가 세법상의 법인세보다 큰 경우에 그 차이를 이연법인세부채라고 하고, 회계상의 법인세가 세법상의 법인세보다 작은 경우에는 그 차이를 이연법인세자산이라고 한다. 그리고 법인세는 세법에서 정해진 기한 내에 납부하면 되므로 납부할 때까지 유동부채 항목의 하나인 미지급법인세로 재무상태표에 표시된다.

7 보다 정확히 말하면 회계이익과 과세소득 사이의 손익인식기준 또는 자산·부채의 평가방법상의 차이에 의한 일시적 차이는 이연법인세계정에 의해 처리되는 반면, 조세정책적 목적 또는 회계이익과 과세소득의 개념의 차이에 의한 영구적 차이는 법인세 기간 내에 배분하여 처리된다.

▶ 당기순이익

당기순이익(net income)은 최종적인 경영활동의 결과로서 주주에게 귀속되는 이익이며, 계속사업이익에서 중단사업손익(법인세효과 차감 후)을 가감하여 측정된다. 그러므로 당기순이익은 자기자본의 투자성과를 측정하는 척도가 된다.

중단사업손익은 사업중단직접비용과 중단사업자산손상차손을 포함한 중단사업으로부터 발생한 손익을 의미하며 법인세효과를 차감한 후의 순액으로 보고한다.

손익계산서의 한계

손익계산서는 일정한 기간 동안에 발생한 수익과 비용을 대응시켜 작성되는 재무제표로서 기업의 경영성과를 평가하는 데 유용한 자료이다. 그러나 재무상태표에서와 마찬가지로, 수익과 비용의 측정 및 표시방법의 차이로 인하여 다음과 같은 한계점을 지니고 있다.

첫째, 회계이익이 기업의 현금결제능력을 의미하지 않는다는 점이다. 회계이익은 모든 수익과 비용을 실현주의와 발생주의에 기초하여 인식하는 한편 기간적으로 대응시켜 측정되는 이익의 개념이기 때문에 모든 수익과 비용을 실현주의에 기초하여 측정되는 현금흐름과 상당한 차이가 있다. 예를 들어 회계이익을 산출할 때 생산활동에 필요한 시설의 구입대금을 자본적 지출로 인식하여 구입대금의 일부만을 당기의 비용(감가상각비)으로 처리하지만, 현금흐름에서는 구입대금을 모두 당기의 현금유출로 처리하고 있다.

둘째, 재무상태표와 마찬가지로 손익계산서를 작성하는 작성자의 주관이 개입될 가능성이 높다는 점이다. 예를 들어 원가배분 또는 대손율 추정 등에서 개인의 주관이 작용할 수 있다.

셋째, 수익은 판매가격에 의하여 측정되는 반면에 비용은 역사적 원가에 의하여 측정된다는 점이다. 따라서 인플레이션이 심할 때 회계이익에 근거하여 기업의 경영성과를 평가하는 경우 그릇된 판단을 가져올 수 있다.

넷째, 여러 가지 회계처리방법 중에서 하나의 방법을 이용하여 회계처리를 할 수 있기 때문에 기업간 비교가 어려울 뿐만 아니라 동일기업에서도 회계처리방법을 변경할 수 있기 때문에 기간별 비교가 어려울 수 있다는 점이다.

다섯째, 회계이익에는 주주의 기회비용이 반영되어 있지 않다는 점이다. 순이익은 채권자들에 대한 금융비용을 공제한 후 계산되지만, 주주의 자본비용(기회비용)인 자기자본비용이 반영되어 있지 않다.

여섯째, 손익계산서에는 포함되지 않지만 기업의 경영성과에 중대한 영향을 미치는 요인으로 계량화할 수 없는 질적인 요소가 많다는 점이다. 예를 들어 노동자의 성실성, 기업의 이미지와 기업의 평판 등과 같은 요인은 손익계산서에 반영되어 있지 않다.

1.3 현금흐름표

현금흐름표(statement of cash flows)는 일정한 기간 동안 기업이 조성한 현금과 사용한 현금의 내역을 정리한 보고서를 말한다. 현금흐름표에서는 현금의 변동내용을 명확하게 보고하기 위하여 당해 회계기간에 속하는 현금유입과 현금유출의 내용을 영업활동, 투자활동과 재무활동 등 세 가지 활동부문으로 구분하여 표시하고 있다. 따라서 현금흐름표를 통하여 일정한 기간 동안에 일어난 현금흐름의 변동원인, 미래의 현금흐름창출능력 및 현금결제능력 등에 관한 유용한 정보를 얻을 수 있다.

현금흐름표는 직접법과 간접법 등 두 가지 방법으로 작성된다. 두 방법은 영업활동으로 인한 현금흐름의 표시방법에 차이가 있다. 〈표 2-3〉은 간접법으로 작성된 한국전자(주)의 현금흐름표를 예시한 것이다.

간접법에 의한 경우 영업활동 현금흐름은 손익계산서 항목과 관련하여 나타나는 것으로서 먼저 당기순이익에 조정항목 및 영업활동으로 인한 자산·부채의 변동을 가감하여 영업활동에서 창출된 현금을 계산한 후, 이자수취, 이자지급, 법인세납부 등을 반영하여 구한다.[8] 영업활동 현금흐름은 기업의 정상적인 경영활동의 성과를 측정하는 것으로서 수익력과 위험을 나타내는 척도가 된다.

투자활동 현금흐름은 기업의 수익창출을 위해 장기간에 걸쳐 그 효과가 나타날 것으로 기대되는 재무상태표의 투자자산, 유형자산 및 무형자산 등과 관련하

---

8 당기순이익의 조정항목:
+ 현금유출이 없는 비용(감가상각비, 유가증권평가손실 등)
− 현금유입이 없는 수익(유가증권평가이익, 외화환산이익 등)
+ 투자와 재무활동으로 인한 비용(유형자산처분손실, 사채상환손실 등)
− 투자와 재무활동으로 인한 수익(유형자산처분이익, 사채상환이익 등)
+ 이자비용 − 이자수익 + 법인세비용

표 2-3

현금흐름표

회사명 : 한국전자(주)

(단위 : 백만원)

과 목	20X0년도	20X1년도	20X2년도
영업활동 현금흐름	12,874	13,264	10,633
영업에서 창출된 현금흐름	13,238	13,522	9,898
당기순이익	7,916	7,425	5,526
조정	5,437	6,604	6,805
영업활동으로 인한 자산·부채의 변동	−115	−507	−2,433
이자의 수취	1,239	1,279	1,401
이자의 지급	−303	−332	−284
법인세 납부액	−1,300	−1,205	−382
투자활동 현금흐름	−10,481	−9,688	−9,290
투자활동 현금유입액	4,780	4,030	5,639
투자활동 현금유출액	−15,261	−13,718	−14,929
재무활동 현금흐름	−2,469	−2,527	−1,010
재무활동 현금유입액	176	118	166
재무활동 현금유출액	−2,645	−2,645	−1,176
현금및현금성자산의 증가(감소)	−76	1,049	333
기초 현금및현금성자산	1,054	978	2,027
기말 현금및현금성자산	978	2,027	2,360

여 발생하는 현금흐름으로서, 투자활동 현금유입에서 현금유출을 차감하여 측정된다.

그리고 재무활동 현금흐름은 기업의 자금을 조달한 방법과 자금상환 내역 및 재무자산의 취득과 처분에 대한 현금흐름으로 재무상태표의 장단기 대여금, 비유동부채 및 자본 그리고 일부 단기부채의 항목들과 관련하여 발생하며, 재무활동 현금유입에서 현금유출을 차감하여 측정된다.

1.4 자본변동표와 주석

자본변동표

자본변동표(statement of changes in equity)는 일정한 기간 동안 발생한 소유주지분의 변동을 표시하는 재무보고서로서 자본금, 자본잉여금, 자본조정, 기타포괄손익

표 2-4

자본변동표

회사명 : 한국전자(주)

(단위 : 백만원)

구 분	자본금	자본 잉여금	자본 조정	기타포괄손익 누계액	이익 잉여금	자본 합계
20×0년 12월 말	898	6,367	−6,981	557	44,356	45,197
당기순이익					7,425	7,425
회계변경의 누적효과						−
현금배당					−819	−819
매도가능금융자산평가이익				1,026		1,026
해외사업외화환산이익				290		290
자기주식취득			−1,766			−1,766
자기주식처분이익		208				208
20×1년 12월 말	898	6,575	−8,747	1,873	50,962	51,561
당기순이익					5,526	5,526
회계변경의 누적효과					100	100
현금배당					−1,172	−1,172
매도가능금융자산평가이익				1,790		1,790
해외사업외화환산이익				144		144
자기주식처분			150			150
자기주식처분이익		15				15
20×2년 12월 말	898	6,590	−8,597	3,807	55,416	58,114

누계액, 이익잉여금 등의 변동에 대한 포괄적인 정보를 제공한다. 자본변동표에는 자본의 각 구성요소별로 기초잔액, 변동사항, 기말잔액을 표시하도록 되어 있다.

〈표 2-4〉는 한국전자(주)의 자본변동표를 예시한 것이다. 자본변동표는 재무제표간의 연계성을 제고시켜 주기 때문에 정보이용자들이 재무제표간의 관계를 보다 명확하게 이해할 수 있게 된다.

주 석

주석(footnotes)은 재무제표상의 해당 과목이나 금액에 기호를 붙이고 별지에 회계정책과 회계처리의 세부내용, 주요 계정과목의 내역 등을 기재한 것이다. 주석은 재무제표의 이해가능성과 비교가능성을 높이는 데 필요한 양적·질적 정보를 제공한다. 주석은 재무제표의 하나로서 본문에 표시되는 항목에 관한 설명이나 금액의 세부내역뿐만 아니라 우발상황 또는 약정상황과 같이 재무제표에 인식되지 않는 항목에 대한 추가적인 정보를 제공한다.

주석은 재무제표이용자가 재무제표를 이해하고 다른 기업의 재무제표와 비교하는 데 도움을 줄 수 있도록 일반적으로 다음 순서로 표시한다.

- 한국채택국제회계기준을 준수했다는 사실
- 적용한 중요한 회계정책(자산·부채의 측정기준, 감가상각방법 등)의 요약
- 재무상태표, 손익계산서, 자본변동표, 현금흐름표에 표시된 항목에 대한 보충정보
- 기타 공시: 우발부채와 재무제표에서 인식하지 아니한 계약상 약정사항, 비재무적 공시항목 등

현장 FOCUS

분식회계

분식회계(window dressing settlement or accounting fraud)는 기업이 재무상태나 경영성과를 실제보다 좋게 보이게 할 목적으로 부정한 방법을 이용하여 자산이나 이익을 부풀려 계산하는 등 회계자료를 조작하는 것을 의미한다. 여기서 분식이란 한자의 '가루 분(粉)'과 '꾸밀 식(飾)'의 합성어로 사전적 의미는 실제보다 좋게 꾸미기 위하여 분칠을 한다는 것이다. 이와 같은 측면에서 분식회계는 여성들이 얼굴에 '분'을 발라 주름살 등을 감추고 피부를 젊게 보이게 하는 것처럼 회사가 회계자료에 '분'을 발라 실제보다 좋은 것처럼 보이게 한다는 뜻을 담고 있다.

분식회계에는 아직 창고에 쌓여 있는 재고의 가치를 장부에 과대계상하는 수법, 팔지도 않은 물품의 매출전표를 끊어 매출채권을 부풀리는 수법, 매출채권의 대손충당금을 고의로 적게 잡아 이익을 부풀리는 수법, 부외부채 또는 부채를 과소계상하는 수법 등이 주로 이용된다. 이와 반대로 세금 부담이나 근로자에 대한 임금 인상을 피하기 위하여 실제보다 이익을 적게 계상하는 경우를 역분식회계라고 한다.

분식회계는 주주, 채권자 등 기업의 이해관계자들의 판단을 왜곡시켜 손해를 끼치는 것은 물론, 탈세와도 관련이 있어 상법 등 관련법에서 금지되어 있다. 불황기에 특히 이러한 분식회계 수법이 자주 이용된다. 한국에서는 1999년 대우그룹 김우중 회장의 41조원 분식회계 사실이 드러나 재무제표를 믿고 자금을 대출해준 금융기관과 투자자, 일반 국민들이 엄청난 손해를 본 일이 있다. 최근에는 대우조선해양이 2008년부터 2016년 3월까지 매출액과 자산을 부풀리고 비용과 부채를 축소하는 수법 등으로 누적 기준 7조 7,000억원 규모의 분식회계를 저질러 사회적 물의를 일으켰다. 미국에서는 7대 대기업이자 에너지회사인 엔론(Enron Corporation)이 분식회계를 통해 회사의 재무상태를 허위로 보고한 사실이 드러나 2001년에 파산함으로써 주주와 채권자들에게 큰 손해를 입혔다.

분식회계를 막기 위해 회사는 내부감사를 두고 외부감사인인 공인회계사로부터 회계감사를 받도록 되어있다. 그리고 회계감사보고서를 금융감독원이 다시 한 번 조사해 분식회계 여부를 밝혀내는 '감리'라는 장치도 있다. 분식회계를 제대로 적발하지 못한 회계법인은 영업정지나 설립인가 취소 결정을 받을 수 있다. 투자자나 채권자가 분식회계로 작성된 재무제표를 보고 투자한 후 손해를 본 경우 손해배상 청구소송을 할 수도 있다.

1.5 재무제표간의 상관관계

이상에서 설명한 재무상태표, 손익계산서, 현금흐름표, 자본변동표 등은 서로 유기적으로 연결되어 있다. 이와 같은 재무제표간의 상호연관성을 그림으로 나타내면 [그림 2-2]와 같다.

그림 2-2
재무제표간 상호연관성

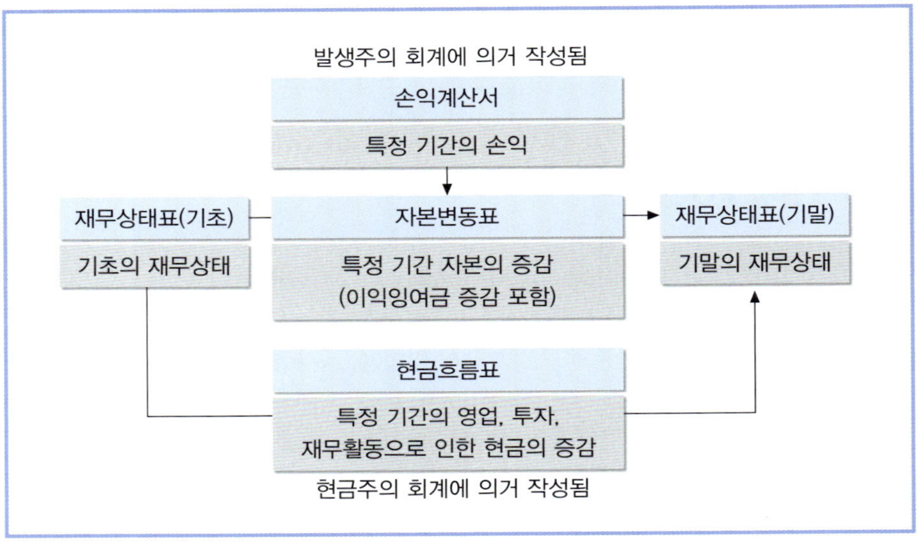

자료 : 송인만 · 윤순석 · 최관, 제4판 K-IFRS 중급재무회계, 신영사, 2012, p. 129.

현장 FOCUS

| 재무제표만 제대로 봐도 기업분석력 Upgrade

주식에 투자할 때는 먼저 자신이 투자하려는 기업이 튼튼한지(안정성), 이익을 많이 내는지(수익성), 앞으로 더 커질 가능성이 있는지(성장성)를 파악해야 한다. 이와 같은 것들을 알아내기 위해 기업분석에서 쓰이는 자료가 바로 재무제표다. 재무제표에는 재무상태표, 손익계산서, 현금흐름표 등이 있다. 재무제표는 기업이 해마다 한 번씩 금융감독원에 제출하는 사업보고서에 포함돼 있다. 대부분의 기업은 우리가 쓰는 달력과 마찬가지로 1월 1일부터 12월 31일까지를 한 회계연도(12월 결산법인)로 삼고 있다. 그러나 일부 기업들은 4월, 7월, 10월을 회계연도의 시작으로 삼기도 한다. 사업보고서는 금융감독원 전자공시시스템(dart.fss.or.kr)에서 찾아볼 수 있다.

◆ 손익계산서에는 기업실적이 보인다

손익계산서(income statement)란 기업이 1년 동안 사업을 하면서 얼마나 벌었는지, 얼마나 손해를 봤는지를 기록한 표다. 손익계산서는 한 회사가 물건이나 서비스를 팔고 받은 돈에서 각종 비용을 빼는 방식으로 작성된다. 손익계산서의 제일 뒷부분에 있는 당기순이익을 보면 회사가 그 사업연도에 흑자를 냈는지, 손해를 봤는지를 알 수 있다. 그러나 당기순이익에는 영업 외적인 요인이 많이 반영돼 있기 때문에 영업이익, 법인세비용차감전순이익 등 이전 단계의 이익들을 구분하여 살펴볼 필요가 있다. 어느 해 회사의 당기순이익이 크게 증가한 것으로 나타났는데, 알고 보니 영업이익은 줄어들었고 갖고 있던 땅을 구입가격보다 높은 값에 팔아 이익을 낸 것이라면 회사가 본업인 장사를 잘했다고 볼 수 없다. 이 같은 이익은 일회성이기 때문에 다음 해에도 순이익이 좋아질 것으로 기대하기 힘들다.

◆ 재무상태표는 재무상태를 파악하는 기초 자료

재무상태표(statement of financial position)는 회사의 재무상태를 일목요연하게 보여 주는 표다. 결산시점을 기준으로 기업이 어떻게 자금을 조달(부채와 자본)해서 운용(자산)했는지를 보여 준다. 모든 자산은 차변(왼쪽)에, 모든 부채와 자본은 대변(오른쪽)에 적어 넣기 때문에 대차대조표라고도 불린다. 재무상태표에서 자산은 언제나 부채와 자본의 합계와 일치한다. 자산은 1년 내에 현금화가 가능한 유동자산(현금, 예금, 매출채권, 재고자산 등)과 1년 안에 현금화가 어려운 비유동자산(토지, 건물, 기계장치 등)이 있다. 부채도 마찬가지로 1년 이내에 갚아야 하는 유동부채와 1년 뒤 갚아도 되는 비유동부채로 나뉜다. 자본은 주주들이 출자한 자본금 외에 자본잉여금, 이익잉여금 등으로 구성된다.

◆ 현금흐름이 나쁘면 부도날 수도

손익계산서는 '발생주의' 원칙에 따라 제품이나 서비스의 경제적 효익이 제공되는 시점에 기록되는 반면, 현금흐름표(statement of cash flows)는 실제로 현금이 들어오고 나가는 시점을 기준으로 작성된다. 외상으로 제픔을 팔았을 경우 현금흐름은 없지만 매출로 기록된다. 물품을 외상으로 구입하는 경우도 마찬가지다. 현금지출은 없지만 비용으로 처리된다. 회사가 외상으로 장사를 한 후 계속 대금을 회수하지 못한다면 손익계산서상으로는 이익이 났더라도 빌린 돈을 제대 갚지 못해 부도가 날 수 있다. '흑자도산'이라는 말이 생겨난 이유다. 장부상에는 분명히 흑자인데 현금이 없어 부도를 낼 수 있다. 현금흐름표는 영업활동 현금흐름, 투자활동 현금흐름, 재무활동 현금흐름 등으로 구분된다. 영업활동 현금흐름은 제품판매나 원재료 구입 등 일상적인 영업활동에 따른 현금 유출입을 나타낸다. 투자활동 현금흐름은 비유동자산 취득 등 회사가 미래에 수익을 얻기 위해 돈을 얼마나 투자했는지를 나타낸다. 재무활동 현금흐름은 은행에서 돈을 빌린다든지, 주식을 발행한다든지 하는 기업의 자금조달과 관련된 현금흐름을 나타낸다.

〈한국경제신문, 2005. 8. 1 수정〉

02 비회계자료

비회계자료 중에서 가장 많이 사용되고 있는 자료는 증권시장자료이다. 증권시장자료는 주식시장과 채권시장의 전반적인 움직임을 나타내는 증권시장지표, 개별종목의 거래활동을 나타내는 투자지표 등으로 구분된다. 주식시장과 채권시장의 전반적인 움직임을 나타내는 지표로는 코스피지수(KOSPI), 코스닥지수(KOSDAQ), 시장수익률(지표채권수익률) 등이 있으며, 개별종목의 거래활동을 나타내는 지표로는 주가변화, 거래량변화, 배당수익률과 주당순이익 등이 있다.

기업의 경영성과는 궁극적으로 증권시장을 통하여 평가를 받으며, 주가는 기본적으로 기업의 미래 수익력과 위험에 의해서 결정된다. 따라서 어떤 기업이 장래에 어느 정도의 수익력과 위험에 노출되어 있는가를 판단하기 위해서는 회계자료뿐만 아니라 경제동향, 산업동향 및 기업의 질적 요인 등과 같은 비회계자료에 대한 분석이 필요하다.

2.1 증권시장자료

한국거래소(Korea Exchange: KRX) 홈페이지를 방문하면 주식, 채권 등 증권시장에 대한 거의 모든 자료를 얻을 수 있다. 한국거래소에서는 국내·외의 증권시장동향과 각종 증권시장의 통계자료뿐만 아니라 상장주식, 채권, 배당수익률과 거래실적 등 증권시장과 관련된 다양한 통계자료를 제공하고 있다. 한국거래소는 최근 KRX정보데이터시스템(http://data.krx.co.kr/contents/MDC/MAIN/main/index.cmd)을 개설하여 상장주식에서부터 지수, 증권상품, 파생상품, 일반상품 등에 이르기까지 다양한 분야에서 유용한 통계정보를 제공하고 있다. KRX정보데이터시스템을 통해 제공하는 정보의 유형을 세부적으로 살펴보면 다음과 같다. 첫째, 한국거래소가 생산하는 증권·파생상품 통계를 지수, 주식, 증권상품, 채권, 파생상품, 일반상품 등의 상품 정보, 둘째, 한국거래소가 생산하는 상장·공시정보와 시장정보를 결합한 통계자료, 셋째, 한국거래소의 시장별 주요통계 및 다양한 주제별 순위 통계자료, 마지막으로 투자자들의 투자 판단에 유용성

그림 2-3
한국거래소 KRX정보데이터 시스템 접속 화면

이 높은 기업분석보고서 및 다양한 분석자료 등이다. 한편 각종 증권회사의 홈페이지를 통해서도 주식 및 채권의 거래동향, 경제동향, 산업동향과 유망종목의 추천 등에 대한 정보를 구할 수 있다. 그 밖에 금융감독원은 「금융통계월보」를 통해 주요 경제지표, 발행시장, 유통시장, 금융회사 경영정보 등에 관한 통계자료를 제공하고 있다.

2.2 경제관련자료

한국은행에서 발간하는 「해외경제포커스(주간)」에는 주요국의 해외경제정보, 금융경제동향, 국제금리, 환율 및 원자재의 가격동향 등에 대한 자료가 수록되어 있다. 한편 국내·외 경제동향에 대한 조사결과와 통계자료는 한국은행의 「조사통계월보」, 한국개발연구원(KDI)의 「상·하반기 경제전망」, 한국산업연구원의 「산업동향 브리프(월간)」, 민간기업 경제연구원의 경제전망자료 등을 통해 구할 수 있다. 「조사통계월보」에는 국내·외 경제동향, 통화금융, 증권, 재정, 물가 등 경제 전반에 관한 통계자료가 수록되어 있다. 그 밖에 정부, 연구기관 및 금융기관 등에서 경제전망이나 경제동향을 분석한 많은 연구보고서

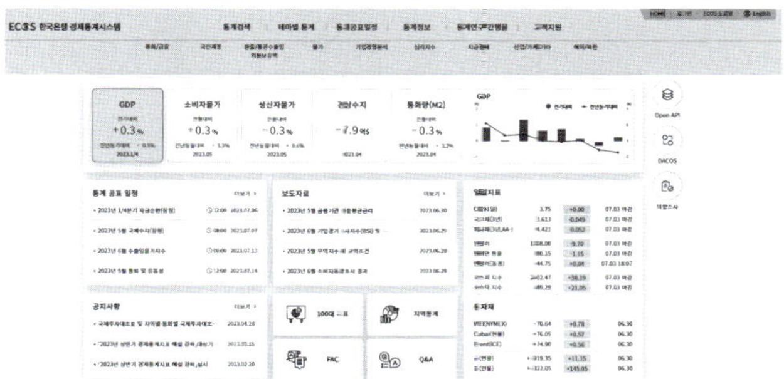

▲ 기업경영분석 자료를 제공하는 한국은행 경제통계시스템의 웹페이지(https://ecos.bok.or.kr) 접속 화면

등을 발표하고 있어 이와 같은 보고서들이 경제 및 산업동향을 파악하는 데 유용하게 이용되고 있다.

2.3 경영분석 통계자료

국내 · 외에서 발표하는 경영분석에 관한 통계자료의 현황을 소개하면 〈표 2-5〉와 같다. 국내자료로는 한국은행의 「기업경영분석」 외에도 중소기업중앙회의 「중소기업통계DB」 등이 있으며, 해외자료로는 미국 상무부의 「Quarterly Financial Report」, 일본 재무성의 「법인기업통계연보」, 독일 연방은행의 「Financial Statements Ratios」 등이 있다.

표 2-5 국내 · 외 경영분석의 통계자료

자 료 명	작성기관 (인터넷 홈페이지)	주요 내용
기업경영분석	한국은행 (www.bok.or.kr)	산업별 재무제표 및 경영분석비율, 주요국 경영분석지표, 현금흐름표
중소기업통계DB	K-BIZ중소기업중앙회 (www.kbiz.or.kr)	중소기업 재무제표 및 경영지표, 주요지표분포도 등
Quarterly Financial Report	미국 상무부 (www.census.gov)	산업별 재무상태표 및 손익계산서
법인기업통계연보	일본 재무성 (www.mof.go.jp)	산업별 재무상태표 및 손익계산서 (재정금융통계월보에 수록)
Financial Statements Ratios	독일 연방은행 (www.bundesbank.de)	산업별 재무상태표 및 손익계산서

2.4 인터넷자료

경영분석에 필요한 자료를 신속하고 저렴하게 수집할 수 있는 방법은 인터넷을 이용하는 방법이다. 〈표 2-6〉에 제시된 웹사이트를 통하여 국내 · 외 경제, 산업, 기업 등과 관련된 정보를 실시간(real time)으로 이용할 수 있다. 특정기업에 관한 자료가 필요한 경우 직접 그 기업의 홈페이지에 접속하여 1차적인 자료를 확보할 수 있다.

표 2-6 경제·산업·기업에 관한 주요 웹사이트

구 분	제 공 처	웹사이트
경제/산업동향	한국은행	www.bok.or.kr
	산업은행	www.kdb.co.kr
	통계청	www.kostat.go.kr
	산업연구원	www.kiet.re.kr
	한국개발연구원	www.kdi.re.kr
	한국경제연구원	www.keri.org
	삼성경제연구소	www.seri.org
	LG경제연구원	www.lgeri.com
경제뉴스	매일경제신문	www.mk.co.kr
	한국경제신문	www.hankyung.com
	파이낸셜뉴스	www.fnnews.com
	CNN financial news	money.cnn.com
	The Economist	www.economist.com
	The Wall Street Journal	www.wsj.com
증시동향	한국거래소	www.krx.co.kr
	금융투자협회	www.kofia.or.kr
	Koscom	www.koscom.co.kr
	팍스넷	paxnet.co.kr
	뉴욕증권거래소	www.nyse.com
	나스닥시장	www.nasdaq.com
	블룸버그뉴스	www.bloomberg.com
기업동향	금융감독원(전자공시시스템)	dart.fss.or.kr
	한국기업평가	www.korearatings.com
	한국신용평가	www.kisrating.com
	NICE신용평가	www.nicerating.com
	Moody's Investors Services	www.moodys.com
	Standard & Poor's(S&P)	www.standardandpoors.com

현장 FOCUS

금융감독원의 전자공시시스템(DART)

기업의 재무제표를 신속하고 저렴하게 수집할 수 있는 방법은 금융감독원(www.fss.or. kr)의 전자공시시스템(data analysis, retrieval and transfer system: DART)을 이용하는 것이다. 전자공시시스템은 우리나라 기업이 금융감독원 등 관계기관에 제출하는 신고서 또는 보고서 등을 인터넷을 통하여 전자문서로 제출하고 그 내용을 실시간으로 일반인에게 공시함으로써 공시의 신속성과 기업경영의 투명성을 제고하기 위한 종합적인 공시시스템이다. 기존의 공시는 서면에 의한 공시로서 제출대상회사가 금융감독원, 한국거래소 등을 직접 방문하여 다량의 공시서류를 제출하였으나, 전자공시시스템은 금융감독원이 제공하는 전자문서 소프트웨어를 이용하여 공시서류를 작성하고 인터넷을 통하여 한 번만 제출하면 모든 공시의무가 완료된다. 따라서 방문에 따른 불편과 다량의 서면문서 작성으로 인한 자원의 낭비를 막을 수 있을 뿐만 아니라 일반인(투자자, 학생, 기타 이해관계인)들로 하여금 실시간으로 인터넷을 통해 해당 회사의 정보를 얻을 수 있게 한다.

재무제표분석에 필요한 자료를 얻기 위해서는 먼저 전자공시시스템(dart.fss.or.kr)에 접속하여 분석하고자 하는 회사의 사업보고서(정기공시) 등을 검색한다. 그 다음 검색된 기업의 사업보고서의 우측 상단에 있는 '다운로드'를 선택하여 재무제표자료(엑셀파일)를 다운로드받으면 재무제표분석에 필요한 자료를 쉽게 얻을 수 있다.

주요용어
Principal Terms

- **재무상태표(statement of financial position)**

  일정시점(결산기 말)에서 기업의 자산, 부채, 자본에 관한 정보를 제공하는 재무보고서로서 대차대조표(balance sheet: B/S)라고도 한다.

- **유동자산(current assets)**

  보고기간 말로부터 1년 이내에 현금으로 전환되거나 전환이 예상되는 자산을 말한다.

- **당좌자산(quick assets)**

  유동자산 중에서 환금성이 가장 높은 자산으로 판매과정을 거치지 않고 단기간에 현금화시킬 수 있는 현금및현금성자산, 단기금융자산, 매출채권, 선급비용 등이 포함된다.

- **재고자산(inventories)**

  정상적인 영업활동과정에서 판매 또는 생산활동을 지원하기 위한 목적으로 보유하는 자산을 말한다.

- **비유동자산(non-current assets)**

  정상적인 영업활동에 투자되어 1년 이내에 현금화하기 어려운 자산으로서 그 사용형태가 급격하게 변하지 않는 자산을 말한다.

- **투자자산(long-term investments)**

  기업 본래의 사업목적이 아닌 타기업을 지배, 통제하거나 유휴자금의 증식을 목적으로 장기간 소유하는 자산으로 장기성예금, 투자유가증권, 투자부동산 등이 이에 속한다.

- **유형자산(property, plant and equipment)**

  제품의 생산, 서비스의 제공, 타인에 대한 임대 또는 자체적으로 사용할 목적으로 장기간(1년 이상) 보유하는 물리적 형체가 있는 자산을 말하며, 토지, 건물, 비품, 기계장치, 건설중인 자산 등을 포함한다.

- **무형자산(intangible assets)**

  물리적 형체는 없지만 독자적으로 식별가능한 비화폐성자산으로 특허권이나 실용신안권 등을 포함한 산업재산권, 저작권, 개발비, 영업권 등이 있다.

유동부채(current liabilities)

일상적인 상거래에서 발생하는 영업상의 채무와 만기가 1년 이내인 지급채무로 구성되며, 매입채무, 미지급비용, 단기차입금, 선수금 등을 포함한다.

비유동부채(non-current liabilities)

만기가 1년 이상인 장기성 부채로서 사채, 장기차입금 등의 장기금융부채, 퇴직급여충당부채 등의 장기충당부채, 이연법인세부채(유동부채로 분류되는 부분 제외)와 장기선수금 등을 포함한다.

자본(stockholders' equity)

기업의 소유자인 주주에게 귀속될 소유자지분을 의미한다.

자본금(capital stock)

1주당 액면금액에 발행주식총수를 곱하여 산출되며, 우선주 자본금(preferred stock), 보통주 자본금(common stock)으로 구분된다.

자본잉여금(capital surplus)

자본거래(증자, 감자 등)에서 발생된 잉여금으로서 주식발행초과금, 자기주식처분이익 등을 포함한다.

이익잉여금(retained earnings)

기업의 이익 중 사외에 유출되거나 자본금계정에 대체되지 않고 사내에 유보된 부분을 의미한다.

자본조정(capital adjustment)

자본의 성격이 결정되지 않은 임시항목으로서 자본총계에 가감하는 형식으로 기재되며, 회사가 발행한 주식을 소각, 재매각 또는 임직원에게 상여금으로 줄 목적으로 임시취득한 자기주식(treasury stock)이 대표적인 예이다.

○ 기타포괄손익누계액(accumulated other other comprehensive income)

당기순손익을 제외한 기타포괄손익(other comprehensive income)의 누계잔액을 의미하며, 이에 해당되는 과목으로는 매도가능금융자산평가손익, 해외사업외화환산손익, 보험수리적손익, 자산재평가잉여금, 현금흐름위험회피 파생상품평가손익 등이 있다.

○ 손익계산서(income statement: I/S)

일정기간 동안 기업에서 발생한 수익과 비용을 대응시켜 당해기간의 손익을 표시한 보고서로서 기업의 종합적인 경영성과를 나타내는 재무제표이다.

○ 매출총이익(gross profit)

매출액에서 매출원가를 차감한 것으로 생산효율성을 측정하는 근거가 된다.

○ 영업이익(operating income)

영업활동의 결과 발생된 이익으로 매출총이익에서 판매비와 관리비를 차감하여 산출되며, 영업효율성을 측정하는 근거가 된다.

○ 법인세비용차감전계속사업손익(중단사업손익 없을 경우 법인세비용차감전순손익)

영업이익에 금융수익 및 기타수익을 가산한 후 금융비용 및 기타비용을 차감하여 산출되며, 재무효율성을 측정하는 근거가 된다.

○ 계속사업이익

법인세비용차감전계속사업손익에서 회계이익에 근거하여 산출된 계속사업손익법인세비용을 차감하여 측정된다.

○ 당기순이익(net income)

최종적인 경영활동의 결과로서 주주에게 귀속되는 이익이며, 계속사업이익에서 중단사업손익(법인세효과 차감 후)을 가감하여 측정되며, 자기자본의 투자성과를 측정하는 척도가 된다.

○ 현금흐름표(statement of cash flows)

일정한 기간에서 기업이 조성한 현금과 사용한 현금의 내역을 정리한 보고서를 말한다.

자본변동표(statement of changes in equity)

한 회계기간 동안 발생한 소유주지분의 변동을 표시하는 재무보고서로서 자본금, 자본잉여금, 자본조정, 기타포괄손익누계액, 이익잉여금 등의 변동에 대한 포괄적인 정보를 제공한다.

주석(footnotes)

재무제표상의 해당 과목이나 금액에 기호를 붙이고 별지에 회계정책과 회계처리의 세부내용, 주요 계정과목의 내역 등을 기재한 것이다.

연습문제

객관식 문제

01. 재무상태표의 유동자산 항목에 해당하지 않는 것은? (경영지도사, 2020)

① 현금 ② 투자자산 ③ 재고자산
④ 매출채권 ⑤ 단기금융자산

02. 유동자산 중에서 환금성이 가장 높은 자산으로 판매과정을 거치지 않고 단기간에 현금화시킬 수 있는 것은?

① 재고자산 ② 무형자산 ③ 유형자산
④ 당좌자산 ⑤ 투자자산

03. 재무상태표에서 자본에 해당하는 항목은? (경영지도사, 2021)

① 이익잉여금 ② 장기차입금 ③ 매입채무
④ 무형자산 ⑤ 당좌자산

04. 재무상태표에 포함되지 않는 항목은? (경영지도사, 2019)

① 자산 ② 이자비용 ③ 자본금
④ 이익잉여금 ⑤ 매입채무

05. 재무상태표에 관한 설명으로 옳지 않은 것은? (경영지도사, 2019)

① 일정시점의 기업 재무상태를 나타내는 보고서이다.
② 재무상태표의 대변은 부채와 자본으로 구성된다.
③ 재무상태표상의 장부가치와 경제적 실질가치 사이에 차이가 있을 수 있다.
④ 재무상태표의 차변은 자본의 조달상황, 대변은 자본의 운용상황을 나타낸다.
⑤ 재무상태표에는 질적 정보와 비계량적 정보가 반영되지 않는다는 단점이 있다.

06. 재무상태표의 한계점과 거리가 먼 것은?

① 재무상태표에서 자산을 역사적 원가에 의해 평가할 경우 자산금액이 공정한 시장가치를 나타낸다고 볼 수 없다.
② 재무상태표에는 많은 질적 정보 또는 비계량적 정보가 반영되어 있지 않다.
③ 단일의 회계처리방법만이 인정되고 있어 융통성이 부족하다.
④ 재무상태표를 작성하는 데 주관적인 판단이 많이 개입될 수 있다.
⑤ 일반적으로 인정된 회계원칙 하에서는 부외금융(off-balance sheet financing)현상이 발생할 가능성이 있다.

07. 손익계산서 항목에 해당하는 것은? (경영지도사, 2021 수정)

① 이익준비금 ② 이자수익 ③ 건설중인 자산
④ 배당금 ⑤ 매입채무

08. 손익계산서에서 산출될 수 있는 이익 중 잘못된 것은?

① 매출총이익 = 매출액 − 매출원가
② 영업이익 = 매출총이익 − 판매비와 관리비
③ 법인세비용차감전계속사업손익 = 영업이익 + 금융수익 및 기타수익 − 금융비용 및 기타비용
④ 계속사업이익 = 법인세비용차감전계속사업손익 − 계속사업손익법인세비용
⑤ 당기순이익 = 계속사업이익 − 중단사업손익(법인세효과 차감 전)

09. 손익계산서의 한계점과 거리가 먼 것은?

① 회계이익이 기업의 현금결제능력을 의미하지 않는다.
② 손익계산서를 작성하는 작성자의 주관이 개입될 가능성이 높다.
③ 수익은 판매가격에 의하여 측정되는 반면에 비용은 역사적 원가에 의하여 측정된다. 따라서 인플레이션이 심할 때 회계이익에 근거하여 기업의 경영성과를 평가하는 경우 그릇된 판단을 가져올 수 있다.
④ 회계이익에 주주의 기회비용이 반영되지만 그 측정이 주관적이어서 문제가 있다.
⑤ 손익계산서에는 포함되지 않지만 기업의 경영성과에 중대한 영향을 미치는 요인으로

계량화할 수 없는 질적인 요소가 많다.

10. 손익계산서의 한계점에 관한 설명으로 옳지 않은 것은? (경영지도사, 2020)

① 회계이익이 기업의 현금결제 능력을 의미하지는 않는다.
② 수익은 판매가격에 의하여 측정되는 반면에 비용은 역사적 원가에 의하여 측정된다.
③ 회계처리 방법에 따라 회계이익이 달라질 수 있다.
④ 손익계산서에는 반영되어 있지 않지만 경영성과에 영향을 미치는 질적인 요소가 많이 있다.
⑤ 모든 기업이 회계기준에 근거하여 하나의 회계처리 방법을 사용하므로 기업간 비교는 물론 기간별 비교가 용이하다.

11. 현금흐름표의 투자활동으로 인한 현금흐름에 해당하는 것은? (경영지도사, 2020)

① 신주의 발행 ② 유상증자 ③ 차입금 상환
④ 기계설비 처분 ⑤ 재화와 용역의 구입

12. 회계자료에 관한 설명으로 옳지 않은 것은? (경영지도사, 2016)

① 자본변동표는 일정기간 동안 발생한 소유지분의 변동 내역을 보여준다.
② 손익계산서는 일정기간 동안 기업의 수익에서 비용을 차감한 순이익을 보여준다.
③ 현금흐름표는 일정기간 동안 현금의 수취 및 지급으로 인한 현금의 증감 및 기말의 현금을 보여준다.
④ 재무상태표는 특정시점에서 기업의 자산, 부채, 자본에 관한 정보를 제공하는 재무보고서이다.
⑤ 이익잉여금처분계산서는 손익계산서와 자본변동표를 연결시키는 중요한 재무제표이다.

주관식 문제

01. 다음 용어를 간략하게 설명하라.

1) 유동성
2) 무형자산
3) 투자자산
4) 자본잉여금
5) 자본조정
6) 영업이익
7) 자본변동표
8) 주석

02. 재무상태표와 손익계산서를 비교하여 설명하라.

03. 재무상태표의 한계에 대해서 설명하라.

04. 손익계산서의 한계에 관하여 설명하라.

05. 현금흐름표에 대해서 설명하라.

06. 경영분석에서 이용되는 비회계자료에 대하여 설명하라.

제 2 편

재무제표분석

제3장의 개요

재무비율분석(financial ratio analysis)은 여러 가지 재무비율을 이용하여 기업의 재무상태와 경영성과를 분석·평가하는 방법을 말한다. 흔히 재무비율분석을 약칭하여 비율분석이라고 부르기도 한다. 기업의 이해관계자들(경영자, 주주, 채권자 등)은 비율분석을 통하여 의사결정에 유용한 정보를 얻고 있다.

이 장에서는 먼저 비율분석의 의의를 설명하고, 재무비율의 분류, 계산방법 및 분석, 그리고 사례기업을 이용하여 기업의 재무상태와 경영성과를 평가하는 과정을 다루고자 한다.

제3장

재무비율분석

01 비율분석의 의의

1.1 재무비율의 의의

재무상태표, 손익계산서와 현금흐름표 등과 같은 재무제표를 분석하여 기업의 재무상태와 경영성과를 파악할 수 있다. 그러나 재무제표의 내용이 매우 복잡하기 때문에 재무제표를 직접 분석하여 의사결정에 필요한 정보를 얻는 것은 결코 쉬운 일이 아니다. 따라서 재무제표에 포함된 유용한 정보를 쉽게 파악할 수 있는 수단이 필요하며, 이를 위해 고안된 것이 재무비율이다.

재무비율은 경제적 의미와 논리적 관계가 분명한 재무제표의 한 항목을 다른 항목에 대한 상대적 비율로 나타낸 것이다. 따라서 비율분석은 재무비율의 경제적 의미를 분석하여 기업의 재무상태와 경영성과를 평가하는 기법이라 할 수 있다.

재무제표는 수많은 항목으로 구성되어 있으며, 이와 같은 항목들을 이용하여 다양한 재무비율을 계산할 수 있다. 그러나 의미 있는 재무비율을 얻기 위해서는 논리적이거나 경제적인 관계가 분명한 항목끼리 연결시켜 재무비율을 산출해야 한다. 예를 들어 매출액과 순이익 사이에는 명확하고 직접적인 경제적 관계가 존재하기 때문에 순이익을 매출액에 대응시켜 재무비율을 계산함으로써 의미 있는 정보를 얻을 수 있다. 그러나 운송비용과 기업이 보유하고 있는 유가증권 사이에는 논리적이거나 경제적인 연관성이 없기 때문에 두 항목을 연결시켜 재무비율을 산출하더라도 의미 있는 정보를 얻을 수 없다.

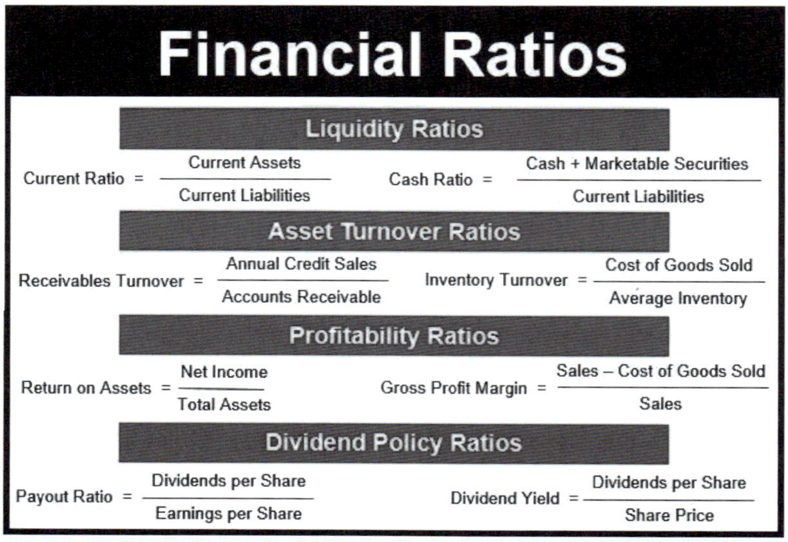

▲ 기업의 재무상태와 경영성과를 분석하는 데 유용한 재무비율

재무비율은 기업의 재무적 건강상태에 대한 신호(signal) 또는 징후(symptom)를 얻는 데 이용되는 하나의

분석수단이다. 우리 몸에 이상이 없는지를 검진하는 건강진단과 같이 재무비율에 의해 기업의 경영상태가 건실한지를 과학적으로 진단해보는 것이다. 따라서 재무비율을 적절하게 해석함으로써 추가적인 분석이 필요한 분야가 어떤 분야인지를 파악할 수 있다. 비율분석은 개별항목에 대한 분석을 통하여 탐지하기 어려운 기업의 재무적 건강상태와 건강상태의 변화가능성을 파악하는 데 이용된다.

경영자들은 경영실적 평가와 경영의 합리화, 자금조달결정 또는 투자결정 등에 필요한 정보를 얻기 위하여 비율분석을 실시한다. 한편 투자자들은 투자하고자 하는 기업의 미래수익, 배당지급능력, 또는 투자위험 등을 파악하기 위하여 비율분석을 하며, 금융기관은 거래처의 원리금 상환능력 또는 수익성 등을 파악하기 위하여 비율분석을 실시하게 된다. 그 밖에 정부나 공공기관 등은 기업의 경영실태를 파악하여 산업의 구조조정 또는 중소기업 육성 등과 같은 산업정책을 수립하는 데 필요한 정보를 얻기 위하여 비율분석을 이용한다.

비율분석의 목적은 다양한 기업의 이해관계자들이 의사결정에 필요한 목적적합한 정보를 얻는 데 있다. 이와 같은 목적에서 비율분석을 효과적으로 수행하기 위해서는 첫째 재무비율을 구성하는 항목에 대한 정확한 측정치가 필요하며, 둘째 어떤 요인들이 재무비율에 영향을 미치고 있는가를 파악해야 하며, 셋째 비율분석의 결과를 올바르게 해석해야 한다.

현장 FOCUS

기업의 건강진단

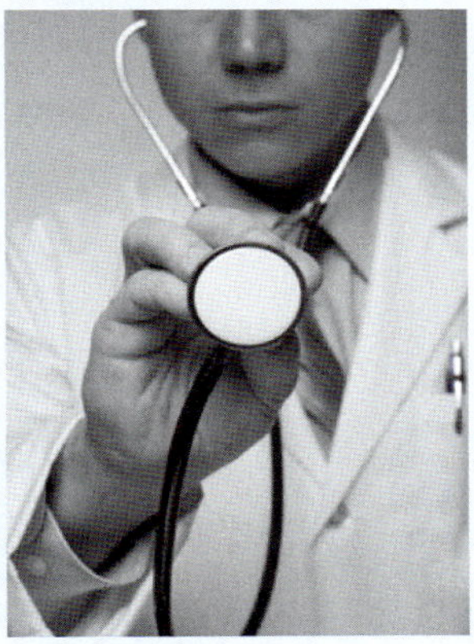

경기 포천에 있는 영진산업은 수성접착제와 계면활성제 등을 만드는 중소기업이다. 이 회사가 위기를 맞은 때는 2013년이다. 새 공장을 지어 입주했는데, 불량률이 증가하는 등 품질관리가 제대로 안 됐다. 주요 고객사인 섬유업체와 건축 관련 업체들의 영업이 잘 안 돼 여기에 납품하는 물량도 감소하는 '이중고'를 겪었다. 이러다 보니 수익성이 떨어지고 생산성도 떨어졌다. 이미자 영진산업 대표가 중소기업진흥공단(중진공) 경기북부지부에 도움을 청한 시기는 2014년 7월이다.

중소벤처기업진흥공단은 영진산업에 대한 기업진단에 들어갔다. 먼저 수익성이 악화된 원인을 분석했다. 생산성이 어떤 수준인지 파악했다. 수출 영업을 어떻게 확대할 수 있는지 진단했다. 몇 달에 걸친 분석 끝에 몇 가지 문제점이 나왔다. 이 회사는 매출채권을 회수하기까지 시간이 너무 오래 걸렸다. 팔아도 남는 게 없는 제품도 있었다. 품목은 많은데, 물량이 적으니 규모의 경제도 안 됐다. 수출을 하면서도 전담부서가 없었다. 문제 해결을 위해 중진공은 우선 다품종 소량생산 체제에 맞는 전략부터 세웠다. 인력관리 프로그램도 다시 만들었다. 핵심 인력에 대해서는 성과보상공제에 가입시켰다. 생산성 향상과 원가 절감을 주제로 한 직원 교육을 했다. 해외시장에 대한 정보도 제공했다. 이 과정을 통해 영진산업의 작년 매출은 전년 대비 10%가량 증가한 100억원을 넘었다. 올해는 120억원을 목표로 잡았다. 이 대표는 "기업진단을 통해 위기를 극복할 수 있었고 회사의 근본적인 체질도 개선할 수 있었다"고 말했다.

기업진단은 사람이 건강진단을 받는 것과 비슷하다. 건강진단을 받을 때 다양한 검사를 통해 종합적인 진단을 내리듯 기업진단은 기업이 갖고 있는 문제점을 파악한 뒤 근본적인 처방을 제시하는 것을 목표로 한다. 중진공의 기업진단사업은 기술 · 경영 전문가가 기업을 방문해 상태를 진단한 뒤 이에 맞는 처방전을 제시하는 방식으로 진행된다. 여기서 그치는 것이 아니라 치료에 도움이 되는 각종 정책을 연계 지원하고 사후에도 코칭을 한다. 이는 '신청–평가–지원' 방식으로 진행된 기존 정부 지원 방식에서 발전된 형태다. 이를 통해 중소기업의 안정적인 성장을 돕는다.

중소벤처기업진흥공단은 2023년 2월 빅데이터 기반 인공지능(artificial intelligence : AI)진단 시스템 '비즈브레인'(BIZBRAIN)을 도입했다. AI진단은 기업 데이터와 약 1,000만건 산업별 데이터를 AI가 자동 연동시켜 외부환경과 경영성과, 내부역량 등을 분석하고 맞춤 사업을 연계해주는 시스템이다. 기존 비대면 진단에서 기업이 정보를 직접 입력하는 불편을 해소했다. 또 PC 웹 기반 진단에서 모바일 앱을 활용한 진단시스템을 추가로 구축, 고객 접근성을 강화했다. 다양한 기업맞춤 정보도 실시간으로 제공한다. 최근 2개년 표준재무제표를 보유하고 있는 중소기업이면 누구나 AI진단 누리집에 접속하거나 모바일 앱을 내려받아 이용할 수 있다. 진단 신청 1분 이내 약 14페이지의 진단보고서를 무료로 받아볼 수 있다.

중진공은 AI진단을 완료한 기업을 대상으로 2023년 4월부터 진단보고서 상세 해석과 경영애로사항에 대한 전문가 화상코칭 서비스를 제공할 계획이다. 김학도 중진공 이사장은 "AI진단은 장소와 시간, 횟수에 제한 없이 언제 어디서든 무료로 이용이 가능한 것이 장점"이라며 "빅데이터를 적극 활용해 스스로 기업 수준을 진단하고 관리할 수 있도록 중소 · 벤처기업 마이데이터 활성화를 지원하겠다"고 말했다.

1.2 재무비율에 영향을 미치는 요인

재무비율은 전반적인 경제상황, 산업에서의 지위, 경영정책과 회계처리방법 등에 따라 영향을 받는다. 특히 다양한 회계처리방법 또는 회계변경 등이 재무비율에 영향을 미치기 때문에 여러 기업의 재무비율을 상호 비교하거나 또는 한 기업의 재무비율을 기간별로 상호 비교하는 것 또한 쉽지 않다.

이와 같은 비교가능성(comparability) 또는 일관성(consistency)의 결여는 비율분석의 결과를 해석하는 데 심각한 영향을 미칠 수 있다. 그러므로 재두비율을 구성하는 각 항목의 값이 타당하고 일관성이 있는가를 확인하여야 한다. 여러 기업의 재무비율을 상호 비교하거나 한 기업의 재무비율을 기간별로 상호 비교하는 경우에는 일관된 회계처리방법이 적용되고 있는가를 확인하여야 한다. 특히 산업간의 특성차이 또는 기업의 인수 또는 합병 등과 같은 구조적 변화가 일어나는 경우에는 비교가능성 또는 일관성을 확보하기 위하여 비교목적에 적합하도록 재무제표 항목의 값을 조정해야 한다.

재무비율의 타당성은 구성항목의 수치에 대한 신뢰성에 따라 좌우된다. 그러므로 기업의 내부통제시스템이 불완전하여 회계자료의 신뢰성에 문제가 있는 경우에는 재무비율의 신뢰성에도 문제가 제기될 수 있다.

재무비율의 해석 1.3

대부분의 재무비율은 재무제표의 한 항목을 다른 항목으로 나누어 측정된다. 이 경우 재무비율의 분자항에 영향을 미치는 요인이 분모항에도 영향을 미치기 때문에 재무비율의 해석에 유의하여야 한다. 예를 들어 매출원가를 절감시킴으로써 매출액에 대한 순이익의 비율을 개선시킬 수 있다. 그러나 무리한 원가절감으로 인해 매출액이 감소하거나 시장점유율이 하락하는 경우에는 비록 외견상 수익성이 개선되었다 하더라도 이와 같은 수익성의 개선이 장기적으로 기업의 미래에 좋지 않은 영향을 미칠 수 있다는 점을 유의해야 한다. 또한 객관적인 표준비율과 비교함으로써 의미 있는 정보를 얻을 수 있으며, 일정기간 동안 비율의 변화추세를 관찰함으로써 유용한 정보를 얻을 수 있다.

02 재무비율의 분류와 표준비율

2.1 재무비율의 분류

재무비율은 재무제표상의 두 항목을 대응시킴으로써 측정할 수 있기 때문에 수없이 많은 재무비율을 계산할 수 있다. 이와 같이 수많은 재무비율을 모두 계산하는 일은 시간적 또는 경제적 효과면에서 볼 때 무의미한 일이다. 따라서 분석목적에 적합한 적절한 수의 재무비율을 선정하여 분석해야 한다.

재무비율은 분석자료, 분석방법과 경제적 의미에 따라 여러 가지 형태로 구분되고 있다. 일반적으로 이용되고 있는 분류방법에 따라 분류하면 다음과 같다.

분석자료에 의한 분류

재무비율을 분류하는 가장 단순한 방법은 자료의 원천에 따라 분류하는 방법이다. 이 경우 재무비율은 정태비율(static financial ratio)과 동태비율(dynamic financial ratio)로 구분된다. 정태비율과 동태비율은 재무비율이 일정시점을 기준으로 한 재무자료에 기초하여 계산되는지, 아니면 일정기간을 기준으로 한 재무자료에 기초하여 계산되는지에 따라 분류된다.

정태비율은 일정시점에서 기업의 재무상태를 나타내는 정태적 재무보고서인 재무상태표상의 두 항목을 대응시켜 계산되는 재무비율로서 재무상태표비율이라고도 한다. 동태비율은 일정기간 동안의 경영성과를 나타내는 동태적 재무보고서인 손익계산서상의 두 항목을 대응시키거나, 또는 재무상태표 항목과 손익계산서 항목을 대응시켜 계산되는 재무비율로서 손익계산서비율이라고도 한다.[1] 예를 들어 재무상태표 항목인 유동부채와 유동자산을 대응시켜 계산되는 유동비율은 정태비율에 속하며, 매출액에 순이익을 대응시켜 계산되는 매출액순이익률과 매출액에 총자산을 대응시켜 계산되는 총자산회전율 등은 동태비율에 속한다.

---

1 재무상태표 항목은 일정시점에서의 측정치인 반면, 손익계산서 항목은 일정기간 동안의 측정치이다. 그러므로 이와 같은 두 항목을 이용하여 재무비율을 계산할 때 재무상태표 항목의 경우 연중 가중평균값을 사용하는 것이 합리적이지만 실무에서는 편의성 차원에서 기초와 기말의 평균값을 사용한다. 그리고 재무상태표 항목과 손익계산서 항목을 대응시켜 계산되는 비율을 혼합비율(mixed financial ratio)이라고도 한다.

분석방법에 의한 분류

재무비율은 분석방법에 따라 관계비율(relative ratio)과 구성비율(component ratio)로 구분된다. 관계비율은 재무제표상의 두 항목을 대응시켜 측정되는 재무비율로서 흔히 항목비율이라고도 한다. 한편 구성비율은 총자산 또는 매출액에서 각 항목이 차지하는 비중을 비율로 나타낸 것이다. 구성비율은 공통형재무상태표와 공통형손익계산서에서 각 항목의 비율을 의미한다. 공통형재무상태표는 총자산을 100%로 하여 각 항목을 총자산에 대한 백분율로 표시한 재무상태표이며, 공통형손익계산서는 매출액을 100%로 하여 각 항목을 매출액에 대한 백분율로 표시한 손익계산서를 말한다.

분석목적에 의한 분류

재무비율은 정태비율과 동태비율 또는 관계비율과 구성비율 등과 같이 자료의 원천이나 분석방법에 따라 분류된다. 그러나 기업의 재무상태와 경영성과를 분석하는 데 비율분석의 목적이 있기 때문에 재무비율을 분석할 때는 각 재무비율이 어떤 경제적 의미를 가지고 있는가를 먼저 파악해야 한다. 따라서 경제적 의미에 따라 재무비율을 분류하는 방법이 가장 널리 이용되고 있는 분류방법 중의

표 3-1 재무비율의 분류 및 경제적 의미

분 류	경제적 의미	관련 비율
유동성비율	단기채무지급능력을 측정	유동비율, 당좌비율, 순운전자본구성비율, 현금비율 등
자본구조비율	부채의존도를 나타내는 것으로 기업의 장기채무지급능력을 측정	부채비율, 자기자본비율, 비유동비율, 이자보상비율 등
효율성비율	보유자산의 이용효율성을 측정	매출채권회전율, 재고자산회전율, 유형자산회전율, 총자산회전율 등
수익성비율	매출 또는 투자에 대한 이익을 나타내는 것으로 경영의 총괄적 효율성을 측정	총자산순이익률, 자기자본순이익률, 매출액순이익률 등
성장성비율	외형 및 수익의 성장가능성을 측정	총자산증가율, 매출액증가율 순이익증가율 등
생산성비율	생산요소의 성과를 측정	부가가치율, 노동생산성, 자본생산성 등
시장가치비율	주식시장에서의 평가를 측정	주가수익비율, 주가장부가치비율, 토빈의 q 비율 등

하나이다.

재무비율의 경제적 의미에 따른 분류는 이용자의 분석목적과도 부합된다. 예를 들어 단기채권자는 기업의 단기채무지급능력에 관심을 가지며, 장기채권자는 기업의 장기채무지급능력에 관심을 갖는다. 주주들은 기업의 수익성과 시장가치에 관심을 가지며, 경영자는 이상의 여러 측면뿐만 아니라 자산의 이용효율성, 성장성 등 모든 측면에 관심을 가질 것이다.

재무비율을 분류하는 방법은 학자나 분석기관에 따라 다소 차이가 있다. 여기서는 재무비율을 경제적 의미에 따라 유동성비율, 자본구조비율, 효율성비율, 수익성비율, 성장성비율, 생산성비율 및 시장가치비율 등으로 분류하였다. 〈표 3-1〉에서 분류내용을 보여주고 있다.

2.2 표준비율

재무비율을 이용하여 기업의 재무상태와 경영성과를 평가할 때 비교·평가의 기준이 되는 재무비율을 표준비율(standard ratio)이라 한다. 표준비율로 이용되는 재무비율은 산업평균비율, 경쟁기업의 재무비율, 경험적 재무비율, 과거평균비율 등이 있다.

산업평균비율

산업평균비율은 표준산업분류와 같은 일정한 기준에 따라 산업을 분류하여 그 산업에 속해 있는 모든 기업의 재무비율을 평균한 값이다. 산업평균비율은 재무비율의 비교기준인 표준비율로 가장 널리 사용되고 있다. 산업평균비율을 표준비율로 이용하는 경우 재무비율을 산업평균비율과 비교함으로써 재무상태와 경영성과가 양호한지 또는 불량한지를 평가할 수 있다.[2]

그러나 산업평균비율을 표준비율로 사용할 경우 다음과 같은 몇 가지 점을 유의해야 한다.

첫째, 대부분의 기업이 하나의 제품만을 생산하지 않고 여러 형태의 제품을 생산하고 있기 때문에 특정산업으로 분류하는 것은 현실적으로 어렵다는 점이다.

2 산업평균비율은 표준비율로서 해당기업의 목표재무비율을 결정할 때에도 이용될 수 있으나, 기업의 규모와 상황에 따라 최선의 표준비율이 아닐 수도 있다는 점을 유의하여야 한다.

둘째, 산업평균비율은 영업특성, 영업규모 및 회계처리방법 등이 유사한 기업들을 하나의 산업으로 분류하여 평균비율을 측정해야 한다는 점이다. 그러나 현실적으로 영업특성, 영업규모 및 회계처리방법 등의 유사성을 충족시키는 기업을 찾기가 어렵다.

셋째, 원재료, 생산공정 또는 최종제품 등에 따라 산업의 분류방법이 다양하므로 분석목적에 따라 적합한 방법으로 산업을 분류해야 한다는 점이다. 예를 들

표 3-2 전자부품, 컴퓨터, 영상, 음향 및 통신장비(대기업)의 산업평균비율

재무비율	20X1년도	20X2년도
1. 유동성비율		
유동비율(%)	136.63	113.59
당좌비율(%)	109.13	90.16
순운전자본구성비율(%)	7.76	3.38
현금비율(%)	23.33	20.58
현금비용방어기간(일)*	91.23	81.96
2. 자본구조비율		
부채비율(%)	52.25	60.17
자기자본비율(%)	65.68	62.43
비유동비율(%)	108.20	114.92
비유동장기적합률(%)	90.16	95.50
이자보상비율(배)	8.27	5.78
고정금융비용보상비율(배)*	6.15	4.34
3. 효율성비율		
매출채권회전율(회)	14.08	14.45
매출채권회수기간(일)	25.92	25.26
재고자산회전율(회)	17.48	19.23
재고기간(일)	20.88	18.98
유형자산회전율(회)	2.29	2.57
총자산회전율(회)	1.06	1.12
4. 수익성비율		
총자산순이익률(%)	7.37	1.15
자기자본순이익률(%)	11.45	1.80
매출액총이익률(%)*	20.32	18.73
매출액영업이익률(%)	5.85	3.73
매출액순이익률(%)	6.93	1.03
5. 성장성비율		
총자산증가율(%)	9.28	10.84
매출액증가율(%)	5.48	15.56
순이익증가율(%)*	13.26	−81.64
6. 생산성비율		
부가가치율(%)	25.85	22.36
노동생산성(백만원)	85.23	74.12
총자본투자효율(%)	24.27	21.43

* 「기업경영분석」에 수록되지 않는 재무비율로서 산업종합재무제표 등을 이용하여 계산함.

어 생산공정의 효율성을 평가하고자 하는 경우에는 생산공정의 유사성에 따라 분류된 산업의 평균비율을 표준비율로 활용해야 할 것이고, 생산성을 평가하고자 할 때는 원재료의 유사성에 따라 분류된 산업의 평균비율을 이용해야 하며, 기업의 위험도를 측정하기 위한 목적이라면 위험의 크기에 따라 분류된 산업의 평균비율을 활용하는 것이 바람직할 것이다.[3]

우리나라의 산업별 평균비율은 한국은행의 「기업경영분석」에서 얻을 수 있다. 「기업경영분석」에 수록된 산업평균비율은 기업규모에 따라 가중평균한 비율을 의미한다. 〈표 3-2〉는 한국은행의 「기업경영분석」에 수록된 '전자부품, 컴퓨터, 영상, 음향 및 통신장비(대기업)'의 산업평균비율 자료에서 추출한 것이다.[4]

경쟁기업의 재무비율

경쟁기업의 재무비율 또는 산업 내의 대표적인 기업의 재무비율을 표준비율로 이용할 수 있다. 다양한 업종의 사업부를 운영하고 있는 기업의 재무비율을 분석할 때는 특정산업의 평균비율을 표준비율로 이용하는 데 어려움이 있다. 이와 같은 경우에는 산업평균비율보다 영업활동의 특성 또는 규모면에서 유사한 경쟁업체의 재무비율을 표준비율로 이용하는 것이 바람직할 것이다.

한편 산업을 선도하는 대표적인 기업의 재무비율을 표준비율로 이용할 수 있다. 대부분의 기업은 산업을 선도하는 기업으로 성장하기를 원한다. 따라서 선도기업의 재무비율을 기준으로 재무비율을 분석하여 취약한 부분과 우위에 있는 부분을 파악할 수 있으며, 선도기업으로 성장하는 데 필요한 경영전략의 수립에 필요한 정보를 얻을 수 있다.

경험적 재무비율

경험적 재무비율은 오랜 기간에 걸쳐 체험적으로 터득된 이상적인 재무비율을 의미한다. 예를 들어 자금을 대출해 준 기업이 파산함에 따라 금융기관이 원리금을 회수할 목적으로 유동자산을 처분할 때 절반 정도의 값을 받을 수 있다는 사실은 경험을 통해서 알려져 있다. 따라서 금융기관에서는 유동비율이 200% 이

3 한국은행에서 발간하고 있는 「기업경영분석」에서는 최종제품 또는 용역의 유사성에 의해 산업을 분류하여 각 산업의 평균비율을 발표하고 있다.

4 「기업경영분석」 자료는 한국은행 홈페이지(www.bok.or.kr)에 접속하여 '조사·연구-간행물-발간주기별 검색-연간-기업경영분석'에서 다운로드받거나, 경제통계시스템(ecos.bok.or.kr)에 접속하여 검색할 수도 있다.

상이 되어야 유동성이 양호하다고 평가한다. 또한 당좌비율이 100% 이상, 자기자본비율이 50% 이상, 부채비율 또는 비유동비율이 100% 이하 등도 경험적으로 설정된 비율이다.[5]

그러나 경험적 재무비율은 특정국가의 정치·경제적 특성, 사회·문화적 특성, 금융환경, 그 국가의 특정기업이 속해 있는 산업과 기업규모 등에 따라 영향을 받을 수 있다. 그리고 분석자의 입장에 따라 경험적 재무비율의 적정수준이 다를 수 있기 때문에 절대적인 기준에 따라 경험적 재무비율을 설정하는 것이 오히려 적합하지 않을 수도 있다.

과거평균비율

분석기업의 과거평균비율을 표준비율로 이용할 수 있다. 과거평균비율을 표준비율로 이용함으로써 그 기업의 재무상태 및 경영성과의 변동추세뿐만 아니라 특정비율의 변동원인도 쉽게 파악할 수 있게 된다.

주요 재무비율의 경제적 의미 03

재무비율은 분석목적에 따라 유동성비율, 자본구조비율, 효율성비율, 수익성비율, 성장성비율, 생산성비율 및 시장가치비율 등으로 분류할 수 있다. 여기서는 분석목적에 따라 분류된 주요 재무비율의 경제적 의미, 계산방법, 그리고 가상의 사례기업(제2장에서 제시한 한국전자(주))을 중심으로 비율분석을 설명하고자 한다.

손익계산서 항목은 1년 동안 계속 발생한 성과를 나타내지만, 재무상태표 항목은 일정시점(결산기 말)에서의 잔액이라 할 수 있다. 따라서 손익계산서 항목과 재무상태표 항목을 이용하여 계산되는 효율성비율과 수익성비율 등과 같은 동태비율을 산출할 때는 재무상태표 항목의 연중 가중평균값을 사용하는 것이 바람직하지만, 실무에서는 재무상태표 항목의 기초와 기말의 평균값을 사용하는

5 이와 같은 경험적 재무비율은 미국 실무계에서 경험적으로 설정되어 온 것으로 한국은행의 「기업경영분석」에서도 동일한 경험적 재무비율을 제시하고 있다.

경우가 일반적이다. 특히 기업활동이 계절적 요인에 크게 영향을 받거나 변동이 심한 경우 이와 같은 조정이 필요하게 된다. 그러므로 본서에서는 손익계산서 항목과 재무상태표 항목을 이용하여 계산되는 동태비율을 구할 때 재무상태표 항목의 기초와 기말의 평균값을 이용할 것이다.

3.1 유동성비율

유동성비율(liquidity ratios)은 단기채무를 상환할 수 있는 능력을 측정하는 재무비율로서 흔히 단기채무지급능력비율(short-term solvency ratios)이라고도 한다. 유동성은 단기간에 자산을 현금화시킬 수 있는 정도를 의미한다. 여기서 단기(short-term)란 기업의 정상적인 영업주기(operating cycle)로서 통상 1년 동안의 기간을 의미한다. 영업주기는 원료구입, 생산, 판매 및 대금회수가 이루어지는 기간을 의미한다.

유동자산은 단기간에 처분하여 현금화시킬 수 있는 자산이기 때문에 유동성은 유동자산과 유동부채의 상대적 크기에 따라 달라진다. 유동부채가 유동자산을 초과하는 경우에는 유동성이 취약하다고 말할 수 있다. 한편 유동성이 부족한 경우에는 유형자산 등을 비정상적인 가격으로 매각하거나 또는 높은 이자율을 부담해서라도 급하게 자금을 차입하여야 한다. 따라서 유동부채에 지나치게 의존하는 경우에는 심각한 손해를 입을 뿐만 아니라 최악의 경우 지급불능상태에 빠져 파산할 수도 있다. 또한 유동성 부족으로 인하여 원재료 등의 구입시 상대적으로 유리한 할인혜택을 이용할 수 없거나 수익성 있는 사업기회를 포기해야 하는 등 여러 가지 사업상의 제약을 받을 수 있다.

유동성에 가장 많은 관심을 갖는 이해관계자는 운영자금을 대출해 주는 금융기관과 신용(외상)으로 원재료 등을 판매하는 납품업체 등이다. 현금및현금성자산, 단기금융자산, 매출채권, 재고자산 등과 같은 유동자산은 판매활동을 지원하기 위하여 보유하는 자산이기 때문에 수익성이 아주 낮은 반면 유동성이 높은 자산이다. 유동성을 높이기 위하여 유동자산을 과다하게 보유하는 경우에는 기업의 수익성이 낮아지게 됨을 유의해야 한다. 그러므로 기업은 유동성 부족에 따른 손실과 유동성 확보에 따른 수익성 저하의 두 가지 측면을 충분히 고려하여 적절한 수준에서 유동성을 유지하도록 하여야 한다.

유동성비율을 이용하여 단기채무지급능력을 측정할 때는 다음과 같은 몇 가지 점을 고려하여야 한다.[6]

첫째, 유동자산을 구성하는 각 항목에 따라 유동성의 정도가 다르다는 점이다. 여기서 말하는 유동성은 정상가격으로 현금화시킬 수 있는 정도를 의미한다. 유동자산 중에서 당좌자산이 재고자산보다 유동성이 높으며, 당좌자산 중에서는 현금및현금성자산, 단기금융자산, 매출채권 등의 순서대로 유동성이 높다.

둘째, 기업의 유동성은 유동자산의 이용효율성과 관련이 있다는 점이다. 재고자산이 현금이나 매출채권으로 전환되는 속도(재고자산회전율, 재고기간), 매출채권이 현금으로 회수되는 속도(매출채권회전율, 매출채권회수기간), 매입채무를 현금으로 지급하는 속도(매입채무회전율, 매입채무지급기간) 등이 유동자산의 이용효율성과 직접적으로 관련이 있다. 따라서 유동성을 정확하게 평가하기 위해서는 유동자산의 효율적 이용정도를 측정하는 재무비율에 대한 분석을 병행해야 한다.[7]

셋째, 유동성이 높다고 해서 반드시 단기채무지급능력이 높다는 것을 의미하지 않는다는 점이다. 단기채무를 상환하는 데 이용할 수 있는 것은 현금이기 때문에 현금 이외의 유동자산이 많더라도 지급불능상태에 빠질 수 있는 반면에 현금 이외의 유동자산이 부족하더라도 부채수용능력이 높은 경우에는 지급불능상태에 빠지지 않고 정상적인 영업활동을 할 수 있다. 따라서 단기채무지급능력을 분석할 때 기업의 부채수용능력, 현금보유상태 등에 대한 분석을 병행하는 것이 좋다.

유동비율

유동비율(current ratio)은 기업의 단기채무지급능력을 측정하는 재무비율로서 흔히 은행가비율(banker's ratio)이라고도 한다. 즉 유동비율은 단기채권자의 청구권이 유동자산에 의해 어느 정도 충당될 수 있는지를 나타내는 지표로서 다음과 같이 계산된다.

$$\text{유동비율}(\%) = \frac{\text{유동자산}}{\text{유동부채}} \times 100$$

6 장영광·송치승, 경영분석, 제5판, 무역경영사, 2017, pp. 96~97.
7 유동자산에 대한 효율성비율은 '3.3 효율성비율'에서 설명할 것이다.

유동비율이 높을수록 단기채무지급능력이 양호함을 의미한다. 일반적인 기준으로 유동비율이 200% 이상이어야 바람직한 것으로 평가된다. 유동부채를 초과하는 유동자산은 유동자산의 처분 또는 청산시 발생될 수 있는 손실에 대한 방어역할을 한다. 그러한 방어역할을 하는 금액이 클수록 채권자에게 유리해진다. 그러므로 유동비율은 유동자산의 가치감소에 대한 안전수준(margin of safety)을 측정하는 지표라 할 수 있다.

유동비율의 적정수준에 대한 판단은 분석주체에 따라 상이할 수 있다. 특히 공급업체와 같은 단기채권자의 입장에서 보면 유동비율이 높을수록 청구권의 회수가능성이 높아짐을 의미하기 때문에 유리하다.[8] 그러나 경영자의 입장에서 보면 높은 유동비율은 유동성을 나타내기도 하지만 현금이나 단기자산을 비효율적으로 운용하고 있다는 의미도 된다.

제2장에서 제시한 한국전자(주)의 재무제표를 이용하여 유동비율을 구하면 〈표 3-3〉과 같다. 한국전자(주)의 경우 유동비율이 20×1년, 20×2년 모두 산업평균비율에 비해 상당히 양호한 것으로 나타났다. 따라서 이 회사의 단기채무지급능력에 문제는 없는 것으로 판단된다.

표 3-3

한국전자(주)의 유동비율(%)

연도	한국전자(주)	산업평균
20×1	$\frac{16,621}{10,803} \times 100 = 153.86$	136.63
20×2	$\frac{17,791}{11,721} \times 100 = 151.79$	113.59

당좌비율

당좌비율(quick ratio)은 산성시험비율(acid test ratio)이라고도 하며, 유동자산에서 재고자산을 차감한 당좌자산을 유동부채로 나눈 비율로 다음과 같이 계산된다.

8 기업의 차입능력이 상당히 남아 있는 경우에는 낮은 유동비율에도 불구하고 단기채무지급능력에 문제가 없을 수도 있음을 유의해야 한다.

$$당좌비율(\%) = \frac{당좌자산}{유동부채} \times 100$$

유동자산에서 재고자산을 차감하는 이유는 재고자산의 경우 판매과정을 통해서 현금으로 전환되는 속도가 비교적 늦을 뿐만 아니라 현금화되지 못할 가능성도 있기 때문이다. 또한 재고자산은 청산(liquidation)시 매각손실의 위험이 가장 큰 자산이다. 따라서 당좌비율은 재고자산의 처분을 고려하지 않은 상황에서 단기채무를 상환할 수 있는 단기채무지급능력을 측정하는 비율이기 때문에 유동비율보다 유동성 측면을 더 강조하는 비율이라 할 수 있다.

당좌비율이 높을수록 단기채무지급능력이 양호함을 의미한다. 일반적인 기준으로 당좌비율이 100% 이상이어야 바람직한 것으로 평가된다. 당좌비율은 유동비율의 보조비율로 이용되며, 특히 경기에 민감하거나 진부화 위험이 높은 재고자산을 보유하고 있는 기업의 단기채무지급능력을 평가하는 데 유용한 지표이다. 유동비율은 양호한 데도 불구하고 당좌비율이 불량한 경우에는 그 원인이 주로 재고자산의 과다한 보유 때문인 것으로 추정해 볼 수 있다.

한국전자(주)의 당좌비율을 구하면 〈표 3-4〉와 같다. 한국전자(주)의 경우 당좌비율도 유동비율과 마찬가지로 산업평균비율에 비해 상당히 양호한 것으로 나타났다.

표 3-4

한국전자(주)의 당좌비율(%)

연도	한국전자(주)	산업평균
20×1	$\frac{13,283}{10,803} \times 100 = 122.96$	109.13
20×2	$\frac{13,973}{11,721} \times 100 = 119.21$	90.16

순운전자본구성비율

순운전자본(net working capital)은 유동자산에서 유동부채를 차감한 금액으로 측정된다. 따라서 순운전자본이 양(+)의 값을 보인다는 것은 유동자산으로 유동부채를 상환한 후에도 여유가 있다는 것을 의미한다. 한편 순운전자본이 음

(−)의 값을 보인다는 것은 유동자산으로 유동부채를 충분히 상환할 수 없다는 것을 의미한다.

기업규모에 따라 필요한 순운전자본의 크기가 달라질 수 있기 때문에 총자산(총자본)에서 순운전자본이 차지하는 비율인 순운전자본구성비율(net working capital to total assets)을 이용하여 단기유동성을 측정할 수 있으며, 이는 주로 기업의 파산예측에서 많이 이용되고 있는 재무비율이다. 순운전자본구성비율은 기업의 단기채무지급능력의 기초가 되는 재무비율로서 다음과 같이 계산된다.

$$\text{순운전자본구성비율}(\%) = \frac{\text{순운전자본}}{\text{총자산}} \times 100$$

한국전자(주)의 순운전자본구성비율을 구하면 〈표 3−5〉와 같다. 한국전자(주)의 경우 순운전자본구성비율은 20×1년, 20×2년 모두 산업평균비율에 비해 양호한 것으로 나타났다.

표 3−5 한국전자(주)의 순운전자본구성비율(%)

연도	한국전자(주)	산업평균
20×1	$\frac{16,621-10,803}{65,225} \times 100 = 8.92$	7.76
20×2	$\frac{17,791-11,721}{72,519} \times 100 = 8.37$	3.38

현금비율

유동자산 중에서 유동성이 가장 높은 자산은 현금및현금성자산이다. 현금비율(cash ratio)은 유동부채에 대한 현금및현금성자산의 비율로서 현금및현금성자산으로 유동부채를 상환할 수 있는 초단기적인 채무지급능력을 파악하는 지표이며, 다음과 같이 계산된다.

$$\text{현금비율}(\%) = \frac{\text{현금및현금성자산}}{\text{유동부채}} \times 100$$

현금비율이 높을수록 유동성은 높아진다. 현금및현금성자산은 청산시 가치하락의 위험이 거의 없을 뿐만 아니라 즉시 현금화시킬 수 있기 때문이다. 현금의 이용가능성을 분석하는 경우 현금잔고와 관련된 제약을 고려하여야 한다. 예를 들어 은행이 신용대출을 연장해 줄 때 고객에게 요구하는 보상현금잔고(compensating balances)가 있다. 급한 경우 고객이 보상현금잔고를 담보로 하여 어음을 발행할 수도 있다. 그러나 보상현금잔고에 대하여 어음을 발행하지 않겠다는 암묵적인 약속을 이행하지 않는 경우에는 오히려 기업의 신용상태와 신용차입의 이용가능성에 나쁜 영향을 미칠 뿐만 아니라 은행관계에 불리한 영향을 미친다는 점을 고려해야 한다.

현금비율은 유동부채의 차환가능성을 고려하지 않는 엄격한 분석수단이다. 현금비율을 당좌비율의 추가적인 확장으로 해석하는 것은 단기유동성의 분석수단을 지나치게 엄격하게 하는 면도 있지만, 유동성의 궁극적인 형태로서 현금의 중요성이 과소평가되어서는 안 된다는 의미도 있다. 지급불능에 처한 대부분의 기업을 보면, 이들 기업이 비현금자산을 상당히 보유하고 있는 데도 불구하고 부채를 상환하거나 기업운영에 충당할 수 있는 보유현금이 절대적으로 부족하였던 것으로 나타나고 있다.

한국전자(주)의 현금비율을 구하면 〈표 3-6〉과 같다. 한국전자(주)의 경우 현금비율이 20×2년에는 전년에 비해 개선되었으나, 20×1년과 20×2년 모두 산업평균비율에 비해서는 약간 좋지 않게 나타나고 있다.

표 3-6

한국전자(주)의 현금비율(%)

연도	한국전자(주)	산업평균
20×1	$\frac{2,027}{10,803}\times 100 = 18.76$	23.33
20×2	$\frac{2,360}{11,721}\times 100 = 20.13$	20.58

현금비용방어기간

유동비율, 당좌비율, 순운전자본구성비율 및 현금비율 등은 특정시점의 잔액을 이용하여 계산된 정태적 재무비율이기 때문에 기업의 평균적인 유동성을 나타내는 데 한계가 있다. 이와 같은 정태적 재무비율이 갖는 한계점을 보완하기 위해서는 동태적 재무비율이 필요하다.

현금비용방어기간은 당좌자산으로 현금지출비용(총영업비용－비현금지출비용)을 며칠 동안 충당할 수 있는지를 측정하는 지표로 다음과 같이 측정된다.

$$\text{현금비용방어기간(일)} = \frac{\text{당좌자산}}{\text{1일 평균현금지출비용}}$$

$$\text{1일 평균현금지출비용} = \frac{\text{매출원가+판매비와 관리비-감가상각비}}{\text{365일}}$$

현금비용방어기간은 유동성이 높은 당좌자산으로 일상적인 현금지출비용을 며칠 동안 충당할 수 있는지를 나타내기 때문에 기업의 단기자금사정을 보다 적절히 나타낸다고 할 수 있다.

한국전자(주)의 현금비용방어기간을 구하면 〈표 3-7〉과 같다.[9] 한국전자(주)의 경우 현금비용방어기간이 20×2년에는 전년에 비하여 낮으며, 20×1년과 20×2년 모두 산업평균비율에 비해서 약간 좋지 않은 것으로 나타나고 있다.

표 3-7 한국전자(주)의 현금비용방어기간(일)

연도	한국전자(주)	산업평균
20×1	$\frac{(11,495+13,283)/2}{(46,847+10,386-7,057)/365}=90.12$	91.23
20×2	$\frac{(13,283+13,973)/2}{(55,381+13,438-7,620)/365}=81.28$	81.96

유동성비율에 대한 평가

한국전자(주)의 유동성비율을 종합적으로 제시하면 〈표 3-8〉과 같다. 한국전자(주)의 유동성비율은 현금비율과 현금비용방어기간을 제외하고 20×1년과 20×2년에서 모두 산업평균비율보다 높은 것으로 나타나고 있어 단기채무지급능력이 전반적으로 양호한 것으로 판단된다.

9 감가상각비는 제조원가, 판매비와 관리비 등에 나타난 금액을 합산하여 구한다(〈표 3-31〉 참조).

이상에서 설명한 정량화된 유동성의 분석수단 이외에 기업의 유동성에 영향을 미치는 중요한 질적 요인으로서 재무적 유연성이 있다. 재무적 유연성(financial flexibility)은 예측치 못한 사유로 인하여 발생하는 자금흐름상의 어려움에 대처할 수 있는 능력으로서 다양한 부채조달능력, 자기자본조달능력, 자산의 매각 및 재배치능력 및 환경변화에 대처하기 위한 영업활동의 수준과 방향의 조정능력 등을 의미한다.

표 3-8 한국전자(주)의 유동성비율

재무비율	한국전자(주)		산업평균	
	20X1	20X2	20X1	20X2
유동비율(%)	153.86	151.79	136.63	113.59
당좌비율(%)	122.96	119.21	109.13	90.16
순운전자본구성비율(%)	8.92	8.37	7.76	3.38
현금비율(%)	18.76	20.13	23.33	20.58
현금비용방어기간(일)	90.12	81.28	91.23	81.96

3.2 자본구조비율

자본구조비율(capital structure ratios)은 기업의 장기채무지급능력을 나타내는 비율로서 타인자본 의존도에 의해 측정된다. 부채를 이용하는 것을 레버리지(leverage)라고 하기 때문에 자본구조비율을 레버리지비율(leverage ratios)이라고도 한다. 부채의 비중이 높을수록 채무에 대한 원리금상환능력이 낮아진다. 채권자의 입장에서 보면 기업의 부채의존도는 채권회수에 대한 위험부담의 정도를 나타내기 때문에 기업의 부채의존도가 낮을수록 안전하다고 평가하게 된다. 따라서 자본구조비율은 기업의 장기채무에 대한 안전도를 평가하는 데 유용하게 이용되는 재무비율이다.

한편 주주의 입장에서 보면 부채의존도가 높을수록 적은 자본으로 기업을 지배할 수 있으며, 부채사용에 의한 법인세 절감효과를 얻을 수 있다는 이점이 있다. 그러나 부채의존도가 높아질수록 재무레버리지효과(financial leverage effect)가 커진다는 점을 유의해야 한다.[10] 이는 부채로 자금을 조달하는 경우 투자수익이 이자지급액보다 높은 경우에는 그 차액이 주주들에게 배분되기 때문에 주주

10 재무레버리지효과에 대한 구체적인 내용은 제 7 장에서 자세히 설명할 것이다.

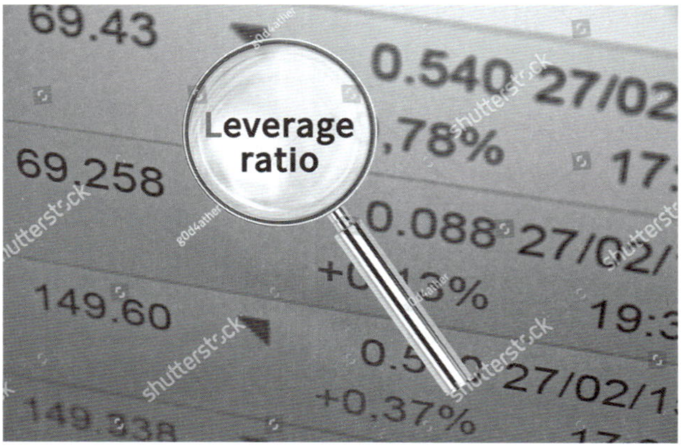

들의 몫이 확대되지만, 반대로 투자수익이 이자지급액보다 낮은 경우에는 주주들의 몫이 축소되는 결과를 가져오기 때문이다. 따라서 투자수익률이 부채비용을 초과할 때는 부채의 이용이 유리하지만, 반대로 투자수익률이 부채비용보다 작은 경우에는 부채의 사용이 불리하게 작용한다.

자본구조비율 또는 레버리지비율은 두 가지 측면에서 분석될 수 있다. 첫 번째 측면은 정태비율을 이용하는 방법이다. 예를 들어 자기자본에 대한 타인자본의 상대적인 크기를 나타내는 관계비율, 총자본에서 자기자본이 차지하는 구성비율 등이 해당된다. 두 번째 측면은 동태비율을 이용하는 방법이다. 예를 들어 영업이익으로 이자비용을 어느 정도 충당할 수 있는가를 나타내는 이자보상비율 등이 동태비율에 해당된다. 그러나 이와 같은 두 가지 방법은 상호 보완적인 관계에 있으므로 정태비율과 동태비율을 함께 분석해야 한다.

부채비율

부채비율(debt ratio, debt to equity ratio)은 기업의 부채(부채총계)를 자기자본(자본총계)으로 나누어 다음과 같이 계산된다.

$$\text{부채비율}(\%) = \frac{\text{부채}}{\text{자기자본}} \times 100$$

부채비율이 낮을수록 장기채무지급능력이 양호하다고 평가되며, 일반적인 기준에서 보면 부채비율이 100% 이하이어야 바람직한 것으로 평가된다.

채권자 입장에서는 부채비율이 낮을수록 채권회수의 안전도가 높아지기 때문에 낮은 부채비율을 선호한다. 그러나 주주 입장에서는 높은 부채비율을 선호할 수도 있다. 왜냐하면 경기가 호전되어 투자수익이 이자비용을 초과할 것으로 예상되는 경우에는 주주들의 몫이 확대되는 레버리지효과를 기대할 수 있으며, 또한 보통주를 발행하여 자금을 조달하는 경우 기존주주들의 기업지배권이 약화될 우려가 있지만 부채사용은 주주들의 기업지배권에 영향을 미치지 않기 때문이다.

부채비율을 이용할 때 다음과 같은 몇 가지 점을 유의하여야 한다.[11]

첫째, 부채와 자기자본의 범위를 정할 때 회계적 기준보다는 실질적 기준에 의해서 분류하는 문제이다. 부채의 범위에 자회사에 대한 채무보증 등과 같은 부외부채(off-balance sheet liabilities)와 부채성격이 짙은 우선주 등을 포함시킬 수도 있다.

둘째, 부채 및 자기자본을 장부가치로 측정할 것인지 또는 시장가치로 측정할 것인지의 문제이다. 장부가치를 기준으로 측정하면 회계자료를 바로 이용할 수 있다는 장점이 있지만 실질가치를 반영하지 못한다는 단점이 있다. 그러나 부채를 시장가치로 측정하는 경우 신용도가 낮은 기업의 부채가치가 낮기 때문에 부채비율이 낮아질 가능성이 있다. 따라서 자기자본은 시장가치로 측정하고, 부채는 장부가치로 측정하여 부채비율을 산출하는 방법을 고려해 볼 수도 있다.

한국전자(주)의 부채비율을 구하면 〈표 3-9〉와 같다. 한국전자(주)의 경우 부채비율은 20×2년에 약간 감소하여 개선되었으며, 산업평균비율에 비해서 20×1년, 20×2년 모두 매우 낮게 나타나고 있다. 따라서 이 회사의 장기채무지급능력은 상당히 양호하다고 평가할 수 있다.

표 3-9

한국전자(주)의 부채비율(%)

연도	한국전자(주)	산업평균
20×1	$\frac{13,664}{51,561} \times 100 = 26.50$	52.25
20×2	$\frac{14,405}{58,114} \times 100 = 24.79$	60.17

자기자본비율

가장 대표적인 자본구조비율은 부채비율과 자기자본비율(stockholders' equity to total assets)이다. 자기자본비율은 총자본(부채와 자본총계) 중에서 자기자본이 차지하는 비중을 나타내는 비율로 다음과 같이 계산된다.

$$\text{자기자본비율(\%)} = \frac{\text{자기자본}}{\text{총자본}} \times 100$$

11 장영광·송치승, 앞의 책, pp. 99~100.

표 3-10

한국전자(주)의 자기자본비율(%)

연도	한국전자(주)	산업평균
20×1	$\frac{51,561}{65,225}\times 100 = 79.05$	65.68
20×2	$\frac{58,114}{72,519}\times 100 = 80.14$	62.43

자기자본은 금융비용을 부담하지 않고 이용할 수 있는 자본이기 때문에 자기자본비율이 높을수록 기업의 재무안정성이 높아진다고 볼 수 있으며, 일반적으로 50% 이상일 경우 바람직한 것으로 평가된다.

한국전자(주)의 자기자본비율을 구하면 〈표 3-10〉과 같다. 한국전자(주)의 경우 자기자본비율은 20×2년에 약간 증가하였으며, 산업평균비율에 비해서도 20×1년, 20×2년 모두 높게 나타나고 있다.

현장 FOCUS

금융기관의 BIS비율

금융기관의 경우 일반제조업과는 다른 영업특성을 가지고 있기 때문에 금융기관의 안정성(대출업체의 부도 등으로 영업과정에서 손실이 발생하더라도 이를 잘 감당하고, 예금자의 지급청구에 충분히 응할 수 있는 능력)을 측정하는 비율로 국제결제은행(Bank for International Settlements: BIS)기준 자기자본비율(이하 BIS비율이라 함)을 사용한다. 금융기관의 BIS비율은 금융기관의 자본적정성(capital adequacy) 여부를 평가하는 것으로 다음과 같이 계산된다.

$$\text{BIS비율}(\%) = \frac{\text{BIS기준 자기자본}}{\text{위험가중자산}} \times 100$$

BIS기준 자기자본(분자 부분)은 기본자본(자본금, 자본준비금, 이익잉여금 등)에 보완자본(재평가적립금, 대손충당금, 후순위채무 등)을 더한 후, 공제항목(주식할인발행차금, 영업권상당액, 자기주식 등)을 차감하여 산출된다. 그리고 자산별로 거래상대방의 신용도, 담보, 보증의 유무 등 위험도를 고려하여 가중치가 부여되고, 그 위험가중치에 의해 가중평균된 자산이 위험가중자산(분모부분)이다. 예를 들어 현금의 경우 위험이 전혀 없으므로 0%, 공공기관에 대한 채권에는 10%, OECD 국가의 은행에 대한 채권에는 20%, 주거용주택에 대한 저당권이 설정된 채권에는 50%, 기타 민간부문에 대한 채권이나 주식에는 100% 등의 위험가중치를 부여하게 된다.

국제결제은행 산하 바젤은행감독위원회는 1988년 7월「은행 자기자본비율 규제에 관한 국제적 통일기준」을 만들어 회원국 은행으로 하여금 1992년 말부터 BIS비율을 8% 이상 유지하도록 의무화하였다. 이에 따라 BIS비율이 8%에 미치지 못하는 은행 등은 해외차입이 곤란하거나 차입을 하더라도 높은 자금조달비용을 부담해야 한다.

우리나라는 BIS비율 준수제도를 1992년에 도입하여 은행이 1995년 말부터 BIS비율을 8% 이상 유지하도록 하고 있으며, 은행 경영평가제도상 BIS비율 목표수준을 10%로 정해 놓고 있다. 국내 은행의 BIS비율은 2022년 12월 말 기준 15.25%로 자본적정성에 문제가 없다고 판단된다.

〈한국은행, 알기쉬운 경제지표해설(2004), pp. 422~425 수정〉

비유동비율, 비유동장기적합률

비유동비율(non-current ratio)은 자기자본이 비유동자산에 어느 정도 투입되어 운용되고 있는가를 나타내는 지표이다. 비유동비율은 비유동자산을 자기자본으로 나눈 비율이다.

$$\text{비유동비율}(\%) = \frac{\text{비유동자산}}{\text{자기자본}} \times 100$$

비유동비율이 낮을수록 기업의 장기적 재무안정성이 좋은 것으로 평가된다. 일반적으로 비유동비율이 100% 이하이면 양호한 것으로 보고 있다. 그 이유는 비유동자산은 기업활동에서 계속 사용되는 자산이기 때문에 상환부담이 없는 자기자본으로 투자하는 것이 재무안정성 측면에서 바람직하다고 판단되기 때문이다.

비유동비율은 산업의 특성에 따라 크게 차이가 난다. 예를 들어 거액의 시설투자를 필요로 하는 자본집약적 산업에서는 비유동자산의 비중이 매우 크기 때문에 필요자금을 자기자본만으로 조달할 수 없다. 그러므로 필요자금의 일부를 타인자본으로 조달하게 되며, 이때 비교적 상환기간이 긴 비유동부채를 사용한다면 재무안정성이 유지되고 있다고 볼 수 있다. 이 경우에는 비유동비율의 보완비율인 비유동장기적합률을 사용할 수 있다.

비유동장기적합률(non-current assets to stockholders' equity and non-current liabilities)은 자기자본과 비유동부채가 비유동자산에 어느 정도 투입되어 운용되고 있는가를 나타내는 지표로서 비유동자산을 자기자본과 비유동부채의 합으로 나눈 비율이다.

표 3-11

한국전자(주)의 비유동비율(%)

연도	한국전자(주)	산업평균
20×1	$\frac{48,604}{51,561} \times 100 = 94.27$	108.20
20×2	$\frac{54,728}{58,114} \times 100 = 94.17$	114.92

표 3-12

한국전자(주)의 비유동장기적합률(%)

연도	한국전자(주)	산업평균
20×1	$\frac{48,604}{51,561+2,861} \times 100 = 89.31$	90.16
20×2	$\frac{54,728}{58,114+2,684} \times 100 = 90.02$	95.50

$$\text{비유동장기적합률}(\%) = \frac{\text{비유동자산}}{\text{자기자본} + \text{비유동부채}} \times 100$$

한국전자(주)의 비유동비율, 비유동장기적합률을 구하면 각각 〈표 3-11〉, 〈표 3-12〉와 같다. 한국전자(주)의 경우 비유동비율과 비유동장기적합률이 20×1년과 20×2년 모두 산업평균비율보다 낮게 나타나고 있어 산업 내 타기업에 비해서 재무안정성이 양호한 것으로 평가된다. 또한 고정설비에 대한 대규모 투자가 소요되는 산업의 특성에도 불구하고 비유동비율이 경험적 비율인 100%보다 낮은 수준을 보이고 있다.

이자보상비율, 고정금융비용보상비율

이자보상비율(times interest earned or interest coverage ratio)은 영업이익을 이자비용으로 나눈 비율로 다음과 같이 계산된다.[12]

12 영업이익 대신에 법인세비용차감전순이익과 이자비용을 합한 금액, 즉 이자비용및법인세비용차감전순이익(earnings before interest and taxes: EBIT)을 사용하기도 한다. 그리고 감가상각비 등 비현금지출비용은 이자비용을 충당하는 데 사용될 수 있다. 이와 같은 점을 반영하여 EBIT에 감가상각비를 더한 금액, 즉 EBITDA(earnings before interest, taxes, depreciation and amortization)를 이자비용으로 나누어 이자보상비율을 계산할 수도 있다.

$$\text{이자보상비율(배)} = \frac{\text{영업이익}}{\text{이자비용}}$$

이자보상비율은 이자지급에 필요한 수익을 창출할 수 있는 능력을 측정하기 위한 지표로서 기업의 이자부담능력을 판단하는 데 유용하게 이용되는 재무비율이다. 이자보상비율은 영업이익으로 이자비용의 몇 배까지 지급할 수 있는가를 측정하는 비율이기 때문에 적정수준 이상의 이자보상비율을 유지해야만 이자비용의 지급능력이 양호한 것으로 평가받게 된다. 이자보상비율이 1보다 작을 경우에는 채권자들의 법적 대응으로 인하여 기업이 파산할 수도 있다.

기업은 이자비용 이외에 여러 형태의 금융비용을 지출하고 있다. 이와 같은 금융비용을 고정금융비용이라고 한다. 고정금융비용에는 이자비용 이외에 리스료와 임차료 등이 있다. 이와 같은 고정금융비용을 포함하여 지급능력을 나타내는 비율을 고정금융비용보상비율(fixed charge coverage ratio)이라 하며, 다음과 같이 계산된다.

$$\text{고정금융비용보상비율(배)} = \frac{\text{영업이익} + \text{리스료, 임차료 등}}{\text{이자비용} + \text{리스료, 임차료 등}}$$

앞에서 설명한 부채비율, 자기자본비율 및 비유동비율 등은 재무상태표 항목을 이용하여 측정되는 정태비율이기 때문에 장기부채의 상환에 필요한 현금흐름을 고려하지 못한다는 문제점이 있다. 그러나 이자보상비율 또는 고정금융비용보상비율은 동태비율로서 현금흐름을 이용하여 기업의 장기채무지급능력을 파악할 수 있는 이점이 있다.

한국전자(주)의 이자보상비율과 고정금융비용보상비율을 구하면 각각 〈표 3-13〉, 〈표 3-14〉와 같다. 큰 폭의 이익감소로 인해 20×2년도 한국전자(주)의 이자보상비율과 고정금융비용보상비율이 전년도에 비해 약간 감소하였으나, 산업평균비율과 비교하면 20×1년, 20×2년 모두 매우 높게 나타나고 있다. 따라서 한국전자(주)의 장기채무지급능력은 상당히 양호한 것으로 평가된다.

표 3-13

한국전자(주)의 이자보상비율(배)

연도	한국전자(주)	산업평균
20×1	$\frac{5,943}{332} = 17.90$	8.27
20×2	$\frac{4,134}{284} = 14.56$	5.78

표 3-14

한국전자(주)의 고정금융비용보상비율(배)

연도	한국전자(주)	산업평균
20×1	$\frac{5,943 + 83}{332 + 83} = 14.52$	6.15
20×2	$\frac{4,134 + 91}{284 + 91} = 11.27$	4.34

* 20×1년도와 20×2년도의 '리스료, 임차료 등'은 각각 83백만원, 91백만원으로 보고됨.

자본구조비율에 대한 평가

한국전자(주)의 자본구조와 관련된 비율들을 종합적으로 제시하면 〈표 3-15〉와 같다. 한국전자(주)의 경우 자본구조비율이 산업평균비율에 비하여 양호한 것으로 나타나고 있기 때문에 자본구조가 상당히 건전하여 장기채무지급능력에 문제가 없는 것으로 판단된다.

표 3-15

한국전자(주)의 자본구조비율

재무비율	한국전자(주)		산업평균	
	20X1	20X2	20X1	20X2
부채비율(%)	26.50	24.79	52.25	60.17
자기자본비율(%)	79.05	80.14	65.68	62.43
비유동비율(%)	94.27	94.17	108.20	114.92
비유동장기적합률(%)	89.31	90.02	90.16	95.50
이자보상비율(배)	17.90	14.56	8.27	5.78
고정금융비용보상비율(배)	14.52	11.27	6.15	4.34

효율성비율 3.3

효율성비율(efficiency ratios)은 자산의 효율적 이용도를 평가하는 데 이용되는 재무비율로서 흔히 활동성비율(activity ratios) 또는 자산관리비율(asset management ratios)이라고도 한다. 수익의 발생원천이 매출액이기 때문에 매출액을 기준으로 자산의 효율적 이용도를 측정할 수 있다.

효율성비율은 매출을 위하여 자산을 몇 번 회전시키고 있는가를 나타내는 재무비율로서 매출액을 자산항목으로 나누어 계산된다.

$$회전율(회) = \frac{매출액}{자산항목}$$

회전율이 높을수록 투자자산에 비하여 매출액이 상대적으로 높다는 것을 의미한다. 이는 적은 자산을 투입하여 많은 매출을 실현하고 있다는 것을 의미하기 때문에 자산이 효율적으로 이용되고 있다는 증거가 된다.

매출채권회전율, 매출채권회수기간

매출채권회전율(receivables turnover)은 매출액을 매출채권으로 나눈 재무비율로서 매출채권의 현금화 속도를 측정하는 데 이용되는 지표이다. 매출채권회전율은 매출채권이 1년 동안 몇 번 회전되었는가를 나타내기 때문에 매출채권관리의 효율성을 측정하는 데 이용된다.[13]

$$매출채권회전율(회) = \frac{매출액}{매출채권}$$

매출채권회전율이 높을수록 매출채권의 현금화 속도가 빠르다는 것을 의미한

13 매출액이 현금매출과 외상매출로 구성되어 있다면, 이 비율의 분석에 있어서 문제가 제기될 수 있다. 이 경우에는 매출액을 총매출액이 아닌 외상매출액을 사용하여 분석하는 것이 보다 합리적이다. 그러나 재무제표에서는 현금판매와 신용판매가 구분되어 표시되지 않는다. 따라서 외부 분석자의 경우 일반적으로 현금판매의 비중이 크지 않다는 가정하에 총매출액을 사용하여 매출채권회전율을 계산하고 있으나, 현금판매의 비중이 큰 경우에는 경제적 의미가 왜곡될 수 있음을 유의하여야 한다.

다. 그러나 과다한 신용판매 확대, 고객의 지급불능 또는 매출채권의 회수부진 등이 매출채권회전율을 떨어뜨리는 원인이 되기도 한다.

매출채권의 현금화 속도는 매출채권회수기간(receivables collection period)에 의해서 측정된다. 매출채권회수기간은 매출채권을 회수하는 데 걸리는 기간으로 매출채권회전기간이라고도 하며, 매출채권회전율의 역수에 365를 곱하거나 매출채권을 1일 평균매출액으로 나누어 다음과 같이 계산된다.

$$\text{매출채권회수기간(일)} = \frac{365}{\text{매출채권회전율}} = \frac{\text{매출채권}}{\text{1일 평균매출액}}$$

$$\text{1일 평균매출액} = \frac{\text{매출액}}{365}$$

일반적으로 매출채권회수기간이 짧을수록 매출채권이 효율적으로 관리되고 있다고 말할 수 있다. 그러나 보다 객관적인 평가를 위하여 기업의 목표 매출채권회수기간이나 판매조건 등을 함께 고려하는 것이 합리적이다.

매입채무회전율(payables turnover)은 매출액을 매입채무로 나눈 재무비율로서 매입채무가 얼마나 빨리 지급되는가를 나타내며, 매입채무에 대한 지급능력을 측정하는 지표이다.[14]

$$\text{매입채무회전율(회)} = \frac{\text{매출액}}{\text{매입채무}}$$

한편 매입채무지급기간(payables payment period)은 기업이 매입채무를 지급하는 데 걸리는 기간으로 매입채무회전기간이라고도 하며, 매입채무회전율의 역수에 365를 곱하거나 매입채무를 1일 평균매출액으로 나누어 다음과 같이 계산된다.[15]

14 매입채무는 원가로 계산되는 반면, 매출액은 시장가치로 계산된다. 따라서 양쪽의 항목을 동일 기준으로 비교하기 위해 매입채무회전율을 계산할 때 분자의 매출액 대신 매출원가를 사용하는 것이 합리적일 수 있다.

15 한국전자(주)의 매입채무회전율과 매입채무지급기간을 구하면 다음과 같다.

• 20×1년: $\text{매입채무회전율} = \frac{63,176}{(1,869+1,936)/2} = 33.21$ (산업평균=16.48)

$$\text{매입채무지급기간} = \frac{365}{33.21} = 10.99\text{일}$$

$$\text{매입채무지급기간(일)} = \frac{365}{\text{매입채무회전율}} = \frac{\text{매입채무}}{\text{1일 평균매출액}}$$

매입채무지급기간은 원재료공급자의 신용판매조건 등을 고려하여 평가되어야 하겠지만 일반적으로 원재료를 구입하는 기업의 입장에서는 길수록 현금 지급을 늦출 수 있기 때문에 유리하다. 반면에 원재료공급자의 입장에서는 거러기업의 매입채무지급기간이 짧을수록 매입채무에 대한 지급능력이 양호하다고 평가한다.

한국전자(주)의 매출채권회전율을 구하면 〈표 3-16〉과 같다. 한국전자(주)의 경우 매출채권회전율은 20×2년에 감소하였으나, 산업평균비율에 비해서는 20×1년, 20×2년 모두 높게 나타나고 있다. 그러므로 이 회사는 매출차권을 효율적으로 관리하고 있는 것으로 판단된다.

표 3-16

한국전자(주)의 매출채권회전율(회)

연도	한국전자(주)	산업평균
20×1	$\frac{63,176}{(1,842+1,781)/2} = 34.87$	14.08
20×2	$\frac{72,953}{(1,781+3,090)/2} = 29.95$	14.45

주) 매출채권회수기간(20×1년) $= \frac{365}{34.87} = 10.47$일

매출채권회수기간(20×2년) $= \frac{365}{29.95} = 12.19$일

재고자산회전율, 재고기간

재고자산회전율(inventories turnover)은 매출액을 재고자산으로 나눈 재무비율로서 재고자산이 당좌자산으로 변화하는 속도를 나타내는 지표이다.

• 20×2년: 매입채무회전율 $= \frac{72,953}{(1,936+2,388)/2} = 33.74$ (산업평균=17.61)

매입채무지급기간 $= \frac{365}{33.74} = 10.82$일

$$재고자산회전율(회) = \frac{매출액}{재고자산}$$

재고자산회전율이 낮다는 것은 매출에 비해 재고자산을 과다하게 보유하고 있다는 것을 의미한다. 한편 재고자산회전율이 높다는 것은 적은 재고자산으로 생산 및 판매활동을 효율적으로 수행하고 있다는 것을 의미한다. 그러나 재고자산회전율이 과도하게 높고 그 원인이 적정재고수준을 유지하지 못한 결과라면, 재고부족으로 인한 기회비용(재고부족으로 인한 판매기회 및 고객의 상실, 생산계획의 차질 등에 의하여 발생하는 손실)이 문제가 될 수 있다.

재고자산회전율을 분석할 때 다음과 같은 점을 유의하여야 한다.

첫째, 재고자산은 원가로 측정되는 반면, 매출액은 시장가치로 측정된다는 점이다. 따라서 두 항목을 동일기준으로 비교하는 것이 합리적이기 때문에 분자에 매출액 대신 매출원가를 사용하는 것이 보다 더 적절할 수 있다.

둘째, 재고자산회전율을 올바로 평가하기 위하여 원재료, 재공품, 완제품 등 재고자산의 주요 항목들에 대한 회전율을 계산할 필요가 있다. 또한 부문별, 사업부별 회전율을 측정함으로써 재고자산의 관리효율성에 대한 보다 유용한 정보를 얻을 수 있다.

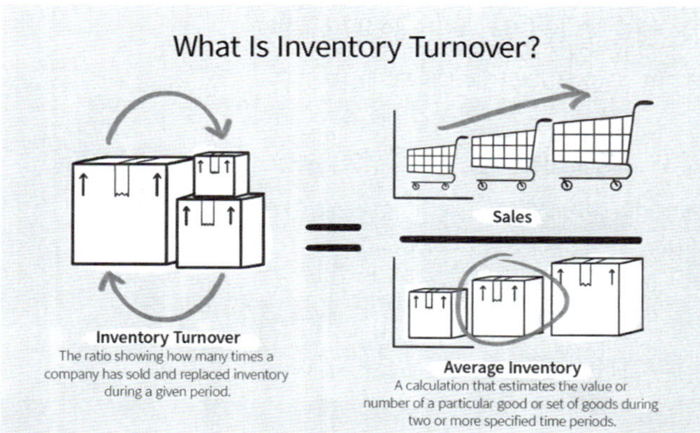

재고기간(days to sell inventory)은 재고자산을 판매하는 데 걸리는 기간으로 재고자산회전기간이라고도 하며, 재고자산회전율의 역수에 365를 곱하거나 재고자산을 1일 평균매출액으로 나누어 구할 수 있다.

$$재고기간(일) = \frac{365}{재고자산회전율} = \frac{재고자산}{1일\ 평균매출액}$$

한국전자(주)의 재고자산회전율을 구하면 〈표 3-17〉과 같다. 한국전자(주)의 경우 재고자산회전율은 20×2년에 약간 증가하였으며, 산업평균비율에 비해서도 20×1년, 20×2년 모두 높게 나타나고 있다. 그러므로 이 회사는 재고자산을 효율적으로 관리하고 있는 것으로 판단된다.

한국전자(주)의 재고자산회전율(회)

표 3-17

연도	한국전자(주)	산업평균
20×1	$\frac{63,176}{(3,219+3,338)/2} = 19.27$	17.43
20×2	$\frac{72,953}{(3,338+3,818)/2} = 20.39$	19.23

주) 재고기간(20×1년) = $\frac{365}{19.27}$ = 18.94일, 재고기간(20×2년) = $\frac{365}{20.39}$ = 17.90일

현장 FOCUS

▌리틀의 법칙과 현금주기

A식당은 1시간에 20명꼴로 손님이 방문한다. A식당 안에서 식사하고 있는 손님은 평균 30명이다. 그렇다면 손님 한 명이 A식당 안에서 머무는 시간은 얼마나 될까? 정답은 1시간 30분이다. 이 문제는 간단히 계산으로 풀 수도 있겠지만 자세히 살펴보면 생산관리, 재고관리, 공급체인 등 경영학·과학 분야의 토대를 제공한 '리틀의 법칙(Little's Law)'이 적용된 사례다.

리틀의 법칙이란 MIT 교수였던 존 리틀이 만든 것으로 '공간 내 머무는 객체 수(I)=객체의 공간 유입량(R)×객체의 공간 내 머무는 시간(T)'이다. 직관적으로 보자면 식당에 들어오는 손님이 늘어나고, 손님이 식당 안에 머무는 시간 역시 늘어나면 당연히 식당 안에 머무는 손님의 수가 곱으로 늘어난다는 뜻이다. 위 문제의 경우 식당 내 머무는 손님(30명)=방문하는 손님(20명/시간)×식당 내 손님이 머무르는 시간(1.5시간)이다.

리틀의 법칙이 중요한 이유는 적용범위가 넓기 때문이다. 리틀의 법칙을 응용하면 '재고량(I)=재고의 유입량(R)×재고 체류시간(T)', 즉 재고창고에 쌓여 있는 재고량은 저고가 들어오는 유입량과 재고로 머무는 시간의 곱과 같음을 알 수 있다. 이는 리틀의 법칙이 손님뿐만 아니라 재고흐름을 파악할 수도 있음을 시사한다.

현금흐름에도 적용된다. 예컨대 B회사가 지난해 15억원의 매출을 기록했고, 매출채권(외상매출 및 받을어음)은 3억원이라고 하자. 이 경우 리틀의 법칙을 적용해 3억원(I)=15억원/년(R)×0.2년(T)으로 표현할 수 있다. 달리 말해 B회사가 물건을 판 뒤 결제 받기까지 평균 0.2년(2.4달) 기다렸음을 알 수 있다.

사업을 하는 사람이라면 "줄 돈(현금)은 최대한 늦게 주고, 받을 돈(현금)은 최대한 빨리 받는다"는 원칙을 가지고 있는 사람이 많다. 수중에 현금흐름을 많이 확보하고 있어야 금융비용을 줄일 수 있고, 현금이 급히 필요할 때 신속하게 사용할 수 있기 때문이다. 이 원칙은 개인 사업자는 물론 글로벌 대기업에도 무차별적으로 적용될 정도로 확고한 경영원칙이다. 이와 관련된 경영학 용어가 '현금주기(cash cycle)'다.

현금주기는 생산에서 판매에 이르는 일련의 과정을 거치는 동안 현금의 유입이 얼마나 지체되는지 혹은 빠른지 알려주는 바로미터다. 대개 현금주기만큼 운전자금을 준비해야 하기 때문에 그 크기가 늘어날수록 기업엔 부담이다.

예를 들어 삼성전자 TV가 재고창고에 평균 10일 보관된다고 가정하자. 보통 재고창고에 10일을 머무른 뒤에야 판매된다는 뜻이다. 이때 제품이 재고창고에 머무는 기간을 재고기간이라고 하는데, 이 기간이 늘어날수록 삼성전자에 유입되는 현금흐름은 지체된다. 또 이 TV가 판매됐는데 현금이 아니라 어음 등 매출채권으로 판매됐다면 매출채권이 현금 등으로 전환되는 데 걸리는 기간인 매출채권회수기간만큼 유입 현금흐름은 더 지체된다. 마지막으로 삼성전자가 TV를 만드는 데 사용한 부품을 어음 등 매입채무로 산 뒤 이 매입채무를 현금 등으로 전환시켜주는 데 걸리는 기간인 매입채무지급기간만큼 유입 현금흐름은 빨라진다. 결론적으로 현금주기는 아래와 같이 정의된다.

미시간대 MBA스쿨에서 생산 · 재고 관리 및 공급체인 등을 가르치는 로만 카푸신스키 교수는 "쉽게 말해 받을 현금은 최대한 빨리 받고, 줘야 할 현금은 최대한 늦게 주면 현금주기(운전자금)가 짧아지고(줄어들고), 기업엔 이익이 된다"며 "기업이 현금주기를 간과할 경우 실제 금융부담을 무시하는 꼴"이라고 말했다.

예컨대 C회사 매출이 10억원이고 재고기간이 50일, 매출채권회수기간이 70일, 매입채무지급기간이 40일이라면, 현금주기는 80일(=50일+70일-40일)이다. 이때 필요한 운전자금은 2억 1,917만원(=10억원×80÷365)이 된다. 하지만 카푸신스키 교수는 "현금주기가 금융비용을 져야 하는 부담이 아닌 오히려 이익이 되는 매우 드문 기업도 있는데 바로 애플이 대표적인 사례"라고 소개 했다.

애플이 한창 잘나가던 2011년 회계연도 재무제표를 이용하여 현금주기를 계산해 보자.

애플의 재고기간은 4.4일, 매출채권회수기간은 18.1일, 매입채무지급기간은 82.9일이고, 이를 이용한 현금주기는 -60.4일(=4.4일+18.1일-82.9일)이다. 즉 현금으로 전환하는 데 시간이 걸리기는커녕 오히려 현금유입이 정상적인 수준보다 훨씬 더 빨리 이뤄짐을 알 수 있다. 따라서 애플이 필요한 운용자금은 -179.1억 달러(=1,082.5억 달러×(-60.4)÷365)가 된다. 즉 운용자금이 필요하지 않고 179.1억 달러만큼 추가 현금이 들어온 것이다. 카푸신스

현금주기 = 재고기간+매출채권회수기간-매입채무지급기간

〈현금주기〉

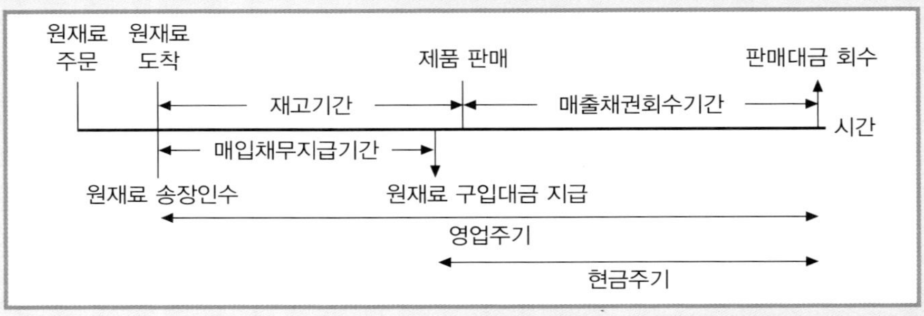

- 재고기간 = 재고액 ÷ 매출원가(연간 기준) × 365일/년
- 매출채권회수기간 = 매출채권 ÷ 매출(연간 기준) × 365일/년
- 매입채무지급기간 = 매입채무 ÷ 매출원가(연간 기준) × 365일/년

〈애플 2011년 실적〉

매 출	1,082억 5,000만 달러
매출원가	644억 3,000만 달러
순 이 익	259억 2,000만 달러
재고자산	7억 7,600만 달러
매출채권	53억 7,000만 달러
매입채무	146억 3,000만 달러

키 교수는 "애플은 현금주기를 최소화하는 수준을 넘어 현금을 미리 확보하는 수준까지 실현했다"며 "이는 애플이 강력한 구매력을 바탕으로 자신들에게 유리한 결제조건을 달성했기 때문"이라고 분석했다.

〈매일경제, 2017. 3. 24 수정〉

유형자산회전율

유형자산회전율(tangible assets turnover)은 유형자산이 1년 동안 몇 번 회전되어 매출을 실현하고 있느냐를 측정하는 것으로 매출액을 유형자산으로 나누어 계산된다.

$$\text{유형자산회전율(회)} = \frac{\text{매출액}}{\text{유형자산}}$$

유형자산회전율은 유형자산의 이용효율성을 측정하는 지표이다. 유형자산회전율이 높다는 것은 보유하고 있는 유형자산에 비해 높은 매출을 실현하고 있음을 의미하기 때문에 유형자산이 효율적으로 이용되고 있다고 해석할 수 있다. 그러나 고정설비의 장기간 이용에 따른 과다한 감가상각 때문에 유형자산이 낮게 계상되어 유형자산회전율이 높게 나타날 수도 있다. 그러므로 이 비율이 높은 원인이 어디에 있는지를 면밀히 검토한 후 유형자산에 대한 이용효율성을 평가해야 한다.

한국전자(주)의 유형자산회전율을 구하면 〈표 3-18〉과 같다. 한국전자(주)의

경우 유형자산회전율은 20×1년, 20×2년 모두 산업평균비율에 비해서 약간 낮게 나타나고 있다. 그러므로 이 회사는 유형자산에 대한 투자규모가 적정한지를 점검해 볼 필요가 있는 것으로 판단된다.

표 3-18

한국전자(주)의 유형자산회전율(회)

연도	한국전자(주)	산업평균
20×1	$\frac{63,176}{(28,820+29,777)/2} = 2.16$	2.29
20×2	$\frac{72,953}{(29,777+31,250)/2} = 2.39$	2.57

총자산회전율

총자산회전율(total assets turnover)은 매출액을 총자산(자산총계)으로 나누어 측정되는 재무비율로서 기업이 보유하고 있는 총자산의 효율적 이용도를 측정하는 지표이다.[16]

$$\text{총자산회전율(회)} = \frac{\text{매출액}}{\text{총자산}}$$

총자산회전율이 높을수록 적은 총자산으로 상대적으로 높은 매출을 실현하고 있음을 의미하기 때문에 총자산이 효율적으로 이용되고 있음을 의미한다. 반면에 총자산회전율이 낮을수록 자산규모에 비하여 매출액이 상대적으로 낮다는 것을 의미하기 때문에 자산이 비효율적으로 이용되고 있음을 의미한다. 이 경우에는 매출액을 증대시키는 방안을 모색하거나 또는 불필요한 자산을 매각하여 총자산 규모를 줄일 필요가 있다.

한국전자(주)의 총자산회전율을 구하면 〈표 3-19〉와 같다. 한국전자(주)의 경우 유형자산회전율과 마찬가지로 총자산회전율도 20×1년, 20×2년 모두 산

16 기업의 영업활동에 직접 투입하여 활용되고 있는 경영자산의 효율성을 평가하는 지표로 다음과 같은 경영자산회전율을 이용할 수 있다.

$$\text{경영자산회전율(회)} = \frac{\text{매출액}}{\text{총자산} - \text{건설중인자산} - \text{투자자산}}$$

업평균비율에 비해서 약간 낮게 나타나고 있다. 그러므로 이 회사는 유형자산을 포함한 총자산에 대한 투자규모가 적정한지를 점검해 볼 필요가 있는 것으로 판단된다.

표 3-19

한국전자(주)의 총자산회전율(회)

연도	한국전자(주)	산업평균
20×1	$\frac{63,176}{(57,809+65,225)/2} = 1.03$	1.06
20×2	$\frac{72,953}{(65,225+72,519)/2} = 1.06$	1.12

효율성비율에 대한 평가

한국전자(주)의 효율성비율을 종합적으로 제시하면 〈표 3-20〉과 같다. 한국전자(주)는 매출채권 및 재고자산은 효율적으로 관리하고 있으나, 유형자산 및 총자산에 대한 투자규모가 적정한지를 점검해 볼 필요가 있는 것으로 판단된다.

표 3-20

한국전자(주)의 효율성비율

재무비율	한국전자(주)		산업평균	
	20X1	20X2	20X1	20X2
매출채권회전율(회)	34.87	29.95	14.08	14.45
매출채권회수기간(일)	10.47	12.19	25.92	25.26
재고자산회전율(회)	19.27	20.39	17.48	19.23
재고기간(일)	18.94	17.90	20.88	18.98
유형자산회전율(회)	2.16	2.39	2.29	2.57
총자산회전율(회)	1.03	1.06	1.06	1.12

3.4 수익성비율

수익성비율(profitability ratios)은 기업의 이익창출능력을 나타내는 지표로서 기업활동의 결과를 집약한 경영성과를 측정하는 재무비율이다. 수익성비율은 기업이 주주와 채권자로부터 조달한 자본을 영업활동, 투자활동, 재무활동 등에 투자하여 얼마나 효율적으로 이용하였는가를 나타내므로 이해관계자들의 의사결정에서 중요한 정보원으로 이용된다. 경영자는 사업확장이나 신규사업의 진출에 대한 의사결정을 위한 정보로, 투자자는 투자종목의 선택기준으로, 채권자는 기업의 장기적인 채무상환능력의 판단기준으로, 종업원은 임금교섭의 기준으로, 그리고 세무당국은 조세부담능력 평가의 기준으로 활용한다.

그러나 수익성비율은 손익계산서상의 회계이익에 기초하여 측정되기 때문에 기업의 실질적인 현금흐름에 관한 정보가 반영되지 않고 있다는 결점이 있다. 예를 들어 순이익이 큰 경우에도 일시적인 유동성의 부족으로 흑자도산이 발생할 수 있는데, 이 경우 수익성분석을 통하여 이와 같은 징후를 발견하기 어렵다. 따라서 단기채무지급능력을 나타내는 유동성분석과 현금흐름분석 등을 병행함으로써 기업의 수익성에 대한 균형 있는 판단을 해야 한다.

총자산순이익률

총자산순이익률(return on total assets)은 총자산을 수익창출에 얼마나 효율적으로 이용하고 있는가를 측정하는 재무비율로서 순이익을 총자산으로 나누어 다음과 같이 계산된다.

$$\text{총자산순이익률}(\%) = \frac{\text{순이익}}{\text{총자산}} \times 100$$

총자산순이익률은 총자산의 이익창출능력을 측정하는 지표로 사용되지만 다음과 같은 몇 가지 점을 유의해야 한다.

첫째, 보유하고 있는 자산의 시가가 상승한 경우 총자산순이익률이 실제보다 높게 나타난다는 점이다. 왜냐하면 분자항인 순이익은 현행원가로 측정되지만 분모항인 자산은 현행원가보다 낮은 취득원가로 측정될 수 있기 때문이다. 따라서 현행원가와 취득원가의 차이가 큰 자산을 보유하고 있는 기업에서 총자산순이익률을 계산할 때 특히 이와 같은 점을 유의하여 해석하여야 한다.

둘째, 총자산(총자본)은 채권자와 주주들의 청구권인 반면에 순이익은 주주들의 몫이기 때문에 총자산과 순이익 사이에 논리적 모순이 존재한다는 점이다. 따라서 분자항의 순이익 대신에 주주 및 채권자에게 귀속되는 '영업이익' 또는 '순이익 + 이자비용 × (1 − 법인세율)'을 사용하는 것이 논리적으로 타당할 것이다.

이렇게 함으로써 자금조달방법에 따른 영향을 배제하고 영업성과를 객관적으로 측정할 수 있다.

셋째, 총자산 중에서 '비생산적인' 자산(즉 잉여자산, 건설중인자산, 트자자산 등)을 차감하여야 한다는 주장이 있다는 점이다. 이러한 주장은 경영자들이 이와 같은 비생산적인 자산으로부터 수익을 실현할 책임이 없다는 데 근거를 두고 있다. 그러나 경영자는 소유자와 채권자가 제공한 자본을 자유롭게 투자할 수 있는 재량권을 지니고 있다. 따라서 일정기간 수익성이 없거나 수익성이 낮은 자산에 자본을 투자함으로써 장기적으로 기업에 이득이 된다면, 자산이 생산적으로 이용되지 못하거나 현재 수익을 실현하지 못한다는 이유만으로 그러한 자산을 차감할 명분은 없을 것이다.

한국전자(주)의 총자산순이익률을 구하면 〈표 3-21〉과 같다. 한국전자(주)의 경우 총자산순이익률은 20×2년에 큰 폭으로 감소하고 있으나, 산업평균비율에 비해서는 20×1년, 20×2년 모두 상당히 높게 나타나고 있다. 또한 대외적인 여건 악화로 인하여 산업 전반에 걸쳐 큰 폭으로 이익이 감소하였으나 한국전자(주)는 다른 회사에 비해 이익이 적게 감소했음을 알 수 있다. 그러므로 이 회사는 산업평균에 비해 상대적으로 총자산을 수익창출에 효율적으로 활용하고 있는 것으로 판단된다.

표 3-21

한국전자(주)의 총자산순이익률(%)

연도	한국전자(주)	산업평균
20×1	$\frac{7,425}{(57,809+65,225)/2} \times 100 = 12.07$	7.37
20×2	$\frac{5,526}{(65,225+72,519)/2} \times 100 = 8.02$	1.15

자기자본순이익률

자기자본순이익률(return on equity)은 자기자본의 성과를 나타내는 재무비율로서 순이익을 자기자본(자본총계)으로 나누어 계산된다.[17]

17 보통주 소유주에 의해서 출자된 자기자본의 효율성을 측정하기 위해서 자기자본순이익률을 계산할 때 우선주에 대한 부분을 제거하여 다음과 같이 계산하기도 한다.

$$\text{자기자본(보통주)순이익률(\%)} = \frac{\text{순이익} - \text{우선주배당금}}{\text{자기자본(보통주)}} \times 100$$

$$자기자본순이익률(\%) = \frac{순이익}{자기자본} \times 100$$

자기자본순이익률은 자기자본의 투자성과를 의미하기 때문에 자기자본순이익률이 높다는 것은 자기자본이 효율적으로 운용되고 있음을 의미한다. 만일 자기자본순이익률이 주주들의 기대에 미치지 못하는 경우 주주들이 자금을 더 이상 기업에 투자하지 않을 것이기 때문에 기업의 경영활동이 위축되어 주가를 하락시키는 원인으로 작용하게 된다. 그러므로 자기자본순이익률은 경영자는 물론 주주의 입장에서도 수익성을 측정하는 중요한 지표라 할 수 있다.

한국전자(주)의 자기자본순이익률을 구하면 〈표 3-22〉와 같다. 한국전자(주)의 경우 자기자본순이익률은 20×2년에 감소하였으나, 산업평균비율에 비해서는 20×1년, 20×2년 모두 높게 나타나고 있다. 그러므로 이 회사는 자기자본을 수익창출에 효율적으로 활용하고 있는 것으로 판단된다.

표 3-22

한국전자(주)의 자기자본순이익률(%)

연도	한국전자(주)	산업평균
20×1	$\frac{7,425}{(45,197+51,561)/2} \times 100 = 15.35$	11.45
20×2	$\frac{5,526}{(51,561+58,114)/2} \times 100 = 10.08$	1.80

매출액이익률

매출액이익률(return on sales)은 매출로부터 얼마만큼의 이익을 얻고 있느냐를 나타내는 비율이다. 매출액이익률은 분자항에 매출총이익, 영업이익과 순이익 중 어떤 이익항목을 이용하느냐에 따라 매출액총이익률, 매출액영업이익률, 매출액순이익률 등으로 구분될 수 있다.

매출액총이익률(gross margin on sales)은 매출액에 대한 매출총이익의 비율로서 생산효율성을 나타내는 지표이다.

$$매출액총이익률(\%) = \frac{매출총이익}{매출액} \times 100$$

매출액총이익률의 변동원인에 대한 분석은 판매량, 판매가격과 제조원가 등의 자료가 필요하기 때문에 통상 내부분석자에 의해서만 이루어질 수 있다. 또한 기업이 여러 제품을 판매하는 경우 제품별로 상세한 자료를 이용하여 변동원인을 분석할 수 있다. 예를 들어 매출액총이익률의 감소가 과잉생산에 따른 가격인하 경쟁에 기인한 것으로 파악되는 경우라면 경영자가 통제할 수 없는 심각한 상황이지만, 매출액총이익률의 감소가 원가상승에 기인하는 것으로 파악되는 경우에는 원가절감 등을 통해 충분히 통제할 수 있는 상황이기 때문에 개선방안을 강구해야 한다.

매출액영업이익률(operating margin on sales)은 영업효율성을 측정하는 척도로 영업이익을 매출액으로 나누어 다음과 같이 계산된다.

$$\text{매출액영업이익률}(\%) = \frac{\text{영업이익}}{\text{매출액}} \times 100$$

매출액영업이익률은 매출총이익의 변동, 판매비와 관리비의 변동 등에 영향을 미치는 요인에 대한 철저한 분석을 통하여 올바르게 해석될 수 있다.

매출액순이익률(net margin on sales)은 순이익과 매출액의 관계를 나타내는 것으로 다음과 같이 측정된다.

$$\text{매출액순이익률}(\%) = \frac{\text{순이익}}{\text{매출액}} \times 100$$

한국전자(주)의 매출액총이익률, 매출액영업이익률, 매출액순이익률을 구하면 각각 〈표 3-23〉, 〈표 3-24〉 및 〈표 3-25〉와 같다. 한국전자(주)의 경우 매출액총이익률, 매출액영업이익률 및 매출액순이익률이 모두 20×2년에 감소하

표 3-23

한국전자(주)의 매출액총이익률(%)

연 도	한국전자(주)	산업평균
20×1	$\frac{16,329}{63,176} \times 100 = 25.85$	20.32
20×2	$\frac{17,572}{72,953} \times 100 = 24.09$	18.73

표 3-24

한국전자(주)의 매출액영업이익률(%)

연 도	한국전자(주)	산업평균
20×1	$\frac{5,943}{63,176} \times 100 = 9.41$	5.85
20×2	$\frac{4,134}{72,953} \times 100 = 5.67$	3.73

표 3-25

한국전자(주)의 매출액순이익률(%)

연 도	한국전자(주)	산업평균
20×1	$\frac{7,425}{63,176} \times 100 = 11.75$	6.93
20×2	$\frac{5,526}{72,953} \times 100 = 7.57$	1.03

였으나, 산업평균비율에 비해서는 20×1년과 20×2년 모두 상당히 높게 나타나고 있어 경영성과가 양호한 것으로 판단된다.

수익성비율에 대한 평가

한국전자(주)의 수익성비율을 종합적으로 제시하면 〈표 3-26〉과 같다. 20×2년 전세계는 경기침체국면에 접어들었으며 그 영향으로 한국전자(주)의 수익성이 20×2년도에 악화되었으나, 산업평균비율과 비교하면 상대적으로 수익성이 양호함을 알 수 있다.

표 3-26

한국전자(주)의 수익성비율

재 무 비 율	한국전자(주)		산업평균	
	20X1	20X2	20X1	20X2
총자산순이익률(%)	12.07	8.02	7.37	1.15
자기자본순이익률(%)	15.35	10.08	11.45	1.80
매출액총이익률(%)	25.85	24.09	20.32	18.73
매출액영업이익률(%)	9.41	5.67	5.85	3.73
매출액순이익률(%)	11.75	7.57	6.93	1.03

성장성비율 3.5

성장성비율(growth ratios)은 기업의 경영규모와 영업성과가 얼마나 증대되었는가를 나타내는 재무비율로서 성장률을 측정하는 대표적인 항목으로 총자산, 매출액과 순이익 등이 있다.

산업의 성장률은 그 산업이 성장산업인지 또는 사양산업인지에 관한 통찰력을 제공하고, 기업의 외형적 성장과 실질적 성장에 관한 정보는 산업 내의 상대적 지위와 경쟁력을 나타낸다.[18] 성장성비율을 분석할 때 유의하여야 할 사항은 물가상승시에는 명목성장률보다 실질성장률이 더 의미가 있으며, 일반적으로 성장성이 높은 기업은 유동성이 부족하므로 성장성과 유동성의 상반관계를 적절하게 고려해야 한다는 사실이다.

총자산증가율

총자산증가율(growth rate of total assets)은 일정기간 동안 총자산이 얼마나 증가하였는가를 나타내는 재무비율로서 기업규모의 성장정도를 측정하는 지표이다.

$$\text{총자산증가율}(\%) = \frac{\text{기말총자산} - \text{기초총자산}}{\text{기초총자산}} \times 100$$

총자산증가율이 높다는 것은 투자활동이 적극적으로 이루어짐에 따라 기업규모가 빠른 속도로 증가하고 있다는 것을 의미한다. 그러나 자산재평가가 이루어진 경우에는 새로운 자산의 취득 없이도 자산규모가 증가한다는 사실을 유의하여야 한다.

한국전자(주)의 총자산증가율을 구하면 〈표 3-27〉과 같다. 한국전자(주)의 경우 총자산증가율은 20×2년에는 전년도에 비해 약간 낮게 나타나고 있으나, 산업평균비율에 비해서는 20

18 성장률이 높다고 반드시 좋은 것은 아니다. 예를 들어 우리나라 기업의 경우 1997년 외환위기 이전에는 차입에 의한 외형성장을 추구함으로써 많은 문제를 야기했음을 상기해야 한다.

×1년, 20×2년 모두 높게 나타나고 있다. 따라서 국내·외 경제전망의 불투명성 등으로 인해 20×2년 한국전자(주)의 성장추세가 다소 둔화된 것으로 볼 수 있으나, 산업평균에 비해서는 성장성이 양호한 것으로 판단된다.

표 3-27

한국전자(주)의 총자산증가율

연 도	한국전자(주)	산업평균
20×1	$\frac{65,225-57,809}{57,809}\times 100 = 12.83$	9.28
20×2	$\frac{72,519-65,225}{65,225}\times 100 = 11.18$	10.84

매출액증가율

매출액증가율(growth rate of sales)은 일정기간 동안 매출액이 얼마나 증가하였는가를 나타내는 재무비율로서 기업의 외형적인 성장도를 나타내는 대표적인 지표이다.

$$매출액증가율(\%) = \frac{당기매출액-전기매출액}{전기매출액}\times 100$$

판매가격의 인상이나 판매량의 증가에 따라 매출액이 증가하기 때문에 증가원인에 대한 분석이 필요하며, 매출액이 증가하여도 순이익이 감소하는 경우가 있으므로 실질적인 성장지표인 순이익증가율에 대한 분석이 병행되어야 한다.

한국전자(주)의 매출액증가율을 구하면 〈표 3-28〉과 같다. 한국전자(주)의 경우 매출액증가율은 20×2년에 증가하였으며, 산업평균비율에 비해서 20×1년

표 3-28

한국전자(주)의 매출액증가율(%)

연도	한국전자(주)	산업평균
20×1	$\frac{63,176-58,973}{58,973}\times 100 = 7.13$	5.48
20×2	$\frac{72,953-63,176}{63,176}\times 100 = 15.48$	15.56

에는 높으나 20×2년에는 약간 낮은 수준으로 나타나고 있다. 따라서 한국전자(주)의 외형적 신장세는 대체로 양호한 것으로 판단된다.

순이익증가율

순이익증가율(growth rate of net income)은 일정기간 동안 순이익이 얼마나 증가하였는가를 나타내는 재무비율로서 실질적인 성장의 지표가 된다. 그러나 일정기간 동안 자본금의 변화가 있는 경우에는 순이익증가율이 왜곡될 수 있다. 따라서 주주에게 귀속되는 주당순이익의 증가율이 더 바람직한 실질적인 성장지표라 할 수 있다.

$$\text{순이익증가율}(\%) = \frac{\text{당기순이익} - \text{전기순이익}}{\text{전기순이익}} \times 100$$

$$\text{주당순이익증가율}(\%) = \frac{\text{당기주당순이익} - \text{전기주당순이익}}{\text{전기주당순이익}} \times 100$$

한국전자(주)의 순이익증가율을 구하면 〈표 3-29〉와 같다. 국내·외 경제침체로 인해 한국전자(주)의 순이익은 20×1년, 20×2년 모두 감소하고 있다. 이 회사의 순이익증가율은 산업평균비율에 비해 20×1년에는 좋지 않으나, 20×2년에는 상대적으로 적게 감소한 것으로 나타나고 있다. 그러나 한국전자(주)의 경우 순이익의 변동성이 상당히 크게 나타나고 있기 때문에 보다 안정적인 성장추세를 유지하기 위한 전략(다양한 사업포트폴리오의 구축 등)을 검토해 보아야 할 것으로 판단된다.

표 3-29 한국전자(주)의 순이익증가율(%)

연도	한국전자(주)	산업평균
20×1	$\frac{7,425-7,916}{7,916} \times 100 = -6.20$	13.26
20×2	$\frac{5,526-7,425}{7,425} \times 100 = -25.58$	−81.64

성장성비율에 대한 평가

한국전자(주)의 성장성비율을 종합적으로 제시하면 〈표 3-30〉과 같다. 20×2년에 매출액증가율을 제외하고 총자산증가율 및 순이익증가율이 감소하고 있다. 그리고 순이익증가율은 산업평균비율에 비해 20×1년에 상당히 좋지 않으나 20×2년에는 상대적으로 적게 감소하고 있음을 알 수 있다. 이와 같이 한국전자(주)의 성장성이 다소 불투명하게 나타난 것은 세계경제의 침체에 기인한 것으로 판단된다.

표 3-30

한국전자(주)의 성장성비율

재무비율	한국전자(주)		산업평균	
	20X1	20X2	20X1	20X2
총자산증가율(%)	12.83	11.18	9.28	10.84
매출액증가율(%)	7.13	15.48	5.48	15.56
순이익증가율(%)	−6.20	−25.58	13.26	−81.64

3.6 생산성비율

생산성비율(productivity ratios)은 기업활동의 성과 및 효율을 측정하여 개별 생산요소의 기여도 및 성과배분의 합리성 여부를 평가하는 지표이다. 그러므로 생산성에 관한 지표는 경영합리화의 척도라 할 수 있으며, 생산성 향상으로 얻은 성과에 대한 분배기준이 된다. 생산성이란 투입량(input)에 대한 산출량(output)의 정도를 의미하는 것으로 기업의 자본, 노동 및 경영 등의 생산요소를 결합하는 방법에 따라 산출량이 어느 정도 달성되었는지를 측정하는 데 이용된다. 생산성을 측정하는 지표로는 매출액에 대한 부가가치의 비율을 나타내는 부가가치율과 생산요소별로 생산성을 측정하는 노동생산성, 자본생산성 등이 사용된다.

생산성비율을 분석할 때 유의해야 할 점은 부가가치율이 증가한 경우에도 이익은 변하지 않고 임금, 금융비용, 감가상각비 등이 더 증가하였다면 생산성의 증가로 기업의 성과가 향상되었다고 해석하기 어렵다는 것이다. 따라서 수익성과 연계하여 분석하여야 생산성에 대한 보다 명확한 평가를 할 수 있을 것이다.

부가가치의 개념

부가가치(value added)는 최종생산자가 중간생산자로부터 구입한 원재료에 자본과 노동 등의 생산요소를 투입하여 새로이 창출한 가치로서 기업이 생산·판매한 총가치에서 생산을 위하여 투입한 외부구입가치를 차감한 순생산액을 의미한다. 따라서 부가가치는 외부에서 구입한 가치가 아닌 기업내부에서 창출한 가치라 할 수 있다. 부가가치의 산출방법에는 가산법(한국은행 방식)과 감산법 두 가지가 있다.

가산법은 기업의 부가가치를 각 생산요소에 대한 분배측면에서 파악한 것으로 손익계산서와 제조원가명세서상의 해당 항목을 합산하여 산출한다.[19]

부가가치 = 영업잉여 + 인건비 + 이자비용 + 세금과공과 + 감가상각비

가산법은 계산이 간편하고 능률적이며, 부가가치의 구성을 쉽게 파악할 수 있고 기업간 비교가 용이하다는 장점이 있다. 반면 매출액이나 생산액을 근거로 하지 않기 때문에 경영활동의 종합적 파악이 곤란하고, 생산 및 유통단계별로 부가가치의 창출과정을 분석하지 못하는 단점이 있다. 아울러 인건비나 경비에 대한 지출의 증가도 부가가치를 증가시킨다는 모순에 빠질 수 있다.

감산법은 매출액에서 중간투입액을 차감하여 산출한 것으로 생산측면에서 파악한 것이며, 부가가치가 기업이 창출한 실질가치라는 사고에서 출발한 것이다.

부가가치 = 매출액 − 중간투입액
= 매출액 − (원재료비 + 연료비 + 구입품비 + 외주가공비 + 구입용역비 + …)

감산법은 매출액 또는 생산액에서 외부구입가치가 차지하는 비중을 줄임으로써 부가가치를 증가시킬 수 있다는 경영목표에 부합되는 방식이다. 따라서 목표

19 부가가치를 구성하고 있는 각 항목들을 구체적으로 설명하면 다음과 같다.
- 영업잉여: 영업이익 + 대손상각비 − 이자비용
- 인건비: 판매관리부문, 제조부문 등에서 발생한 급여, 퇴직급여, 복리후생비
- 이자비용: 차입금에 대한 대가로 지급되는 이자비용
- 세금과 공과: 판매관리부문, 제조부문 등에서 발생된 제세금과 공과금
- 감가상각비: 판매관리부문, 제조부문 등에서 발생된 감가상각비

관리 또는 경영계획에 활용가능성이 높고, 이론적으로 부가가치의 개념에 근접한 방법이다. 그러나 중간투입항목이 정확히 구분되지 않아 실질적인 계산이 어렵다는 문제점이 있다.

가산법에 의해 한국전자(주)의 부가가치를 계산하기 위하여 필요한 계정을 나타내면 〈표 3-31〉과 같다.

표 3-31

한국전자(주)의 부가가치계산에 필요한 계정

(단위 : 백만원)

구성항목	20X1년	20X2년
급 여	4,692	4,990
퇴 직 급 여	516	464
복리후생비	606	649
감가상각비	7,057	7,620
세금과공과	240	238
대손상각비	1	17

부가가치율

부가가치율(value added ratio)은 일정기간 동안 기업이 창출한 부가가치를 매출액으로 나눈 비율이다. 이 비율은 매출액 중에서 생산활동에 투입된 생산요소에 귀속되는 소득의 비율을 나타내기 때문에 흔히 소득률이라고도 한다.[20]

$$부가가치율(\%) = \frac{부가가치}{매출액} \times 100$$

표 3-32

한국전자(주)의 부가가치율(%)

연도	한국전자(주)	산업평균
20×1	$\frac{19,055}{63,176} \times 100 = 30.16$	25.85
20×2	$\frac{18,112}{72,953} \times 100 = 24.83$	22.36

주) 부가가치(20×1년) = (5,943+1−332)+5,814+332+240+7,057 = 19,055백만원
부가가치(20×2년) = (4,134+17−284)+6,103+284+238+7,620 =18,112백만원

20 한국은행의 「기업경영분석」에서는 부가가치율을 계산할 때 분모의 매출액 대신에 산출액(매출액+당기중 재고증감−외주가공비)를 사용한다.

한국전자(주)의 부가가치율을 구하면 〈표 3-32〉와 같다. 한국전자(주)의 경우 20×2년에 부가가치율이 감소하였으나, 산업평균비율에 비해 20×1년, 20×2년에 모두 높게 나타났다. 그러므로 이 회사의 부가가치 창출능력은 양호하다고 평가할 수 있다.

노동생산성

노동생산성(productivity of labor)은 노동력의 단위당 성과를 나타내는 지표로 종업원 1인당 부가가치(value added per employee)를 의미한다.

$$\text{노동생산성} = \frac{\text{부가가치}}{\text{종업원 수}}$$

노동생산성이 높다는 것은 노동력이 효율적으로 이용되어 부가가치를 보다 많이 창출했음을 의미하며, 나아가 경영합리화를 통한 생산성 향상이 경쟁력 제고에 중요한 역할을 한 것으로 해석할 수 있다. 노동생산성은 종업원 1인당 보유하

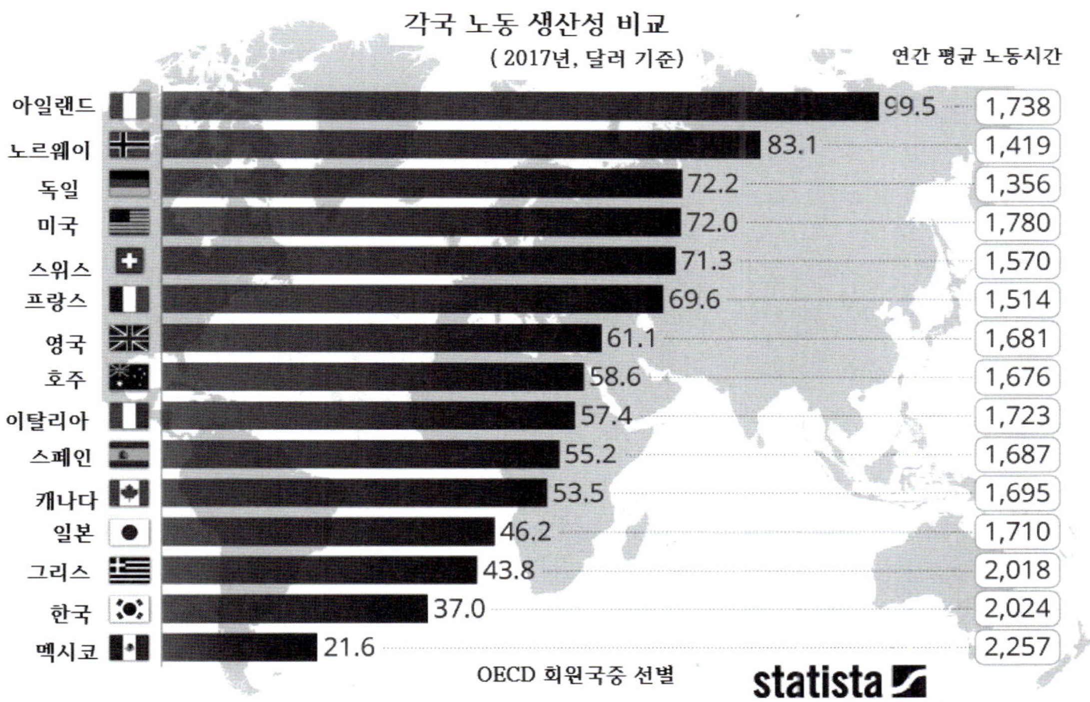

▲ 〈출처: 아틀라스뉴스 2019. 4. 30〉

는 자본액을 나타내는 자본집약도와 기업에 투자된 총자본이 어느 정도의 부가가치를 창출하였는가를 나타내는 총자본투자효율로 분해될 수 있다.

$$노동생산성 = \frac{총자본}{종업원\ 수} \times \frac{부가가치}{총자본}$$

$$= 자본집약도 \times 총자본투자효율$$

한국전자(주)의 노동생산성(종업원 1인당 부가가치)은 〈표 3-33〉과 같다. 한국전자(주)의 경우 20×2년에 노동생산성이 약간 감소하였으나, 산업평균에 비해 20×1년, 20×2년에 모두 높게 나타났다. 그러므로 이 회사의 노동생산성은 여전히 양호하다고 평가할 수 있다.

표 3-33

한국전자(주)의 노동생산성(백만원)

연도	한국전자(주)	산업평균
20×1	$\frac{19,055}{200} = 95.28$	85.23
20×2	$\frac{18,112}{200} = 90.56$	74.12

자본생산성

자본생산성(productivity of capital)은 생산요소의 하나인 자본의 단위당 투자효율을 나타내는 것으로 가장 대표적인 자본생산성비율은 총자본투자효율이다. 총자본투자효율은 기업에 투자된 총자본이 1년 동안 어느 정도의 부가가치를 창출하였는가를 나타내는 비율로 다음과 같이 계산된다.

$$총자본투자효율(\%) = \frac{부가가치}{총자본} \times 100$$

자본생산성이 높다는 것은 총자본이 효율적으로 운영되었음을 의미하며, 이 경우에는 대체로 노동생산성도 높게 나타난다. 자본생산성(총자본투자효율)은 부가가치율과 총자산(총자본)회전율로 구성되어 있다.

$$\text{총자본투자효율} = \frac{\text{부가가치}}{\text{매출액}} \times \frac{\text{매출액}}{\text{총자본}} = \text{부가가치율} \times \text{총자산회전율}$$

한국전자(주)의 총자본투자효율은 〈표 3-34〉과 같다. 한국전자(주)의 경우 20×2년에 총자본투자효율이 감소하였으나, 산업평균비율에 비해 20×1년, 20×2년 모두 높게 나타나고 있다. 그러므로 이 회사의 자본생산성은 양호하다고 평가할 수 있다.

표 3-34

한국전자(주)의 총자본투자효율(%)

연도	한국전자(주)	산업평균
20×1	$\frac{19,055}{(57,809+65,225)/2} \times 100 = 30.98$	24.27
20×2	$\frac{18,112}{(65,225+72,519)/2} \times 100 = 26.30$	21.43

생산성비율에 대한 평가

한국전자(주)의 생산성비율을 종합적으로 제시하면 〈표 3-35〉와 같다. 한국전자(주)의 생산성은 20×2년에 약간 감소하였으나, 산업평균에 비해서는 20×1년, 20×2년 모두 매우 양호한 것으로 평가된다.

표 3-35

한국전자(주)의 생산성비율

재무비율	한국전자(주)		산업평균	
	20X1	20X2	20X1	20X2
부가가치율(%)	30.16	24.83	25.85	22.36
노동생산성(백만원)	95.28	90.56	85.23	74.12
총자본투자효율(%)	30.98	26.30	24.27	21.43

3.7 시장가치비율

시장가치비율(market value ratios)은 기업의 시장가치를 나타내는 주가와 주당순이익 또는 장부가치 등의 관계를 분석하는 재무비율로서 시장에서 특정기업의 과거성과 및 미래전망이 어떻게 평가되고 있는지를 보여 주는 지표이다. 기업의 유동성, 안정성, 효율성, 수익성 및 성장성 등에 대한 과거성과가 양호하다면 시장가치비율도 높아지기 때문에 주가상승과 더불어 기업가치도 높아질 것으로 기대할 수 있다.

주가수익비율

주가수익비율(price earning ratio: PER)은 주가를 주당순이익(earnings per share: EPS)으로 나눈 것으로 P/E비율이라고도 한다.[21] PER은 주가가 주당순이익의 몇 배나 되는가를 나타내는 것으로서 기업의 주당순이익 1원에 대한 질적인 가치 또는 시장에서의 평가를 의미한다.

$$\text{주가수익비율} = \frac{\text{주가}}{\text{주당순이익}}$$

일반적으로 PER은 성장성이 높거나 위험이 낮을수록 높아진다. 또한 회계처리방법에 의해서도 영향을 받을 수 있다. 회계이익을 가능한 적게 계상하려는 보수적인 회계처리를 하는 기업의 PER이 높게 나타날 수 있다.

주가장부가치비율

주가장부가치비율(price book value ratio: PBR)은 주가를 주당순자산(장부가치)으로 나눈 비율로서 흔히 주가순자산비율이라고도 한다.[22]

$$\text{주가장부가치비율} = \frac{\text{주가}}{\text{주당순자산}}$$

기업의 미래 수익전망이 밝고 경영이 효율적일수록 주식의 장부가치와 시장가치 사이의 차이가 커져서 주가장부가치비율이 높아진다. 따라서 주식의 장부가

21 $\text{주당순이익} = \frac{\text{순이익} - \text{우선주배당금}}{\text{평균발행주식 수(보통주)}}$

22 $\text{주당순자산} = \frac{\text{자본총계} - \text{무형자산}}{\text{기말발행주식 수(보통주+우선주)}}$

치보다 시장가치가 훨씬 높게 평가되고 있는 기업은 시장에서 그 기업의 성장전망이 클 것으로 기대하고 있다는 증거로 해석할 수 있다. 그러나 물가상승으로 장부가치가 낮게 평가되어 있는 경우에도 이 비율이 커질 가능성이 있다.

토빈의 q 비율

토빈의 q비율(Tobin's q ratio)은 기업이 보유하고 있는 자산의 시장가치를 그 자산에 대한 대체원가(replacement cost)로 나눈 비율이다.

$$q \text{ 비율} = \frac{\text{자산의 시장가치}}{\text{자산의 대체원가}}$$

토빈의 q비율은 주가장부가치비율과 유사하다. 그러나 q비율의 경우 분자가 주식과 부채 모두를 시장가격으로 평가한 값이며, 분모는 그 기업의 보유자산을 장부상의 취득원가가 아닌 대체원가로 측정한 것이라는 점에서 주가장부가치비율과 다르다. 인플레이션을 고려한다면 대체원가가 취득원가를 초과하기 때문에 대체원가를 추정하는 것이 중요하게 된다.

일반적으로 q비율이 1보다 큰 경우에는 자본설비(capital equipment)의 시장가치가 대체원가보다 큰 가치를 가지므로 기업들이 투자하려는 유인(incentive)을 갖게 되며, q비율이 1보다 작으면 투자유인이 없다고 할 수 있다. 이와 같은 사실은 q비율을 투자결정기준으로 활용할 수 있음을 시사한다. 또한 M&A에서도 q비율이 유용하게 이용되는데, 예를 들어 인수대상기업을 선정하는 기준으로 활용되고 있다.

시장가치비율에 대한 평가

한국전자(주)의 시장가치비율을 예시하면 〈표 3-36〉과 같다. 이 표에서 볼 수 있는 바와 같이 20×1년 중반부터 시작된 국내·외 경제침체위기에도 불구하고 주가가 크게 하락하지 않고 있음을 알 수 있다. 그러나 한국전자(주)의 주가에 비해 순이익 감소폭이 상대적으로 크기 때문에 20×2년도의 PER은 전년도에 비해 증가하고 있다. 이는 큰 폭의 순이익 하락에도 불구하고 한국전자(주)의 미래 성장가능성을 반영한 결과라 볼 수 있다.

표 3-36 한국전자(주)의 시장가치비율 (단위 : 원, 배)

항목		20X0년도	20X1년도	20X2년도
주가	최 고	74,000	68,700	76,400
	최 저	54,900	50,700	40,700
주당	순이익	5,282	4,953	3,768
	매출액	38,446	41,985	48,413
	순자산	26,259	29,972	33,774
PER	최 고	14.01	13.87	20.27
	최 저	10.39	10.24	10.81
PBR	최 고	2.82	2.29	2.26
	최 저	2.09	1.69	1.21
EVA(백만원)*		4,093	2,849	674

* 경제적 부가가치(EVA)는 영업활동을 통해 얻은 이익에서 자본비용을 차감한 것이며, 이에 관한 내용은 제11장에서 자세히 설명할 것이다.

현장 FOCUS

▎주가 예측, PER보다 PBR이 낫다

흔히 사용되는 주가예측지표 중 주가수익비율(PER)보다 주가순자산비율(PBR)의 예측력이 한 수 앞선 것으로 나타났다. 특히 코스닥시장에서는 PER보다는 PBR이 유용하다는 조사결과가 나왔다. 증권선물거래소가 26일 배포한 '주가예측지표로서의 PER 및 PBR의 유용성 분석' 자료에 따르면 2000년 이후 이 두 지표와 국내 주식시장의 흐름을 비교해 본 결과 PBR이 PER보다 높은 주가수익률 예측력을 가진 것으로 조사됐다. 12개월 동안 각 지표로 나눈 그룹군(PER/PBR 상중하 그룹 총 6개)의 주가수익률을 측정해본 결과 저PBR주가 저PER주보다 더 높은 주가상승률을 나타낸 것이다. 즉, 주가가 PER보다 PBR에 더욱 민감하게 반응하는 경향을 보인 것.

PBR은 투자지표로서 유용성이 큰 것으로 확인됐다. 코스피·코스닥 양 시장 모두에서 PBR이 낮으면 낮을수록 주가수익률이 높게 나타났다. 특히 코스닥에서는 PER의 유용도가 떨어지는 반면 PBR에 따른 주가반영 속도는 빠르면서도 지속적으로 나타나며 투자지표로서 톡톡한 역할을 한 것으로 드러났다. PER도 유용한 투자참고지표이긴 하지만 PBR에 비해 주가와의 상관성에서 다소 뒤지는 것으로 조사됐다. PER이 낮은 종목일수록 주가는 높은 상승률을 기록했다. 국내 주식시장에서 2000년 이후 실적에 비해 주가가 낮은 종목들은 꾸준한 주가상승을 이뤄 적정가치에 부합하도록 변모했다. 그러나 시장별로 PER의 반영양상은 다르게 나타났다. 코스피시장에서 저PER주는 시간이 지남에 따라 점점 높은 수익률을 보였다. 반면 코스닥시장에서 저PER주는 단기간에만 올랐을 뿐 시간이 지남에 따라 주가와의 상관성은 떨어졌다.

한편 주가수익비율(PER)이란 주가를 주당순이익(당기순이익/주식수)으로 나눠 산출한 지표로 낮을수록 주가가 저평가됐다는 것을 의미한다. 주가순자산비율(PBR)은 주가를 주당순자산(자산/주식수)으로 나눠 산출하며 재무내용면에서 주가를 판단하는 척도로 평가된다. 여기서 순자산은 재무상태표상 자산에서 부채를 차감한 것을 말한다.

〈머니투데이, 2005. 9. 26 수정〉

종합적 평가 3.8

〈표 3-37〉은 한국전자(주)의 재무비율과 산업평균비율을 비교하여 요약한 표이다. 한국전자(주)는 국내의 대표적인 기업으로서 효율성비율에 다소 문제가 있는 것을 제외하고는 유동성비율, 자본구조비율, 수익성비율, 성장성비율, 생산성비율 등 거의 모든 재무비율이 양호한 것으로 판단된다.

표 3-37 한국전자(주)의 재무비율과 산업평균비율의 비교

재 무 비 율	20X1년도	20X2년도
1. 유동성비율		
유동비율(%)	+	+
당좌비율(%)	+	+
순운전자본구성비율(%)	+	+
현금비율(%)	−	−
현금비용방어기간(일)	−	−
2. 자본구조비율		
부채비율(%)*	+	+
자기자본비율(%)	+	+
비유동비율(%)*	+	−
비유동장기적합률(%)*	+	−
이자보상비율(배)	+	+
고정금융비용보상비율(배)	+	+
3. 효율성비율		
매출채권회전율(회)	+	+
매출채권회수기간(일)*	+	+
재고자산회전율(회)	+	+
재고자산판매기간(일)*	+	+
유형자산회전율(회)	−	−
총자산회전율(회)	−	−

재 무 비 율	20X1년도	20X2년도
4. 수익성비율		
총자산순이익률(%)	+	+
자기자본순이익률(%)	+	+
매출액총이익률(%)	+	+
매출액영업이익률(%)	+	+
매출액순이익률(%)	+	+
5. 성장성비율		
총자산증가율(%)	+	+
매출액증가율(%)	+	−
순이익증가율(%)	−	+
6. 생산성비율		
부가가치율(%)	+	+
노동생산성(천원)	+	+
총자본투자효율(%)	+	+

주) 1. +: 양호, −: 불량
2. * 산업평균에 비해 작을수록 양호함

04 비율분석의 유용성과 한계점

비율분석은 재무제표를 이용하여 기업의 이해관계자들이 합리적 의사결정을 내리는 데 유용한 정보를 제공하기 때문에 가장 널리 이용되는 분석방법이다. 재무비율은 이용자의 분석목적에 따라 재무제표상의 두 항목을 선택하여 다양한 종류의 비율구성이 가능하다. 그리고 분석자료로 이용되는 재무제표는 수집이 용이할 뿐만 아니라 계산방법과 이해가 쉽다는 장점이 있다. 반면에 다음과 같은 한계점을 가지고 있다.

첫째, 비율분석은 역사적 자료인 재무제표를 근거로 하여 과거 일정기간의 영업성과와 재무상태가 미래에도 계속될 것이라는 가정에서 분석된다. 경영분석의 실질적인 목적은 정책수행의 결과로 나타나는 미래의 재무상태와 경영성과를 예측하는 데 있다. 그러나 미래의 상황이 불확실할 뿐만 아니라 경영환경이 빠른 속도로 변화하기 때문에 과거자료를 이용하여 미래를 예측하는 데 여러 가지 점에서 한계가 있다.

둘째, 개별기업마다 운영방법과 회계처리방법이 서로 다르기 때문에 비율분석을 통하여 재무비율을 상호 비교하는 것만으로 충분하지 않다. 비교기업간에 감가상각방법 및 재고자산평가방법이 다르게 적용되는 경우에는 정확한 정보를 얻기가 어렵다.

셋째, 비율분석은 재무제표를 근간으로 하여 분석되는데, 이 중 재무상태표는 일정시점을 기준으로 작성되므로 계절적 변동에 따른 영향이 큰 산업에 대한 고려뿐만 아니라 인플레이션에 의한 가치변동 등이 반영되지 않기 때문에 이를 기계적으로 적용한다면 비율분석이 왜곡될 수 있다.

넷째, 특정한 재무비율이 양호한지 또는 불량한지의 여부를 일반화하기가 어렵다. 예를 들어 한 기업의 유동비율이 높다는 것은 유동성 측면에서는 양호한 상태로 평가될 수 있으나 과도한 현금의 보유는 수익성 측면에서 오히려 비효율적일 수도 있다. 마찬가지로 자산회전율이 높다는 것은 그 기업이 자산을 효율적으로 사용한다는 것을 의미하지만 한편으로는 자산에 대한 추가적인 투자가 어려운 기업임을 의미하기도 한다.

다섯째, 특정기업에 있어서 일부 재무비율은 양호하고 다른 재무비율은 불량한 경우 그 결과를 종합적으로 판단하기가 어렵다. 이 경우에 재무비율들의 순효과(net effects)를 분석하기 위해서는 다른 추가적인 분석방법을 이용하여야만 한다.

여섯째, 대부분의 기업이 산업평균보다 양호한 비율을 갖고자 하므로 단지 평균성과를 얻고 있는 데 만족하지 않는다. 따라서 높은 수준의 성과에 대한 목표로서 동일산업의 선두그룹에 속하는 재무비율을 사용하는 것이 보다 합리적일 수 있다.

일곱째, 비율분석에서 비교기준이 되는 표준비율로 어느 것을 선택하느냐에 따라 평가가 달라질 수 있다. 선택된 표준비율이 특정기업에 가장 적합한 최선의 비교기준이라고 판단할 근거가 없기 때문이다. 또한 서로 다른 산업에 속하는 사업부를 운영하는 기업의 경우에는 특정산업의 평균비율을 적용할 수 없기 때문에 이에 적합한 산업평균값을 산출하기가 어렵다.

여덟째, 기업의 유동성, 안정성, 수익성, 성장성, 생산성 외에도 기업가치평가에 영향을 미치는 요인으로 경영자의 자질, 조직의 효율성, 시장점유율, 기업의 신용, 종업원의 기술정도 등을 들 수 있다. 이러한 요인들은 재무제표상에 수치화될 수 없으므로 비율분석만으로 기업을 정확히 평가한다는 것은 한계가 있다.

현장 FOCUS

코로나 여파 국내기업 성장성 악화…수익·안정성은 개선

지난해 코로나 여파로 국내 기업의 성장성은 악화된 반면 수익성, 안전성은 오히려 개선된 것으로 나타났다. 한국은행이 3일 공개한 '2020년 기업경영분석 결과(속보)'에 따르면 외부감사대상 법인기업 2만 5,871개(제조업 1만 929개 · 비제조업 1만 4,942개)을 분석한 결과, 분석 대상 기업의 매출은 전년(2019년)보다 평균 3.2% 감소했다.

성장성 지표인 매출액 증가율 하락폭은 −3.2%로 전년(−1.0%) 보다 확대됐다. 매출 감소는 제조업(−3.6%)이 비제조업(−2.6%)보다 두드러졌다. 기업 규모별로는 대기업(−4.3%)은 외형축소를 겪은 반면 중소기업(0.8%)은 매출이 다소 늘었다. 세부 업종별로 보면 유가 하락 탓에 석유정제(−34.3%), 화학제품(−10.2%)의 매출이 급감했고 항공사 여객 · 화물수송 감소로 운수창고업(−8.3%)도 큰 타격을 입었다. 하지만 비대면 활동 확산 등의 영향으로 반도체 · 컴퓨터 수출이 늘어나면서 전기 · 영상 · 통신장비(7.5%) 매출이 증가했고, 진단 · 검사장비 수출 증가와 함께 의료용 물질 · 의약품(18.3%) 업종도 큰 폭으로 성장했다.

전체 분석 대상 기업의 수익성 지표인 매출액 대비 영업이익률(4.8%→5.1%) 및 매출액 대비 세전 순이익률(4.1%→4.3%)은 확대됐다. 기업의 수익성은 양극화 현상이 뚜렷했다. 수익성 지표 가운데 이자보상비율(367.6%→391.5%)은 매출액영업이익률이 높아짐에 따라 상승했다. 기업의 영업이익이 금융비용의 5배를 넘는 '500% 이상' 기업의 비중도 40.9%에서 41.1%로 확대됐다.

반면 연간 기업의 수익이 이자 등 금융비용에도 미치지 못하는 이른바 '좀비' 기업은 더 늘었다. 이자보상비율(영업이익/이자비용) '100% 미만' 기업의 비중이 1년 새 31.0%에서 34.5%로 커졌다. 2013년 관련 통계를 작성한 이래 가장 높은 비율이다.

다른 성장 지표인 총자산증가율 평균은 4.9%로, 2019년(5.0%)보다 소폭 떨어졌다. 기업 재무안정성 지표인 부채비율(97.4%)과 차입금 의존도((차입금+회사채)/총자산 · 28.2%)는 전년 보다 소폭 감소했다.

〈경상일보, 2021. 6. 4 수정〉

주요용어
Principal Terms

- **재무비율(financial ratio)**

  경제적 의미와 논리적 관계가 분명한 재무제표의 한 항목을 다른 항목에 대한 상대적 비율로 나타낸 것이다.

- **정태비율(static financial ratio)**

  일정시점에서 기업의 재무상태를 나타내는 정태적 재무보고서인 재무상태표상의 두 항목을 대응시켜 계산되는 재무비율로서 재무상태표비율이라고도 한다.

- **동태비율(dynamic financial ratio)**

  일정기간 동안의 경영성과를 나타내는 동태적 재무보고서인 손익계산서상의 두 항목을 대응시키거나, 또는 재무상태표 항목과 손익계산서 항목을 대응시켜 계산되는 재무비율로서 손익계산서비율이라고도 한다.

- **관계비율(relative ratio)**

  재무제표상의 두 항목을 대응시켜 측정되는 재무비율로서 흔히 항목비율이라고도 한다.

- **구성비율(component ratio)**

  총자산 또는 매출액에서 각 항목이 차지하는 비중을 비율로 나타낸 것이다.

- **표준비율(standard ratio)**

  재무비율을 이용하여 기업의 재무상태와 경영성과를 평가할 때 비교·평가의 기준이 되는 재무비율이다.

- **산업평균비율**

  표준산업분류와 같은 일정한 기준에 따라 산업을 분류하여 그 산업에 속해 있는 모든 기업의 재무비율을 평균한 값이다.

- **경험적 재무비율**

  오랜 기간에 걸쳐 체험적으로 터득된 이상적인 재무비율을 의미한다.

유동성비율(liquidity ratios)

단기채무를 상환할 수 있는 능력을 측정하는 재무비율로서 흔히 단기채무지급능력비율(short-term solvency ratios)이라고도 한다.

- $\text{유동비율(\%)} = \dfrac{\text{유동자산}}{\text{유동부채}} \times 100$
- $\text{당좌비율(\%)} = \dfrac{\text{당좌자산}}{\text{유동부채}} \times 100$
- $\text{순운전자본구성비율(\%)} = \dfrac{\text{순운전자본}}{\text{총자산}} \times 100$
- $\text{현금비율(\%)} = \dfrac{\text{현금및현금성자산}}{\text{유동부채}} \times 100$
- $\text{현금비용방어기간(일)} = \dfrac{\text{당좌자산}}{\text{1일 평균현금지출비용}}$

자본구조비율(capital structure ratios)

기업의 장기채무지급능력을 나타내는 비율로서 타인자본 의존도에 의해 측정되며 레버리지비율(leverage ratios)이라고도 한다.

- $\text{부채비율(\%)} = \dfrac{\text{부채}}{\text{자기자본}} \times 100$
- $\text{자기자본비율(\%)} = \dfrac{\text{자기자본}}{\text{총자본}} \times 100$
- $\text{비유동비율(\%)} = \dfrac{\text{비유동자산}}{\text{자기자본}} \times 100$
- $\text{비유동장기적합률(\%)} = \dfrac{\text{비유동자산}}{\text{자기자본} + \text{비유동부채}} \times 100$
- $\text{이자보상비율(배)} = \dfrac{\text{영업이익}}{\text{이자비용}}$
- $\text{고정금융비용보상비율(배)} = \dfrac{\text{영업이익} + \text{리스료, 임차료 등}}{\text{이자비용} + \text{리스료, 임차료 등}}$

효율성비율(efficiency ratios)

자산의 효율적 이용도를 평가하는 데 이용되는 재무비율로서 흔히 활동성비율(activity ratios) 또는 자산관리비율(asset management ratios)이라고도 한다.

- $\text{매출채권회전율(회)} = \dfrac{\text{매출액}}{\text{매출채권}}$

☞ $\text{매출채권회수기간(일)} = \dfrac{365}{\text{매출채권회전율}} = \dfrac{\text{매출채권}}{\text{1일 평균매출액}}$

- $\text{매입채무회전율(회)} = \dfrac{\text{매출액}}{\text{매입채무}}$

☞ $\text{매입채무지급기간(일)} = \dfrac{365}{\text{매입채무회전율}} = \dfrac{\text{매입채무}}{\text{1일 평균매출액}}$

- $\text{재고자산회전율(회)} = \dfrac{\text{매출액}}{\text{재고자산}}$

☞ $\text{재고기간(일)} = \dfrac{365}{\text{재고자산회전율}} = \dfrac{\text{재고자산}}{\text{1일 평균매출액}}$

- $\text{유형자산회전율(회)} = \dfrac{\text{매출액}}{\text{유형자산}}$

- $\text{총자산회전율(회)} = \dfrac{\text{매출액}}{\text{총자산}}$

수익성비율(profitability ratios)

기업의 이익창출능력을 나타내는 지표로서 기업활동의 결과를 집약한 경영성과를 측정하는 재무비율이다.

- $\text{총자산이익률(\%)} = \dfrac{\text{순이익}}{\text{총자산}} \times 100$

- $\text{자기자본순이익률(\%)} = \dfrac{\text{순이익}}{\text{자기자본}} \times 100$

- $\text{매출총이익률(\%)} = \dfrac{\text{매출총이익}}{\text{매출액}} \times 100$

- $\text{매출액영업이익률(\%)} = \dfrac{\text{영업이익}}{\text{매출액}} \times 100$

- $\text{매출액순이익률(\%)} = \dfrac{\text{순이익}}{\text{매출액}} \times 100$

성장성비율(growth ratios)

기업의 경영규모와 영업성과가 얼마나 증대되었는가를 나타내는 재무비율로서 성장률을 측정하는 대표적인 항목으로 총자산, 매출액과 순이익 등이 있다.

- $총자산증가율(\%) = \frac{기말총자산 - 기초총자산}{기초총자산} \times 100$
- $매출액증가율(\%) = \frac{당기매출액 - 전기매출액}{전기매출액} \times 100$
- $순이익증가율(\%) = \frac{당기순이익 - 전기순이익}{전기순이익} \times 100$
- $주당순이익증가율(\%) = \frac{당기주당순이익 - 전기주당순이익}{전기주당순이익} \times 100$

생산성비율(productivity ratios)

기업활동의 성과 및 효율을 측정하여 개별 생산요소의 기여도 및 성과배분의 합리성 여부를 평가하는 지표이다.

☞ 부가가치 = 영업잉여 + 인건비 + 이자비용 + 세금과공과 + 감가상각비

- $부가가치율(\%) = \frac{부가가치}{매출액} \times 100$
- $노동생산성 = \frac{부가가치}{종업원\ 수}$
- $총자본투자효율(\%) = \frac{부가가치}{총자본} \times 100$

시장가치비율(market value ratios)

기업의 시장가치를 나타내는 주가와 주당순이익 또는 장부가치 등의 관계를 분석하는 재무비율로서 시장에서 특정기업의 과거성과 및 미래전망이 어떻게 평가되고 있는지를 보여 주는 지표이다.

- $주가수익비율 = \frac{주가}{주당순이익}$
- $주가장부가치비율 = \frac{주가}{주당순자산}$
- $q\ 비율 = \frac{자산의\ 시장가치}{자산의\ 대체원가}$

사·례·연·구

현재 인천에서 화장품을 생산하고 있는 (주)청운화장품의 재무상태표와 손익계산서는 다음과 같다.

재무상태표

(주)청운화장품　　20×1년 12월 31일 현재　　(단위 : 천원)

자 산	금 액	부채·자본	금 액
유동자산	1,542,750	(부채)	
현금및현금성자산	15,000	유동부채	836,400
단기금융자산	10,500	매입채무	739,500
매출채권	484,500	단기차입금	96,900
재고자산	1,032,750	비유동부채	45,000
		사채	22,500
비유동자산	288,150	장기차입금	22,500
토지	153,000	부채총계	831,400
건물	82,500		
기계장치	45,000	(자본)	
기타유형자산	7,650	자본금	300,000
		자본잉여금	159,000
		이익잉여금	490,500
		자본총계	949,500
자산총계	1,830,900	부채·자본총계	1,830,900

손익계산서

(주)청운화장품　　20×1년 1월 1일~20×1년 12월 31일　　(단위 : 천원)

과 목	금 액
매출액	3,570,000
매출원가	2,856,000
매출총이익	714,000
판매비와 관리비	516,000
영업이익	198,000
이자비용	96,000
법인세비용차감전순이익	102,000
법인세비용(34%)	34,680
당기순이익	67,320

(주)청운화장품의 재무담당자로서 다음의 표를 완성하여 (주)청운화장품의 단기채무지급능력,

장기채무지급능력, 효율성, 수익성을 평가하라.

재 무 비 율	실 제 비 율	표 준 비 율
유동비율		126%
당좌비율		68%
부채비율		225%
비유동비율		120%
이자보상비율		2.4배
재고자산회전율		4.2회
매출채권회전율		3.5회
유형자산회전율		4.1회
총자산회전율		1.2회
매출액순이익률		4.74%
총자산순이익률		6.43%
자기자본순이익률		10.24%

해설

각각의 재무비율을 구하면 다음과 같다.

① 유동비율 $= \frac{\text{유동자산}}{\text{유동부채}} \times 100 = \frac{1,542,750}{836,400} \times 100 = 184\%$

② 당좌비율 $= \frac{\text{당좌자산}}{\text{유동부채}} \times 100 = \frac{1,542,750 - 1,032,750}{836,400} \times 100 = 61\%$

③ 부채비율 $= \frac{\text{부채}}{\text{자기자본}} \times 100 = \frac{881,400}{949,500} \times 100 = 93\%$

④ 비유동비율 $= \frac{\text{비유동자산}}{\text{자기자본}} \times 100 = \frac{288,150}{949,500} \times 100 = 30\%$

⑤ 이자보상비율 $= \frac{\text{영업이익}}{\text{이자비용}} = \frac{198,000}{96,000} = 2.1$배

⑥ 재고자산회전율 $= \frac{\text{매출액}}{\text{재고자산}} = \frac{3,570,000}{1,032,750} = 3.5$회

⑦ 매출채권회전율 $= \frac{\text{매출액}}{\text{매출채권}} = \frac{3,570,000}{484,500} = 7.4$회

⑧ 유형자산회전율 $= \frac{\text{매출액}}{\text{유형자산}} = \frac{3,570,000}{288,150} = 12.4$회

⑨ 총자산회전율 $= \dfrac{\text{매출액}}{\text{총자산}} = \dfrac{3,570,000}{1,830,900} = 1.9\text{회}$

⑩ 매출액순이익률 $= \dfrac{\text{당기순이익}}{\text{매출액}} \times 100 = \dfrac{67,320}{3,570,000} \times 100 = 1.89\%$

⑪ 총자산순이익률 $= \dfrac{\text{당기순이익}}{\text{총자산}} \times 100 = \dfrac{67,320}{1,830,900} \times 100 = 3.68\%$

⑫ 자기자본순이익률 $= \dfrac{\text{당기순이익}}{\text{자기자본}} \times 100 = \dfrac{67,320}{949,500} \times 100 = 7.09\%$

앞에서 구한 재무비율을 표준비율과 비교하면 다음과 같다.

재무비율	실제비율	표준비율	양호 · 불량
유동비율	184%	126%	양호
당좌비율	61%	68%	불량
부채비율	93%	225%	양호
비유동비율	30%	120%	양호
이자보상비율	2.1배	2.4배	불량
재고자산회전율	3.5회	4.2회	불량
매출채권회전율	7.4회	3.5회	양호
유형자산회전율	12.4회	4.1회	양호
총자산회전율	1.9회	1.2회	양호
매출액순이익률	1.89%	4.74%	불량
총자산순이익률	3.68%	6.43%	불량
자기자본순이익률	7.09%	10.24%	불량

(주)청운화장품의 실제비율과 표준비율을 비교하여 평가해보면 다음과 같다.

- 단기채무지급능력을 나타내는 유동비율, 당좌비율 등 유동성 비율을 살펴보면, 과다한 재고자산으로 인하여 당좌비율이 다소 낮다는 문제가 있으나 대체로 양호한 것으로 보인다.
- 장기채무지급능력을 나타내는 부채비율, 비유동비율, 이자보상비율 등 자본구조비율을 살펴보면, 전반적인 재무구조는 양호하나 낮은 이익으로 이자보상비율이 표준비율보다 낮은 것이 문제로 지적된다.
- 자산의 효율적 이용도를 나타내는 재고자산회전율, 매출채권회전율, 유형자산회전율, 자기자본회전율, 총자산회전율 등 효율성 비율을 살펴보면, 과다한 재고자산으로 인하여 재고자산회전율이 낮은 것을 제외하고 모두 양호한 것으로 판단된다.
- 기업의 수익성을 나타내는 매출액순이익률, 총자산이익률, 자기자본순이익률 등 수익성 비율을 살펴보면, 모두 불량한 것으로 나타나고 있다.

결론적으로 (주)청운화장품의 단기채무지급능력, 장기채무지급능력, 자산의 효율적 이용도 등은 모두 양호하나 수익성이 매우 취약한 것으로 판단된다. 따라서 (주)청운화장품은 무엇보다도 먼저 수익성 개선 노력이 우선되어야 할 것으로 판단된다.

연습문제

객관식 문제

01. 유동성비율에 관한 설명으로 옳지 않은 것은? (경영지도사, 2021)

① 단기채무 상환 능력을 평가하는 비율이다.
② 기업에 자금을 대출한 금융기관이나 단기신용 제공자들이 많은 관심을 갖는 비율이다.
③ 현금비율은 가장 보수적으로 유동성을 판단하는 비율이다.
④ 높은 유동비율은 현금이나 단기자산을 효율적으로 운용하고 있다는 것을 의미한다.
⑤ 당좌비율은 유동비율보다 유동성이 높다.

02. 다음 중 경영의 총괄적 효율성을 측정하는 재무비율은?

① 유동성비율 ② 레버리지비율 ③ 수익성비율
④ 효율성비율 ⑤ 생산성비율

03. 유동성(환금성)이 큰 자산에서 작은 자산 순으로 옳게 나열한 것은? (경영지도사, 2021)

① 재고자산–당좌자산–유형자산–무형자산
② 무형자산–유형자산–재고자산–당좌자산
③ 유형자산–무형자산–재고자산–당좌자산
④ 당좌자산–재고자산–무형자산–투자자산
⑤ 당좌자산–재고자산–투자자산 – 유형자산

04. 매출부진으로 인해 재고가 많이 발생하는 기업의 단기채무능력을 측정하는 데 적합한 재무비율은?

① 유동비율 ② 순운전자본구성비율 ③ 부채비율
④ 당좌비율 ⑤ 재고자산회전율

05. 다음의 재무비율 중 장기채무지급능력의 측정과 거리가 먼 것은?

① 유동비율 ② 부채비율 ③ 자기자본비율
④ 비유동비율 ⑤ 이자보상비율

06. 비유동자산에 투자한 자본의 범위를 자기자본과 비유동부채까지 포함해서 자본배분의 안정성을 평가하는 비율은? (경영지도사, 2021 수정)

① 유동비율 ② 자기자본이익률 ③ 비유동장기적합률
④ 비유동비율 ⑤ 자기자본회전율

07. 재무비율 중 레버리지비율에 해당하지 않는 것은? (경영지도사, 2020)

① 부채비율 ② 당좌비율 ③ 자기자본비율
④ 이자보상비율 ⑤ 비유동장기적합률

08. 재무비율 중 효율성(활동성)비율에 속하는 것으로 옳게 나열한 것은? (경영지도사, 2020)

① 유동비율, 당좌비율, 부채비율, 자기자본비율
② 이자보상비율, 매출채권회전율, 재고자산회전율, 총자산회전율
③ 매출채권회전율, 매출채권회수기간, 재고자산회전율, 총자산회전율
④ 재고자산회전율, 총자산회전율, 총자산순이익률, 총자산증가율
⑤ 자기자본순이익률, 총자산순이익률, 총자산증가율, 순이익증가율

09. 기업의 생산성을 평가하기 위한 재무비율에 해당하는 것은? (경영지도사, 2020)

① 부가가치율 ② 매출액이익률 ③ 당좌비율
④ 비유동장기적합률 ⑤ 총자산회전율

10. 생산성비율에 관한 설명으로 옳지 않은 것은? (경영지도사, 2018)

① 생산성비율은 개별 생산요소의 기여도 및 성과배분의 합리성 여부를 평가하는 지표이다.
② 부가가치는 외부에서 구입한 가치가 아닌 기업 내부에서 창출한 가치를 의미한다.
③ 부가가치를 측정하는 방식에는 생산측면에서 파악하는 감산법과 분배측면에서 파악하는 가산법이 있다.

④ 부가가치율은 일정기간 동안 기업이 창출한 부가가치를 매출액으로 나눈 비율이다.

⑤ 노동생산성은 노동집약도와 자본생산성의 곱으로 측정될 수 있다.

11. 기업의 유동성 분석에 관한 설명으로 옳은 것은? (경영지도사, 2019)

① 기업이 장기채무를 변제할 능력이 어느 정도인지를 측정하는 비율이다.

② 현금비율은 유동성비율 중에서 가장 보수적인 비율이다.

③ 유동비율은 유동자산을 유동부채로 나눈 비율로 대체로 낮을수록 좋다.

④ 유동성 분석을 위한 항목에는 유동비율, 당좌비율, 총자산회전율 등이 존재한다.

⑤ 순운전자본비율은 순운전자본을 유형자산으로 나눈 비율이다.

12. 활동성비율에 관한 설명으로 옳지 않은 것은? (경영지도사, 2019)

① 기업이 보유하고 있는 자산을 얼마나 능률적으로 운영하였는지 측정하는 것이다.

② 매출액을 형성하기 위하여 투자된 각종 자산들의 관계를 분석한 것이다.

③ 기업의 영업활동에 대한 효율성을 평가하는 비율이다.

④ 회전율이 높을수록 유동부채에 대한 매출액이 상대적으로 높다는 것을 의미한다.

⑤ 총자산회전율은 매출액을 총자산으로 나눈 비율이다.

13. 2019년도 (주)산단의 재무상태표가 다음과 같을 때 당좌비율은? (경영지도사, 2020)

현금	500	매입채무	500
매출채권	1,500	단기차입금	2,000
재고자산	3,000	장기차입금	3,300
비유동자산	3,500	자본	2,700
자산 총계	8,500	부채와 자본 총계	8,500

① 55 % ② 60 % ③ 80 %

④ 120 % ⑤ 140 %

14. (주)중기의 회계자료가 다음과 같을 때 노동생산성은? (경영지도사, 2019)

○ 매출액: 1,000,000원	○ 순이익: 200,000원
○ 감가상각비 : 100,000원	○ 부가가치: 400,000원
○ 평균종업원 수: 2,000명	○ 금융비용: 10,000원

① 100원 ② 200원 ③ 250원

④ 400원 ⑤ 500원

15. 표준비율로 사용될 수 있는 비율과 거리가 먼 것은?

① 분석기업의 과거비율 ② 대기업의 재무비율 ③ 일반적인 경험비율
④ 산업평균비율 ⑤ 경쟁기업의 비율

16. 비율분석에 관한 설명으로 옳지 않은 것은? (경영지도사, 2016)

① 정태비율(static ratio) 분석은 재무상태표에 나타난 자료를 대상으로 한 비율분석이다.
② 동태비율(dynamic ratio) 분석은 손익계산서에 나타난 자료를 대상으로 한 비율분석이다.
③ 혼합비율(mixed ratio) 분석은 재무상태표 항목과 손익계산서 항목을 동시에 비교하는 비율분석이다.
④ 구성비율(component ratio) 분석은 영업이익 또는 비유동자산에 대한 각 항목의 구성비를 표시하는 비율분석이다.
⑤ 관계비율(relative ratio) 분석은 재무제표의 두 항목을 대응시켜 계산한 재무비율이다.

17. 서로 다른 재무제표에 있는 항목을 대응시켜 산출하는 혼합비율에 해당하는 재무비율은? (경영지도사, 2020)

① 유동비율 ② 매출액증가율 ③ 자기자본비율
④ 매출액순이익률 ⑤ 재고자산회전율

18. 유동성비율에 관한 설명으로 모두 옳은 것은? (경영지도사, 2014)

ㄱ. 유동비율은 양호한데도 불구하고 당좌비율이 불량한 경우는 재고자산의 과다로 추정될 수 있다.
ㄴ. 당좌비율이 100% 이하라는 것은 당좌자산을 유동부채보다 더 많이 보유하고 있다는 의미이다.
ㄷ. 유동비율이 지나치게 높다는 것은 현금이나 단기자산을 비효율적으로 운용하고 있다는 의미도 된다.
ㄹ. 유동비율이 높을수록 단기채무지급능력이 미흡하다.
ㅁ. 유동성은 단기에 현금화될 수 있는 정도를 의미한다.

① ㄱ, ㄴ, ㄹ ② ㄱ, ㄷ, ㅁ ③ ㄴ, ㄷ, ㅁ
④ ㄴ, ㄹ, ㅁ ⑤ ㄷ, ㄹ, ㅁ

19. 다음 자료에서 당좌비율(quick ratio; Q)을 계산했을 때 가장 적절한 것은? 단, 1년은 365일이고 회전율은 매출액에 대하여 계산한다. (CPA 1차, 2012)

매출채권 120억원	재고자산회전율 10회
유동부채 140억원	매출채권회수기간 60일
유동비율 150%	

① Q ≤ 50% ② 50% < Q ≤ 75%
③ 75% < Q ≤ 100% ④ 100% < Q ≤ 125%
⑤ Q > 125%

20. 비율분석에 관한 설명으로 옳은 것은? (경영지도사, 2016 수정)

① 순운전자본비율은 유동자산을 총자산으로 나누어 구한다.
② 현금비율은 현금및현금성자산을 유동부채로 나눈 비율이다.
③ 고정금융비용보상비율은 매출액을 이자비용과 고정금융비용의 합으로 나눈 비율이다.
④ 비유동장기적합률은 자기자본 외에 비유동부채까지 확대하여 자본의 수익성을 측정하는 비율이다.
⑤ 비유동비율은 비유동자산을 유동부채로 나눈 비율이다.

21. 주가수익비율(PER)에 대한 다음의 설명 중 잘못된 것은?

① PER은 현재의 주가를 주당순이익으로 나누어 구한다.
② PER은 주가가 주당순이익의 몇 배가 되는가를 나타낸 것으로서 주당순이익 1원의 질적인 가치를 의미한다.
③ 보수적인 회계처리방법을 사용하는 경우 상대적으로 PER이 낮아진다.
④ 성장성이 높을수록 기업의 PER이 높게 나타난다.
⑤ 위험도가 낮은 기업의 경우 PER이 높게 나타난다.

22. 기업이 보유하는 부채와 지분의 시장가치를 기업이 보유하는 자산의 대체원가로 나눈 비율은? (경영지도사, 2020)

① 주가매출액비율(PSR) ② 주가현금흐름비율(PCR) ③ 토빈의 Q비율
④ 주가순자산비율(PBR) ⑤ 주가수익비율

23. 다음 중 재무제표를 이용한 비율분석의 한계점과 거리가 먼 것은?

① 재무비율은 과거자료를 이용하여 측정된 것으로서 이를 미래의 재무의사결정에 이용하는 데는 문제가 있다.

② 개별기업간 회계처리방법의 상이성으로 인하여 재무분석만으로 상호비교한다는 것은 불합리하다.

③ 비교기준이 되는 표준비율을 합리적으로 도출하기 어렵다.

④ 수치화할 수 없는 질적인 경영정보를 반영하지 못한다.

⑤ 손익계산서에 의해 기업의 현금흐름상태를 파악할 수 있지만, 이는 계절적 변동 및 인플레이션에 의한 가치변동을 무시하고 있다.

24. 재무제표를 이용한 비율분석의 한계점이 아닌 것은? (경영지도사, 2019)

① 경영환경이 빠르게 변화하는 경우에는 분석의 한계가 있다.

② 비교기업 간의 회계처리방법이 다른 경우에는 정확한 정보를 얻기 어렵다.

③ 계절적 변동에 따른 영향이 큰 산업은 비율분석이 왜곡될 수 있다.

④ 비교기준이 되는 표준비율로 어떤 것을 선택하느냐에 따라 평가가 달라질 수 있다.

⑤ 분석목적에 맞는 다양한 종류의 비율분석이 어렵고, 제3자가 용이하게 얻을 수 있는 자료가 부족하다.

주관식 문제

01. 다음 용어를 간략하게 설명하라.

1) 정태비율
2) 동태비율
3) 관계비율
4) 표준비율
5) 유동성비율
6) 자본구조비율
7) 효율성비율
8) 수익성비율
9) 성장성비율
10) 자본생산성
11) 순운전자본
12) 재무적 유연성
13) 부가가치
14) 노동생산성
15) 시장가치비율

02. 비율분석의 의의를 설명하라.

03. 재무비율을 분석목적에 의해 분류한 후, 주요 재무비율에 대해서 설명하라.

04. 표준비율의 의의 및 종류에 대해서 설명하라.

05. 비율분석의 유용성 및 한계를 설명하라.

06. (주)대전의 재무상태표와 손익계산서는 다음과 같다.

재무상태표

(주)대전　　20×1년 12월 31일 현재　　(단위 : 천원)

자 산	금 액	부채·자본	금 액
유동자산	1,265,000	(부채)	
현금및현금성자산	50,500	유동부채	736,400
매출채권	482,500	비유동부채	45,600
재고자산	732,000	부채총계	782,000
비유동자산	245,000	(자본)	
		자본금	400,000
		자본잉여금	160,000
		이익잉여금	168,000
		자본총계	728,000
자산총계	1,510,000	부채·자본총계	1,510,000

손익계산서

(주)대전 20×1년 1월 1일～20×1년 12월 31일 (단위 : 천원)

과 목	금 액
매출액	3,600,000
매출원가	2,730,000
매출총이익	870,000
판매비와 관리비	310,000
영업이익	560,000
이자비용	220,000
법인세비용차감전순이익	340,000
법인세비용(20%)	68,000
당기순이익	272,000

다음의 표를 완성하여 (주)대전의 단기채무지급능력과 장기채무지급능력을 평가하라.

재 무 비 율	실 제 비 율	표 준 비 율
유동비율		160%
당좌비율		80%
부채비율		200%
비유동비율		100%
이자보상비율		2.1배

07. 다음의 자료를 이용하여 재무상태표와 손익계산서를 완성하라.

재 무 비 율	실 제 비 율
유동비율(%)	120%
당좌비율(%)	80%
부채비율(%)	150%
매출채권회수기간(일)	40일
총자산회전율(회)	2.92회
매출액순이익률(%)	10%

재무상태표

(단위 : 만원)

자 산	금 액	부채·자본	금 액
		(부채)	
유동자산	( )	유동부채	( )
현금및현금성자산	( )	매입채무	( )
매출채권	( )	단기차입금	20,000
재고자산	( )	비유동부채	30,000
		사채	15,000
비유동자산	( )	장기차입금	15,000
		부채총계	( )
		(자본)	
		자본금	60,000
		자본잉여금	20,000
		이익잉여금	20,000
		자본총계	100,000
자산총계	( )	부채·자본총계	( )

손익계산서

(단위 : 만원)

과 목	금 액
매출액	( )
매출원가	( )
매출총이익	( )
판매비와 관리비	94,000
영업이익	( )
이자비용	64,000
법인세비용차감전순이익	( )
법인세비용(34%)	( )
당기순이익	( )

제4장의 개요

제3장에서 설명한 재무비율을 개별적으로 분석하는 것만으로는 기업의 재무상태와 경영성과를 종합적으로 평가할 수 없다. 기업 전체의 재무상태와 경영성과를 평가하기 위해서는 다양한 종류의 재무비율을 종합적으로 분석하고 평가하여야 한다. 즉, 일부 재무비율은 양호하지만 여타 재무비율이 불량한 것으로 나타나는 경우 기업의 재무상태나 경영성과를 평가하기가 어렵기 때문에 여러 재무비율의 순효과(net effects)를 측정할 수 있는 방법이 필요하다. 재무비율을 종합적으로 분석하는 방법으로 ROI분석법, 지수법과 원형도표법 등이 이용되고 있다.

이 장에서는 먼저 재무제표의 비교분석에 대하여 설명한 다음에 종합적 분석방법인 ROI 분석법, 지수법과 원형도표법 등에 대하여 살펴보고, 마지막으로 현금흐름비율분석과 재무비율의 국제비교를 설명하고자 한다.

제 4 장

재무비율의 종합평가

01 재무제표의 비교분석

재무제표의 비교분석은 재무제표상의 모든 항목을 비교분석하는 것으로 공통형재무제표와 지수형재무제표 등이 사용되고 있다. 일반적으로 공통형재무제표는 규모가 상이한 기업간 비교(inter-firm comparison)에 유용하며, 지수형재무제표는 재무제표 항목의 추세를 분석하는 데 유용하다.

1.1 공통형재무제표 분석

공통형재무제표의 의의

특정항목이 전체 또는 하위부문에서 어느 정도 비중을 차지하고 있는가를 파악하는 것은 기업의 재무상태와 경영성과의 변동원인을 규명하는 데 도움이 된다. 예를 들어 재무상태표의 총자산을 100%로 하여 자산, 부채와 자본항목을 총자산에 대한 백분율(구성비율)로 표시한 공통형재무상태표(common-size statement of financial position)를 작성할 수 있으며, 손익계산서의 매출액을 100%로 하여 각 항목을 매출액에 대한 백분율로 표시한 공통형손익계산서(common-size income statement)를 작성할 수 있다.

이와 같이 총자산 또는 매출액을 100%로 하여 각 항목을 백분율로 나타내는 재무제표를 공통형재무제표(common-size financial statement)라고 한다. 공통형재무제표를 통하여 여러 기업의 재무제표를 개별항목의 크기와 관계없이 하나의 공통된 양식으로 나타낼 수 있기 때문에 기업간의 상호비교에 유용하게 이용될 수 있다.

Vertical Analysis Formula

$$\text{Vertical Analysis Formula (Balance Sheet)} = \frac{\text{Balance Sheet Item}}{\text{Total Assets (Liabilities)}} \times 100$$

$$\text{Vertical Analysis Formula (Income Statement)} = \frac{\text{Income Statement Item}}{\text{Total Sales}} \times 100$$

▲ 공통형재무제표 분석을 수직적 분석(vertical analysis)이라고도 함. 공통형재무상태표와 공통형손익계산서를 작성하는 데 수직적 분석을 위한 식이 활용됨.

공통형재무제표를 이용함으로써 재무제표의 구조를 분석할 수 있다. 공통형재무상태표를 이용한 구조분석은 다음과 같은 두 가지 측면에 초점을 맞추고 있다.

첫째, 자금의 원천인 유동부채, 비유동부채와 자기자본이 어떤 비율로 구성되어 있는가? 둘째, 자금의 운용인 유동자산과 비유동자산이 어떤 비율로 구성되어 있는가?

한편 공통형재무상태표의 분석을 확대시키는 경우 특정항목이 하위 범주에서 어느 정도의 비율을 점유하고 있는가를 파악할 수 있다. 예를 들어 재고자산이

표 4-1

공통형재무상태표

회사명 : 한국전자(주)

(단위 : %)

과　목	20X0년 12월 말	20X1년 12월 말	20X2년 12월 말
유동자산	25.45	25.48	24.53
당좌자산	19.88	20.36	19.27
현금및현금성자산	1.69	3.11	3.25
단기금융자산	15.01	14.53	11.75
매출채권	3.19	2.73	4.26
재고자산	5.57	5.12	5.26
비유동자산	74.55	74.52	75.47
투자자산	21.87	26.25	29.86
유형자산	49.85	45.65	43.09
무형자산	0.90	0.87	0.90
기타비유동자산	1.91	1.74	1.62
보증금	1.06	1.07	1.19
장기선급비용	0.86	0.67	0.43
자산총계	100.00	100.00	100.00
유동부채	16.67	16.56	16.16
매입채무	3.23	2.97	3.29
단기차입금	6.27	5.35	6.00
기타유동부채	7.17	8.25	6.87
비유동부채	5.15	4.39	3.70
사채	2.11	2.31	1.65
장기차입금	1.36	0.90	0.84
퇴직급여채무	0.75	0.67	0.70
기타비유동부채	0.93	0.51	0.52
(부채총계)	21.82	20.95	19.86
자본금	1.55	1.38	1.24
자본잉여금	11.01	10.08	9.09
자본조정	−12.08	−13.41	−11.85
기타포괄손익누계액	0.96	2.87	5.25
이익잉여금	76.73	78.13	76.42
(자본총계)	78.18	79.05	80.14
부채와 자본총계	100.00	100.00	100.00

표 4-2

공통형손익계산서

회사명 : 한국전자(주) (단위 : %)

과 목	20X0년도	20X1년도	20X2년도
매출액	100.00	100.00	100.00
매출원가	71.83	74.15	75.91
매출총이익	28.17	25.85	24.09
판매비와 관리비	16.41	16.44	18.42
영업이익	11.76	9.41	5.67
금융수익	3.00	2.65	7.85
이자수익	2.10	2.02	1.92
외환차익	0.69	0.55	5.55
외화환산이익	0.21	0.08	0.38
금융비용	1.23	1.32	7.01
이자비용	0.51	0.53	0.39
외환차손	0.66	0.72	5.76
외화환산손실	0.05	0.07	0.86
기타수익	2.78	3.94	2.58
기타비용	0.69	1.01	0.99
법인세비용차감전순이익	15.63	13.66	8.10
법인세비용	2.20	1.91	0.52
당기순이익	13.42	11.75	7.57

총자산에서 점유하고 있는 비율뿐만 아니라 유동자산에서 차지하고 있는 비율을 파악할 수 있다. 또한 공통형손익계산서를 작성함으로써 매출원가와 여러 형태의 비용항목이 매출액에서 차지하는 비율을 파악할 수 있으며, 이와 같은 비율은 이익의 변동원인을 규명하는 데 있어 매우 유용한 정보로 이용된다.

가상의 사례기업인 한국전자(주)의 재무제표를 이용하여 작성한 공통형재무상태표와 공통형손익계산서는 〈표 4-1〉 및 〈표 4-2〉와 같다.

공통형재무상태표의 분석

총자산을 100%로 하여 각 자산항목, 부채항목 및 자본항목의 구성비를 백분율로 표시한 공통형재무상태표를 작성함으로써 자산규모의 차이를 통제한 상태에서 자산, 부채 및 자본의 구조와 변화정도를 상호 비교할 수 있다.[1]

1 공통형재무제표는 주로 기업간 규모차이를 통제함으로써 기업간 비교를 용이하게 하기 위한 수단으로 활용되지만, 기간간 규모차이가 현저한 경우 기간간 비교에도 활용될 수 있다.

〈표 4-1〉에서 볼 수 있는 바와 같이 자산부문의 경우 유동자산 중 현금및현금성자산의 구성비율이 약간씩 늘어나고, 비유동자산 중 투자자산의 구성비율은 늘어나는 반면에 유형자산의 구성비율은 줄어드는 추세를 보이고 있다. 그리고 부채와 자본부문을 살펴보면 부채의 구성비율이 약간씩 감소하고 자기자본의 구성비율이 증가함으로써 재무구조가 개선되고 있음을 알 수 있다.

공통형손익계산서의 분석

매출액을 100%로 하여 비용과 수익항목의 구성비를 백분율로 표시하는 공통형손익계산서를 작성함으로써 어떤 비용항목의 비중이 증가 또는 감소하고 있는가를 평가할 수 있다.

〈표 4-2〉에서 한국전자(주)의 최근 3년 동안 비용구조를 살펴보면 매출원가, 판매비와 관리비 및 금융비용 등의 구성비율이 증가하는 추세를 보이고 있다. 그 결과 매출총이익, 영업이익, 법인세차감전순이익과 당기순이익은 매년 감소하고 있다. 이와 같은 수익성 악화는 20×1년 중반에 시작된 세계적인 경기침체에 기인한 것으로 판단된다.

지수형재무제표 분석 1.2

추세분석은 재무제표의 항목이나 관련지표를 기간별로 비교함으로써 기업의 재무상태와 경영성과의 변동추세를 파악하는 데 이용된다. 이와 같이 장기적인 추세를 분석함으로써 그 기업의 재무상태와 경영성과가 개선되고 있는지 아니면 악화되고 있는지를 판단할 수 있는 정보를 얻을 수 있으며, 이를 위해 작성되는 재무제표를 지수형재무제표(index financial statement)라고 한다.

▲ 지수형재무제표 분석을 수평적 분석(horizontal analysis)이라고도 함.

지수형재무제표는 기준시점의 각 재무제표 항목값을 100으로 하여 비교시점의 값을 지수(비교시점의 항목값/기준시점의 항목값)로 표시한 재무제표를 말한다. 따라서 지수형재무제표를 이용함으로써 각 항목의 증감추세를 파악할 수 있다. 또한 공통형재무제표와 마찬가지로 규모의 차이를 통제할 수 있는 이점이 있기 때문에 기업규모가 상이한 기업간의 상호비교를 위하여 이용할 수 있다.

〈표 4-3〉 및 〈표 4-4〉는 한국전자(주)의 지수형재무상태표와 지수형손익계산서를 예시한 것이다.

표 4-3

지수형재무상태표

회사명 : 한국전자(주) (단위 : %)

과 목	20X0년 12월 말	20X1년 12월 말	20X2년 12월 말
유동자산	100.00	112.96	120.91
당좌자산	100.00	115.55	121.56
현금및현금성자산	100.00	207.26	241.31
단기금융자산	100.00	109.22	98.25
매출채권	100.00	96.69	167.75
재고자산	100.00	103.70	118.61
비유동자산	100.00	112.78	126.99
투자자산	100.00	135.41	171.24
유형자산	100.00	103.32	108.43
무형자산	100.00	108.60	124.86
기타비유동자산	100.00	102.71	105.87
보증금	100.00	114.73	140.92
장기선급비용	100.00	87.90	62.70
자산총계	100.00	112.83	125.45
유동부채	100.00	112.12	121.65
매입채무	100.00	103.58	127.77
단기차입금	100.00	96.25	120.12
기타유동부채	100.00	129.86	120.23
비유동부채	100.00	96.10	90.16
사채	100.00	123.40	97.71
장기차입금	100.00	74.21	77.26
퇴직급여채무	100.00	101.62	117.59
기타비유동부채	100.00	61.57	69.78
(부채총계)	100.00	108.34	114.22
자본금	100.00	100.00	100.00
자본잉여금	100.00	103.27	103.50
자본조정	100.00	125.30	123.15
기타포괄손익누계액	100.00	336.27	683.48
이익잉여금	100.00	114.89	124.93
(자본총계)	100.00	114.08	128.58
부채와 자본총계	100.00	112.83	125.45

표 4-4

지수형손익계산서

회사명 : 한국전자(주)

(단위 : %)

과 목	20X0년도	20X1년도	20X2년도
매출액	100.00	107.13	123.71
매출원가	100.00	110.59	130.74
매출총이익	100.00	98.29	105.77
판매비와 관리비	100.00	107.30	138.84
영업이익	100.00	85.71	59.62
금융수익	100.00	94.68	323.93
이자수익	100.00	103.23	113.08
외환차익	100.00	85.89	1,002.48
외화환산이익	100.00	38.40	220.80
금융비용	100.00	115.33	706.63
이자비용	100.00	109.57	95.73
외환차손	100.00	116.58	1,072.94
외화환산손실	100.00	158.62	2,172.41
기타수익	100.00	151.52	114.68
기타비용	100.00	158.42	178.22
법인세비용차감전순이익	100.00	93.64	64.11
법인세비용	100.00	92.69	29.38
당기순이익	100.00	93.80	69.81

〈표 4-3〉에서 한국전자(주)의 지수형재무상태표를 보면, 주로 현금및현금성자산의 증가로 인하여 유동자산이 증가하고 있으며, 비유동자산도 계속 증가하고 있음을 알 수 있다. 한편 부채와 자기자본이 모두 증가하고 있으나, 상대적으로 자기자본의 증가 폭이 더 크게 나타나고 있다. 그 결과 지속적인 재무구조 개선이 이루어지고 있다고 판단된다.

그리고 〈표 4-4〉에서 한국전자(주)의 지수형손익계산서를 보면, 매출원가, 판매비와 관리비, 금융비용(특히 환율급등으로 인해 외환차손 및 외화환산손실이 큰 폭으로 증가함)의 증가로 인하여 수익성이 크게 악화되는 추세를 보이고 있다.

02 ROI 분석

ROI분석은 1930년대 미국의 듀폰(Du Pont)사에 의하여 개발된 재무통제를 위한 관리시스템으로 흔히 듀폰시스템(Du Pont System)이라고도 부른다. ROI분석은 기업의 경영성과를 여러 부분의 재무요인으로 분해하여 경영성과의 변동원인을 분석하는 것으로 재무활동을 통제하는 수단으로 이용된다.

2.1 ROI 분석의 의의

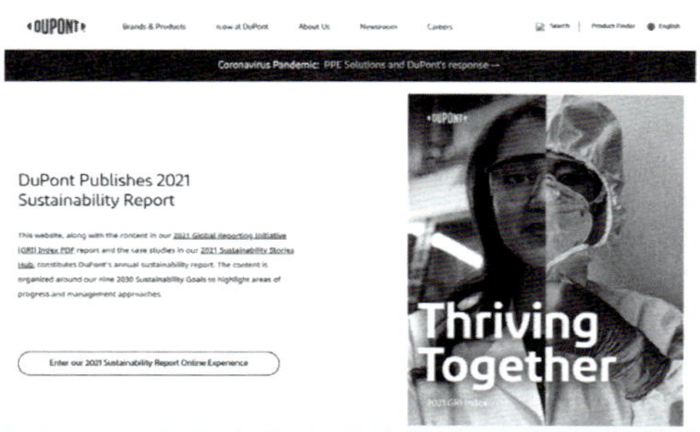

▲ 듀폰사 홈페이지(https://www.dupont.com) 메인 화면

기업은 이익을 얻기 위하여 경영활동을 하며, 경영성과에 따라 기업의 재무적 생존능력은 물론 자금제공자에 대한 유인능력 및 보상능력이 결정된다. 경영성과는 기업이 경영활동을 통하여 창출한 이익으로서 투자자본에 대한 상대적인 크기에 의해 측정될 수 있다. 투자수익률(return on investment: ROI)은 경영성과를 종합적으로 측정하는 데 이용되는 가장 대표적인 재무비율이다.

ROI분석은 ROI의 구성요인을 여러 재무요인별로 분해하여 경영성과의 변동원인을 찾아냄으로써 재무통제가 필요한 부문이 어느 부문인가를 파악하는 데 이용되고 있다. ROI를 총자산(총자본)순이익률로 정의하느냐 자기자본순이익률로 정의하느냐에 따라 그 내용이 다소 달라진다.

ROI를 총자산순이익률(return on total assets: ROA)로 정의하는 경우 다음과 같이 수익성비율과 효율성비율로 분해시킬 수 있다.

$$
\begin{aligned}
\text{총자산순이익률} &= \frac{\text{순이익}}{\text{매출액}} \times \frac{\text{매출액}}{\text{총자산}} \\
&= \underset{(\text{수익성비율})}{\text{매출액순이익률}} \times \underset{(\text{효율성비율})}{\text{총자산회전율}}
\end{aligned}
$$

한편 ROI를 자기자본순이익률(return on equity: ROE)로 정의하는 경우 다음과 같이 수익성비율, 효율성비율과 자본구조비율로 분해시킬 수 있다.

$$자기자본순이익률 = \frac{순이익}{매출액} \times \frac{매출액}{총자산} \times \frac{총자산}{자기자본}$$

$$= 매출액순이익률 \times 총자산회전율 \times \frac{1}{자기자본비율}$$

$$= 매출액순이익률 \times 총자산회전율 \times (1 + 부채비율)$$

(수익성비율) (효율성비율) (자본구조비율)

$$= 총자산순이익률 \times (1 + 부채비율)$$

ROI를 구성하고 있는 재무비율간의 상관관계를 나타내면 [그림 4-1]과 같다. 총자산순이익률 또는 자기자본순이익률의 변동원인을 분석할 때 이를 구성하고 있는 요소들에 대한 세부적인 분석이 필요하며, 그 구성요소들 간에 상호관련성이 존재한다는 사실을 인식하여야 한다. 예를 들어 할인판매를 하면 매출에 대한 마진이 적어져서 매출액순이익률은 감소하지만, 매출이 증가하여 총자산회전율은 증가하게 된다. 따라서 할인판매가 총자산순이익률 또는 자기자본순이익률에 미치는 영향은 매출액순이익률과 총자산회전율에 어떻게 영향을 미치는가에 따라 결정될 것이다.

이상에서 설명한 바와 같이 ROI를 여러 개의 구성요인별로 분해하여 이들 요

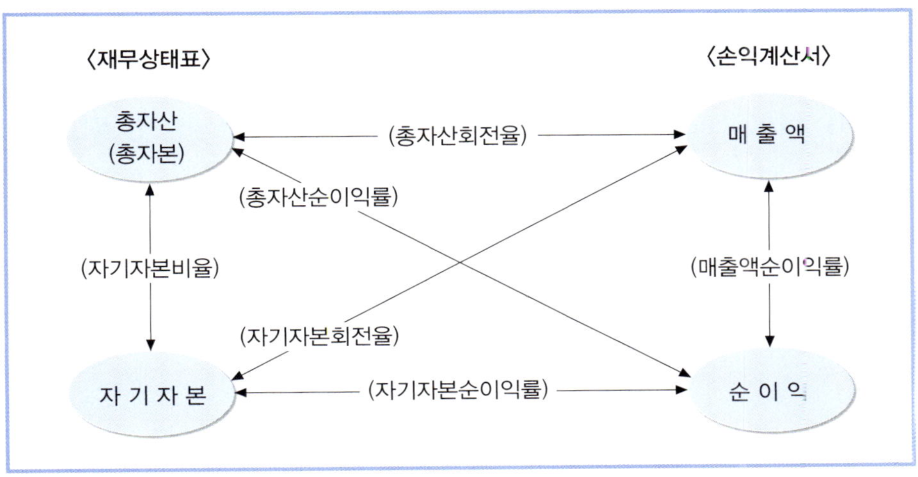

그림 4-1 주요 재무비율간의 상관관계

자료: 송인만·윤순석·최관, 제4판 중급재무회계, 신영사, 2012, p. 1094.

인에 영향을 미치는 세부항목을 분석함으로써 경영성과를 종합적으로 평가할 수 있으며, 경영성과의 변동원인이 어느 항목과 연관되어 있는가를 판단할 수 있다.

ROI는 경영성과의 종합적인 지표로서 다음과 같은 점에서 중요한 의미를 갖는다.

첫째, ROI는 경영관리의 효율성을 나타내는 지표이다. 일정한 자본으로 적정수준 이상의 이익을 실현하고 있는가는 무엇보다도 경영관리기법, 경영전략, 동기유발 등에 따라 좌우된다. 따라서 ROI는 경영관리의 질을 평가하는 중요한 정보를 제공하기 때문에 중요한 의미를 갖는다.

둘째, ROI는 기업이 추구하는 달성 가능한 기업목표에 대한 지표이다. 장기적인 ROI의 수준은 경영관리의 유효성에 대한 지표로서 중요한 의미를 갖지만, 그밖에 기업의 장기적인 재무건전성에 대한 정보를 제공하기 때문에 장기채권자와 주주들에게 특히 중요한 의미를 갖는다.

셋째, ROI는 내부의사결정과 통제수단으로 이용된다. ROI는 투자결정뿐만 아니라 경영활동 및 경영성과에 대한 계획, 예산편성·집행·통제에서도 중요한 역할을 한다. 기업의 경영성과는 여러 사업부문의 성과로 구성되어 있다. 따라서 각 사업부문의 성과를 분석하여 어느 사업부문의 성과가 우수한지를 평가할 수 있으며, 이와 같은 부문성과에 따라 부문관리자에 대한 보상을 결정할 수 있다. 또한 성과가 좋지 않은 사업부문을 파악하여 통제함으로써 기업 전체의 경영성과를 높일 수 있다.

2.2 ROI분석의 내용

ROI는 여러 요소로 구성되어 있기 때문에 분석과정이 다소 복잡한 특성을 지니고 있다. ROI를 총자산순이익률(ROA)로 정의하는 경우를 중심으로 하여 살펴보자. 이 경우 ROA는 다음과 같다.

$$\text{총자산순이익률} = \frac{\text{순이익}}{\text{매출액}} \times \frac{\text{매출액}}{\text{총자산}}$$

$$= \underset{(\text{수익성비율})}{\text{매출액순이익률}} \times \underset{(\text{효율성비율})}{\text{총자산회전율}}$$

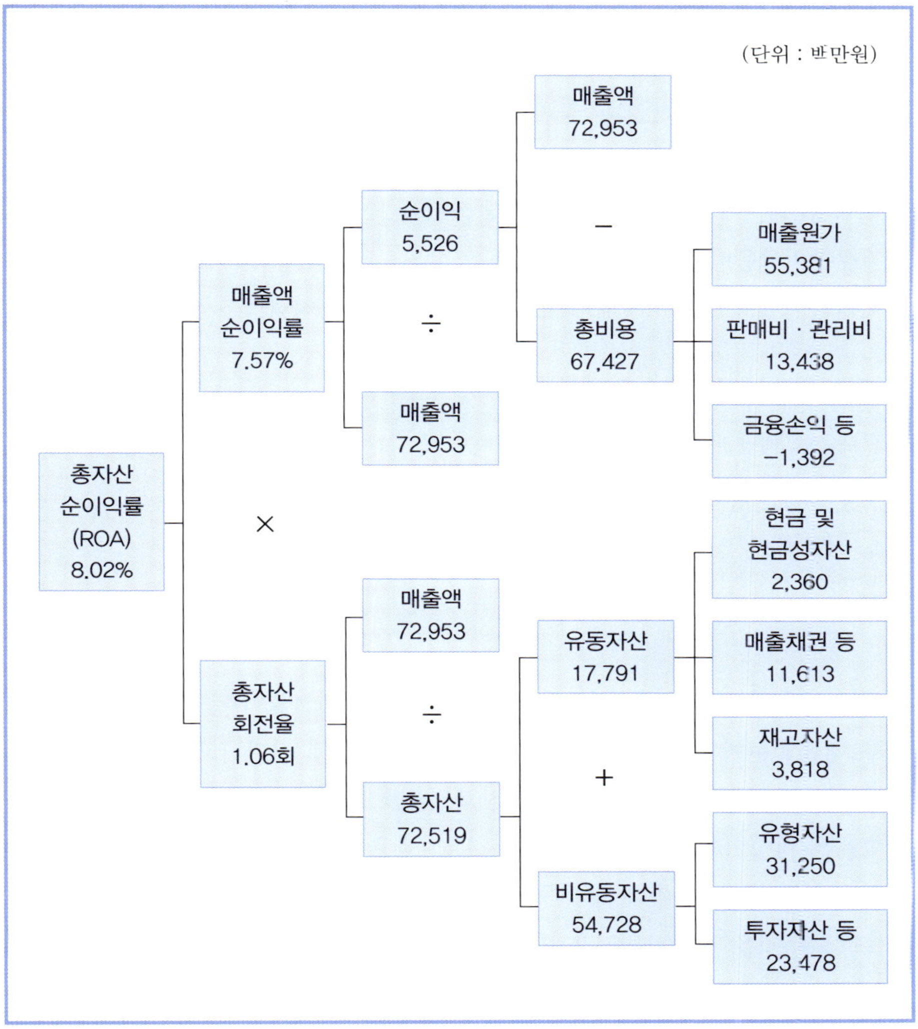

그림 4-2
ROI분석의 기본체계:
한국전자(주) 20X2년도

매출액순이익률은 영업수익성을 나타내는 지표로 기업의 비용통제능력에 따라 좌우된다. 한편 총자산회전율은 자산의 이용효율성을 나타내는 지표로 기업의 자원활용능력에 따라 달라진다. 따라서 ROA는 기본적으로 기업의 비용통제능력과 자원의 활용능력에 따라 결정된다는 사실을 알 수 있다.

[그림 4-2]에서 한국전자(주)에 대한 ROA분석의 기본체계를 보여주고 있다. ROA의 첫 번째 분석단계는 수익성비율과 효율성비율의 상호관계를 분석하는 단계이다. 두 번째 단계는 수익성비율과 효율성비율에 영향을 미치는 요인에 대한 세부적인 분석단계이다. 이와 같은 분석체계에 의해 한국전자(주)의 총자산순이익률(ROA)을 보다 향상시킬 수 있는 방안을 모색할 수 있을 것이다. 한국전자(주)

는 높은 매출액순이익률로 인해 수익성이 상당히 양호하지만, 총자산회전율은 1.06회로 높지 않기 때문에 개선할 여지가 있는 것으로 판단된다. 특히 이 회사는 생산과 직접 관련이 없는 투자유가증권 등 투자자산의 규모를 줄임으로써 총자산회전율을 개선시킬 수 있을 것으로 보인다.

수익성비율(매출액순이익률)과 효율성비율(총자산회전율)의 상호관계에 따라 총자산순이익률이 어떻게 결정되는가를 살펴보자. 예를 들어 3개 기업의 총자본순이익률이 모두 같으며, 재무자료가 다음과 같다고 하자.

항　목	기업 X	기업 Y	기업 Z
① 매출액(백만원)	5,000	10,000	10,000
② 순이익(백만원)	500	500	100
③ 총자산(백만원)	5,000	5,000	1,000
④ 매출액순이익률(②/①)	10%	5%	1%
⑤ 총자산회전율(①/③)	1회	2회	10회
⑥ 총자산순이익률(④×⑤)	10%	10%	10%

기업 X의 경우 매출액순이익률은 높지만 총자산회전율이 낮은 반면, 기업 Z의 경우 매출액순이익률은 낮지만 총자산회전율이 높게 나타나고 있다. 기업 Y는 중간 정도의 매출액순이익률과 총자산회전율을 보이고 있다. 따라서 총자산순이익률은 수익성비율(기업의 비용통제능력)과 효율성비율(자산이용능력)에 따라 결정되고 있음을 알 수 있다.

[그림 4-3]은 총자산회전율을 수직축으로, 매출액순이익률을 수평축으로 하여 그린 ROA그래프이다. [그림 4-3]에서 우하향하는 ROA곡선은 총자산순이익률이 10%가 되는 매출액순이익률과 총자산회전율의 가능한 조합을 보여주고 있다. 점 X와 점 Y는 기업 X와 기업 Y의 경우를 의미한다. [그림 4-3]에서는 표시되지 않았지만 기업 Z는 곡선의 왼쪽 상단 쪽에 위치할 것이다. 그 밖의 점들은 특정산업에 속한 기업의 매출액순이익률과 총자산회전율의 조합을 나타낸 것이다.

이와 같이 여러 기업의 매출액순이익률과 총자산회전율을 그림으로 나타냄으로써 기업간의 수익성을 쉽게 비교할 수 있다. [그림 4-3]에서 보여주는 것처럼 수직축을 효율성지표(총자산회전율), 수평축을 수익성지표(매출액순이익률)로 나타낸 ROA그래프는 기업의 경영전략을 평가하는 데 유용하게 이용된다. 예를 들어 [그림 4-3]에서 기업 B의 경우 총자산회전율보다 매출액순이익률을 증대시

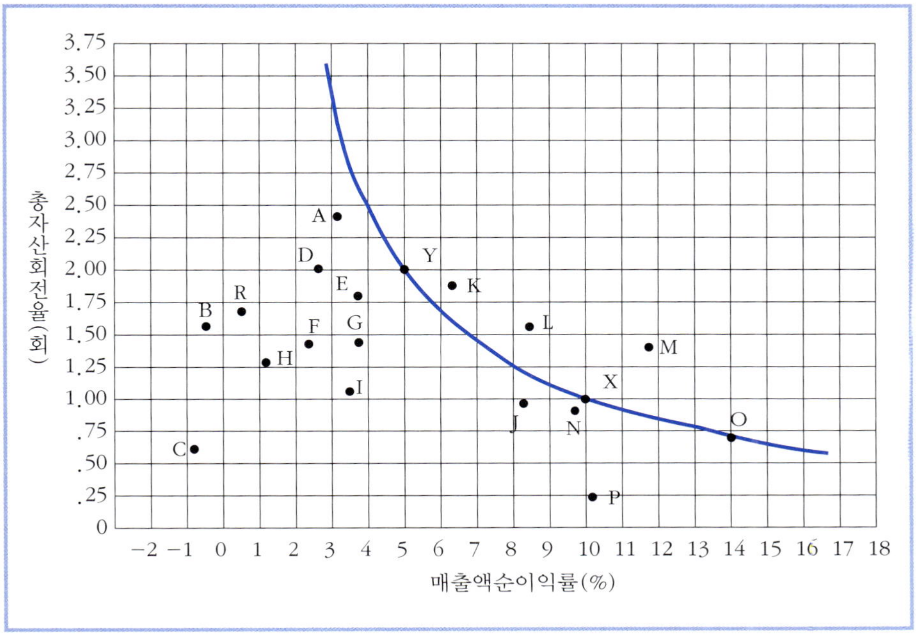

그림 4-3
ROA그래프

킬 수 있는 경영전략이 필요한 반면, 기업 C의 경우에는 먼저 매출액순이익률을 개선시킨 후 총자산회전율을 증대시키는 전략이 필요할 것이다. 그리고 기업 P에서는 총자산회전율을 증대시킬 수 있는 경영전략이 필요하다.

이상에서는 수익성과 효율성이 상호 독립적이라는 가정에서 두 요인간의 상호관계를 검토하였다. 그러나 실제로 이들 요인은 상호종속적인 관계를 보이고 있다. 예를 들어 고정비용의 비중이 높은 경우 일정한 범위에서는 매출액이 증가할 때 상대적으로 비용증가율이 낮아져서 수익성이 개선될 수 있을 것이다. 즉 매출액의 증가에 따라 총자산회전율이 증가하게 되고 동시에 매출액순이익률이 증가될 수 있다.

또한 총자산순이익률은 기업의 재무적 약점과 강점에 대한 정보를 제공한다. 예를 들어 동일산업에 속하는 (주)서울과 (주)부산의 총자산순이익률이 다음과 같다고 가정하자.

항　　목	(주)서울	(주)부산
① 매출액(백만원)	1,000	20,000
② 순이익(백만원)	100	100
③ 총자산(백만원)	10,000	10,000
④ 매출액순이익률(②/①)	10%	0.5%
⑤ 총자산회전율(①/③)	0.1회	2회
⑥ 총자산순이익률(④×⑤)	1%	1%

두 기업의 총자산순이익률은 1%로 매우 낮지만 이들 기업에 대한 처방이 상이할 뿐만 아니라 처방의 성공가능성에 대한 고려가 있어야 한다. (주)서울의 매출액순이익률은 10%로 산업의 평균수준이지만 총자산 1원당 겨우 0.1원의 매출액을 실현하고 있다. 한편 (주)부산의 매출액순이익률은 0.5%로 아주 낮지만 총자산 1원당 2원의 매출액을 실현하고 있다. 따라서 (주)서울에서는 자산구성에 대한 검토가 있어야 하며, (주)부산에서는 비용통제에 대한 관심을 기울여야 할 것이다.

(주)서울의 경우 수익을 거의 창출하지 못하는 잉여자산 또는 불필요한 유휴자산이 존재하던가, 자산을 비효율적이고 비경제적으로 이용하고 있기 때문에 총자산회전율이 상대적으로 낮을 수 있다. 이와 같은 현상이 회전율을 저하시킨 원인이라면 매출액순이익률을 산업의 평균비율 이상으로 높이려는 처방보다 매출액을 증대시키거나, 투자를 축소시키거나, 양자를 동시에 추구하여 회전율을 높이는 처방을 강구함으로써 수익성을 개선시킬 수 있다.

한편 (주)부산에서는 매출액순이익률이 낮은 원인으로 볼 수 있는 비효율적인 생산방법, 수익성이 없는 생산라인, 고정비용이 높은 초과시설투자, 과도한 판매비와 관리비 지출 등을 점검함으로써 매출액순이익률을 개선시키는 처방을 찾아야 한다.

2.3 ROI분석의 유용성과 한계점

ROI분석은 다음과 같은 유용성을 갖는다.

첫째, ROI분석을 통하여 각 재무요인이 ROI에 영향을 미치는 정도와 경로를 파악할 수 있다.

둘째, ROI분석을 통하여 전체적인 경영활동과 부분적인 사업활동의 차원에서 통제가 필요한 재무요인을 효과적으로 파악할 수 있다.

셋째, 기업목표를 ROI의 극대화로 설정함으로써 각 사업활동의 역할을 명확하게 할 수 있다. 따라서 모든 구성원에게 기업이 추구하는 바가 무엇인가를 분명하게 전달할 수 있다.

그러나 ROI분석은 다음과 같은 점에서 한계가 있다.

첫째, ROI의 극대화가 기업목표로서 적합하지 않다는 점이다. ROI의 극대화가 곧 기업가치의 극대화를 의미한다고 볼 수는 없기 때문이다.

둘째, ROI분석은 주로 회계자료에 의존하여 이루어진다는 점이다. ROI는 회계처리방법에 따라 영향을 받을 뿐만 아니라 경영자의 능력, 조직구성, 기술수준 등 질적 요인에 따라 영향을 받는다. 그러나 ROI분석에서 이와 같은 질적 요인에 대한 고려를 할 수 없다는 점에서 한계가 있다.

이상에서 살펴본 바와 같이 ROI분석이 주로 회계자료에 근거하여 이루어지고 있기 때문에 회계처리방법의 변경과 보유자산에 대한 재평가의 여부가 ROI에 미치는 영향을 감안하여야 한다. 그 밖에 산업의 특성과 기업의 질적 요인에 대한 추가적인 검토를 하는 등 분석결과를 해석하는 데 세심한 주의가 있어야 한다.

지수법과 원형도표법 03

지수법 3.1

지수법의 의의

재무비율에 기초하여 기업의 재무상태나 경영성과를 평가하는 경우에 문제가 되는 것은 각 재무비율의 평가결과가 상이한 경우 종합적으로 평가하기가 곤란하다는 점이다. 따라서 하나의 단일지표로서 평가근거가 되는 종합지수가 필요하게 된다.

지수법(index method)은 여러 재무비율을 동시에 고려하여 기업의 재무상태와 경영성과를 종합적으로 평가하는 데 이용되는 분석방법이다. 지수법은 1919년에 월(A. Wall)에 의해서 처음 개발된 종합적인 분석기법으로 각 재무비율에 가중치를 부여하여 지수를 산출하기 때문에 가중비율종합법(weighted ratio method)이라고도 한다.

분석목적에 따라 주요 재무비율의 선정, 가중치의 크기, 표준비율에 차이가 있지만 다음과 같은 절차를 거쳐 종합지수를 계산할 수 있다.

① 주요 재무비율의 선정: 여러 종류의 재무비율 중에서 분석목적에 적합한 재무비율을 선정한다.

② 가중치의 부여: 선정된 주요 재무비율의 중요도에 따라 각각 가중치를 부여한다.

③ 관계비율의 계산: 실제 재무비율을 표준비율(산업평균비율 등)로 나누어 관계비율을 계산한다. 관계비율이 1보다 높다는 것은 기업의 재무비율이 표준비율보다 양호하고, 1보다 낮다는 것은 표준비율보다 불량함을 의미한다.

④ 종합지수의 산출: 관계비율에 가중치를 곱하여 비율별 평점을 계산한 후 이들을 합산하여 종합지수를 구한다.

⑤ 종합평가: 종합지수가 100 이상이면 기업의 재무상태 및 경영성과가 양호한 것으로, 100 이하이면 불량한 것으로 평가한다.

지수법의 유형

지수법은 월(A. Wall)의 지수법, 트랜트(J. B. Trant)의 지수법과 브리체트(F. F. Burichett)의 지수법 등으로 구분된다. 〈표 4-5〉는 월의 지수법, 트랜트의 지수법과 브리체트의 지수법을 비교하여 보여주고 있다.

〈표 4-5〉에서 볼 수 있는 바와 같이 월의 지수법에서는 정태비율인 유동비율, 부채비율 및 비유동비율 등 3개의 재무비율에 65%의 가중치를 부여하고 있는 한편, 매출채권회전율, 재고자산회전율, 비유동자산회전율 및 자기자본회전율 등 4개의 효율성비율에 35%의 가중치를 부여하고 있다. 그러나 트랜트의 지수법에서는 자기자본회전율 대신에 매입채무회전율로 대체한 효율성비율에 65%의 높은 가중치를 부여하고 있는 한편, 정태비율에 35%의 가중치를 부여하고 있다. 월의 지수법은 재무안정성을 중시하는 채권자입장에서의 분석인 반면, 트랜트의 지수법은 기업자산의 활용정도, 즉 효율성을 중시하는 경영자입장에서의 분석이라 할 수 있다.

브리체트의 지수법에서는 단기채권자(금융기관)와 장기채권자(사채권자)의 입장에서 기업의 채무지급능력을 평가하기 위한 목적으로 유동성 및 자본구조비율

표 4-5 지수법의 주요비율과 가중치

(단위 : %)

주요비율	Wall	Trant	Burichett		
			주요비율	금융기관	사채권자
유동비율	25	15	유동비율	20	3
부채비율	25	10	당좌비율	20	3
비유동비율	15	10	매출채권/재고자산	5	3
매출채권회전율	10	10	부채비율	5	20
재고자산회전율	10	20	재고자산회전율	10	4
비유동자산회전율	10	20	매출채권회전율	25	4
자기자본회전율	5	–	총자산회전율	5	20
매입채무회전율	–	15	이자보상비율	2	30
			매출액순이익률	5	8
			총자산순이익률	3	5
합 계	100	100	합 계	100	100

5개, 효율성비율 3개, 수익성비율 2개를 선정하여 각각에 대한 가중치를 달리 부여하고 있다. 즉, 대표적인 단기채권자인 금융기관의 신용분석에서는 유동비율, 당좌비율과 매출채권회전율 등 단기유동성을 나타내는 비율에 높은 가중치를 부여하고, 장기채권자인 사채권자의 신용분석에서는 부채비율 및 이자보상비율 등 장기채무지급능력을 나타내는 비율에 높은 가중치를 부여하고 있다.

지수법의 유용성과 한계점

〈표 4–6〉에서는 한국전자(주)에 대한 지수법의 적용결과를 보여주고 있다. 월의 지수법에 의하면 한국전자(주)의 20×1년, 20×2년 종합지수가 각각 143.76과 156.50으로서 경영상태, 특히 채무지급능력이 상당히 양호한 것으로 볼 수 있다. 그리고 20×1년에 비해 상대적으로 20×2년에 보다 개선된 것으로 볼 수 있다. 한편 트랜트의 지수법에 의하면 한국전자(주)의 20×1년, 20×2년 종합지수가 각각 143.79와 145.15를 보이고 있어, 월의 지수법과 유사한 결과를 얻을 수 있다.

지수법은 다음과 같은 장점을 가지고 있다.

첫째, 여러 재무비율을 동시에 고려하여 기업의 재무상태와 경영성과를 종합적으로 평가할 수 있다.

둘째, 적용과 결과의 해석이 쉽기 때문에 실무에서 많이 사용되고 있다. 금융

표 4-6

한국전자(주)의 평점표

(1) 20×1년도

(단위 : %)

주요비율	재무비율 (A)	표준비율 (B)	관계비율 (C=A/B)	가중치(D)		평점(E=C×D)	
				Wall	Trant	Wall	Trant
유동비율	153.86	136.63	1.1261	25	15	28.15	16.89
부채비율	26.50	52.25	1.9717	25	10	49.29	19.72
비유동비율	94.27	108.20	1.1478	15	10	17.22	11.48
매출채권회전율	34.87	14.08	2.4766	10	10	24.77	24.77
재고자산회전율	19.27	17.48	1.1024	10	20	11.02	22.05
비유동자산회전율	1.38	1.48	0.9324	10	20	9.32	18.65
자기자본회전율	1.31	1.64	0.7988	5	–	3.99	–
매입채무회전율	33.21	16.48	2.0152	–	15	–	30.23
합 계						143.76	143.79

(2) 20×2년도

주요비율	재무비율 (A)	표준비율 (B)	관계비율 (C=A/B)	가중치(D)		평점(E=C×D)	
				Wall	Trant	Wall	Trant
유동비율	151.79	113.59	1.3363	25	15	33.41	20.04
부채비율	24.79	60.17	2.4272	25	10	60.68	24.27
비유동비율	94.17	114.92	1.2203	15	10	18.30	12.20
매출채권회전율	29.95	14.45	2.0727	10	10	20.73	20.73
재고자산회전율	20.39	19.23	1.0603	10	20	10.60	21.21
비유동자산회전율	1.41	1.57	0.8981	10	20	8.98	17.96
자기자본회전율	1.33	1.75	0.7600	5	–	3.80	–
매입채무회전율	33.74	17.61	1.9160	–	15	–	28.74
합 계						156.50	145.15

주) 1. 비유동비율과 부채비율은 낮을수록 양호하므로 표준비율을 재무비율로 나누어 관계비율(C=B/A)을 구한다.
2. 비유동자산회전율=매출액/비유동자산, 자기자본회전율=매출액/자본총계

기관이 여신결정을 할 때 지수법을 골격으로 하는 신용평가모형에 주로 의존하고 있다.

셋째, 경영자의 자질, 기업역사, 사업전망 등과 같은 질적 요인도 고려할 수 있다.

그러나 지수법은 다음과 같은 문제점을 내포하고 있다.

첫째, 주요 재무비율의 선정과 가중치의 부여에 대한 체계적 이론이나 실증적

인 증거가 없다는 점이다. 따라서 분석자의 경험이나 주관에 따라 임의로 재무비율 조합을 선정하여 가중치를 부여하고 있다는 점에서 문제가 있다.

둘째, 표준비율의 선정에 대한 명확한 기준이 없다는 점이다. 일반적으로 산업의 평균비율이 표준비율로 이용되지만 경우에 따라 경쟁기업의 재무비율이나 목표재무비율 등이 보다 적절한 표준비율이 될 수 있다.

셋째, 분석대상이 되는 비율이 한정되어 재무분석에서 고려해야 할 지표들이 모두 반영되지 못할 수 있다.

원형도표법 3.2

앞에서 설명한 월 또는 트랜트의 지수법은 주로 유동성비율, 자본구조비율, 효율성비율에 기초하여 기업의 단기채무지급능력과 장기채무지급능력을 종합적으로 평가하는 데 초점을 두고 있다. 이와 같은 지수법의 단점을 보완하면서 여러 재무비율을 동시에 시각적으로 파악하여 기업의 재무상태와 경영성과를 분석하는 데 이용되는 방법이 원형도표법이다. 원형도표법은 주요 재무비율을 선정

표 4-7 한국전자(주)의 원형도표 재무비율자료(20X2년도)

재무비율	한국전자	산업평균
1. 유동성비율		
유동비율(%)	151.79	113.59
당좌비율(%)	119.21	90.16
2. 자본구조비율		
부채비율(%)	24.79	60.17
이자보상비율(배)	14.56	5.78
3. 효율성비율		
재고자산회전율(회)	20.39	19.23
총자산회전율(회)	1.06	1.12
4. 수익성비율		
총자산순이익률(%)	8.02	1.15
매출액영업이익률(%)	5.67	3.73
5. 성장성비율		
총자산증가율(%)	11.18	10.84
매출액증가율(%)	15.48	15.56

그림 4-4
한국전자(주)의 원형도표(20X2년도)

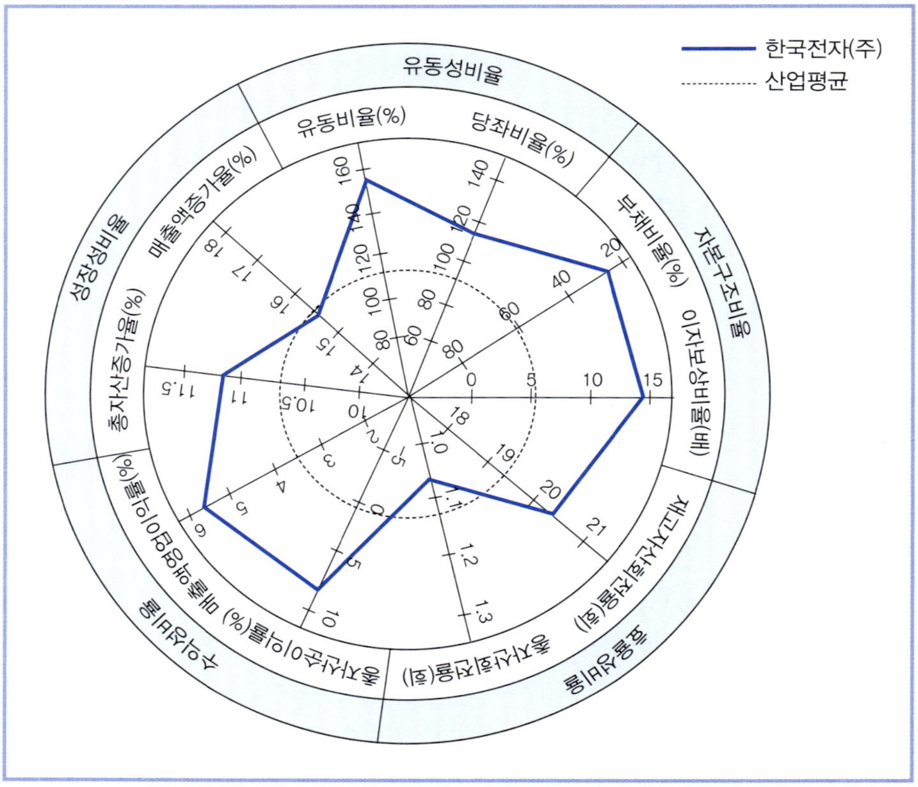

한 후 이를 원의 주위에 표시하여 기업의 재무상태와 경영성과를 시각적으로 분석하는 방법으로 과거의 재무비율이나 산업의 평균비율과의 비교를 용이하게 할 뿐만 아니라 기업의 어떤 측면이 양호하고 불량한지를 쉽게 식별할 수 있는 장점을 가지고 있다.

원형도표를 작성하기 위하여서는 먼저 주요 재무비율을 선정하여야 한다. 주요 재무비율의 선정은 분석목적에 따라 달라지겠지만 각 범주별 2~3개의 재무비율을 선정하는 것이 바람직하다. 〈표 4-7〉에서 주요 재무비율을 보여주고 있다. 선정된 주요 재무비율을 [그림 4-4]에서와 같이 원 주위에 선정된 재무비율을 적절히 배열한다. 원 안에 이상적인 표준비율이나 산업평균비율을 동심원의 형태로 표시함으로써 기업의 재무상태와 경영성과의 양호 또는 불량 여부를 시각적으로 용이하게 파악할 수 있으며, 또한 과거 일정기간의 재무비율을 서로 다른 선으로 표시하여 기간별 비교를 함으로써 재무상태와 경영성과의 변화추세를 시각적으로 파악할 수도 있다.

[그림 4-4]에서 원형도표를 이용한 한국전자(주)의 분석결과를 살펴보면 총자

산회전율(효율성비율)과 매출액증가율(성장성비율)을 제외한 나머지 비율은 모두 양호함을 알 수 있다. 한편 원형도표법에는 다음과 같은 문제점이 있다. 첫째, 재무비율의 선정에 자의성이 개입될 여지가 있다. 둘째, 선정된 재두비율에 대한 중요도를 반영할 수 없다. 셋째, 지수법과 같이 종합적으로 평가할 수 있는 하나의 지표를 제공하지 못한다.

현금흐름비율분석 04

1997년 말 외환위기 이후 국내기업들은 심각한 유동성 위기에 직면하여 자금확보가 생존을 좌우한다는 점을 인식하게 되었다. 원활한 현금흐름은 각종 원재료구입이나 급여지급 등과 같은 영업활동뿐만 아니라 설비투자나 차입금상환 등을 위한 투자활동과 재무활동 등 모든 기업활동에서 매우 중요하다. 제2장에 제시된 현금흐름표는 기업의 미래현금흐름창출능력, 배당지급능력, 부채상환능력 등에 대한 정보를 제공해준다.

현금흐름의 순환과정 4.1

현금흐름을 예측하기 위하여 현금흐름의 순환과정을 먼저 이해할 필요가 있다. 현금흐름의 순환과정을 나타내면 [그림 4-5]와 같다. [그림 4-5]에서 사각형은 자산과 자산에 대한 청구권(부채와 자본계정)인 재무상태표 계정을 나타내고, 원은 기업활동을 나타낸다. 여기서 재무상태표 계정을 저수지에 비유하면 각 계정과목의 금액은 그 저수지의 수위로 생각할 수 있을 것이다. 따라서 물의 유입과 유출이 저수지의 수위를 변화시키는 것과 마찬가지로 각 거래들은 계정의 변화를 야기시킨다.

[그림 4-5]에서 현금계정은 현금과 관련된 경영활동이 있을 때마다 변동한다. 예를 들어 주식의 발행 또는 차입, 매출채권회수 등은 현금을 증가(현금유입)시키고, 매입채무상환, 급여지급, 이자 및 배당금지급, 부채상환, 고정자산 취득

그림 4-5

기업 현금흐름의 순환과정

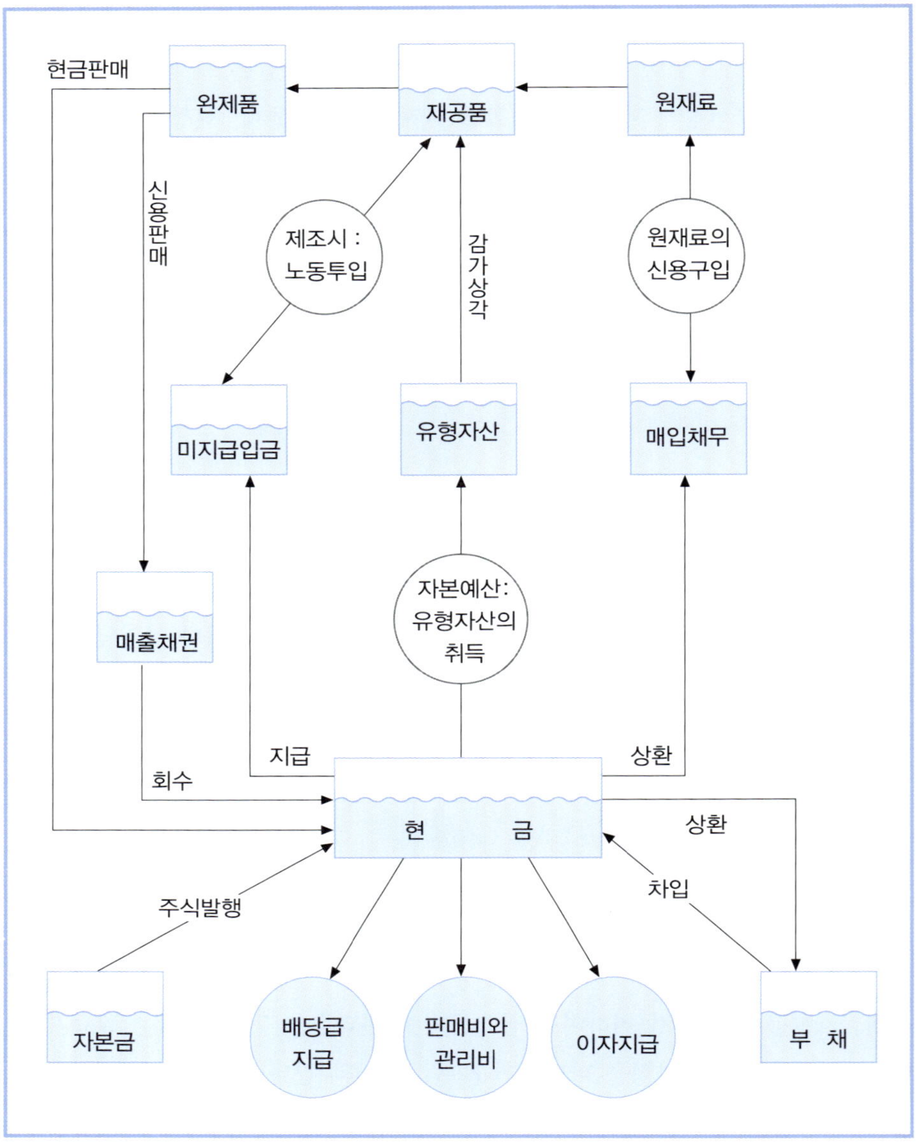

등은 현금을 감소(현금유출)시킨다. 일반적으로 현금유입과 현금유출 사이에는 시차(time lag)가 발생하며, 이는 자금소요의 원인이 된다. 흑자기업이라도 현금유입과 현금유출간의 시차를 고려하여 소요자금을 예측한 후, 이에 대비할 자금을 충분히 확보하지 못하면 재무적 곤경에 처할 수 있다.

4.2 현금흐름비율분석

기업이 장부상으로 순이익을 아무리 많이 내더라도 현금흐름이 원활하지 못하면 부도위기에 직면할 수 있다. 따라서 기업의 실질적 유동성을 살펴보기 위해서는 현금흐름표를 중심으로 한 현금흐름에 대한 비율분석이 필요하게 된다.

현금흐름보상비율

현금흐름보상비율(cash flow coverage ratio)은 기업의 단기채무지급능력을 나타내는 지표로서 다음과 같이 구할 수 있다.

$$\text{현금흐름보상비율}(\%) = \frac{\text{영업활동 현금흐름} + \text{이자비용}}{\text{단기차입금} + \text{이자비용}} \times 100$$

현금흐름보상비율은 정상적인 영업활동을 통해 창출한 현금으로 기업의 단기차입금과 이자비용을 얼마만큼 감당할 수 있는가를 보여주는 지표이다. 이 비율이 높을수록 기업의 단기차입금과 이자비용을 상환할 수 있는 능력이 양호하다고 할 수 있다.

제2장에서 제시한 한국전자(주)의 현금흐름표를 이용하여 현금흐름보상비율을 구하면 〈표 4-8〉과 같다. 한국전자(주)의 경우 현금흐름보상비율이 20×2년에 감소하였으나, 20×1년, 20×2년 모두 산업평균비율에 비해서 매우 양호하게 나타나고 있어 단기채무지급능력이 양호한 것으로 평가된다.

표 4-8 한국전자(주)의 현금흐름보상비율(%)

연 도	한 국 전 자	산업평균
20×1	$\frac{13,264+332}{(3,623+3,487)/2+332} \times 100 = 349.78$	253.4
20×2	$\frac{10,633+284}{(3,487+4,352)/2+284} \times 100 = 259.71$	156.5

영업현금흐름 대 매출액비율

영업현금흐름 대 매출액비율(ratio of cash flows from operating activities to

표 4-9

한국전자(주)의 영업현금흐름 대 매출액비율(%)

연 도	한 국 전 자	산업평균
20×1	$\frac{13,264}{63,176}\times 100=21.00$	13.8
20×2	$\frac{10,633}{72,953}\times 100=14.58$	11.0

sales)은 기업이 매출활동을 통해 얼마만큼의 현금을 창출할 수 있는가를 파악하기 위한 것으로서 현금흐름으로 측정되는 영업효율성을 나타내는 지표이다.

$$\text{영업현금흐름 대 매출액비율}(\%)=\frac{\text{영업활동 현금흐름}}{\text{매출액}}\times 100$$

이 비율이 낮은 값을 보인다는 것은 외상으로 제품을 판매하는 비중이 지나치게 높다는 것을 의미하기 때문에 자금사정이 악화될 가능성이 높음을 시사한다.

한국전자(주)의 영업현금흐름 대 매출액비율을 구하면 〈표 4-9〉와 같다. 한국전자(주)의 경우 영업현금흐름 대 매출액비율이 20×2년에 감소하였으나, 20×1년, 20×2년 모두 산업평균비율에 비해서 상당히 높은 것으로 나타나고 있어 자금사정이 악화될 가능성이 낮은 것으로 평가된다.

영업현금흐름 대 총부채비율

영업현금흐름 대 총부채비율(ratio of cash flows from operating activities to total liabilities)은 기업의 부채상환능력을 측정하기 위한 지표로서 영업활동으로 인한 현금으로 총부채를 어느 정도 상환할 수 있는가를 나타내는 비율이다. 이 비율은 기업의 부실예측에 유용하게 사용된다.

표 4-10

한국전자(주)의 영업현금흐름 대 총부채비율(%)

연 도	한 국 전 자	산업평균
20×1	$\frac{13,264}{(12,612+13,664)/2}\times 100=100.96$	38.7
20×2	$\frac{10,633}{(13,664+14,405)/2}\times 100=75.76$	29.4

$$영업현금흐름\ 대\ 총부채비율(\%) = \frac{영업활동\ 현금흐름}{총부채} \times 100$$

한국전자(주)의 영업현금흐름 대 총부채비율을 구하면 〈표 4-10〉과 같다. 한국전자(주)의 경우 영업현금흐름 대 총부채비율이 20×2년도에 감소하였으나, 20×1년, 20×2년 모두 산업평균비율에 비해서 매우 높은 것으로 나타나고 있어 부채상환능력이 상당히 양호한 것으로 평가된다.

05 재무비율의 국제비교

세계의 유수기업과 무한경쟁을 해야 하는 현실을 감안할 때 재무비율을 국제간 비교 분석하는 것이 필요하다. 여기서는 재무구조, 수익성 및 효율성 등에 대하여 우리나라와 미국, 일본의 제조업을 비교 분석하였다.

5.1 재무구조

〈표 4-11〉에서 우리나라 제조업의 재무구조를 미국과 일본 등 주요국과 비교한 결과를 제시하였다. 〈표 4-11〉에서 볼 수 있는 바와 같이 우리나라 제조업의

표 4-11 제조업 재무구조의 국제비교

(단위 : %)

재무비율	한 국		미 국		일 본	
	2020	2021	2020	2021	2020	2021
유 동 비 율	145.1	144.2	135.0	137.0	150.8	154.6
당 좌 비 율	110.9	107.5	96.3	96.5	98.8	97.8
부 채 비 율	76.3	78.6	144.8	132.7	104.7	102.4
자기자본비율	56.7	56.0	40.8	43.0	48.8	49.4

자료: 한국은행, 「2021년 기업경영분석」.

단기채무지급능력은 미국과 일본에 비해 나쁘지 않은 것으로 나타나고 있다. 특히 우리나라의 경우 미국이나 일본에 비해 당좌비율이 높은데 이는 미래의 불확실성으로 인한 현금성자산의 확보 경향을 반영한 것으로 볼 수 있다. 그리고 지속적인 구조조정과 수익성 호조 등에 힘입어 우리나라 제조업의 재무구조는 현저하게 개선되었으며, 그 결과 미국과 일본에 비해 장기채무지급능력이 상당히 양호한 것으로 판단된다.

5.2 수익성 및 효율성

〈표 4-12〉에서 우리나라 제조업의 수익성 및 효율성을 미국과 일본 등 주요국과 비교한 결과를 제시하였다. 〈표 4-12〉에서 볼 수 있는 바와 같이 우리나라 제조업의 수익성을 미국과 일본과 비교해 보면 고유한 영업활동의 결과를 나타내는 매출액영업이익률과 총자산영업이익률이 일본보다는 높으나 미국에 비해선 낮게 나타나고있다. 한편 한·미·일 3개국 모두 2020년도에 비해 2021년도의 수익성이 상당히 개선되었다.

우리나라 기업의 총자산회전율은 미국과 일본에 비해 양호한 것으로 나타나고 있다. 그러나 유형자산회전율은 미국, 일본 등에 비해 상당히 낮게 나타나고 있는데, 이는 우리나라 기업의 경우 유형자산에 대한 과잉투자 문제가 심각함을 나타내는 것으로 볼 수 있다.

표 4-12 제조업 수익성 및 효율성의 국제비교

(단위 : %)

재무비율	한 국		미 국		일 본	
	2020	2021	2020	2021	2020	2021
매출액영업이익률	4.6	6.8	7.2	10.0	3.1	5.2
총자산영업이익률	3.7	5.8	3.8	6.0	2.3	4.0
총자산회전율	0.8	0.9	0.5	0.6	0.7	0.8
유형자산회전율	2.3	2.5	3.3	3.9	3.5	3.8

자료: 한국은행, 「2021년 기업경영분석」.

주요용어
Principal Terms

공통형재무제표(common-size financial statement)

총자산 또는 매출액을 100%로 하여 각 항목을 백분율로 나타내는 재무제표를 의미한다.

☞ 공통형재무상태표, 공통형손익계산서

지수형재무제표(index financial statement)

기준시점의 각 재무제표 항목값을 100으로 하여 비교시점의 값을 지수(비교시점의 항목값/기준시점의 항목값)로 표시한 재무제표를 말한다.

☞ 지수형재무상태표, 지수형손익계산서

ROI 분석

ROI의 구성요인을 여러 재무요인별로 분해하여 경영성과의 변동원인을 찾아냄으로써 재무통제가 필요한 부분을 파악하는 데 이용되며, 1930년대 미국의 듀폰(Du Pont)사에 의하여 개발되어 듀폰시스템(Du Pont System)이라고도 한다.

- 총자산순이익률 $= \dfrac{\text{순이익}}{\text{매출액}} \times \dfrac{\text{매출액}}{\text{총자산}}$

  $= \underset{(\text{수익성비율})}{\text{매출액순이익률}} \times \underset{(\text{효율성비율})}{\text{총자산회전율}}$

- 자기자본순이익률 $= \dfrac{\text{순이익}}{\text{매출액}} \times \dfrac{\text{매출액}}{\text{총자산}} \times \dfrac{\text{총자산}}{\text{자기자본}}$

  $= \text{매출액순이익률} \times \text{총자산회전율} \times \dfrac{1}{\text{자기자본비율}}$

  $= \underset{(\text{수익성비율})}{\text{매출액순이익률}} \times \underset{(\text{효율성비율})}{\text{총자산회전율}} \times \underset{(\text{자본구조비율})}{(1+\text{부채비율})}$

  $= \text{총자산순이익률} \times (1+\text{부채비율})$

지수법(index method)

여러 재무비율을 동시에 고려하여 기업의 재무상태와 경영성과를 종합적으로 평가하는 데 이용되는 분석방법으로 각 재무비율에 가중치를 부여하여 지수를 산출하기 때문에 가중비율종합법(weighted ratio method)이라고도 한다.

☞ 월의 지수법, 트랜트의 지수법, 브리체트의 지수법

원형도표법

주요 재무비율을 선정한 후 이를 원의 주위에 표시하여 기업의 재무상태와 경영성과를 시각적으로 분석하는 방법으로 과거의 재무비율이나 산업의 평균비율과의 비교를 용이하게 할 뿐만 아니라 기업의 어떤 측면이 양호하고 불량한지를 쉽게 식별할 수 있는 장점을 가지고 있다.

현금흐름보상비율(cash flow coverage ratio)

기업의 단기채무지급능력을 나타내는 지표이다.

- $현금흐름보상비율(\%) = \dfrac{영업활동\ 현금흐름 + 이자비용}{단기차입금 + 이자비용} \times 100$

영업현금흐름 대 매출액비율(ratio of cash flows from operating activities to sales)

기업이 매출활동을 통해 얼마만큼의 현금을 창출할 수 있는가를 파악하기 위한 것으로서 현금흐름으로 측정되는 영업효율성을 나타내는 지표이다.

- $영업현금흐름\ 대\ 매출액비율(\%) = \dfrac{영업활동\ 현금흐름}{매출액} \times 100$

영업현금흐름 대 총부채비율(ratio of cash flows from operating activities to total liabilities)

기업의 부채상환능력을 측정하기 위한 지표로서 영업활동으로 인한 현금으로 총부채를 어느 정도 상환할 수 있는가를 나타내는 비율이다.

- $영업현금흐름\ 대\ 총부채비율(\%) = \dfrac{영업활동\ 현금흐름}{총부채} \times 100$

사·례·연·구

의류를 생산하고 있는 (주)서울패션의 재무상태표와 손익계산서는 다음과 같다.

재무상태표

(주)서울패션 20×1년 12월 31일 (단위: 천원)

자 산	금 액	부채 · 자본	금 액
유동자산	1,028,500	(부채)	
현금및현금성자산	10,000	유동부채	557,600
단기투자자산	7,000	매입채무	493,000
매출채권	323,000	단기차입금	64,600
재고자산	688,500	비유동부채	30,000
		사채	15,000
비유동자산	192,100	장기차입금	15,000
토지	102,000	부채총계	587,600
건물	55,000		
기계장치	30,000		
기타유형자산	5,100	(자본)	
		자본금	200,000
		자본잉여금	106,000
		이익잉여금	327,000
		자본총계	633,000
자산총계	1,220,600	부채 · 자본총계	1,220,600

손익계산서

(주)서울패션 20×1년 1월 1일～20×1년 12월 31일 (단위: 천원)

과 목	금 액
매출액	2,380,000
매출원가	1,904,000
매출총이익	476,000
판매비와 관리비	394,000
영업이익	82,000
이자비용	64,000
법인세비용차감전순이익	18,000
법인세비용(50%)	9,000
당기순이익	9,000

지수법을 이용하여 (주)서울패션의 재무상태 및 경영성과를 종합적으로 평가하라.(단, 지수법에 사용할 주요 비율, 표준비율, 가중치는 다음과 같다.)

주 요 비 율	표 준 비 율	가 중 치
유동비율(%)	126	25%
부채비율(%)	225	25%
비유동비율(%)	120	15%
매출채권회전율(회)	3.5	10%
재고자산회전율(회)	4.2	10%
유형자산회전율(회)	4.1	10%
자기자본회전율(회)	2.0	5%

해설

각각의 재무비율을 구하면 다음과 같다.

- 유동비율 $= \frac{\text{유동자산}}{\text{유동부채}} \times 100 = \frac{1,028,500}{557,600} \times 100 = 184\%$
- 부채비율 $= \frac{\text{부채}}{\text{자기자본}} \times 100 = \frac{587,600}{633,000} \times 100 = 93\%$
- 비유동비율 $= \frac{\text{비유동자산}}{\text{자기자본}} \times 100 = \frac{192,100}{633,000} \times 100 = 30\%$
- 매출채권회전율 $= \frac{\text{매출액}}{\text{매출채권}} = \frac{2,380,000}{323,000} = 7.4$회
- 재고자산회전율 $= \frac{\text{매출액}}{\text{재고자산}} = \frac{2,380,000}{688,500} = 3.5$회
- 유형자산회전율 $= \frac{\text{매출액}}{\text{유형자산}} = \frac{2,380,000}{192,100} = 12.4$회
- 자기자본회전율 $= \frac{\text{매출액}}{\text{자기자본}} = \frac{2,380,000}{633,000} = 3.8$회

위에서 구한 재무비율을 이용하여 (주)서울패션의 평점표를 계산하면 다음과 같다.

재무비율	가중치 (A)	실제비율 (B)	표준비율 (C)	관계비율 (D)=B/C	평점 (E)=A×D
유동비율(%)	25%	184%	126%	1.46	36.5
부채비율(%)	25%	93%	225%	2.42*	60.5
비유동비율(%)	15%	30%	120%	4.00*	60.0
매출채권회전율(회)	10%	7.4회	3.5회	2.11	21.1
재고자산회전율(회)	10%	3.5회	4.2회	0.83	8.3
유형자산회전율(회)	10%	12.4회	4.1회	3.02	30.2
자기자본회전율(회)	5%	3.8회	2.0회	1.90	9.5
합 계	100%				226.1

* 부채비율과 비유동비율은 낮을수록 좋기 때문에, 이들에 대한 관계비율은 역비인 D=C/B로 산출한다.

(주) 서울패션의 종합지수는 226.1로 100보다 상당히 높기 때문에 이 기업의 재무상태 및 경영성과는 양호한 것으로 평가된다.

연습문제

객관식 문제

01. 기준시점의 각 재무제표항목 값을 100으로 하여 비교시점의 값을 지수로 표시한 재무제표로 기업의 재무상태와 경영성과의 변동 추세를 용이하게 파악할 수 있는 재무제표는? (경영지도사, 2017)

① 지수형 재무제표 ② 공통형 재무제표 ③ 실수형 재무제표
④ 포괄형 재무제표 ⑤ 목적형 재무제표

02. 매출액을 100%로 하여 각 비용, 수익항목의 구성비를 백분율로 표시하여 작성한 것은? (경영지도사, 2021)

① 공통형 재무상태표 ② 지수형 재무상태표 ③ 공통형 손익계산서
④ 지수형 손익계산서 ⑤ 지수형 재무제표

03. 공통형재무제표와 지수형재무제표에 관한 다음의 설명 중 잘못된 것은?

① 공통형재무제표는 총자산 또는 매출액을 100%로 하여 각 항목을 백분율로 나타내는 재무제표를 말한다.
② 지수형재무제표는 기준시점의 각 재무제표 항목값을 100으로 하여 비교시점의 값을 지수(비교시점의 항목값/기준시점의 항목값)로 표시한 재무제표를 말한다.
③ 일반적으로 공통형재무제표는 규모가 상이한 기업간 비교에 유용하며, 지수형재무제표는 재무제표 항목의 추세를 분석하는 데 유용하다.
④ 기업규모가 상이한 기업간의 상호비교를 위하여 지수형재무제표를 이용할 수 없다.
⑤ 공통형재무제표를 이용함으로써 재무제표의 구조를 분석할 수 있다.

04. 총자본순이익률(ROI)분석법에 관한 설명으로 옳지 않은 것은? (경영지도사, 2019)

① 기업을 종합적으로 평가할 수 있는 방법으로 미국 듀퐁사에서 개발하였다.
② 매출액순이익률과 총자산회전율을 곱하여 계산한다.

③ 장단기 지급능력 등에 대한 분석도 포함한 유용한 분석법이다.

④ 수익성을 결정하는 질적 요소나 전략적 요소를 간과할 수 있다.

⑤ 기업의 단기 경영목표를 총자산순이익률의 극대화로 보고 이 목표를 통제하기 위한 분석이다.

05. ROI 분석에 관한 다음의 설명 중 잘못된 것은?

① ROI분석은 1930년대 미국의 듀폰(Du Pont)사에 의하여 개발된 재무통제를 위한 관리 시스템으로 흔히 듀폰시스템(Du Pont System)이라고도 부른다.

② ROI분석은 기업의 경영성과를 여러 부분의 재무요인으로 분해하여 경영성과의 변동 원인을 분석하는 것으로 재무활동을 통제하는 수단으로 이용된다.

③ ROI분석에서 ROI를 총자산(총자본)순이익률로 정의하는 경우 수익성비율, 효율성비율과 자본구조비율로 분해시킬 수 있다.

④ ROI분석을 통하여 전체적인 경영활동과 부분적인 사업활동의 차원에서 통제가 필요한 재무요인을 효과적으로 파악할 수 있다.

⑤ ROI분석에서 경영자의 능력, 조직구성, 기술수준 등 질적 요인에 대한 고려를 할 수 없다는 점에서 한계가 있다.

06. 매출액순이익률 7%, 총자산회전율 0.8회, 자기자본은 총자본의 50%이다. 이때 총자산순이익률(ㄱ)과 자기자본순이익률(ㄴ)은? (경영지도사, 2016)

① ㄱ: 3.6 %, ㄴ: 7.2 %

② ㄱ: 3.6 %, ㄴ: 9.2 %

③ ㄱ: 5.6 %, ㄴ: 11.2 %

④ ㄱ: 5.6 %, ㄴ: 13.2 %

⑤ ㄱ: 7.6 %, ㄴ: 15.2 %

07. 매출액 100억원, 순이익 5억원인 기업의 총자산순이익률(ROI)은 10%이다. 이때, 총부채(타인자본) 30억원일 때, 자기자본순이익률(ROE)은? (경영지도사, 2021)

① 10 % ② 15 % ③ 20 %

④ 25 % ⑤ 30 %

08. (주)중기의 2018년도 영업이익은 200억원, 당기순이익은 100억원이다. 총자산영업이익률(ROA)이 0.1이고 자기자본순이익률(ROE)이 0.2일 때, (주)중기의 타인자본은 얼마인가?
(경영지도사, 2019)

① 400억원 ② 500억원 ③ 800억원
④ 1,500억원 ⑤ 2,000억원

09. 기업의 재무상태와 경영성과에 대한 종합적인 판단에 사용되는 지수법의 작성 순서를 바르게 나열한 것은? (경영지도사, 2020)

ㄱ. 주요 재무비율의 선정
ㄴ. 상대적 관계비율의 산정
ㄷ. 각 비율별 가중치의 부여
ㄹ. 주요 비율별 평점의 산정
ㅁ. 종합평점의 산정

① ㄱ – ㄴ – ㄷ – ㄹ – ㅁ
② ㄱ – ㄷ – ㄴ – ㄹ – ㅁ
③ ㄴ – ㄱ – ㄷ – ㄹ – ㅁ
④ ㄷ – ㄱ – ㄹ – ㄴ – ㅁ
⑤ ㄹ – ㄴ – ㄷ – ㅁ – ㄱ

10. 비율분석을 보완하기 위해 개발된 지수법에 관한 설명으로 옳지 않은 것은?
(경영지도사, 2020 수정)

① 월(A. Wall), 트랜트(J. Trant) 등에 의하여 제시된 방법이다.
② 여러 개의 재무비율을 사용하여 지수화한다.
③ 실제비율과 표준비율을 이용하여 관계비율을 구한다.
④ 재무비율 상호간의 상관관계를 고려해야 한다.
⑤ 재무비율의 선정과 가중치 부여가 객관적이다.

11. 원형도표분석에 관한 설명으로 옳지 않은 것은? (경영지도사, 2021)

① 기업의 종합적 경영 상태를 한눈에 볼 수 있도록 원형으로 표시하는 방법이다.
② 과거의 추세분석도 가능하고 상호비교분석도 가능하다.
③ 기업의 어떤 부문이 특히 양호한지 또는 불량한지를 시각적으로 쉽게 판단할 수 있다.
④ 지수법과 비교하는 경우 주요 재무비율을 이용하여 기업의 경영 상태를 종합적으로 평가한다는 점에서 공통점을 갖는다.

⑤ 재무비율 선정의 객관성이 확보되며, 선정된 재무비율의 중요도를 반영할 수 있다.

12. 지수법과 원형도표분석에 관한 다음의 설명 중 잘못된 것은?

① 지수법은 여러 재무비율을 동시에 고려하여 기업의 재무상태와 경영성과를 종합적으로 평가하는 데 이용되는 분석방법이다.

② 지수법에서는 종합지수가 100 이상이면 기업의 재무상태 및 경영성과가 양호한 것으로, 100 이하이면 불량한 것으로 평가한다.

③ 월(A. Wall)의 지수법과 트랜트(J. B. Trant)의 지수법에서는 장기채권자의 입장에서 기업의 장기채무변제능력을 종합적으로 평가하고 있다.

④ 지수법은 분석자의 경험이나 주관에 따라 임의로 재무비율 조합을 선정하여 가중치를 부여하고 있다는 점에서 문제가 있다.

⑤ 원형도표법은 여러 재무비율을 동시에 시각적으로 파악하여 기업의 재무상태와 경영성과를 분석하는 데 이용되는 방법이다.

13. 기업이 매출활동을 통해 얼마만큼의 현금을 창출할 수 있는가를 파악하기 위한 것으로서 현금흐름으로 측정되는 영업효율성을 나타내는 지표는?

① 현금비율

② 영업현금흐름 대 매출액비율

③ 영업현금흐름 대 총부채비율

④ 현금흐름보상비율

⑤ 이자보상비율

주관식 문제

01. 다음 용어를 간략하게 설명하라.

1) 공통형재무상태표 2) 공통형손익계산서 3) 지수형재무상태표
4) 지수형손익계산서 5) 듀폰시스템 6) 현금흐름보상비율
7) 지수법 8) 원형도표법

02. 공통형재무제표와 지수형재무제표를 비교하여 설명하라.

03. ROI분석의 의의와 분석방법을 설명하라.

04. ROI분석의 유용성과 한계점을 설명하라.

05. 종합지수를 계산하는 과정을 설명하라.

06. 월 지수법, 트랜트 지수법, 브리체트 지수법을 비교하여 설명하라.

07. 지수법의 유용성과 한계점을 설명하라.

08. 원형도표법의 의의 및 문제점을 설명하라.

09. (주)대구의 재무비율과 표준비율은 다음과 같다.

주요비율	재무비율 (A)	표준비율 (B)
유동비율	123.56	136.63
부채비율	126.50	105.20
비유동비율	84.24	101.23
매출채권회전율	12.23	14.15
재고자산회전율	10.24	13.42
비유동자산회전율	1.24	1.55
자기자본회전율	1.21	1.67
매입채무회전율	23.26	20.34

이상의 자료를 이용하여 월 지수법과 트랜트 지수법을 이용하여 (주)대구의 평점을 구하고, 그 의미를 평가하라.

10. 다음은 (주)서울의 지난 3년간 재무비율 중 일부이다.

재무비율	실제비율			표준비율 (20×3년)
	20×1년	20×2년	20×3년	
유동비율(%)	420	260	180	200
부채비율(%)	88.7	127.2	212.5	100
비유동장기적합률(%)	95	97	98	93
총자산회전율(회)	3.2	2.6	2	4.4
매출액순이익률(%)	3.9	2.5	1.4	3.5
자기자본순이익률(%)	23.6	14.8	8.8	12

위 자료를 이용하여 다음의 물음에 답하라.

1) ROI분석을 이용하여 자기자본순이익률이 감소한 이유를 설경하라.

2) 부채의 증가는 비유동부채 또는 유동부채 중 어느 것에 의한 것인가?

제5장의 개요

기업의 재무상태와 경영성과는 계량적 분석을 통하여 파악할 수 있는 부분과 계량적 분석을 통해서도 파악할 수 없는 부분이 있다. 경영분석에서 이용되는 기본적인 자료는 회계자료, 통계자료 등과 같은 계량화된 자료이다.

그러나 경영자의 능력, 종업원의 기술수준과 능력, 종업원의 인간관계와 사기, 거래선과의 유대관계 등과 같은 인적 요인은 물론 기업의 신용상태, 공장의 입지, 관리체계 등과 같은 계량화시킬 수 없는 요인이 있으며, 이와 같은 질적 요인이 경영활동의 성패에 결정적인 영향을 미칠 수 있다. 따라서 계량적 분석에서 얻은 정보만을 가지고 기업의 재무상태와 경영성과에 대한 성급한 평가를 하거나 결론을 내리는 것은 매우 위험한 일이다.

이 장에서는 기업의 재무상태와 경영성과에 영향을 미칠 수 있는 질적 요인으로 경제요인, 산업요인 및 기업요인에 대하여 살펴보고자 한다.

제5장

질적 경영분석

01 경제분석

1.1 경제분석의 의의

기업의 미래 현금흐름은 미래의 경제활동 수준에 따라 영향을 받기 때문에 경제활동수준을 대변하는 경제성장률, 경제정책, 물가, 통화량 및 금리수준 등과 같은 거시경제변수와 밀접한 관련이 있다. 경제활동이 활발한 경우에는 생산량, 매출액, 고용, 기업이익과 개인소득 등이 증가한다. 그러나 경제활동이 위축되는 경우에는 생산량이 줄어들고 실업이 증가하며, 이에 따라 기업이익이 감소한다.

경제분석(economic analysis)은 기업가치에 영향을 미칠 수 있는 거시경제변수의 수준과 변화를 예측하는 데 중점을 둔 분석이다. 경제분석에서는 분석대상인 거시경제지표의 범위가 넓을 뿐만 아니라 정형화된 분석방법이 존재하지 않기 때문에 충분한 경험과 판단력이 요구된다. 따라서 연구기관, 정부, 한국은행 및 기타 전문분석기관 등에서 제공하는 경제관련 자료를 수집하여 기업의 경영전략 등과 연계시켜 분석하여야 한다.

1.2 주요 거시경제지표

경 기

경기는 한 나라의 경제활동수준을 의미한다. 경기수준이 기업의 미래 현금흐름에 영향을 미치기 때문에 경기수준과 기업가치 사이에 밀접한 연관성이 있다. 경기가 호전될수록 기업의 현금흐름이 증가하고, 경기가 침체될수록 감소하는 경향이 있기 때문이다. 경기수준을 나타내는 경제지표를 검토함으로써 경제활동 수준과 방향을 예측할 수 있다.

경제활동수준을 파악하는 데 이용되는 대표적인 지표로 국민총생산(gross national product: GNP)이 있다. GNP는 일정기간 동안 한 나라에서 생산된 최종 생산물의 시장가치를 의미하는 개념으로 모든 생산과정에서 창출된 부가가치에 감가상각비를 합산하여 측정된다. GNP는 각 경제부문의 생산활동, 소비활동,

투자활동, 수출활동 등을 함께 나타내는 종합지표에 해당된다. 그러나 GNP는 당해 연도나 분기가 끝난 후에 측정되기 때문에 이를 통하여 경기수준이나 전망을 신속히 판단하기 어렵다. 그러므로 경기동향의 보다 신속한 파악을 위해서는 월별로 발표되는 여러 다른 형태의 경제지표를 이용하여야 한다.

Latest World Economic Outlook Growth Projections

(real GDP, annual percent change)	2020	PROJECTIONS 2021	2022
World Output	-3.1	5.9	4.9
Advanced Economies	-4.5	5.2	4.5
United States	-3.4	6.0	5.2
Euro Area	-6.3	5.0	4.3
Germany	-4.6	3.1	4.6
France	-8.0	6.3	3.9
Italy	-8.9	5.8	4.2
Spain	-10.8	5.7	6.4
Japan	-4.6	2.4	3.2
United Kingdom	-9.8	6.8	5.0
Canada	-5.3	5.7	4.9
Other Advanced Economies	-1.9	4.6	3.7
Emerging Market and Developing Economies	-2.1	6.4	5.1
Emerging and Developing Asia	-0.8	7.2	6.3

▲ 국제통화기금(IMF)이 발표한 세계경제 성장률 전망치
(출처: 뉴시스 2021. 10. 13)

통화량

케인즈(J. M. Keynes)에 의하면 통화량이 증가할수록 이자율이 하락하여 설비투자가 확대되고, 그 결과 유효수요가 늘어나 생산량이 증가함으로써 기업가치가 상승한다고 한다. 한편 통화량이 지속적으로 증가할 경우에는 물가를 상승시키는 결과를 가져와서 이자율을 상승시키는 원인이 될 수 있기 때문에 기업가치가 하락한다는 주장도 있다.

상반된 두 견해 모두가 통화량이 기업의 기대현금흐름과 위험조정할인율에 영향을 미치기 때문에 결국 기업가치에 영향을 미친다고 보지만 그 방향은 달라질 수 있다. 통화량과 기업가치와의 관계는 경제상황에 따라 달라질 수 있으므로 그 관계를 이론적으로 명확하게 정립하기는 어려운 일이다.

금 리

금리는 자금차입에 대한 대가로 지급하는 이자율을 의미한다. 금리는 자금에 대한 수급상황, 물가상승률, 자금의 사용기간, 채무불이행위험의 정도 등에 따라 달라진다. 금리가 상승할수록 기업의 자금조달이 어려워지고 금융비용의 부담이 커지기 때문에 수익력이 약화되며, 반대로 금리가 하락할수록 자금조달이 수월해지고 설비투자가 증가하는 한편 금융비용의 부담이 줄어들어 수익력이 호전된다.

물가

물가상승은 기업이 보유한 자산의 명목가치를 상승시키는 반면에 기업의 원가

상승으로 인한 투자위축과 실질소득의 감소에 따른 구매력 감소를 초래할 수 있다. 통화량의 증가, 재정지출의 확대 등 총수요 증가로 인하여 물가가 상승하는 경우에는 경기호황으로 기업활동에 좋은 영향을 미치는 반면, 임금, 자본비용, 원자재가격의 상승 등에 의하여 물가가 상승하는 경우에는 기업활동에 나쁜 영향을 미친다.

우리나라에서는 소비자물가지수와 생산자물가지수를 이용하여 전반적인 물가수준을 점검하고 있다. 소비자물가지수는 통계청에서 발표하고 있으며, 생산자물가지수는 한국은행에서 발표하고 있다.

환율과 유가

환율(exchange rate)은 타국통화와 자국통화 사이의 교환율을 의미한다. 환율은 기본적으로 외화의 수요와 공급에 의하여 결정되지만 인플레이션, 금리, 국제수지와 정치적 요인 등의 복합적인 요인에 의하여 영향을 받는다.

수출이 증가하고 수입이 감소할수록 무역수지 흑자가 확대되고, 이는 환율을 하락시키는 요인이 될 수 있다. 무역수지 흑자폭이 확대될수록 해외자금의 유입이 늘어나면서 유동성이 풍부해지고, 유동성이 풍부해질수록 금리가 하락하기 때문에 기업활동에 좋은 영향을 미치게 된다. 그러나 급격한 환율하락은 수출을 감소시키고 수입을 증대시키기 때문에 우리나라와 같이 대외의존도가 높은 국가의 경제활동에 매우 심각한 영향을 미칠 수 있다.

한편 수출이 감소하고 수입이 증가할수록 무역수지 적자폭이 확대되어 경제활동을 위축시킬 때 환율이 상승하게 된다. 환율상승은 수출비중이 높은 기업에게 유리하게 작용하는 측면이 있으나 경제전반에 걸쳐 물가상승과 경제성장의 둔화요인으로 작용하기 때문에 장기적으로 기업활동에 나쁜 영향을 미치게 된다.

유가는 기업의 수익성과 물가에 영향을 미치며, 그 결과 기업가치에 영향을 미친다. 특히 에너지의존도가 높은 우리나라의 경우 급격한 유가상승은 기업의 수익성에 부정적인 영향을 미친다.

산업분석 02

기업의 수익력, 위험과 경쟁력 등은 그 기업이 속해 있는 산업의 구조적 특성에 의하여 영향을 받는다. 따라서 산업분석(industry analysis)은 다음과 같은 두 가지 측면에서 중요한 의미를 갖는다. 첫째, 산업분석을 통하여 관련 산업의 경제적 위치와 전망을 진단하는 한편 미래에 예상되는 기업의 수익력과 위험을 추정할 수 있다. 둘째, 산업분석을 통하여 산업의 강점을 파악할 수 있다.

산업의 시장규모, 산업의 경쟁구조, 원가구조, 유통구조와 제품수명주기(product life cycle) 등을 통한 산업분석에 대하여 살펴보기로 하자.

시장규모분석 2.1

산업분석에서 가장 기본이 되는 과제는 대상산업의 범위를 명확히 설정하는 일이다. 산업분석에서 다루고자 하는 산업의 개념은 특정산업에 포함된 업체와 중간업체는 물론 다른 산업에 속해 있는 경쟁자와 고객들을 모두 포함하는 개념이다.

다음 과제는 산업의 시장규모를 측정하는 일이다. 산업의 시장규모에 따라 기업의 매출액이 영향을 받기 때문이다. 따라서 산업의 시장규모를 측정함으로써 기업의 수익력과 위험에 대한 중요한 정보를 얻을 수 있다. 산업의 시장규모에 대한 자료는 정부, 경제단체 또는 산업별 협회 등을 통하여 수집할 수 있으며, 경쟁업체의 판매정책이나 소비자를 대상으로 한 시장조사 등과 같은 활동을 통하여 수집할 수도 있다.

산업분석에서 중요한 것은 실제규모와 잠재적 규모(potential size)를 파악하는 일로서 실제규모와 잠재적 규모의 차이에 대한 분석결과로부터 산업의 성장가능성은 물론 기업의 성장가능성, 장래의 수익성과 위험 등에 대한 정보를 얻을 수 있다.

2.2 산업구조분석

산업의 장기전망과 수익성을 평가하기 위해서는 산업의 잠재적 시장규모뿐만 아니라 산업의 구조적 요인에 대한 분석이 이루어져야 한다. 마이클 포터(M. E. Porter)에 의하면 산업의 구조적 요인은 기존업체와의 경쟁, 신규업체의 진입장벽, 상품의 대체가능성, 고객과의 관계 및 원자재 공급업자와의 관계 등으로 분류될 수 있다.[1] [그림 5-1]에서 볼 수 있는 바와 같이 이와 같은 요인들은 산업 내의 경쟁상태에 중요한 영향을 미치기 때문에 산업구조의 분석을 통하여 기업의 경쟁적 위치와 비교우위에 대한 정보를 얻을 수 있다.

기존업체와의 경쟁

산업의 경쟁구조는 경쟁업체 수, 경쟁행위의 유형, 제품차별화의 정도, 산업의 비용구조 및 퇴출장벽(exit barriers) 등과 같은 요인에 의하여 결정된다. 산업 내의 경쟁도는 경쟁업체 수와 경쟁행위의 강도에 비례하여 증가한다. 특히 산업의 전략적 중요성이 클수록 경쟁업체와의 경쟁행위가 더욱 격렬해지는 경향이 있다. 제품차별화(product differentiation)가 적을수록 가격경쟁에 의존하는 경향이 높아지며, 고정비용의 비중이 클수록 기업의 퇴출장벽이 높아지는 동시에 기

그림 5-1
산업의 경쟁강도를 결정짓는 구조적 요인

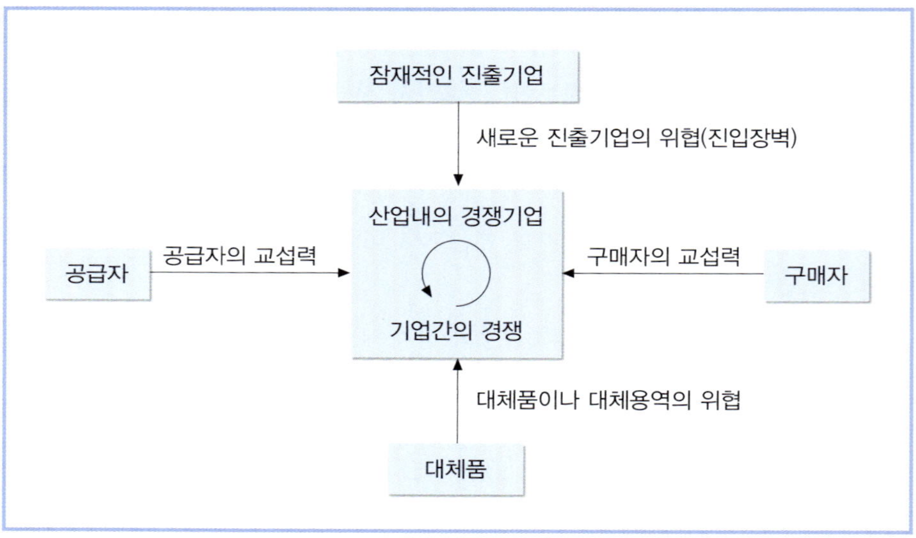

1 M. E. Porter, "How Competitive Forces Shape Strategy," *Harvard Business Review*, 1979, pp. 86~93.

업간의 가격경쟁도가 더욱 심해진다.

신규기업의 진입장벽

산업 내의 경쟁도는 기존업체간의 경쟁뿐만 아니라 신규업체의 진입가능성에 따라 영향을 받는다. 신규업체의 진입가능성이 적을수록 산업 내의 경쟁도가 낮아진다. 신규업체의 진입장벽은 소요자본의 규모, 규모의 경제성(economies of scale), 제품차별화의 정도, 기존 판매조직망의 견고성, 원가구조와 정부의 규제 정책 등에 따라 좌우된다. 이를 구체적으로 살펴보면 다음과 같다.

첫째, 어떤 기업이 시장에 새로이 진입하는 데 거액의 자본이 요구되는 경우에는 시장진입에 따른 많은 어려움이 존재한다. 예를 들어 반도체, 자동차, 조선업 등과 같은 산업은 막대한 자본투자가 필요하기 때문에 신규진입이 어려운 산업이다. 특히 생산시설투자, 대규모 광고투자, 연구개발비투자 등에서 많은 자금이 소요되는 산업의 경우에는 신규진입이 어렵다.

둘째, 신규로 시장에 진입할 때 규모의 경제성을 실현할 수 있느냐의 여부는 단위당 생산비용과 밀접하게 관련되기 때문에 기업경영의 성패를 결정짓는 중요한 요인이 된다. 규모의 경제성은 생산규모가 증가함에 따라 단위당 생산비용이 하락하는 것을 의미한다. 신규진입시 규모의 경제성을 실현하지 못할 경우, 신구진출기업이 높은 단위당 생산비용을 감수하여야 할 뿐만 아니라 규모의 경제성을 실현하기 위하여 대규모의 투자가 요구되기 때문에 신규진입이 어려워진다.

셋째, 기존업체와의 제품차별화 전략은 단기간에 안정적으로 시장에 진입할 수 있는 수단이 된다. 신규로 시장에 진입할 때 기존업체와의 제품차별화를 시도해야 한다. 이와 같은 제품차별화를 위하여 판매촉진, 광고 등과 같은 판매활동에 막대한 자금을 투자해야 하기 때문에 초기에는 상당한 손실을 각오하여야 하며, 경우에 따라 투입된 비용을 회수할 수 없는 상황에 처할 수도 있다.

넷째, 신규로 시장에 진입하는 기업에서 검토해야 할 중요한 과지는 제품의 유통경로를 확보하는 일이다. 기존업체의 판매조직망이 잘 짜여져 있는 경우에 신규기업이 새로운 판매망을 구축하는 데 어려움이 많다. 가격을 인하하거나 대대적인 광고활동을 전개하여 새로운 판매망을 구축해야 하기 때문이다. 따라서 기존 판매조직망이 견고하게 구축된 경우에는 이윤의 감소를 감수하여야 하므로 신규진입이 어렵다.

다섯째, 신규기업들이 아무리 사업규모를 늘리고 규모의 경제성을 이룩한다하더라도 기존기업들이 독점적인 생산기술, 원자재의 확보, 입지조건 등에서 비교우위를 확보하고 있는 경우가 많다. 이와 같은 환경에서 어떤 기업이 시장에 새로이 진출하는 경우 진입초기에는 제품가격을 생산비용 수준이나 그 이하로 책정하여야 하기 때문에 상당한 결손을 각오하여야 한다. 따라서 기존업체가 비용상의 우위에 있는 경우에는 시장진입이 어렵다.

여섯째, 국민보건상 중대한 영향을 미치거나 사회 전체적으로 영향을 미치는 경우에는 산업합리화업종의 지정, 수질오염에 대한 규제, 정부의 사업허가나 사업규제 등을 통하여 신규기업의 산업진입을 제한하거나 봉쇄하는 경우가 있다. 따라서 정부의 규제정책의 존재 여부에 의해 시장진입이 어려울 수 있다.

상품의 대체가능성

대체상품(substitute product)은 어느 특정제품과 직접적으로 경쟁하지 않지만 그 특정업체의 판매수익에 영향을 미치는 상품을 말한다. 과학기술의 발전에 따라 대체상품이 많아지고 있다. 대체상품은 가격뿐만 아니라 품질면에서도 경쟁적 위치에 있기 때문에 대체상품의 출현가능성에 대한 분석이 특히 중요한 의미를 갖는다. 대체상품의 출현가능성에 대응하기 위해서는 어느 한 기업의 노력보다 산업 전체의 집단적 대처가 더욱 효과적이기 때문에 산업차원의 대처가 이루어지고 있는지에 대한 분석이 필요하다.

고객과의 관계

고객(customer)은 기업의 제품-시장전략(product-market strategy)에서 가장 중요한 분석대상이다. 현재의 고객과 잠재적 고객(potential customer)에 대한 분석을 통하여 고객의 구매동기가 무엇이고, 구매동기와 소비경향이 어떻게 변하고 있으며, 특정제품과 서비스에 대한 고객들의 만족도가 어느 정도인가를 분석하여야 한다. 한편 산업구조에서 고객의 역할은 경쟁상황과도 밀접한 관계를 맺고 있다. 경쟁업체가 많은 경우 고객으로부터 제품가격의 인하, 품질향상 및 서비스 증대 등에 대한 압력을 받는다. 따라서 산업의 구조적 요인으로 고객에 대한 분석은 매우 중요하다고 할 수 있다.

공급업체와의 관계

공급업체 수와 원재료의 중요성에 따라 원재료를 공급하는 공급업체(supplier)의 역할이 기업활동에 많은 영향을 미친다. 특히 공급업체간의 담합에 따라 공급가격을 인상시키는 경우 기업의 원가부담을 가중시켜 기업의 존립에 심각한 영향을 줄 수 있다. 따라서 공급업체에 대한 분석을 통하여 거래환경이 어떻게 변화될 것인가를 감안하여 장기적인 수익성과 위험도를 분석해야 한다.

원가구조분석 2.3

일반적으로 대부분의 기업은 여러 사업분야에서 영업활동을 수행하고 있다. 따라서 어떤 사업분야에서 경쟁적 비교우위가 있으며, 높은 부가가치를 얻고 있는가를 평가하여 장기적인 수익성과 위험도를 분석해야 한다. 이와 같은 분석에서 요구되는 정보는 산업의 원가구조를 분석함으로써 얻어진다.[2]

한편 기업의 생산과정은 원자재의 구입과정, 원자재의 처리과정과 조립생산과정 등으로 구분된다. 광업과 석유산업은 원자재 구입과정, 철강과 제지산업은 원자재 처리과정, 그리고 전기·전자·의류산업 등은 조립생산과정, 또한 시멘트산업과 화장품산업은 운송과정과 마케팅활동에서 높은 부가가치를 실현하고 있다. 따라서 탄광업체는 좋은 탄광자원의 보유, 철강업체는 능률적인 생산시설의 확충, 전기·전자·의류산업과 같은 조립생산업체는 효율적인 인력관리를 통해 원가관리측면에서 비교우위를 점할 수 있다.

유통경로분석 2.4

유통경로의 분석을 통하여 기업이 현재 사용하고 있는 유통경로 이외에 또 다른 유통경로가 있는지, 유통경로상에 어떠한 변화가 일어나고 있는지, 그리고 유통경로에서 가장 큰 영향력을 미치는 집단이 어느 집단인지를 파악하여야 한다.[3]

이와 같은 유통경로의 분석은 가장 효율적인 유통경로를 모색한다는 의미에서

2 이학종, 전략경영론, 박영사, 1992, p. 163.
3 위의 책, p. 164.

마케팅전략의 효율화를 기할 수 있다. 기업이 최종소비자에게 직접 제품을 판매할수록 유통경로에 충분한 영향력을 행사할 수 있으나 영향력의 행사에 따른 마케팅상의 위험부담도 더욱 커진다. 따라서 유통경로상의 변화추이를 파악하여 새로운 유통경로를 개발하는 것은 기업의 성장전략이라는 차원에서 중요한 의미를 갖고 있다.

유통경로상에서 가장 큰 영향력을 미치는 집단을 파악하는 일도 매우 중요하다. 일반적으로 제조업체에서 최종소비자에 이르는 유통경로상에는 도매상, 소매상, 직영점, 대리점 등의 여러 집단이 존재하고 있다. 그러나 유통경로상의 영향력이 이들 집단 중에서 어느 한 특정집단에 너무 치우쳐 있는 경우에는 유통구조가 바람직하지 않은 방향으로 정립될 수 있다. 따라서 유통경로의 분석을 통하여 산업 내에서 영향력이 있는 유통구조를 파악하여 대처하는 동시에 유통경로상의 관련집단 사이에 균형 있는 영향관계를 모색해야 할 것이다.

2.5 제품수명주기분석

산업분석의 궁극적인 목적은 장기적인 관점에서 산업의 전망과 성공요인을 분석·평가하여 그 산업에 속한 기업의 수익성과 위험에 미치는 영향을 분석하는 것이다. 따라서 산업의 수요동향과 추세를 파악하여 그 산업에 속해 있는 기업의 수익성과 위험에 미치는 영향에 초점을 맞추어 산업분석을 해야 한다.

그림 5-2
제품의 수명주기

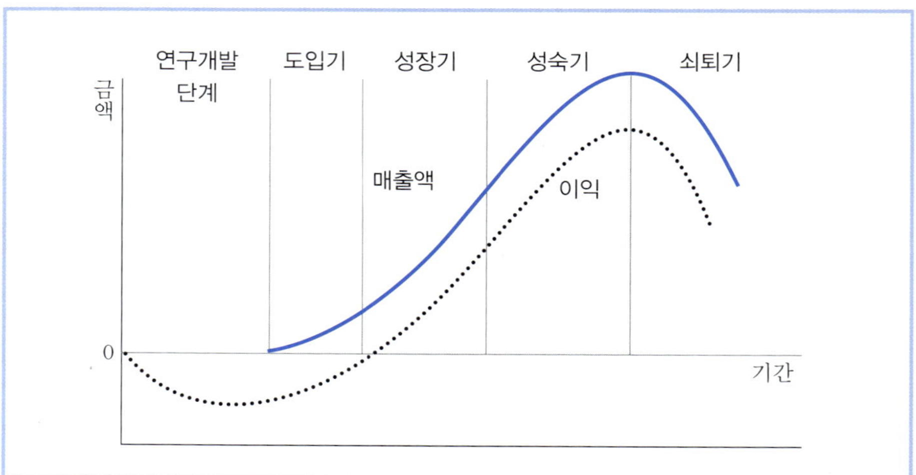

산업동향과 추세는 제품수명주기(product life cycle)를 통하여 파악할 수 있다. [그림 5-2]에서 보여주는 바와 같이 제품수명주기는 도입기, 성장기, 성숙기, 쇠퇴기 등 4단계로 구분된다. 제품수명주기는 산업과 기업의 장기적인 전망, 특정 단계에 속한 기업의 매출규모, 비용구조, 수익성, 위험 등에 대한 정보와 앞으로의 전망과 변화추세를 평가할 수 있게 한다.

도입기

도입기(introduction)는 신제품이 처음으로 시장에 소개되는 단계이다. 도입기에서는 매출이 완만하게 증가하고, 신제품의 도입과 더불어 시장개척에 따른 많은 광고비 지출, 저조한 매출로 인한 높은 제조원가 등의 비용이 많이 소요되기 때문에 손실이 발생하거나 이익이 거의 없는 상태가 된다. 따라서 도입기에 있는 기업은 수익성이 낮고 위험이 높은 특성을 보인다. 그러나 아직까지 경쟁업체 수가 적고 신제품이 덜 알려져 있기 때문에 마케팅능력에 따라 시장을 선점하여 매출을 증대시킴으로써 높은 수익을 실현할 수 있는 기반을 조성할 수 있는 단계이다.

성장기

성장기(growth)는 높은 매출성장률과 급격한 시장점유율의 확대로 이익이 현저하게 증가하지만 새로운 경쟁업체들이 시장에 진입하는 단계이다.

성장기에 있는 기업은 높은 성장률을 지속적으로 유지하기 위하여 품질을 개선시키는 한편 신제품을 개발하여야 한다. 또한 광고를 통하여 경쟁제품에 대한 자사제품의 품질상 우위성과 성능에 대한 강점을 소비자들에게 인지시켜야 하며, 시장점유율의 확대를 위하여 제품가격도 인하하여야 한다. 높은 성장률의 유지와 관련된 비용이 증가함에도 불구하고 매출의 급격한 증대와 제조원가의 현저한 감소로 이익이 크게 증가하는 경향을 보인다.

▲ 스마트폰이 없던 시절에 통신 수단으로 인기를 누렸던 삐삐(무선호출기, Numeric pager). 2000년대 들어 휴대전화가 빠르게 보급되면서 대중의 관심에서 사라졌다.

성숙기

성숙기(maturity)는 시장수요가 포화상태에 도달함에도 불구하고 경쟁업체가 속출하여 기업간의 경쟁이 격렬해지는 한편 매출성장률이 점진적으로 둔화되는 단계이다. 따라서 이익은 최고점에서 점진적으로 감소하기 시작하고 유휴시설이 발생한다.

성숙기에 있는 기업은 시장변경전략, 제품수정전략, 마케팅믹스의 수정전략 등을 통하여 대처해 나간다. 시장변경전략(market modification)은 기존시장에서 신규시장으로 진출을 모색하는 전략으로 제품의 상표인지도를 재정립하여야 한다. 제품수정전략(product modification)은 신규사용자나 사용률의 증대를 위하여 품질 및 디자인과 같은 제품의 특성을 변경하는 전략이며, 마케팅믹스의 수정전략은 하나 혹은 그 이상의 마케팅믹스 요소를 변경하여 매출을 증대시킬 수 있는 가능성을 모색하는 전략이다.

이 시기에서 경쟁력이 약한 기업은 탈락하게 되며, 경쟁적 우위를 확고히 점유한 기업만이 생존하게 된다.

쇠퇴기

쇠퇴기(decline)는 수요량이 감소하고 새로운 기술개발, 구매자의 기호변화, 새로운 경쟁업자의 속출 등으로 이익이 최저가 되는 단계이다. 따라서 쇠퇴기에서는 생산활동이 축소되거나 전환되어 유통경로가 계속 단축되기 때문에 과거의 마케팅전략을 고수하거나 새로운 사업으로 진출하는 경영전략 중 하나를 선택하여야 한다.

03 기업분석

기업의 재무상태와 경영성과는 경제요인과 산업의 구조적 요인에 의하여 영향을 받을 뿐만 아니라 기업 내부의 질적 요인에 의해서도 영향을 받는다. 기업 내의 질적 요인으로 시장에서의 제품지위, 기업의 경쟁적 우위, 경영기능과 조직 등이 있으며, 이러한 내적 요인은 기업의 수익력과 위험에 영향을 미친다. 기업 내의 질적 요인에 대하여 살펴보고자 한다.

제품포트폴리오관리 3.1

제품판매로부터 기업의 수익이 발생하기 때문에 제품구성과 시장지위를 평가함으로써 기업에 대한 현재와 미래의 수익력과 위험에 관한 정보를 얻을 수 있다.

제품구성을 평가할 때에는 제품의 종류와 매출액구성비를 분석하고, 각 제품의 비용구조와 공헌이익을 파악하여야 한다. 기업이익에 가장 큰 공헌을 하는 제품이 어떤 제품이며, 지난 수년간의 매출액추세와 앞으로의 매출전망을 분석하여야 한다. 아울러 제품별로 고가품인지 저가품인지, 생산재인지 소비재인지, 사치품인지 생필품인지의 구분이 필요하다. 이러한 구분은 경기변동에 따른 매출액과 기업이익에의 공헌도를 예측할 수 있는 기초자료가 된다.

외부환경으로 시장성장률, 내부여건으로 제품의 시장점유율이 시장에서의 제품지위에 영향을 미친다. 기업의 현금흐름과 자원배분을 분석하는 제품포트폴리오관리(product portfolio management: PPM)를 통하여 시장에서의 제품지위를 파악할 수 있다. [그림 5-3]은 보스턴컨설팅그룹(Boston consulting group: BCG) 매트릭스(matrix)로서 수평축에 시장점유율, 수직축에 시장성장률을 표시하여 네 가지 유형의 제품지위를 보여주고 있다. 시장점유율은 최대 경쟁기업에 대한

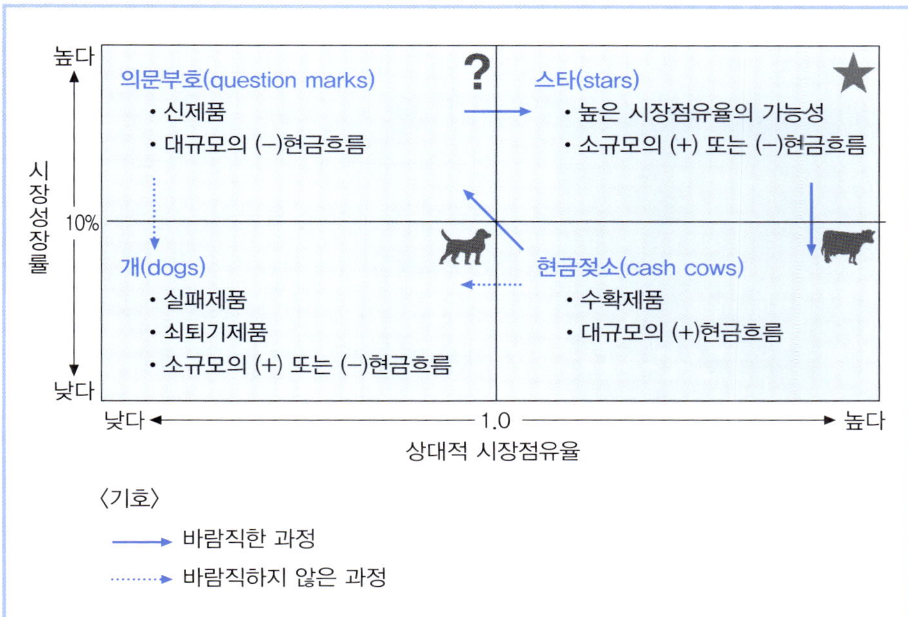

그림 5-3
BCG 매트릭스

상대적 비율로 표시되며, 시장성장률은 연평균 10%의 성장률을 기준으로 성장성이 높은 시장인지 낮은 시장인지의 여부를 판단한다.

의문부호(question marks)제품은 시장의 성장잠재력은 높으나 진입초기이기 때문에 시장점유율이 낮은 신제품을 의미한다. 이와 같은 제품은 연구개발에 대한 투자가 많기 때문에 현금유출과 위험이 크며, 시장점유율이 낮기 때문에 현금흐름이 음(−)으로 나타나고 단위당 생산원가가 높다. 이와 같은 제품은 시장개척을 통하여 시장점유율이 높아지면 스타(stars)제품으로 발전되지만, 시장점유율이 높아지지 않은 상태에서 시장이 성숙단계로 넘어가는 경우에는 개(dogs)제품으로 전락하게 된다.

스타(stars)제품은 성장잠재력이 높은 시장에서 시장점유율도 높은 제품이다. 이들 제품은 현금유입도 많지만 성장을 위한 순운전자본과 자본적 지출에 대한 투자가 많기 때문에 순현금흐름이 크지 않다.

현금젖소(cash cows)제품은 시장이 성숙기에 도달하여 성장률이 낮을 뿐만 아니라 순운전자본과 자본적 지출에 대한 현금유출이 감소하나 높은 시장점유율을 유지하고 있어 많은 현금흐름을 제공하는 제품이다. 따라서 현금젖소제품으로부터 창출되는 현금흐름을 의문부호제품에 투자하여 이를 스타제품으로 만드는 것이 현명한 자원배분방법이다.

개(dogs)제품은 성숙단계나 쇠퇴단계에 있는 시장에서 시장점유율도 낮은 제품이다. 따라서 시장을 확장시키는 일이 쉽지 않을 뿐더러 수익성이 낮고 현금흐름이 적기 때문에 개제품에 대한 추가적인 투자보다 적절한 시기에 제품을 철수시키는 것이 바람직하다.

▲ 보스턴컨설팅그룹(https://www.bcg.com) 홈페이지 메인화면

현금젖소제품만 보유하고 있는 기업은 현금흐름이 풍부하여 현재의 수익성은 높지만 현금젖소제품이 개제품으로 전락하는 경우에는 현금흐름이 줄어드는 한편 스타제품이 없기 때문에 미래의 수익성이 악화될 것이다.

의문부호제품과 스타제품만을 보유하고 있는 기업은 성장을 위한 거액의 현금유출로 현금부족을 겪을 것이다. 따라서 현금젖소제품에서 창출되는 현금흐름을 의문부호제품, 스타제품 등에서 발생되는 현금부족에 충당함으로써 신제품개발에 따른 위험을 감소시키는 한편, 안정적인 현금흐름을 확보할 수 있다.

경쟁적 우위성 분석 3.2

기업의 경쟁적 우위(competitive advantage)는 일시적인 것이 아니라 장기적으로 유지 가능한 경쟁적 우위를 의미한다. 따라서 기업의 경쟁적 우위는 시장에서의 성공요인과 밀접한 관계를 맺고 있어야 하며, 시장환경의 일시적인 변화나 경쟁업체의 활동으로부터 큰 영향을 받지 않는 장기적인 성격을 지니고 있어야 한다. 이와 같은 의미의 경쟁적 우위 확보는 기업의 장기적인 수익성과 위험에 긍정적인 영향을 미친다.

기업의 유지 가능한 경쟁적 우위를 분석하는 기법으로 저가격전략의 토대가 되는 경험곡선분석, 제품의 특이성을 강조하는 차별화 분석 등이 이용되고 있다.

경험곡선분석

원가는 기업의 경쟁적 우위를 결정하는 중요한 요인 중의 하나이다. 따라서 기업의 경쟁적 위치를 평가하는 데 있어서 상세한 원가분석이 필요하며, 이러한 분석기법 중의 하나가 바로 경험곡선분석(experience curve analysis)이다.

경험곡선은 기업의 축적된 생산 또는 마케팅 경험에 따라 원가 변화를 나타내는 곡선이다. 경험곡선에 의하면 생산경험을 축적함에 따라 기업의 부가가치비용(value added cost)이 줄어든다. 경험곡선에 적용되는 원가는 구매원가를 제외한 모든 부가가치비용으로 간접생산비용, 광고비, 판촉비, 유통관리비, 기타 판매비와 관리비 등을 포함한다. 구매원가와 구매비용이 경험곡선에서 제외되었지만 생산경험의 축적에 따라서 이러한 비용도 줄어들게 된다.

누적생산에 따른 원가절감분석에서 경험곡선과 같이 총원가를 적용하지 않고 직접노무비만을 적용하여 제조원가의 절감효과를 분석하는 방법을 학습곡선(learning curve)이라고 한다. 경험곡선과 학습곡선에 의하면 기업은 생산경험의 축적에 따라 원가를 절감할 수 있게 된다. 이와 같은 원가절감에 의해 기업은 경쟁적 우위를 확보할 수 있다.

차별화 분석

차별화 분석(differentiation analysis)은 기업의 제품이나 서비스 등이 경쟁업체가 도저히 따라올 수 없을 정도의 차이를 갖고 있는지를 분석하는 방법이다. 제품의 품질은 제품의 성패를 결정하는 가장 중요한 요인이다. 제품의 품질이 우수한 경우에는 매출이 증가하고 가격인상도 가능하기 때문에 수익성에 크게 기여할 수 있다. 이와 함께 고객에 대한 서비스 수준과 질에 따라 차별화를 달리할 수 있다. 그 밖의 차별화 결정요인으로 전통적인 기업문화가 있다. 그 기업만이 가지고 있는 고유의 기업문화는 경쟁업체가 따라올 수 없는 경쟁적 우위를 제공하면서 수익성에 크게 기여한다.

3.3 경영기능과 조직평가

기업의 재무상태와 경영성과에 영향을 미치는 중요한 요인의 하나는 기업 내부의 경영기능과 조직이다. 기업 내부의 경영기능과 조직을 구체적으로 살펴보면 다음과 같다.

첫째, 생산과 기술개발능력은 기업의 장기적인 수익력과 위험에 영향을 미친다. 생산은 시장에 판매할 제품을 제조하는 기능으로서 제품의 설계와 생산에 필요한 기술개발, 생산시설의 설계와 유지관리, 구매관리, 생산과정에서의 물류관리 및 품질관리 등의 여러 기능을 포함하며, 기술개발은 신제품개발 이외에도 새로운 원료, 생산공정과 기계시설 등에 대한 각종 생산기술을 포함한다. 기술개발의 빈도가 높고 속도가 빠른 분야일수록 이러한 요인이 기업에 미치는 영향력은 더욱 커진다.

둘째, 마케팅능력은 기업의 수익성에 중요한 영향을 미친다. 마케팅은 기업이 제품과 서비스를 통하여 고객과 소비자의 욕구를 충족시켜 주는 기능으로서 고객과 소비자가 원하는 제품과 서비스의 제공, 가격의 설정, 상표의 결정, 유통구조의 확충, 시장조사, 광고, 판매촉진활동 등을 포함한다. 마케팅기능은 기업의 제품 및 시장전략을 중심으로 기업의 내·외 환경을 연결시켜 주는 기능을 하며, 이와 같은 상호연결기능이 얼마나 잘 유지되느냐에 따라 마케팅분야는 물론 기업 전체의 수익성에 큰 영향을 미칠 수 있다.

셋째, 인적자원관리능력과 조직의 유연성도 기업의 수익성에 중요한 영향을 미친다. 생산, 마케팅, 재무 등의 모든 경영관리활동은 각 분야의 구성원들에 의해 수행되며, 부문별 경영성과는 관리자의 리더십, 경영관리, 인사 및 조직관리 등에 의하여 많은 영향을 받는다. 따라서 기업의 재무상태와 경영성과의 평가에 있어서 재무제표에 기록되지 않는 기업의 인적자원의 관리능력, 조직관리능력, 유연성에 대한 분석은 유용한 정보가 된다.

넷째, 경영정보시스템(management information system)은 경영의 모든 계층에 있는 구성원들에게 업무수행에 필요한 정보를 필요한 시기에 제공하는 시스템을 말한다. 다시 말하여 컴퓨터를 이용하여 경영상의 의사결정을 수행하는 경우에 사용되는 정보를 정기적으로 수집·분석하고 제시하는 체계를 의미한다. 효율적인 경영정보시스템을 보유하고 있는 기업에서는 수많은 자료를 정보로 전환하여 경영층에 신속하게 제공할 수 있기 때문에 즉각적인 통제가 가능할 뿐만 아니라 기업의 내·외적인 환경변화에 적절하고 신속하게 대처할 수 있다.

다섯째, 재무적 유연성은 기업의 재무상태와 경영성과에 안정성을 제공한다. 재무적 유연성으로는 현금관리능력, 정확한 재무예측 및 엄격한 재무통제, 높은 신용도에 근거한 부채의 조달능력, 양호한 자산과 부채의 질 등이 있으며, 이들은 장기적인 기업의 위험관리능력과 수익성에 긍정적 영향을 미친다.

현장 FOCUS

과기부, 4차 산업혁명 지표 발표

포스트 코로나 시대 정보통신기술(ICT)을 중심으로 한 디지털 전환의 중요성이 높아지고, 디지털 뉴딜 등 주요 정책이 추진되면서 데이터, 사물인터넷, 인공지능(AI), 가상현실(VR), 드론, 자율주행차, 핀테크 등 4차 산업혁명이 가속화되고 있다는 정부 지표 결과가 공개됐다.

과학기술정보통신부는 4차 산업혁명의 기반인 데이터 · 네트워크 · 인공지능(D.N.A.) 성장과 혁신

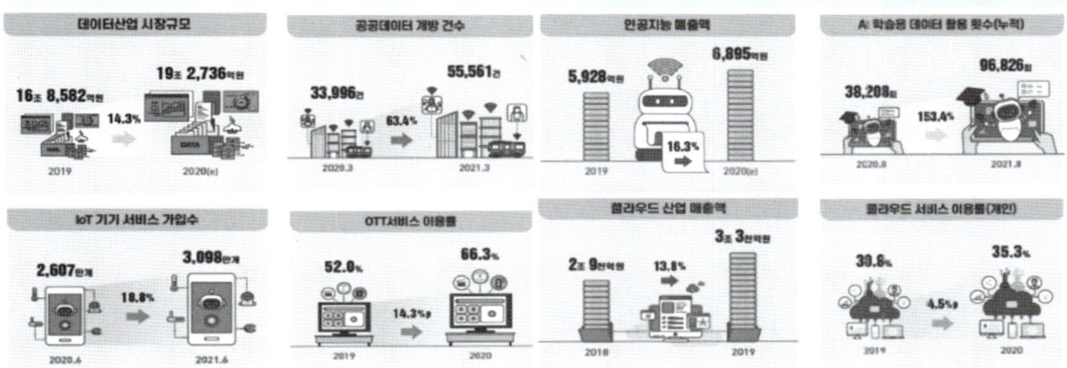

의 성과를 보여주는 '2021 4차 산업혁명 지표'를 이같이 5일 발표했다. 4차 산업혁명 지표는 작년과 동일하게 각 부처 및 관련 기관의 협조를 받아 작성됐다. ① 디지털 전환을 위한 인프라 구축 ② 디지털 전환기 유망산업의 성장 ③ 디지털 전환에 따른 혁신 성과로 분류(총 43개 지표로 구성)해 조사결과를 내놓았다.

먼저 디지털 뉴딜의 핵심 산업인 '데이터' 산업의 전체 시장규모는 19조 2,736억원(2020년 추정치)으로 전년 대비 14.3% 성장했다고 공개했다. 공공데이터 개방 건수는 5만 5,561건(2021년 3월 기준)으로 전년 대비 63.4% 증가해 데이터경제 활성화를 위한 기반을 제공하고 있다. 네트워크 산업을 보면 사물인터넷(IoT) 서비스 가입수는 3,098만 개로(2021년 6월) 전년 대비 18.8% 증가했고, 인터넷동영상서비스(OTT) 이용률은 2019년 52.0%에서 2020년 66.3%로 14.3%포인트 늘어나 ICT 기술 발달과 코로나 19 이후 국민생활의 변화 모습을 보여줬다는 설명이다. 인공지능 분야 성과 확산 추진 등에 따라 인공지능 산업 매출액은 6,895억원(2020년 추정치)으로 전년 대비 16.3% 성장했다. 같은 기간 인공지능 분야 인력은 1만 4,736명(2020년 잠정치)으로 32.2% 늘었다. 고도화된 인공지능 개발을 위한 인공지능 학습용 데이터 활용 횟수도 지난 8월 누적 기준 전년대비 153.4% 늘어난 9만 6,826회로 집계됐다.

4차 산업혁명 디지털 대(大)전환 과정에서 클라우드, 가상증강현실(VR/AR) 등 혁신성장을 주도할 미래 유망산업이 부각되고 있다. 디지털 경쟁력의 마중물인 클라우드 산업 매출액은 3조 3,000억원(2019년 기준)으로 전년 대비 13.8% 성장했다. 개인의 클라우드 이용률은 2019년 30.8%에서 2020년 35.3%로 4.5%포인트 증가해 클라우드 활용이 보다 범용화되고 있음을 보여주고 있다는 설명이다.

가상증강현실(VR · AR)산업의 매출액(2020년 추정치 8,032억원, 전년대비 6.8%↑)과 참여 종사자(2019년 5,940명, 전년대비 10.6%↑) 모두 성장세를 기록, 메타버스의 부각과 더불어 가상증강현실(VR · AR)에 대한 관심이 높아지고 있으며 이에 따른 산업 규모도 점차 확장되는 추세라고 과기부는 알렸다. 과기부는 또 데이터 · 네트워크 · 인공지능(D.N.A.) 분야의 확산과 유망산업의 등장은 경제 전반에 걸쳐 활발한 디지털 혁신의 기반이 되고 있으며, 국민의 삶에 체감이 되는 가시적 성과도 뚜렷해지고 있다고 진단했다. 가령 작년 기준 학생의 온라인교육 이용률(98.9%)은 전년대비 37.1%포인트 상승해 코로나 19 이후 비대면의 일상화에 따른 온라인 교육의 활용도가 사회 전반에 걸쳐 빠르게 증가했다고 전했다.

일반 국민 대비 취약계층 디지털 정보화 수준

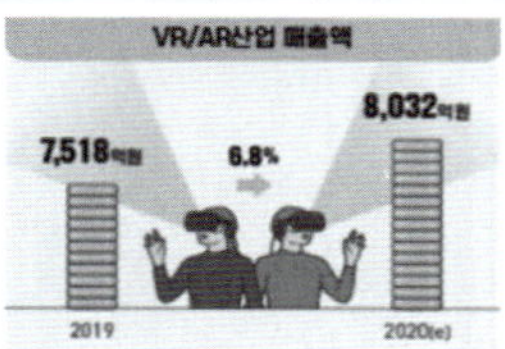

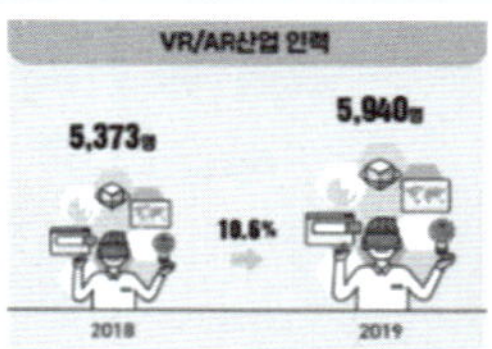

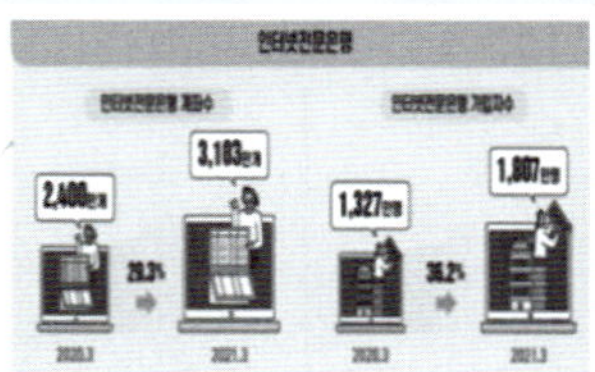

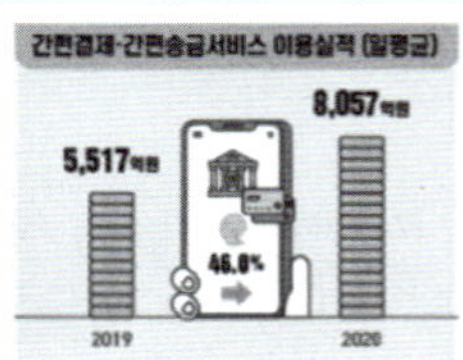

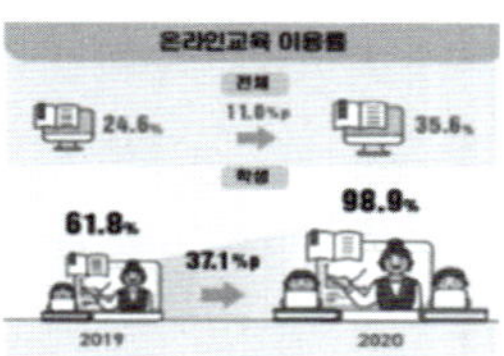

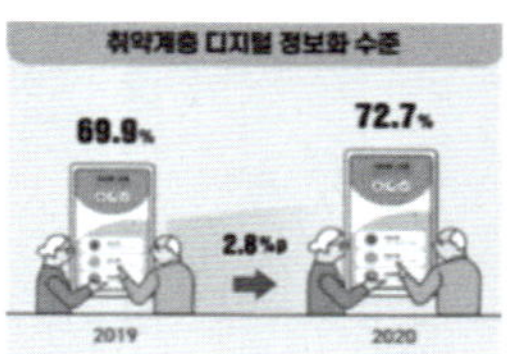

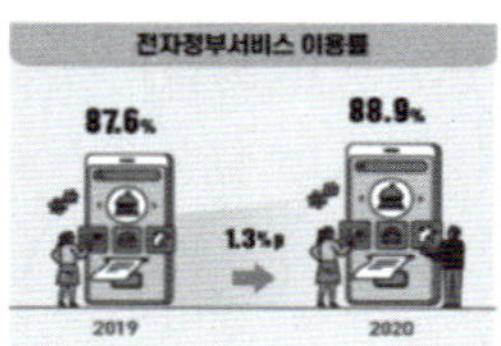

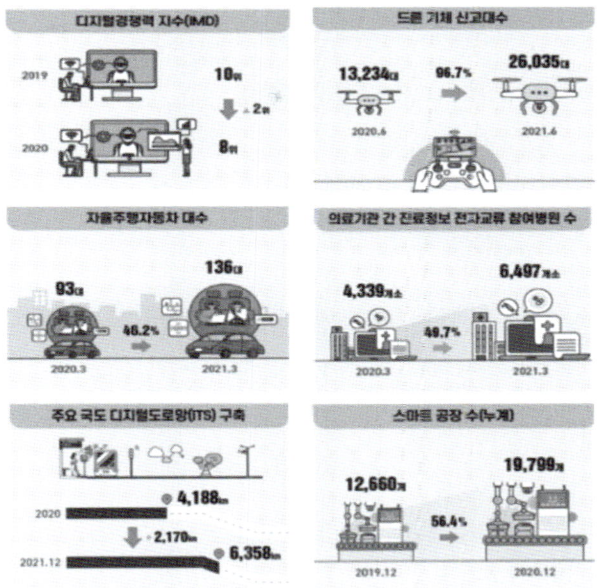

은 72.7%(2020년)으로 전년 대비 2.8%포인트 상승해 디지털격차가 완화되는 추세로 나타났다고 집계했다. 과기부는 또 인터넷 전문은행의 성장, 간편결제 서비스의 보편화는 핀테크로 대표되는 ICT 기반 금융산업의 혁신을 보여줬다고 제시했다. 실제 인터넷 전문은행 계좌 수는 3,103만개(2021년 3월 기준, 전년 대비 29.3%↑), 고객 수는 1,807만명(전년 대비 36.2%↑)으로 모두 증가했다. 간편결제 · 간편송금서비스 이용실적(일평균)은 8,057억원(2020년 기준)으로 전년 대비 46.0% 대폭 증가했다. 과기부는 전세계 디지털 전환 도래에 발맞춰 정부에서도 공공분야의 디지털 전환을 선도적으로 추진하고 있다고 평가했다.

국민의 편의성을 높이기 위해 제공되는 전자정부서비스의 이용률은 88.9%(2020년 기준)로 전년 대비 1.3%포인트 상승했고, 지속적인 디지털정부 추진을 통해 디지털정부 종합지수 1위{2020년, 경제협력개발기구(OECD)}, 디지털경쟁력 지수 8위{2020년, 국제경영개발원(IMD)} 등 유의미한 성과를 달성했다. ICT 기술 기반 산업의 새로운 성장 모멘텀인 드론의 기체 신고대수는 2만 6,035대(2021년 6월)로 전년 대비 96.7% 증가했고, 자율주행자동차 대수 또한 136대(2021년 3월)로 전년 대비 46.2% 증가해 ICT 기술에 기반한 이동수단의 혁신이 뚜렷해지고 있다고 평가했다.

의료기관 간 진료정보 전자교류 참여병원 수(누적)는 6,497개소(2021년 3월)로 전년 대비 49.7% 증가함에 따라 의료기관 간 환자의 진료정보 교류가 확대돼 환자의 편의성을 높이고 있다. 의료기관 간 진료정보 전자교류 참여병원 수(누적)는 6,497개소(2021년 3월)로 전년 대비 49.7% 증가함에 따라, 의료기관 간 환자의 진료정보 교류가 확대되어 환자의 편의성을 높이고 있다. 과기부는 주요 국도 디지털도로망(ITS)도 연말까지 2,170km 추가 구축할 계획이다. 이 밖에 제조업의 디지털 혁신을 선도하는 스마트공장 수는 1만 9,799개(2020년 12월 기준)로 전년 대비 56.4% 증가했다.

과기부 조경식 차관은 "코로나 위기를 극복하고 새로운 성장 모멘텀을 만드는데 디지털 전환의 중요성이 더욱 높아지고 있다"며 "앞으로도 디지털 뉴딜을 포함한 4차 산업혁명 추진을 통해 국민들이 변화된 수치로 쉽게 4차 산업 혁명의 성과를 알아볼 수 있도록 지속적으로 고도화해 나갈 계획이다"고 말했다.

〈뉴시스 2021. 10. 5〉

주요용어
Principal Terms

- **경제분석(economic analysis)**

  기업가치에 영향을 미치는 거시경제변수의 수준과 변화를 예측하는 데 중점을 둔 분석이다.

  ☞ 경기, 통화량, 금리, 물가상승률, 해외요인(환율, 유가변동)

- **산업분석(industry analysis)**

  기업이 속해 있는 산업의 구조적 특성을 분석하여 기업의 수익력, 위험과 경쟁력 등을 파악하는 것이다.

  ☞ 시장규모분석, 산업구조분석, 원가구조분석, 유통경로분석, 제품수명주기분석

- **제품포트폴리오관리(product portfolio management: PPM)**

  기업의 현금흐름과 자원배분을 분석하여 시장에서의 제품지위를 파악하는 것이다.

- **경험곡선분석(experience curve analysis)**

  기업의 경쟁적 위치를 평가하는 데 있어서 중요한 원가분석기법 중의 하나이다.

- **차별화 분석(differentiation analysis)**

  기업의 제품이나 서비스 등이 경쟁업체가 도저히 따라올 수 없을 정도의 차이를 갖고 있는지를 분석하는 방법이다.

연습문제

객관식 문제

01. 경제환경분석 요인으로 볼 수 없는 것은? (경영지도사, 2021)

① 경제성장율 ② 경기전망 ③ 통화량
④ 제품의 수명주기 ⑤ 물가

02. 경제분석에 관한 다음의 설명 중 잘못된 것은?

① 경제지표의 분석은 그 범위가 넓을 뿐만 아니라 정형화된 분석방법이 존재하지 않기 때문에 충분한 경험과 판단력이 요구된다.
② 케인즈(J. M. Keynes)에 의하면 통화량이 증가할수록 이자율이 하락하여 설비투자가 확대되고 유효수요가 증대되어 기업가치가 상승한다고 한다.
③ 금리가 상승할수록 기업의 자금조달이 어려워지고 금융비용의 부담이 커지기 때문에 수익력이 약화되며, 반대로 금리가 하락할수록 자금조달이 수월해지고 설비투자가 증가하는 한편 금융비용의 부담이 줄어들어 수익력이 호전된다.
④ 통화량의 증가, 재정지출의 확대 등 총수요 증가로 인하여 물가가 상승하는 경우에는 경기호황으로 기업활동에 좋은 영향을 미치며, 반면에 임금, 자본비용, 원자재가격의 상승 등에 의하여 물가가 상승하는 경우에는 기업활동에 나쁜 영향을 미친다.
⑤ 환율하락은 수출비중이 높은 기업에게 유리하게 작용하는 측면이 있으나 경제전반에 걸쳐 물가상승과 경제성장의 둔화요인으로 작용하기 때문에 장기적으로 기업활동에 나쁜 영향을 미치게 된다.

03. 산업의 경쟁강도를 결정짓는 구조적 요인과 가장 거리가 먼 것은?

① 시장규모 ② 신규업체의 진입장벽
③ 상품의 대체가능성 ④ 고객과의 관계
⑤ 원자재 공급업자와의 관계

04. 신규기업의 진입장벽을 높이는 요인에 해당하지 않는 것은? (경영지도사, 2018)

① 교체비용이 작을 경우
② 제품차별화가 잘 되어있는 경우
③ 소요자본이 막대한 경우
④ 기존의 판매망이 견고한 경우
⑤ 규모의 경제가 잘 작동하는 경우

05. 포터(M. Porter)가 특정 산업의 경쟁수준을 파악하기 위하여 제시한 산업구조분석모형의 다섯 가지 요인에 해당하지 않는 것은? (경영지도사, 2020)

① 주주가치의 극대화
② 산업 내 기존 기업 간의 경쟁
③ 상품이나 서비스의 대체위협
④ 공급자의 교섭력
⑤ 새로운 진입 기업의 위협

06. 제품의 라이프사이클에서 안정적인 시장점유율을 얻게 되고 매출은 완만하게 성장하지만, 격심한 가격경쟁으로 인해 제품단위당 이익이 점차 감소하므로, 새로운 업종으로 진출이 필요한 단계는? (경영지도사, 2021)

① 연구개발단계
② 성숙단계
③ 성장단계
④ 도입단계
⑤ 쇠퇴단계

07. 제품수명주기 중 성장기에 관한 설명으로 옳은 것은? (경영지도사, 2019)

① 신제품을 개발하는 단계로 경쟁사도 적고 매출 증가율이 극히 저조하다.
② 시장수요가 포화상태에 이르며 매출성장이 둔화되고 판촉비 등의 증가를 통해 극심한 경쟁을 하게 된다.
③ 매출액이 급증하기 시작하고 대량생산에 따른 원가하락으로 수익성이 양호하고 사업 위험성이 적다.
④ 수익성이 감소하기 시작하고 유휴설비가 발생하여 경쟁력이 약화된 기업은 서서히 사업 위험성이 커지기 시작한다.
⑤ 판매량과 수익성이 급속히 감소하기 시작한다.

08. 제품수명주기(product life cycle) 중 '성숙기'에 관한 설명으로 옳은 것을 모두 고른 것은? (경영지도사, 2017)

ㄱ. 경쟁업체수가 적고 신제품이 덜 알려져 있기 때문에 마케팅능력에 따라 시장을 선점하여 매출을 증대시킴으로써 높은 수익을 실현할 수 있는 기반을 조성할 수 있는 단계
ㄴ. 시장수요가 포화상태에 도달함에도 불구하고 경쟁업체가 증가하여 기업간의 경쟁이 심화되고 매출성장률이 점진적으로 둔화될 수 있는 단계
ㄷ. 이익이 최고점에서 점진적으로 감소하기 시작하고 유휴설비 및 유휴시설이 발생하는 단계로 시장변경전략, 제품수정전략 등을 통하여 대처해 나가야 하는 단계
ㄹ. 수요량이 감소하고 새로운 기술개발, 구매자의 기호변화, 새로운 경쟁업자 증가 등으로 이익이 최저가 되는 단계로, 생산활동이 축소되거나 전환되어 유통경로가 계속 단축되기 때문에 과거의 마케팅전략을 고수하거나 새로운 사업으로 진출하는 경영전략 중 하나를 선택하여야 하는 단계
ㅁ. 신제품이 처음으로 시장에 소개되는 단계로 매출이 완만하게 증가하고 신제품의 도입과 더불어 시장개척에 따른 많은 광고비 지출, 저조한 매출로 인한 높은 제조원가 등의 비용이 많이 소요되기 때문에 손실이 발생하거나 이익이 거의 없는 단계

① ㄱ, ㄴ ② ㄴ, ㄷ ③ ㄷ, ㄹ
④ ㄹ, ㅁ ⑤ ㄴ, ㄷ, ㄹ

09. 제품수명주기에 관한 다음의 설명 중 잘못된 것은?

① 제품수명주기는 도입기, 성장기, 성숙기, 쇠퇴기 등 4단계로 구분된다.
② 도입기에 있는 기업은 수익성이 낮고 위험이 높은 특성을 보인다.
③ 성장기에 있는 기업은 높은 성장률을 지속적으로 유지하기 위하여 품질을 개선시키고 신제품을 개발하여야 하나 경쟁업체가 없기 때문에 광고 확대, 제품가격 인하 등은 고려할 필요가 없다.
④ 성숙기에 접어들면 이익은 최고점에서 점진적으로 감소하기 시작하고 유휴시설이 발생한다.
⑤ 쇠퇴기에서는 생산활동이 축소되거나 전환되어 유통경로가 계속 단축되기 때문에 과거의 마케팅전략을 고수하거나 새로운 사업으로 진출하는 경영전략 중 하나를 선택하여야 한다.

10. 제품포트폴리오분석에서 시장성장률은 낮고, 시장점유율은 높은 사업으로 큰 이익을 얻을 수 있는 사업유형은? (경영지도사, 2013 수정)

① 의문부호(물음표) ② 스타 ③ 개
④ 현금젖소 ⑤ 양

11. 질적 경영분석의 고려사항에 관한 설명으로 옳지 않은 것은? (경영지도사, 2020)

① 역사가 오래된 기업이라도 코로나19와 같은 급변하는 시장 상황에서는 도산할 수 있다.
② 기업의 경영실적을 예상할 때 국내는 물론 해외의 경제환경과 영향요인 등을 고려해야 한다.
③ 제품 경쟁력, CEO의 능력, 노사관계 등이 분석자료가 될 수 있다.
④ 제품수명주기는 도입기, 성장기, 성숙기, 쇠퇴기로 사이클이 이루어지며, 각 시기별 기간이 대체로 비슷하여 특정 시기가 확장되는 경우는 없다.
⑤ 산업분석 시에는 해당 산업의 경쟁에 영향을 미치는 요인을 종합적으로 고려해야 한다.

12. 질적 분석과 양적 분석에 관한 설명으로 옳지 않은 것은? (경영지도사, 2014 수정)

① 질적 분석과 양적 분석은 공통적으로 분석자의 주관을 배제할 수 있다는 점에서 유용하다.
② 산업구조분석은 해당 산업의 경쟁강도를 결정짓는 구조적 경쟁요인을 분석하는 것이다.
③ 재무제표 수치 이면에 자산과 부채가 지니는 질적 능력을 추가로 분석하면 재무융통성을 보다 적절히 평가할 수 있다.
④ 산업분석은 산업구조분석, 제품수명주기분석 등을 통해 수행된다.
⑤ 경영자의 능력을 평가하기 위해서는 경영자가 기업의 생산, 판매 관리에 관하여 얼마나 적절한 의사결정을 할 수 있는가 하는 것 이외에도 경영철학, 경영진 구성, 경영진 평판 등을 고려한다.

주관식 문제

01. 다음 용어를 간략하게 설명하라.

1) 제품수명주기 2) 제품포트폴리오관리 3) 경험곡선
4) 학습곡선 5) 차별화 분석

02. 경제분석에 대하여 설명하라.

03. 산업구조분석에 대하여 설명하라.

04. 제품수명주기의 단계별 특징에 관하여 설명하라.

05. 기업의 제품포트폴리오관리에 대하여 설명하라.

제 3 편

경영성과분석과 재무계획

제6장의 개요

이익계획(profit planning)은 다음과 같은 두 가지 의미로 이용되고 있다. 넓은 의미의 이익계획은 기업활동에 영향을 미치는 기업의 내 · 외적 환경요인을 고려하여 목표이익을 설정한 후 이를 실현하기 위한 경영활동을 계획하는 일련의 과정을 의미한다. 한편 좁은 의미의 이익계획은 시설확장이나 신제품생산 등과 같은 투자정책과 자본조달정책의 선택 여부를 결정하기 위한 목적에서 이와 같은 정책결정이 기업의 비용구조에 미치는 영향을 평가하는 일련의 과정을 의미한다. 따라서 좁은 의미의 이익계획에서는 손익분기점분석과 레버리지분석이 핵심적 내용이 된다.

이 장에서는 손익분기점분석에 대하여 살펴보기로 한다.

제 6 장

손익분기점분석

01 손익분기점분석의 의의와 영업비용

1.1 손익분기점분석의 의의

손익분기점(break-even point: BEP)은 기업이 생산능력의 범위 내에서 영업비용을 회수하는 데 필요한 최소한의 조업도(판매량 또는 매출액)를 의미한다. 다시 말하여 영업이익이 0원이 되는 판매량이나 매출액을 의미한다. 손익분기점을 분석함으로써 판매량의 변화에 따른 수익(volume), 영업비용(cost)과 영업이익(profit)의 관계를 파악할 수 있기 때문에 손익분기점분석을 흔히 CVP분석(cost-volume-profit relationship analysis)이라고도 부른다.

손익분기점분석에서는 영업활동의 수행과정에서 발생되는 영업비용을 고정영업비용과 변동영업비용으로 구분할 수 있다고 가정한다. 이 경우 생산능력의 범위 내에서 판매량이 증가할 때는 영업비용 중에서 고정영업비용의 비중이 높아질수록 영업이익이 매출액의 증가율보다 더 큰 폭으로 증가하게 된다. 그러나 반대로 판매량이 줄어들 때는 영업이익이 매출액의 감소율보다 큰 폭으로 감소하게 된다. 이처럼 고정영업비용이 지렛대 작용을 하기 때문에 영업비용의 구조가 영업이익의 크기(수익성)와 질(영업위험)에 영향을 미치는 것이다. 따라서 기업의 수익성과 영업위험에 미치는 영향을 고려하여 적정한 수준에서 영업비용의 구조를 결정해야 할 것이다.

1.2 영업비용의 구조

많은 자금을 비유동자산에 투자할수록 감가상각비 등과 같은 고정영업비용의 부담이 증가하기 때문에 영업비용의 구조가 달라지며, 이와 같은 영업비용의 구조적인 변화가 영업이익의 크기와 질에 영향을 미치게 된다. 예를 들어 설비투자가 증가할수록 생산능력이 증가하게 되며, 생산능력이 증가할수록 더 많은 제품을 생산·판매할 수 있기 때문에 영업이익이 증가하지만 다른 한편에서는 고정영업비용의 비중이 높아지기 때문에 매출액이 줄어들 때 영업이익이 크게 감소할 가능성이 높아지게 된다. 그러므로 설비 등과 같은 수익성 자산에 대한 투자를 많이 할수록 영업이익이 증가하지만 다른 한편으로 영업이익의 질이 떨어진다는 사실을 알 수 있다. 영업이익의 질이 떨어진다는 것은 영업위험이 증가한다는 것을 의미한다.

이제 영업비용의 구조에 대하여 살펴보기로 하자. 영업비용은 고정영업비용과 변동영업비용으로 구성된다.

영업비용 = 고정영업비용 + 변동영업비용

고정영업비용

고정영업비용(fixed operating cost)은 생산능력의 범위 내에서 조업도(생산량 또는 판매량)의 변화와 관계없이 일정하게 발생하는 영업비용을 말한다. 감가상각비, 재산세, 임차료, 사무직원의 급료 및 광고비 등이 고정영업비용에 속한다. 생산능력을 증대시키기 위하여 기업이 추가로 시설투자를 하는 경우 고정영업비용이 증가하게 된다. 따라서 고정영업비용이 일정하다는 의미는 생산능력의 범위 내에서만 적용된다.

변동영업비용

변동영업비용(variable operating cost)은 조업도의 변화에 따라 비례적으로 변동하는 영업비용을 말한다. 직접재료비, 직접노무비, 판매수수료, 판매원의 성과급 등이 변동영업비용에 속한다.

변동영업비용에는 조업도의 변화에 따라 체증적으로 변동하는 체증적 변동영업비용 또는 체감적으로 변동하는 체감적 변동영업비용이 있을 수 있다. 예를 들어 일정한 수준 이상으로 조업도가 증가함에 따라 노동력의 부

▲ 정용진 버거로 입소문을 탄 신세계푸드 '노브랜드 버거'가 브랜드를 론칭한지 1년 8개월 만에 손익분기점을 넘어섰다. 햄버거업계 빅2인 롯데리아나 맥도날드와 달리 '가성비' 전략을 취하고 꾸준히 외형을 확장하면서 수익성을 개선한 것이 효과로 나타났다는 분석이다. (출처 : EBN 2021. 5. 4)

족으로 미숙련근로자를 채용해야 하는 경우에는 변동영업비용이 체증적으로 증가하게 된다. 한편 일정한 수준 이내에서 조업도가 증가하는 경우에는 노동력의 전문화, 기술수준의 향상, 대량구매의 할인혜택 등과 같은 규모의 경제가 이루어지기 때문에 조업도의 증가에 따라 변동영업비용이 체감적으로 증가하게 된다.

1.3 고정영업비용과 변동영업비용의 분류

손익분기점분석에서는 영업비용을 고정영업비용과 변동영업비용으로 명확하게 구분할 수 있다는 것을 가정하고 있다. 그러나 영업비용의 성격이 명확하지 않아서 고정영업비용이나 변동영업비용으로 분류하기가 어려운 항목들도 있다. 예를 들어 연료비, 전기·수도료 등의 영업비용은 조업도가 0일 때도 일정하게 발생하는 고정비적인 특성을 지니고 있을 뿐만 아니라 조업도의 증가에 따라 비례적으로 증가하는 변동비적인 특성을 동시에 지니고 있다.

영업비용을 분석하는 데 이용되는 방법으로는 회계적 방법, 고저법과 통계적 방법 등이 있다.

회계적 방법

회계적 방법(accounting method)은 가장 전통적인 방법으로 회계담당자가 주관적인 판단에 따라 각 계정과목의 성격을 분석하여 고정영업비용과 변동영업비용으로 분류하는 방법이다. 따라서 회계적 방법을 흔히 계정분류법 또는 개별법이라고도 부른다. 예를 들어 감가상각비, 임차료 등의 관리운영비는 판매량과 관계없이 지출되기 때문에 고정비적인 성격을 갖는 영업비용으로 구분되며, 판매원에 대한 판매수당은 판매량에 따라 지급되기 때문에 변동비적인 성격을 갖는 영업비용으로 구분될 수 있다.

고저법

고저법(high low method)은 준변동비의 성격을 지니고 있어서 고정영업비용이나 변동영업비용으로 분류하기가 모호한 영업비용의 항목을 분류하는 데 이용되는 방법이다. 고저법에 의하면, 먼저 식 (6-1)과 같이 최고조업도의 영업비용에서 최저조업도의 영업비용을 차감한 금액(영업비용증가액)을 조업도(매출액)의 차이(매출액증가액)로 나누어 변동영업비용률을 추정한다.

$$\text{변동영업비용률} = \frac{\text{영업비용증가액}}{\text{매출액증가액}} \tag{6-1}$$

그리고 변동영업비용률에 조업도(매출액)를 곱하여 변동영업비용을 계산하고, 영업비용에서 변동영업비용을 공제하여 고정영업비용을 계산한다.

> 변동영업비용 = 변동영업비용률 × 매출액
> 고정영업비용 = 영업비용 − 변동영업비용

통계적 방법

통계적 방법(statistical method)은 과거의 회계자료에 기초하여 영업비용(종속변수)을 판매량(독립변수)에 대하여 단순회귀시킴으로써 단위당 변동영업비용을 추정한 후, 영업비용을 고정영업비용과 변동영업비용으로 분해하는 방법이다.

$$Y_t = \alpha + \beta X_t + \varepsilon_t \tag{6-2}$$

Y_t : t기의 영업비용
X_t : t기의 조업도(판매량)
α : 절편 값
β : 회귀계수(단위당 변동영업비용)
ε : 잔차

식 (6-2)에서 β는 회귀계수로 단위당 변동영업비용을 의미한다.[1] 따라서 다음 식을 이용하여 영업비용을 변동영업비용과 고정영업비용으로 분류할 수 있다.

> 변동영업비용 = β × 판매량
> 고정영업비용 = 영업비용 − 변동영업비용

1 조업도를 매출액으로 하는 경우 β는 변동영업비용률(변동영업비용/매출액)을 의미한다. 이와 같은 경우 변동영업비용은 변동영업비용률(β)과 매출액을 곱하여 구할 수 있다.

1.4 고정영업비용과 변동영업비용의 특성

영업비용의 구조가 영업이익의 크기와 질에 영향을 미치는 이유는 고정영업비용과 변동영업비용의 특성에 기인한다.

고정영업비용의 특성

고정영업비용은 판매량의 변화와 관계없이 일정하지만, 단위당 고정영업비용은 판매량이 증가함에 따라 감소하는 특성을 보인다. [그림 6-1]에서 고정영업비용은 판매량의 변화와 관계없이 12억원으로 일정하지만, 단위당 고정영업비용은 판매량이 증가함에 따라 감소하고 있다.

단위당 고정영업비용은 판매량의 증가에 따라 감소하며, 이와 같은 특성이 영업이익의 질에 영향을 미친다. 영업비용 중에서 고정영업비용의 비중이 높을수록 판매량이 증가하는 경우에는 영업이익이 그보다 높은 비율로 증가하지만, 판매량이 감소하는 경우에는 영업이익이 그보다 높은 비율로 줄어들게 된다. 즉, 고정영업비용의 비중이 높을수록 영업이익의 변동폭(영업위험)이 커지게 된다.[2]

변동영업비용의 특성

단위당 변동영업비용은 판매량의 변화와 관계없이 일정하지만 변동영업비용

그림 6-1
고정영업비용의 특성

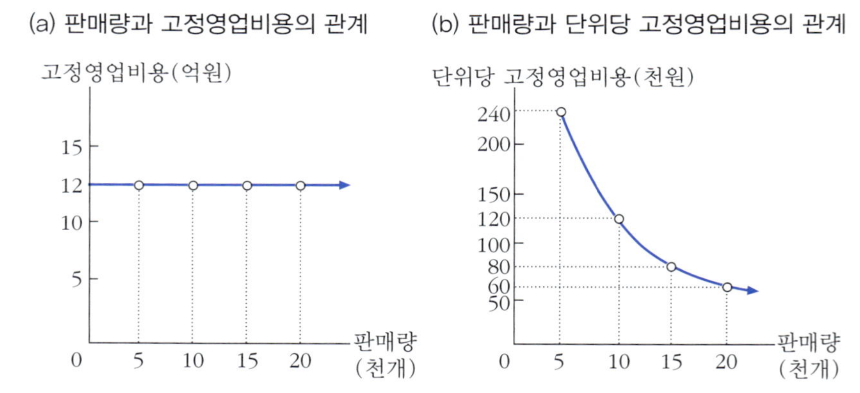

2 이와 같은 효과를 영업레버리지효과라 하며, 자세한 내용은 제7장 레버리지분석에서 설명하기로 한다.

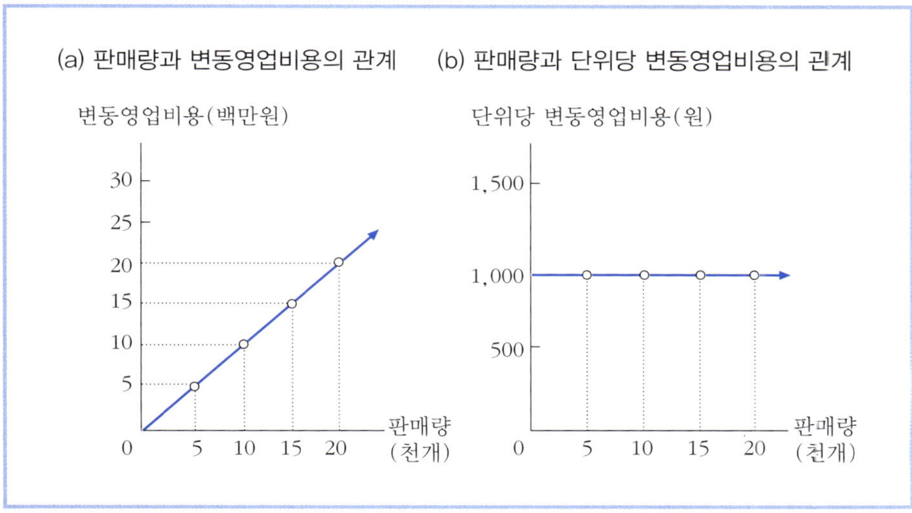

그림 6-2
변동영업비용의 특성

은 판매량의 변화에 따라 비례적으로 변동하는 특성을 보인다. [그림 6-2]에서 변동영업비용은 판매량의 증가에 따라 비례적으로 증가하지만, 단위당 변동영업비용은 1,000원으로 일정함을 알 수 있다.

손익분기점의 도출 02

손익분기점분석의 가정 2.1

영업비용을 고정영업비용과 변동영업비용으로 구분할 수 있다면, 매출액(수익)과 영업비용이 일치하여 영업이익이 0원이 되는 손익분기점판매량을 추정할 수 있다. 손익분기점판매량은 이익계획의 수립에서 중요한 정보로 이용된다. 손익분기점분석과 레버리지분석을 병행함으로써 투자정책과 자본조달정책이 기업의 수익력, 영업위험과 재무위험에 미치는 영향을 평가할 수 있기 때문이다.

손익분기점모형에서는 분석의 단순화를 위하여 다음과 같은 가정을 하고 있다.

- 모든 영업비용을 고정영업비용과 변동영업비용으로 구분할 수 있다.
- 생산능력의 범위 내에서 고정영업비용과 단위당 변동영업비용은 일정하다.
- 수익과 영업비용을 판매량에 대한 1차 함수로 나타낼 수 있다.
- 모든 기업은 단일 제품만을 생산한다.
- 생산제품은 즉시 판매된다.
- 판매가격과 원재료의 구입가격이 각각 일정하다.

2.2 손익분기점과 손익분기도표

영업비용은 고정영업비용과 변동영업비용으로 구성되어 있다. 그런데 손익분기점 판매량에서는 수익(매출액)과 영업비용이 일치하므로 식 (6-3)의 관계가 성립된다.

$$p \cdot Q^* = FC + v \cdot Q^* \tag{6-3}$$

p : 단위당 판매가격
Q^* : 손익분기점 판매량
FC : 고정영업비용
v : 단위당 변동영업비용

식 (6-3)을 Q^*에 대하여 정리하면 식 (6-4)와 같다.[3]

$$Q^* = \frac{FC}{p-v} \tag{6-4}$$

식 (6-4)는 조업도를 판매량으로 정의하는 경우의 손익분기점이다. 식 (6-4)에서 Q^*는 손익분기점 판매량을 그리고 $(p-v)$는 단위당 공헌이익(contribution margin per unit)을 의미한다. 단위당 공헌이익은 제품을 1단위 판매할 때 고정영업비용이 회수되거나 영업이익에 기여하는 금액을 의미한다. 따라서 손익분기점

3 실무에서는 손익분기점을 법인세비용차감전순이익(영업이익+금융수익+기타수익−금융비용−기타비용)이 0이 되는 조업도를 의미하기도 하며, 이는 다음과 같이 구할 수 있다.
법인세비용차감전순이익$=p \cdot Q^* - FC - v \cdot Q^*$+금융수익+기타수익−금융비용−기타비용=0

$$\therefore Q^* = \frac{FC - \text{금융수익} - \text{기타수익} + \text{금융비용} + \text{기타비용}}{p-v}$$

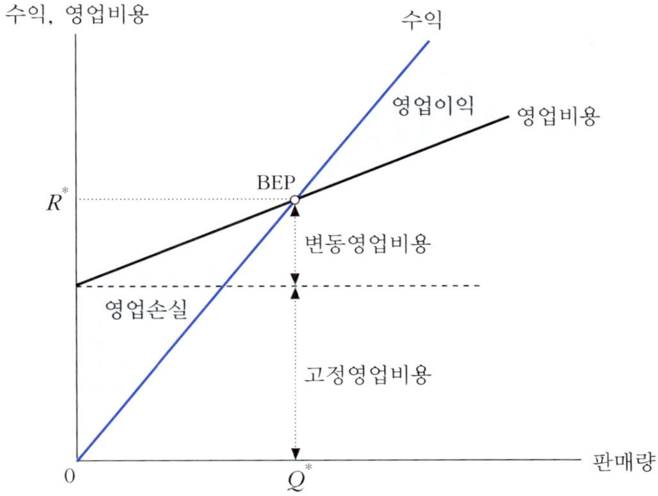

그림 6-3
손익분기도표

판매량 내에서는 공헌이익이 고정영업비용을 회수하는 역할을 하며, 그 이상에서는 영업이익에 기여하는 역할을 하게 된다.

한편 손익분기점 매출액($R^* = p \cdot Q^*$)을 구하기 위하여 식 (6–4)의 양변에 단위당 판매가격(p)을 곱하여 정리하면 식 (6–5)와 같다.

$$R^* = \frac{FC}{1 - \frac{v}{p}} \qquad (6-5)$$

식 (6–5)는 조업도를 매출액으로 정의할 때의 손익분기점이다. 식 (6–5)에서 $(1 - \frac{v}{p})$는 공헌이익률(contribution margin ratio)로서 매출액이 1원 증가할 때 고정영업비용이 회수되거나 영업이익에 기여하는 금액, 즉 비율을 의미한다.

일정한 영업비용의 구조하에 수익(매출액)의 변화에 따라 영업이익이 어떻게 변화하는지의 관계를 나타내는 손익분기도표는 [그림 6–3]과 같다. [그림 6–3]에서 볼 수 있는 것처럼, 손익분기점(BEP)에서는 매출액과 영업비용이 일치하기 때문에 영업이익은 0원이 된다. 따라서 손익분기점을 초과하는 매출액에서는 영업이익을 얻을 수 있으나, 손익분기점보다 적은 매출액에서는 영업손실이 발생하게 된다.

예제 6-1 손익분기점과 손익분기도표

인천(주)은 벽시계를 제조하고 있다. 개당 판매가격은 20,000원이고, 고정영업비용과 개당 변동영업비용은 각각 2,000만원과 15,000원이다.

(1) 인천(주)의 손익분기점 판매량과 매출액을 구하라.

(2) 판매량이 5,000개일 경우 영업이익(손실)은 얼마인가?

(3) 판매량이 3,000개일 경우 영업이익(손실)은 얼마인가?

(4) 물음 (1), (2), (3)의 결과를 손익분기도표에 표시하라.

해설

(1) 인천(주)의 손익분기점(영업이익=0) 판매량과(Q^*)와 매출액(R^*)을 각각 구하면 다음과 같다.

$$\bullet\ Q^* = \frac{FC}{p-v} = \frac{2,000\text{만원}}{20,000\text{원}-15,000\text{원}} = 4,000\text{개}$$

$$\bullet\ R^* = p \times Q^* = 20,000\text{원} \times 4,000\text{개} = 8,000\text{만원}$$

$$\text{또는 } R^* = \frac{FC}{1-\dfrac{v}{p}} = \frac{2,000\text{만원}}{1-\dfrac{15,000\text{원}}{20,000\text{원}}} = 8,000\text{만원}$$

(2) 영업이익 = 매출액 − 영업비용
= 20,000원 × 5,000개 − (2,000만원 + 15,000원 × 5,000개)
= 500만원

즉, 인천(주)은 500만원의 영업이익을 얻을 수 있다.

(3) 영업이익 = 매출액 − 영업비용
= 20,000원 × 3,000개 − (2,000만원 + 15,000원 × 3,000개)
= −500만원

즉, 인천(주)은 500만원의 영업손실을 보게 된다.

(4)

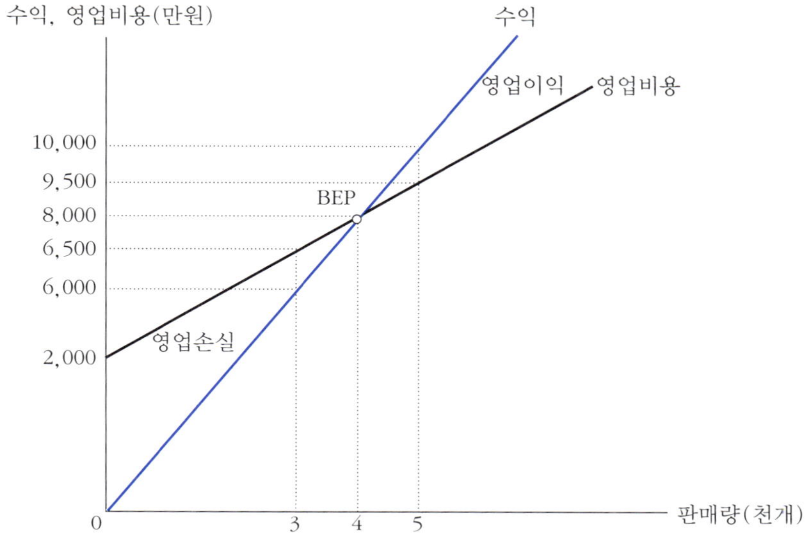

손익분기점분석의 활용 03

수익과 영업비용의 관계를 이용하여 판매량의 변화에 따른 손익관계를 분석함으로써 재무정책 결정에서 요구되는 다양한 정보를 얻을 수 있다. 예를 들어 손익분기점모형을 이용하여 시설확장투자로부터 최소한의 영업이익을 확보할 수 있는 판매량을 추정한다거나, 영업비용의 구조를 어느 수준으로 유지해야만 목표영업이익을 달성할 수 있는가를 파악할 수 있다. 손익분기점분석이 적용되는 분야를 살펴보기로 한다.

수익성의 안전도 측정 3.1

수익성의 안전도는 영업이익이 실현되는 확실성의 정도를 의미한다. 따라서 예상매출액이 손익분기점 매출액보다 높을수록 수익성의 안전도가 높다고 말할 수 있다. 수익성의 안전도는 안전율(margin of safety ratio)을 계산함으로써 측정할 수 있다.

안전율은 예상매출액과 손익분기점 매출액의 차이를 예상매출액으로 나누어 계산된다. 안전율은 식 (6-6)과 같다.

$$\text{안전율} = \frac{E(R_1) - R^*}{E(R_1)} \tag{6-6}$$

$E(R_1)$: 다음 연도의 예상매출액
R^* : 손익분기점매출액

예제 6-2 안전율

[예제 6-1]에서 인천(주)의 예상매출액이 10,000만원으로 추정된다. 이 회사의 안전율을 계산하라.

해설

식 (6-6)을 이용하여 인천(주)의 안전율을 계산하면 다음과 같다.

$$\text{안전율} = \frac{10{,}000\text{만원} - 8{,}000\text{만원}}{10{,}000\text{만원}} = 0.2(\text{또는 } 20\%)$$

인천(주)의 경우 매출액이 예상보다 20% 이상 감소하면, 매출액이 손익분기점 아래로 떨어져서 영업손실이 발생될 수 있음을 알 수 있다.

3.2 목표영업이익을 실현하기 위한 판매량

손익분기점분석을 활용함으로써 어느 정도의 판매량을 확보해야만 목표영업이익을 달성할 수 있는가를 분석할 수 있다. 이 경우 목표영업이익이 달성되는 판매량에서 실현되는 수익(매출액)은 영업비용과 목표영업이익을 더한 것과 같게 된다. 따라서 식 (6-7)과 같은 관계식을 얻을 수 있다.

$$p \cdot Q_\pi = FC + v \cdot Q_\pi + \pi \qquad (6\text{-}7)$$

Q_π : 목표영업이익을 확보하는 데 필요한 판매량
π : 목표영업이익

식 (6-7)을 Q_π에 대하여 정리하면 식 (6-8)과 같다.

$$Q_\pi = \frac{FC + \pi}{p - v} \qquad (6\text{-}8)$$

예제 6-3 손익분기점분석과 목표영업이익

인천(주)은 현재의 생산능력을 두 배로 확장시키는 시설투자를 계획하고 있다. 시설투자를 하는 경우 고정영업비용이 현재의 2,000만원에서 4,000만원으로 증가하나, 개당 판매가격과 변동영업비용은 각각 20,000원, 15,000원으로 변하지 않을 것이다. 목표영업이익 1,000만원을 달성하는 데 필요한 판매량을 구하라.

해설

식 (6-8)을 이용하여 목표영업이익 1,000만원을 달성하는 데 필요한 판매량 Q_π를 구하면 다음과 같다.[4]

$$Q_\pi = \frac{4{,}000\text{만원} + 1{,}000\text{만원}}{20{,}000\text{원} - 15{,}000\text{원}} = 10{,}000\text{개}$$

따라서 인천(주)의 경우 판매량이 10,000개가 되어야 1,000만원의 목표영업이익을 확보할 수 있다.

$$\begin{aligned}\pi &= p \times Q_\pi - (FC + v \times Q_\pi) \\ &= 20{,}000\text{원} \times 10{,}000\text{개} - (4{,}000\text{만원} + 15{,}000\text{원} \times 10{,}000\text{개}) \\ &= 1{,}000\text{만원}\end{aligned}$$

4 목표영업이익 1,000만원을 달성하는 데 필요한 매출액 R_π는 다음과 같이 구할 수 있다.

$$R_\pi = p \times Q_\pi = 20{,}000\text{원} \times 10{,}000\text{개} = 20{,}000\text{만원}$$

또는 $R_\pi = \dfrac{FC + \pi}{1 - \dfrac{v}{p}} = \dfrac{4{,}000\text{만원} + 1{,}000\text{만원}}{1 - \dfrac{15{,}000\text{원}}{20{,}000\text{원}}} = 20{,}000\text{만원}$

3.3 영업비용의 구조조정과 손익분기점분석

주어진 영업비용구조하에서 목표영업이익을 달성하기 위해서는 판매량을 증가시켜야 한다. 그러나 판매량을 증가시키는 것이 어려운 경우에는 투자정책을 조정하여 고정영업비용을 변동영업비용으로 대체하거나 변동영업비용을 고정영업비용으로 대체하는 등 영업비용의 구조조정을 통하여 목표영업이익을 확보할 수 있다. 영업비용의 구조조정에 따른 손익분기점 판매량의 변화를 정리하면 다음과 같다.

- 고정영업비용을 조정하는 경우:

$$Q^{*}=\frac{FC\pm \Delta FC}{p-v} \tag{6-9}$$

- 단위당 변동영업비용을 조정하는 경우:

$$Q^{*}=\frac{FC}{[p-(v\pm \Delta v)]} \tag{6-10}$$

- 판매가격을 조정하는 경우:

$$Q^{*}=\frac{FC}{(p\pm \Delta p)-v} \tag{6-11}$$

- 고정영업비용과 단위당 변동영업비용을 조정하는 경우:

$$Q^{*}=\frac{FC\pm \Delta FC}{p-(v\pm \Delta v)} \tag{6-12}$$

식 (6-9), 식 (6-10)과 식 (6-11)을 그림으로 나타내면 [그림 6-4]와 같다. [그림 6-4]에서 볼 수 있는 것처럼 고정영업비용, 단위당 변동영업비용 등이 상향조정됨에 따라 손익분기점 판매량이 증가하지만, 단위당 판매가격이 상향 조정되는 경우에는 오히려 손익분기점 판매량이 줄어들고 있다.

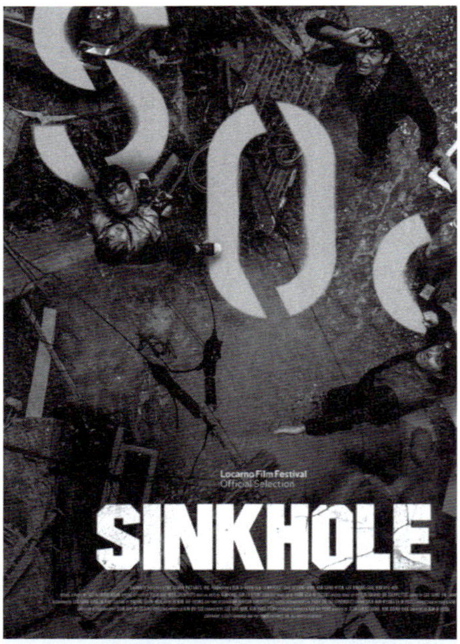

▲ 배급사 쇼박스에 의하면 '싱크홀'이 전날 누적 관객 200만 2,000여명을 기록하며 손익분기점을 달성했다. 총제작비 약 145억원인 '싱크홀'은 극장 수익 기준 손익분기점이 290만명이었지만 한국상영관협회의 '제작비 50% 보전' 등의 지원책을 받으며 손익분기점이 하향 조정됐다. (출처: NEWSIS 2021. 8. 31)

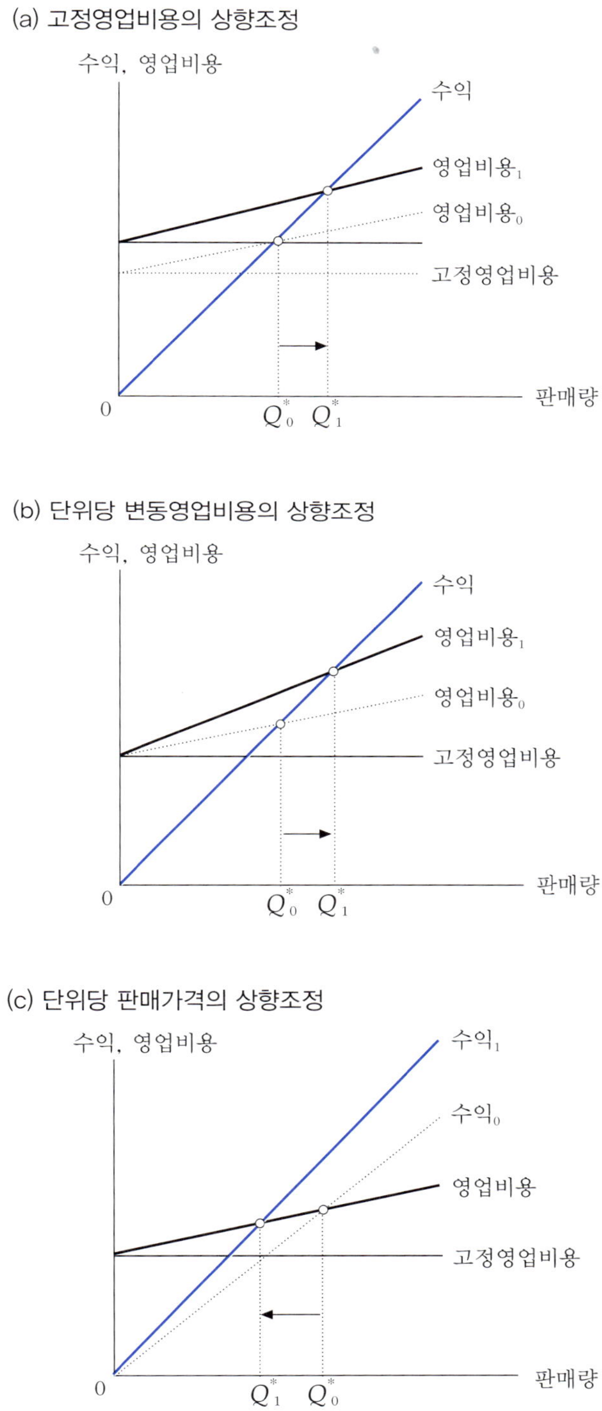

그림 6-4

영업비용의 구조조정과 손익분기점

그러나 영업비용의 구조가 이처럼 단순한 것은 아니다. 예를 들어 영업비용에서 고정영업비용의 비중이 높아질수록 단위당 변동영업비용이 줄어들며, 또한 단위당 변동영업비용 이외에 판매가격에도 영향을 미치는 경우에는 영업비용의 구조적인 변화 또한 복잡해진다. 따라서 손익분기점모형을 이용할 때는 민감도분석(sensitivity analysis) 또는 시뮬레이션분석(simulation analysis) 등을 통하여 여러 대체적인 경영환경에서 영업비용의 구조조정이 손익분기점 판매량에 미치는 영향을 분석해야 한다.

04 손익분기점분석의 확장 및 한계점

4.1 다품종 생산기업의 손익분기점분석

손익분기점분석에서는 기업이 하나의 제품만을 생산·판매한다고 가정하고 있다. 그러나 하나의 제품만을 생산하는 기업은 거의 없으며, 여러 제품을 생산·판매하는 경우가 대부분이다.

기업이 여러 제품을 생산·판매하는 경우에는 영업비용을 제품별로 변동영업비용과 고정영업비용으로 분류하여 손익분기점 판매량을 추정하여야 한다. 그러나 고정영업비용과 변동영업비용을 제품별로 할당하는 일은 쉽지 않다. 예를 들어 전기료, 보험료, 임대료, 감가상각비 등을 제품별로 할당하는 문제는 현실적으로 매우 어려운 문제이다.

다품종 생산기업의 손익분기점분석으로는 가중평균공헌이익률법과 개별법 등이 있다.

가중평균공헌이익률법

가중평균공헌이익률법에서는 각 제품의 매출액 구성비율이 시간의 경과와 관계없이 일정하며, 변동영업비용을 제품별로 정확하게 할당시킬 수 있다는 가정에서 다음과 같은 과정을 거쳐 손익분기점 매출액을 산출한다.

첫째, 각 제품의 공헌이익률을 구한다.

둘째, 각 제품의 공헌이익률에 매출액 구성비율을 곱한 후 이를 합산하여 가중평균공헌이익률(weighted average contribution margin ratio)을 계산한다.

셋째, 기업 전체의 고정영업비용을 가중평균공헌이익률로 나누어 기업 전체의 손익분기점 매출액을 구한다.

넷째, 기업 전체의 손익분기점 매출액을 매출액 구성비율에 따라 각 제품에 배분하여 제품별 손익분기점 매출액을 구한다.

예제 6-4 가중평균공헌이익률법

대전(주)은 벽시계를 제조하고 있다. 대전(주)의 고정영업비용은 250백만원이고, 벽시계 종류별 재무자료는 다음과 같다.

(단위 : 백만원, %)

제품명	매출액	변동영업비용	매출액 구성비율	변동영업비용률*	공헌이익률**
A	300	90	60	30	70
B	150	60	30	40	60
C	50	25	10	50	50
합 계	500	175	100		

* 변동영업비용률＝변동영업비용/매출액

** 공헌이익률＝1－변동영업비용률

가중평균공헌이익률법을 이용하여 대전(주)의 손익분기점 매출액을 구한 후, 이를 각 제품별로 할당하라.

해설

① 가중평균공헌이익률[5] ＝ (공헌이익률 × 매출액 구성비율)의 합계

$$= (0.7\times0.6)+(0.6\times0.3)+(0.5\times0.1)=0.65$$

② 회사 전체의 손익분기점 매출액 $= \dfrac{\text{고정영업비용}}{\text{가중평균공헌이익률}}$

$$= \frac{250\text{백만원}}{0.65} = 384.6154\text{백만원}$$

5 가중평균공헌이익률은 회사 전체의 매출액과 변동영업비용을 이용하여 다음과 같이 구할 수도 있다.

$$\text{가중평균공헌이익률} = 1-\frac{\text{회사 전체 변동영업비용}}{\text{회사 전체 매출액}} = 1-\frac{175}{500}=0.65$$

③ 제품별 손익분기점 매출액: 회사 전체의 손익분기점 매출액 384.6154백만원을 제품별로 매출액 구성비율에 따라 할당

- 제품 A의 손익분기점 매출액 = 384.6154백만원×0.6 = 230.7692백만원
- 제품 B의 손익분기점 매출액 = 384.6154백만원×0.3 = 115.3846백만원
- 제품 C의 손익분기점 매출액 = 384.6154백만원×0.1 = 38.4615백만원

개별법

개별법은 공헌이익률이 높은 순서로 제품을 판매한다는 가정에서 다음과 같은 절차를 거쳐 손익분기점 매출액을 산출한다.

첫째, 제품별 공헌이익률을 이용하여 제품별 공헌이익을 구한다. 제품별 공헌이익은 예상매출액에 각 제품의 공헌이익률을 곱하여 계산된다.

둘째, 각 제품의 공헌이익을 합하여 누적공헌이익을 구한다.

셋째, 누적공헌이익이 고정영업비용과 일치하는 손익분기점 매출액을 구한다.

예제 6-5 개별법

[예제 6-4]에서 개별법을 이용하여 대전(주)의 손익분기점매출액을 구하라.

해설

개별법의 적용과정을 정리하면 다음과 같다.

(단위: 백만원)

제품명	예상 매출액 (1)	변동영업 비용률(%) (2)	공헌 이익률(%) (3)=1−(2)	공헌이익 (4)=(1)×(3)	누적 공헌이익 (5)	고정 영업비용 (6)	누적 영업이익 (7)=(5)−(6)
A	300	30	70	210	210	250	−40
B	150	40	60	90	300	250	50
C	50	50	50	25	325	250	75
계	500						

위 표에서 볼 수 있는 것처럼 제품 A를 모두 판매하는 경우 고정영업비용(250백만원) 중에서 210백만원이 회수된다. 따라서 제품 B의 판매를 통하여 40백만원의 고정영업비용을 회수하는 데 필요한 매출액을 구함으로써 손익분기점 매출액을 구할 수 있다.

$$R_B^* = \frac{40\text{백만원}}{0.6} = 66.6667\text{백만원}$$

그러므로 제품 A의 매출액 300백만원과 제품 B의 손익분기점 매출액 66.6667백만원을 합한 366.6667백만원이 대전(주)의 손익분기점 매출액이다.
이상에서 설명한 내용을 그림으로 나타내면 다음과 같다.

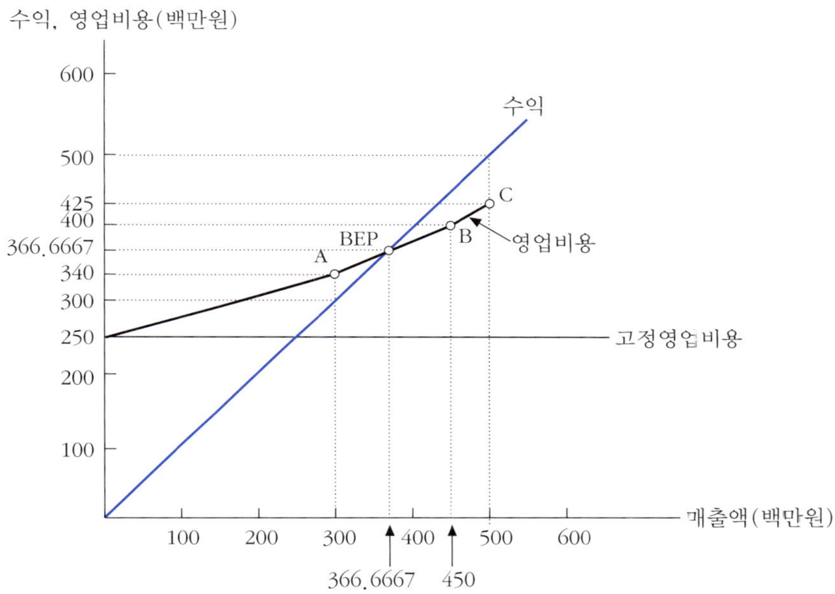

손익분기점분석의 한계점 4.2

손익분기점모형은 이해하기가 쉬울 뿐만 아니라 간편하다는 장점을 지니고 있으나 다음과 같은 한계점이 있다.

첫째, 단위당 판매가격과 단위당 변동영업비용이 일정하다고 가정하고 있으나 실제로 판매량이 변동함에 따라 단위당 판매가격이나 단위당 변동영업비용이 변동한다. 예를 들어 기술수준이 향상되거나 근로자들의 숙련도가 개선됨에 따라 생산성이 향상될 뿐만 아니라 규모의 경제효과를 얻을 수 있기 때문에 이와 같은 경우에는 단위당 변동영업비용이 체감하는 현상이 나타난다. 그러나 판매량이 일정한 수준 이상으로 증가하면 원재료의 공급부족이나 노동력의 부족 등에 따라 단위당 변동영업비용이 체증하는 양상을 보일 수 있다. 이처럼 판매량의 증가

그림 6-5
비선형
손익분기도표

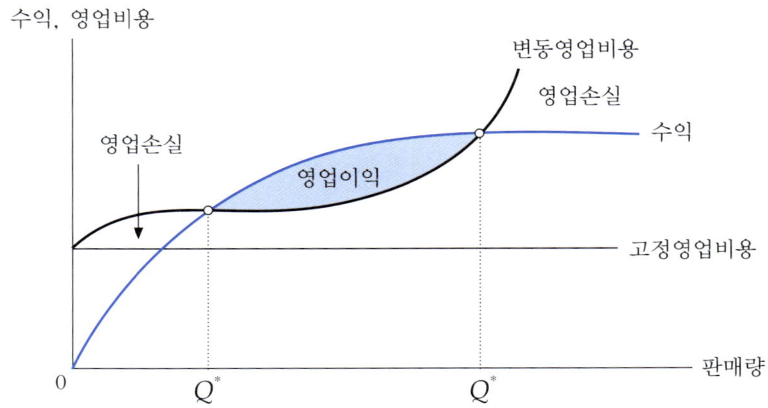

에 따른 단위당 변동영업비용의 하락효과와 상승효과의 상호관계에 따라 단위당 변동영업비용이 변동하기 때문에 실제로는 [그림 6-5]에서와 같은 곡선의 형태로 나타날 것이다.

둘째, 손익분기점모형에서는 모든 영업비용을 고정영업비용과 변동영업비용으로 구분할 수 있다고 가정하고 있으나 고정영업비용과 변동영업비용으로 분류하기가 매우 어렵다. 왜냐하면 일부 항목의 영업비용은 고정비적 성격과 변동비적 성격을 동시에 지니기 때문이다.

셋째, 모든 기업이 단일 제품만을 생산한다고 가정하고 있으나 현실적으로 단일 제품만을 생산하는 기업이 거의 없다. 대부분의 기업에서는 여러 제품을 생산하고 있는데, 이와 같은 기업에서는 여러 제품을 생산하는 데 공통적으로 지출된 영업비용을 제품별로 어떻게 할당할 것인가 하는 문제가 발생된다.

넷째, 손익분기점모형에서는 일정한 경영환경을 가정하고 있으나 시간의 경과에 따라 경영환경이 달라지며, 경영환경의 변화에 따라 영업비용의 구조가 변화하기 때문에 손익분기점 판매량이 변화하게 된다.

현장 FOCUS

현금 손익분기점

손익분기점은 매출액과 영업비용이 일치되는 조업도(판매량 또는 매출액)를 의미하는데, 영업비용에는 현금지출을 수반하지 않는 비용(감가상각비 등)도 포함되어 있다. 경영자의 입장에서는 현금수입과 현금지출이 일치됨으로써 현금수지가 균형을 이루기 위해서는 얼마의 매출을 달성해야 하는지를 알고자 할 경우가 있다. 이와 같은 경우 필요한 현금 손익분기점은 기업이 실제로 지출하는 영업비용인 현금지출비용을 회수하는 데 필요한 최소한의 조업도를 의미한다. 현금 손익분기점에 의하면 고정영업비용 중 현금지출이 수반되지 않는 감가상각비와 이로 인한 세금절감액만큼은 공헌이익으로 회수하지 않아도 현금기준으로 적자가 없다는 것이다.[6]

현금 손익분기점은 현금수지(현금수입–현금지출)가 0원인 판매량(Q_C^*)과 매출액(R_C^*)을 의미하며, 다음과 같이 구할 수 있다.

- $Q_C^* = \dfrac{FC - \dfrac{dep}{1-T_C}}{p-v}$

- $R_C^* = \dfrac{FC - \dfrac{dep}{1-T_C}}{1-\dfrac{v}{p}}$

여기서 dep : 감가상각비

T_C : 법인세율

앞에서 구한 손익분기점에 비해 현금 손익분기점이 항상 작게 된다. 이는 현금 손익분기점의 경우 감가상각비(세금절감액 포함) 등을 제외한 현금지출비용을 고려하여 손익분기점을 계산하기 때문이다.

6 감가상각비는 회계적 비용으로서 세금(현금지출)을 줄여주기 때문에 이 부분도 고려하여야 한다.

주요용어
Principal Terms

○ 손익분기점(break-even point: BEP)

기업이 생산능력의 범위 내에서 영업비용을 회수하는 데 필요한 최소한의 조업도(판매량 또는 매출액), 즉 영업이익이 0원이 되는 판매량(Q^*)이나 매출액(R^*)을 의미한다.

- $Q^* = \dfrac{FC}{p-v}$
- $R^* = \dfrac{FC}{1-\dfrac{v}{p}}$

○ 고정영업비용(fixed operating cost)

생산능력의 범위 내에서 조업도(생산량 또는 판매량)의 변화와 관계없이 일정하게 발생하는 영업비용을 말한다.

○ 변동영업비용(variable operating cost)

조업도의 변화에 따라 비례적으로 변동하는 영업비용을 말한다.

○ 회계적 방법(accounting method)

가장 전통적인 방법으로 회계담당자가 주관적인 판단에 따라 각 계정과목의 성격을 분석하여 고정영업비용과 변동영업비용으로 분류하는 방법이다.

○ 고저법(high low method)

준변동비의 성격을 지니고 있어서 고정영업비용이나 변동영업비용으로 분류하기가 모호한 영업비용의 항목을 분류하는 데 이용되는 방법이다.

○ 통계적 방법(statistical method)

과거의 회계자료에 기초하여 영업비용(종속변수)을 판매량(독립변수)에 대하여 단순회귀시킴으로써 단위당 변동영업비용을 추정한 후, 영업비용을 고정영업비용과 변동영업비용으로 분해하는 방법이다.

단위당 공헌이익(contribution margin per unit)

제품을 1단위 판매할 때 고정영업비용이 회수되거나 영업이익에 기여하는 금액을 의미한다.

수익성의 안전도

영업이익이 실현되는 확실성의 정도를 의미한다.

• 안전율 $= \dfrac{E(R_1)-R^*}{E(R_1)}$

가중평균공헌이익률법

각 제품의 매출액 구성비율이 시간의 경과와 관계없이 일정하며, 변동영업비용을 제품별로 정확하게 할당시킬 수 있다는 가정에서 손익분기점 매출액을 산출하는 방법이다.

개별법

공헌이익률이 높은 순서로 제품을 판매한다는 가정에서 손익분기점 매출액을 산출하는 방법이다.

사 • 례 • 연 • 구

현재 부산(주)은 손목시계를 생산하고 있으며, 손목시계의 개당 판매가격은 30,000원이고 고정영업비용과 개당 변동영업비용은 각각 4,000만원과 20,000원이다. 이 회사는 영업비용구조를 개선시키기 위하여 일용직 직원을 정규직 직원으로 교체하는 고용정책을 고려하고 있다. 일용직 직원을 정규직 직원으로 교체하는 경우 개당 변동영업비용은 17,500원으로 감소하나 고정영업비용은 5,000만원으로 증가하게 된다.

(1) 고용정책을 변경하기 이전 이 회사의 손익분기점 판매량과 매출액을 구하라.
(2) 고용정책을 변경한 이후 이 회사의 손익분기점 판매량과 매출액을 구하라.
(3) 이 회사의 고용정책 조정이 손익구조에 미치는 영향을 분석하라.

해설

(1) 고용정책을 변경하기 이전 이 회사의 손익분기점 판매량(Q_0^*)과 매출액(R_0^*)을 각각 구하면 다음과 같다.

- $Q_0^* = \dfrac{FC_0}{p - v_0} = \dfrac{4,000\text{만원}}{30,000\text{원} - 20,000\text{원}} = 4,000\text{개}$

- $R_0^* = p \times Q_0^* = 30,000\text{원} \times 4,000\text{개} = 12,000\text{만원}$

또는 $R_0^* = \dfrac{FC_0}{1 - \dfrac{v_0}{p}} = \dfrac{4,000\text{만원}}{1 - \dfrac{20,000\text{원}}{30,000\text{원}}} = 12,000\text{만원}$

(2) 고용정책을 변경한 이후 이 회사의 손익분기점 판매량(Q_1^*)과 매출액(R_1^*)을 각각 구하면 다음과 같다.

- $Q_1^* = \dfrac{FC_1}{p - v_1} = \dfrac{5,000\text{만원}}{30,000\text{원} - 17,500\text{원}} = 4,000\text{개}$

- $R_1^* = p \times Q_1^* = 30,000\text{원} \times 4,000\text{개} = 12,000\text{만원}$

또는 $R_1^* = \dfrac{FC_1}{1 - \dfrac{v_1}{p}} = \dfrac{5,000\text{만원}}{1 - \dfrac{17,500\text{원}}{30,000\text{원}}} = 12,000\text{만원}$

(3) 앞의 물음 (1)과 (2)에서 구한 손익분기점이 동일하기 때문에 이 회사에서 고려하고 있는 고용정책의 조정이 손익분기점에 영향을 미치지 않는다. 그러나 이 회사에서 고려하고 있는 고용정책의 조정은 손익분기점 이상 또는 이하에서 영업이익 또는 영업손실을 확대시키는 결과를 가져온다. 고용정책의 변경으로 인한 영업비용의 구조조정이 영업이익에 미치는 영향을 그림으로 나타내면 다음과 같다.

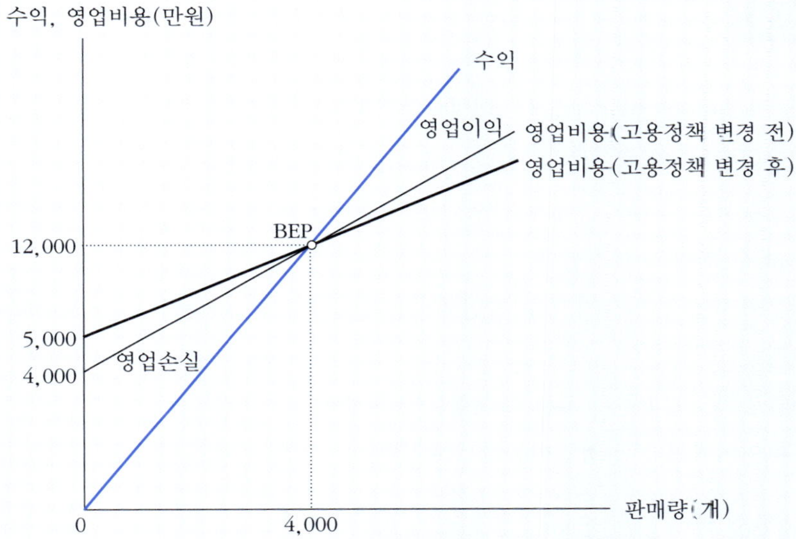

일용직 직원을 정규직 직원으로 교체하여 고정영업비용을 증가시키고 단위당 변동영업비용을 감소시키는 경우 공헌이익이 커지기 때문에 판매량의 변동에 따라 영업이익의 변동폭이 확대된다.[7] 따라서 판매량을 손익분기점(4,000개) 이상으로 유지할 수 있다면 고용정책을 변경하는 것이 유리하지만, 그렇지 않은 경우에는 경영환경의 변화에 대한 면밀한 검토를 통하여 고용정책의 조정 여부를 신중하게 결정해야 할 것이다.

7 이와 같은 효과를 영업레버리지효과라 하며, 이에 대해서는 제7장에서 자세히 설명할 것이다.

연습문제

객관식 문제

01. 손익분기점(break-even point: BEP)에 대한 다음의 설명 중 잘못된 것은?

① 영업이익이 0원이 되는 판매량이나 매출액을 의미한다.

② 영업활동의 수행과정에서 발생되는 영업비용을 고정영업비용과 변동영업비용으로 구분할 수 있다고 가정한다.

③ 실무에서는 손익분기점을 법인세비용차감전순이익이 0이 되는 조업도를 의미하기도 한다.

④ 매출총이익이 0원이 되는 판매량이나 매출액을 의미한다.

⑤ 공헌이익으로 고정영업비용을 모두 회수할 수 있는 매출수준이 손익분기점이다.

02. 영업비용에 관한 다음의 설명 중 잘못된 것은?

① 영업비용의 구조적인 변화가 영업이익의 크기와 질에 영향을 미치게 된다.

② 고정영업비용(fixed operating cost)은 기업의 생산능력 및 조업도(생산량 또는 판매량)의 변화와 관계없이 일정하게 발생하는 영업비용이다.

③ 단위당 고정영업비용은 판매량이 증가함에 따라 감소하는 특성을 보인다.

④ 변동영업비용(variable operating cost)은 판매량의 변화에 따라 비례적으로 변동하는 영업비용을 말한다.

⑤ 단위당 변동영업비용은 판매량의 변화와 관계없이 일정하다.

03. 제품을 1단위 판매할 때 고정영업비용이 회수되거나 영업이익에 기여하는 금액은?

① 단위당 공헌이익 ② 공헌이익 ③ 단위당 판매가격
④ 단위당 변동영업비용 ⑤ 단위당 고정영업비용

04. 청운컴퓨터는 노트북을 제조 · 판매하고 있다. 노트북의 대당 판매가격은 100만원이고, 고정영업비용과 대당 변동영업비용은 각각 20억원과 50만원이다. 청운컴퓨터의 손익분기점 판매량과 매출액은?

① 2,000대-20억원 ② 2,500대-25억원 ③ 3,000대-30억원
④ 3,500대-35억원 ⑤ 4,000대-40억원

05. 청운컴퓨터는 현재의 생산능력을 확장시키는 시설투자를 계획하고 있다. 시설투자를 하는 경우 고정영업비용이 현재의 20억원에서 30억원으로 증가하나, 노트북의 대당 판매가격과 변동영업비용은 각각 100만원, 50만원으로 변하지 않을 것이다. 청운컴퓨터가 목표영업이익 10억원을 달성하는 데 필요한 노트북 판매량은?

① 6,000대 ② 7,000대 ③ 8,000대
④ 9,000대 ⑤ 10,000대

06. 손익분기점 분석에서 안전율(margin of safety)에 관한 설명으로 옳은 것은?
(경영지도사, 2015)

① 예상판매량이 손익분기점에서의 판매량을 크게 상회하면 할수록 미래수익성의 안전도는 높다고 할 수 있다.
② 실제판매량이 손익분기점에서의 판매량을 크게 하회하면 할수록 미래수익성의 안전도는 높다고 할 수 있다.
③ 예상판매량이 실제판매량을 크게 하회하면 할수록 미래수익성의 안전도는 높다고 할 수 있다.
④ 손익분기점에서의 판매량이 실제판매량을 크게 상회하면 할수록 미래수익성의 안전도는 높다고 할 수 있다.
⑤ 실제판매량이 이상적 판매량을 크게 하회하면 할수록 미래수익성의 안전도는 높다고 할 수 있다.

07. 손익분기점분석의 한계점에 관한 설명과 거리가 먼 것은?

① 단위당 판매가격이나 단위당 변동영업비용이 변동할 수 있다.
② 고정영업비용과 변동영업비용으로 분류하기 어려운 경우가 많다.
③ 모든 기업이 단일 제품만을 생산한다고 가정하고 있으나 현실적으로 단일 제품만을

생산하는 기업이 거의 없다.

④ 경영환경의 변화에 따라 영업비용의 구조가 변화하기 때문에 손익분기점판매량이 변화하게 된다.

⑤ 수익과 영업비용을 판매량에 대한 1차 함수로 나타낼 수 있다.

08. 손익분기점 분석에 관한 설명으로 옳지 않은 것은? (경영지도사, 2019)

① 손익분기점이 높을수록 경영위험은 낮다고 판단한다.

② 기업의 생산 및 판매활동에서 일정기간의 매출액과 영업비용이 일치하여 손익 제로(zero)상태를 의미한다.

③ 판매단가와 단위당 변동비가 일정하다고 할 때, 수익과 비용간의 선형관계를 의미한다.

④ 비용-매출액-이익간의 관계를 분석하는 것으로 CVP분석이라고도 한다.

⑤ 기업의 설비투자 등으로 고정비 부담이 증가하는 경우 매출액 변동에 따라 이익수준의 변동이 어떻게 나타나는지를 분석할 수 있다.

주관식 문제

01. 다음 용어를 간략하게 설명하라.

1) 이익계획 2) 고정영업비용 3) 변동영업비용
4) 손익분기점 5) 단위당 공헌이익 6) 공헌이익률
7) 안전율 8) 가중평균공헌이익률 9) 개별법

02. 영업비용의 분류방법으로서 회계적 방법, 고저법, 통계적 방법을 각각 설명하라.

03. 고정영업비용과 변동영업비용의 특성에 대하여 설명하라.

04. 손익분기점모형의 내용과 한계점에 대하여 설명하여라.

05. 다품종생산기업의 손익분기점분석으로서 공헌이익률법, 개별법을 비교하여 설명하라.

06. 대전(주)의 연간 고정영업비용, 단위당 판매가격, 단위당 변동영업비용이 각각 50억원, 1,700원, 600원이라고 한다. 목표영업이익은 30억원이다.

1) 손익분기점 판매량을 구하라.
2) 목표영업이익을 실현하기 위한 판매량을 구하라.
3) 단위당 변동영업비용이 1,000원으로 상승하는 경우 손익분기점 판매량을 구하라.
4) 단위당 판매가격을 2,000원으로 인상하는 경우 손익분기점 판매량을 구하라.

07. 인천(주)은 세 가지 제품 A, B와 C를 생산 · 판매하고 있는데, 각 제품별로 관련자료가 다음과 같고, 고정영업비용이 400백만원이라고 한다. 가중평균공헌이익률법, 개별법을 이용하여 각각 손익분기점 매출액을 구하라.

(단위: 백만원)

제품명	예상매출액	매출액구성비율	변동영업비용률	공헌이익률
A	600	60%	30%	70%
B	300	30	40	60
C	100	10	50	50
계	1,000	100		

08. 서울(주)은 와이셔츠를 생산 · 판매하는 회사이다. 와이셔츠의 단위당 판매가격이 20,000원, 단위당 변동영업비용이 12,000원, 고정영업비용은 760,000,000원, 예상판매량이 400,000단위, 판매량의 표준편차가 300,000단위라고 한다. 목표영업이익을 200,000,000원으로 설정하는 경우 다음의 질문에 답하라.

1) 목표영업이익을 달성하기 위한 판매량을 구하라.
2) 목표영업이익을 달성하지 못할 확률을 구하라.[8]

8 이 문제는 본장의 보론을 먼저 학습해야 풀 수 있다.

보론 불확실성하의 손익분기점분석

손익분기점분석은 목표영업이익의 실현에 필요한 최소한의 판매량 또는 매출액을 추정하거나, 목표영업이익을 실현하기 위하여 영업비용구조를 조정하는 등 이익계획의 수립에 필요한 정보를 얻는 데 이용된다. 그러나 판매계획은 경제환경 변화에 따라 영향을 받기 때문에 수립된 판매계획이 제대로 수행될 것이라고 기대하는 것은 무리이다. 이처럼 판매량이 경제환경 변화에 따라 영향을 받는다면 손익분기점분석을 어떻게 적용해야 하는가? 이 경우 손익분기점분석의 적용과정에 대하여 살펴보기로 하자.

영업이익은 공헌이익에서 고정영업비용을 차감한 것과 같다.

$$\pi = Q(p-v) - FC \qquad (6A-1)$$

π : 영업이익　　Q : 판매량
p : 단위당 판매가격　　v : 단위당 변동영업비용
FC : 고정영업비용

식 (6A-1)에서 다른 변수의 값은 일정하고, 판매량만 불확실하다고 가정하자. 이 경우 판매량의 확률분포가 정규분포를 보인다면 영업이익의 확률분포도 정규분포를 보일 것이다. 따라서 영업이익의 기대값과 표준편차를 식 (6A-2) 및 식 (6A-3)과 같이 나타낼 수 있다.

$$E(\pi) = E(Q)(p-v) - FC \qquad (6A-2)$$

$$\sigma_\pi = \sigma_Q(p-v) \qquad (6A-3)$$

$E(\pi)$: 예상영업이익
σ_π : 영업이익의 표준편차
$E(Q)$: 예상판매량
σ_Q : 판매량의 표준편차

판매량의 확률분포가 정규분포를 이루고 있다면 표준정규분포표를 이용하여 목표판매량이 실현되지 못할 확률을 추정할 수 있다. 이 경우 표준정규분포는 판매량의 기대값이 0이고, 표준편차가 1인 표준화된 정규분포를 의미한다. 따라서

목표판매량이 실현되지 못할 확률은 표준정규분포표에서 Z값을 구함으로써 얻을 수 있다. Z값은 식 (6A-4)와 같다.

$$Z=\frac{Q_{\pi}-E(Q)}{\sigma_Q} \tag{6A-4}$$

Q_{π} : 목표판매량

예제 6A-1 불확실성하의 손익분기점분석

현재 광주(주)는 벽시계를 생산하고 있으며, 벽시계의 개당 판매가격은 20,000원, 개당 변동영업비용은 16,000원, 고정영업비용은 4,000만원이다. 그리고 이 회사가 예상하고 있는 판매량은 15,000개이고, 이것의 표준편차는 10,000개이다.

(1) 이 회사의 손익분기점 판매량을 구하고, 이것을 달성하지 못할 확률을 구하라.

(2) 이 회사는 1,000만원의 영업이익을 달성하는 것을 목표로 하고 있다. 이와 같은 목표영업이익을 달성하는 데 필요한 목표판매량과 이것을 달성하지 못할 확률을 구하라.

해설

(1) 먼저 손익분기점 판매량 Q^*를 구하면 다음과 같다.

$$Q^*=\frac{FC}{p-v}=\frac{4{,}000\text{만원}}{20{,}000\text{원}-16{,}000\text{원}}=10{,}000\text{개}$$

그리고 손익분기점에서의 Z값을 구하면 다음과 같다.

$$Z=\frac{Q^*-E(Q)}{\sigma_Q}=\frac{10{,}000\text{개}-15{,}000\text{개}}{10{,}000\text{개}}=-0.50$$

따라서 이 회사가 손익분기점을 달성하지 못할 확률(판매량이 손익븐기점 판매량보다 작을 확률)은 30.85%이다.

$$\begin{aligned}P(Q\leq Q^*)&=P(Q\leq 10{,}000\text{개})\\&=P(Z\leq -0.50)=P(Z\geq 0.50)=0.5-P(0\leq Z\leq 0.50)\\&=0.5-0.1915=0.3085\end{aligned}$$

(2) 먼저 목표영업이익 1,000만원을 달성하는 데 필요한 목표판매량 Q_π를 구하면 다음과 같다.

$$Q_\pi=\frac{FC+\pi}{p-v}=\frac{4,000\text{만원}+1,000\text{만원}}{20,000\text{원}-16,000\text{원}}=12,500\text{개}$$

그리고 목표판매량에서의 Z값을 구하면 다음과 같다.

$$Z=\frac{Q_\pi-E(Q)}{\sigma_Q}=\frac{12,500\text{개}-15,000\text{개}}{10,000\text{개}}=-0.25$$

따라서 이 회사의 판매량이 목표판매량보다 작을 확률을 구하면 40.13%이다.

$$\begin{aligned}P(Q\le Q_\pi)&=P(Q\le 12,500\text{개})\\&=P(Z\le -0.25)=P(Z\ge 0.25)=0.5-P(0\le Z\le 0.25)\\&=0.5-0.0987=0.4013\end{aligned}$$

물음 (1)과 (2)의 결과를 그림으로 나타내면 다음과 같다.

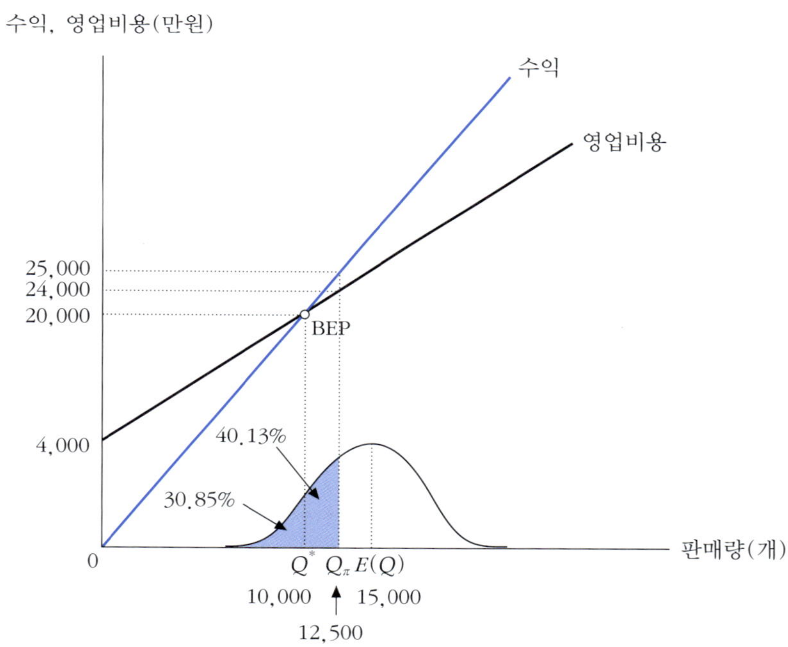

표준정규분포표

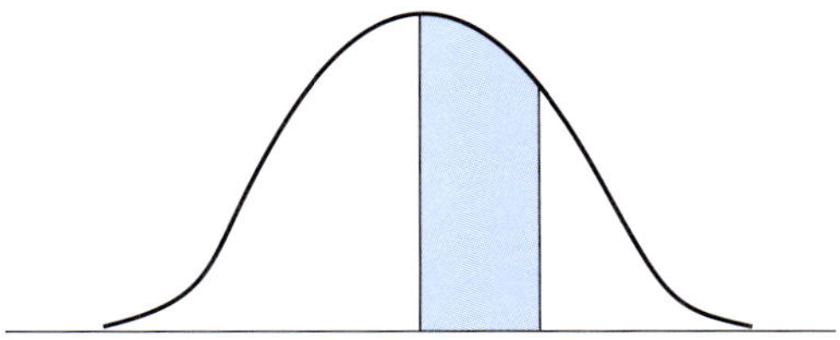

Z	.00	.01	.02	.03	.04	.05	.06	.07	.08	.09
0.0	.0000	.0040	.0080	.0120	.0160	.0199	.0239	.0279	.0319	.0359
0.1	.0389	.0438	.0478	.0517	.0557	.0596	.0636	.0675	.0714	.0753
0.2	.0793	.0832	.0871	.0910	.0948	.0987	.1026	.1064	.1103	.1141
0.3	.1179	.1217	.1255	.1293	.1331	.1368	.1406	.1443	.1480	.1517
0.4	.1554	.1591	.1628	.1664	.1700	.1736	.1772	.1808	.1844	.1879
0.5	.1915	.1950	.1985	.2019	.2054	.2088	.2123	.2157	.2190	.2224
0.6	.2257	.2291	.2324	.2357	.2389	.2422	.2454	.2486	.2517	.2549
0.7	.2580	.2611	.2642	.2673	.2704	.2734	.2764	.2794	.2823	.2852
0.8	.2881	.2910	.2939	.2967	.2995	.3023	.3051	.3078	.3016	.3133
0.9	.3159	.3186	.3212	.3238	.3264	.3289	.3315	.3340	.3365	.3389
1.0	.3413	.3438	.3461	.3485	.3508	.3531	.3554	.3577	.3599	.3621
1.1	.3643	.3665	.3686	.3708	.3729	.3749	.3770	.3790	.3810	.3830
1.2	.3849	.3869	.3888	.3907	.3925	.3944	.3962	.3980	.3997	.4015
1.3	.4032	.4049	.4066	.4082	.4099	.4115	.4131	.4147	.4162	.4177
1.4	.4192	.4207	.4222	.4236	.4251	.4265	.4279	.4292	.4306	.4319
1.5	.4332	.4345	.4357	.4370	.4382	.4394	.4406	.4418	.4429	.4441
1.6	.4452	.4463	.4474	.4484	.4495	.4505	.4515	.4525	.4535	.4545
1.7	.4554	.4564	.4573	.4582	.4591	.4599	.4608	.4616	.4625	.4633
1.8	.4641	.4649	.4656	.4664	.4671	.4678	.4686	.4693	.4699	.4606
1.9	.4713	.4719	.4726	.4732	.4738	.4744	.4750	.4756	.4761	.4767
2.0	.4772	.4778	.4783	.4788	.4793	.4798	.4803	.4808	.4812	.4817
2.1	.4821	.4826	.4830	.4834	.4838	.4842	.4846	.4850	.4854	.4857
2.2	.4861	.4864	.4868	.4871	.4875	.4878	.4881	.4884	.4887	.4890
2.3	.4893	.4896	.4898	.4901	.4904	.4906	.4909	.4911	.4913	.4916
2.4	.4918	.4920	.4922	.4925	.4927	.4929	.4931	.4932	.4934	.4936
2.5	.4938	.4940	.4941	.4943	.4945	.4946	.4948	.4949	.4951	.4952
2.6	.4953	.4955	.4956	.4957	.4959	.4960	.4961	.4962	.4963	.4964
2.7	.4965	.4966	.4967	.4968	.4969	.4970	.4971	.4972	.4973	.4974
2.8	.4974	.4975	.4976	.4977	.4977	.4978	.4979	.4979	.4980	.4981
2.9	.4981	.4982	.4982	.4983	.4984	.4984	.4985	.4985	.4986	.4986
3.0	.49865	.4987	.4987	.4988	.4988	.4989	.4989	.4989	.4990	.4990

제7장의 개요

경영활동을 수행하는 과정에서 많은 비용이 발생하는데 이와 같은 비용은 영업비용과 재무비용으로 구분된다. 영업비용은 고정비와 변동비의 성격을 갖는 비용으로 구분되며, 재무비용은 이자비용으로서 고정비의 성격을 지닌다. 총비용 중에서 고정영업비용과 고정재무비용이 차지하는 비중에 따라 영업이익 및 순이익의 크기와 질이 달라진다. 이와 같은 비용구조가 수익력의 크기와 질에 미치는 영향을 분석하는 수단이 레버리지분석이다.

이 장에서는 레버리지의 개념 및 효과, 레버리지분석, 레버리지도를 이용한 기업위험의 측정 등에 대하여 설명한다.

제 7 장

레버리지분석

01 레버리지와 레버리지효과

1.1 레버리지의 의의

레버리지(leverage)란 원래 지레장치 또는 지렛대 작용이란 의미를 지니고 있다. 지레장치는 힘들이지 않고 무거운 물건을 끌어올리는 데 이용되는 도구이다. 따라서 이와 같은 지레장치를 이용하여 무거운 물건을 힘들이지 않고 쉽게 들어올리는 원리를 지렛대의 원리라고 한다. 이와 같은 지렛대의 원리가 기업경영에도 적용되고 있다.

기업경영에서 지레장치의 역할을 하는 것은 고정영업비용과 고정재무비용이다. 총비용 중에서 고정영업비용이 차지하는 비중을 높게 조정함으로써 판매량의 변화에 따라 그보다 높은 비율로 영업이익이 변화하는 효과를 얻을 수 있으며, 또한 고정재무비용의 비중을 높게 조정함으로써 영업이익의 변화에 따라 주당순이익이 그보다 높은 비율로 변화하는 효과를 얻을 수 있다. 이처럼 고정영업비용과 고정재무비용이 지렛대 역할을 하기 때문에 판매량이 작은 비율로 변동하더라도 영업이익이나 주당순이익이 그보다 높은 비율로 변동하는 효과를 얻을 수 있는데, 이와 같은 효과를 레버리지효과라고 한다.

기업경영에서 말하는 레버리지란 고정영업비용을 발생시키는 비유동자산과 고정재무비용을 발생시키는 부채를 이용하는 것을 말한다. 따라서 레버리지는 영업레버리지와 재무레버리지로 다음과 같이 구분된다.

레버리지 = 영업레버리지 + 재무레버리지

영업레버리지란 고정영업비용을 발생시키는 비유동자산을 이용하는 것을 말하며, 이는 총비용 중에서 고정영업비용이 차지하는 비중을 의미한다. 한편 재무레버리지는 고정재무비용을 발생시키는 부채를 이용하는 것으로서 총비용 중에서 고정재무비용이 차지하는 비중을 의미한다.

레버리지효과와 기업위험 1.2

기업이 실물자산에 투자하는 목적은 수익을 높이는 데 있다. 그러나 수익을 높이고자 할 때는 예상치 못한 상황변화로 판매량이 줄어드는 경우 큰 영업손실을 입을 수 있는 위험도 감수하여야 한다. 따라서 기업은 자체 역량으로 부담할 수 있는 적절한 위험수준을 미리 설정하여 그 범위 내에서 수익을 높일 수 있는 정책결정을 해야 한다.

레버리지효과

기업은 시설확장을 위하여 기계설비를 구입하거나 신제품을 생산하기 위하여 공장을 건설하고자 할 때 보통주나 부채를 통하여 투자소요자금을 조달한다. 이 경우 부채를 발행하여 투자소요자금을 조달하는 경우에는 고정재무비용(이자비용)을 부담해야 한다. 그러므로 신규투자정책과 자본조달정책을 수립하는 경우에는 이와 같은 재무정책결정이 기업의 비용구조에 어떤 영향을 미치는가를 검토해야 한다. 앞서 언급한 바와 같이 고정비의 부담이 증가할수록 판매량이나 매출액의 변동에 따라 영업이익과 순이익의 변동성이 확대되는 효과가 나타나게 된다. 이와 같은 효과를 레버리지효과(leverage effects)라고 한다.

손익계산서 항목을 이용하여 레버리지효과를 구분하면 〈표 7-1〉과 같다.

표 7-1 레버리지효과의 구분

항목	기호	효과	
매출액	R	영업레버리지효과	레버리지효과
변동영업비용	VC		
공헌이익	CM		
고정영업비용	FC		
영업이익	$EBIT$	재무레버리지효과	
이자비용	I		
법인세비용차감전순이익	EBT		
법인세	T		
순이익	NI		
발행주식수	N		
주당순이익	EPS		

그림 7-1
영업레버리지효과

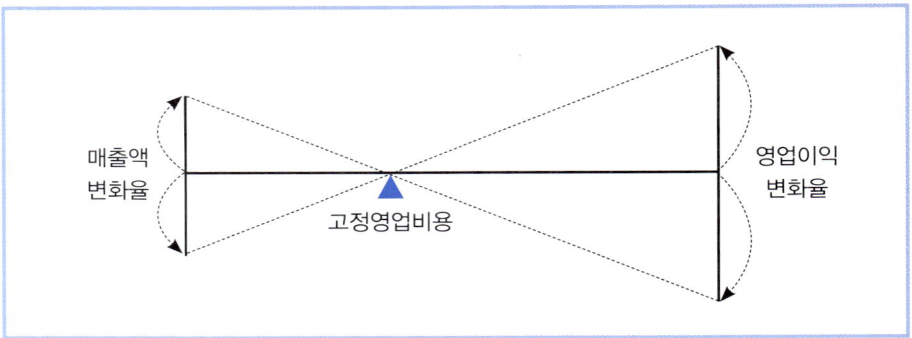

그림 7-2
재무레버리지효과

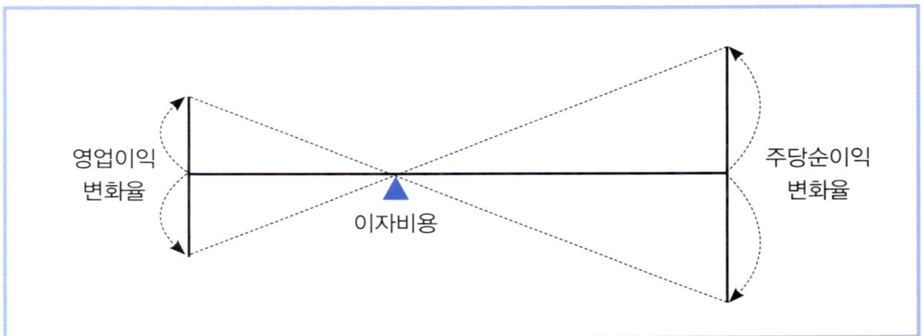

[그림 7-1]에서 보여주는 것처럼 실물자산에 대한 투자가 증가할수록 고정영업비용의 부담이 증가하며, 이 경우 고정영업비용이 지렛대 작용을 하기 때문에 판매량이나 매출액이 변동할 때 영업이익의 변화율이 확대되는 효과, 즉 영업레버리지효과(operating leverage effects)가 존재함을 알 수 있다. 따라서 영업레버리지분석을 통하여 영업비용의 구조변화가 영업이익의 크기(수익성)와 질(영업위험)에 미치는 영향을 분석할 수 있다.

한편 [그림 7-2]에서 보여주는 것처럼 부채로 자금을 조달하는 경우에는 이자비용을 부담해야 하며, 이 경우 이자비용이 지렛대 작용을 하기 때문에 영업이익이 변화할 때 주당순이익의 변화율이 확대되는 효과, 즉 재무레버리지효과(financial leverage effects)가 존재함을 알 수 있다. 따라서 재무레버리지분석을 통하여 이자비용이 주당순이익의 크기(수익성)와 질(재무위험)에 미치는 영향을 파악할 수 있다.

기업위험의 구분

앞서 설명한 것처럼 기업이 경영활동을 수행하는 과정에서 부담해야 하는 기업위험은 영업위험과 재무위험으로 구분된다.

$$기업위험 = 영업위험 + 재무위험$$

영업위험(operating risk)은 경제환경의 변화에 따라 예상 밖으로 영업이익이 줄어들 수 있는 가능성을 의미한다. 영업위험은 영업이익의 변동성으로 정의된다. 한편 판매량의 확률분포가 정규분포를 이루는 경우 영업이익 또한 정규분포를 보이기 때문에 정규분포의 모수인 영업이익의 기대값과 표준편차를 이용하여 영업이익의 크기와 질(영업위험)을 측정할 수 있다.

영업위험을 결정하는 가장 중요한 요인은 영업비용 중에서 고정영업비용이 차지하는 비중이다. 투자정책이나 영업정책을 통하여 고정영업비용의 비중을 높일수록 판매량의 변화에 따른 영업이익의 변동성이 커지기 때문이다. 영업위험은 영업비용의 구조에 의해서 결정된다. 자동차, 철강, 석유화학 등의 장치산업은 자본집약적 산업으로서 비유동자산의 비중이 높기 때문에 영업위험이 높은 특성을 보이고 있다.

재무위험(financial risk)은 자본조달정책 결정에서 이자비용을 발생시키는 부채를 이용할 때 나타나는 위험을 의미한다. 부채의존도가 높을수록 이자비용의 비중이 증가하기 때문에 영업이익이 감소할 때 주당순이익이 그보다 높은 비율로 줄어드는 재무위험을 수반하게 된다. 따라서 업종에 관계없이 부채를 닮이 사용하는 기업일수록 재무위험이 높아진다는 사실을 알 수 있다.

투자정책과 자본조달정책이 기업의 수익력과 위험에 미치는 영향을 분석하는 일은 매우 중요한 의미를 갖는데 이와 같은 분석을 레버리지분석이라고 한다.

현장 FOCUS

| 레버리지효과를 추구하는 레버리지투자

레버리지투자는 차입된 돈을 사용하여 대규모 투자수익을 창출하는 투자전략의 일종이다. 투자에서 레버리지의 작용 원리에 대한 이해를 돕기 위해 다음의 예를 살펴보자. 현재 2,000만원의 골동품을 구매하고자 하는 K씨가 있다. K씨는 이 골동품을 구입할 수 있는 충분한 현금을 보유하고 있음에도 불구하고 자신이 보유한 현금 중 200만원과 나머지 1,800만원은 골동품 딜러에게 빌려 마련한 2,000만원으로 골동품을 구입하였다. 이러한 경우 K씨의 입장에서 골동품에 투자한 순수한 자금은 200만원이며, 이는 골동품 구입 가격의 10%에 불과하다.

며칠이 지난 뒤 K씨가 구입한 골동품의 가격이 올라 2,200만원에 판매할 수 있다고 하자. 이때 K씨는 이자비용을 무시하고 200만원을 투자하여 200만원의 이윤을 얻게 된다. 이러한 경우 K씨의 투자수익률을 수학적으로 계산하면 100%가 된다. 이에 비해 만약 K씨가 딜러로부터 대출을 받지 않고 자신의 돈 2,000만원을 지급하여 골동품을 구입한 뒤 2,200만원에 판매한 경우를 생각해보자. 2,000만원의 초기 투자로 2백만원의 이익을 얻게 되면 K씨의 투자수익률은 10%가 된다. 이와 같은 10%의 수익도 나쁘지 않지만, 앞서 언급한 레버리지를 사용하는 경우 얻게 될 100%의 투자수익률과 비교하면 매우 낮은 수준임을 알 수 있다. 다만, 레버리지를 통한 투자가 위험할 수 있음을 기억하는 것이 중요하다. 골동품의 가격이 하락하는 등 예상하지 못한 방향으로 투자 결과가 나타나면 손실률이 훨씬 더 커지기 때문이다.

02 영업레버리지분석

영업레버리지(operating leverage)는 영업비용 중에서 고정영업비용이 차지하는 비중을 의미한다. 총자산 중에서 비유동자산의 비중이 높아질수록 고정영업비용의 부담이 증가하기 때문에 매출액이 변화할 때 영업이익이 그보다 높은 비율로 변하는 영업레버리지효과가 나타나게 된다. 따라서 기계설비, 공장 등과 같은 비유동자산에 투자할 때는 이와 같은 비용구조의 변화가 영업이익과 영업위험에 어느 정도 영향을 미치는가를 분석해야 한다. 다시 말하여 판매량과 영업이익의 관계를 살펴보아야 한다.

영업레버리지도(degree of operating leverage: DOL)는 매출액이나 판매량이 변동할 때 영업이익이 어느 정도 변동할 것인가를 나타내는 값으로 영업레버리지효과의 정도를 의미한다. 영업레버리지도는 영업이익 변화율을 매출액(또는 판매량) 변화율로 나눈 것으로서 식 (7-1)과 같이 나타낼 수 있다.

$$DOL = \frac{\text{영업이익 변화율}}{\text{매출액 변화율}} = \frac{\frac{\Delta EBIT}{EBIT}}{\frac{p \cdot \Delta Q}{p \cdot Q}} = \frac{\frac{\Delta EBIT}{EBIT}}{\frac{\Delta Q}{Q}} \tag{7-1}$$

$EBIT$: 현재 영업이익
$\Delta EBIT$: 영업이익 변화액
p : 단위당 판매가격
Q : 현재 판매량
ΔQ : 판매량 변화량

식 (7-1)에서 영업이익은 매출액에서 변동영업비용과 고정영업비용을 차감하여 구할 수 있다. 따라서 영업이익을 식 (7-2)와 같이 나타낼 수 있다.

$$EBIT = p \cdot Q - v \cdot Q - FC = Q(p-v) - FC \tag{7-2}$$

v : 단위당 변동영업비용
FC : 고정영업비용

한편 영업이익변화액은 식 (7-3)과 같다.

$$\Delta EBIT = \Delta Q(p-v) \tag{7-3}$$

그러므로 식 (7-2)와 식 (7-3)을 식 (7-1)에 대입하여 정리함으로써 영업레버리지도의 관계식인 식 (7-4)를 유도할 수 있다.

$$DOL = \frac{\dfrac{\Delta Q(p-v)}{Q(p-v)-FC}}{\dfrac{\Delta Q}{Q}} = \frac{Q(p-v)}{Q(p-v)-FC} = \frac{\text{공헌이익}}{\text{영업이익}} \tag{7-4}$$

식 (7-4)에서 볼 수 있는 바와 같이 고정영업비용(FC)이 클수록, DOL이 크게 나타남을 알 수 있다. 즉 고정영업비용에 의해서 매출액의 변화율보다 영업이익의 변화율(변동폭)이 커지는 것을 의미한다.

한편 매출액이 증가할수록 영업레버리지도는 감소하게 된다. 이는 매출액이 증가할수록 고정영업비용의 영향이 점차 줄어들어 영업레버리지효과가 감소하기 때문이다.

예제 7-1 영업레버리지도

통신장비를 생산하고 있는 대전통신(주)에 관한 자료는 다음과 같다.

- 판매가격 = 100,000원
- 단위당 변동영업비용 = 50,000원
- 고정영업비용 = 100,000,000원

(1) 판매량이 10,000개일 경우, 이 회사의 영업레버리지도(DOL)는 얼마인가?

(2) 매출액이 10% 증가할 경우, 이 회사의 영업이익은 몇 % 증가하는가?

(3) 물음 (1)과 달리 판매량이 12,000개로 증가할 경우, 이 회사의 영업레버리지도(DOL)는 어떻게 되겠는가?

해설

(1) $$DOL=\frac{Q(p-v)}{Q(p-v)-FC}$$

$$=\frac{10,000\text{개}\times(100,000\text{원}-50,000\text{원})}{10,000\text{개}\times(100,000\text{원}-50,000\text{원})-100,000,000\text{원}}=1.25$$

(2) DOL의 정의에 의해서, 영업이익의 증가율을 구하면 다음과 같다.

$$\frac{\Delta EBIT}{EBIT}=DOL\times\left(\frac{\Delta R}{R}\right)=1.25\times10\%=12.5\%$$

그러므로 매출액이 10% 증가할 경우, 영업이익은 12.5% 증가하게 된다.

(3) $$DOL=\frac{Q(p-v)}{Q(p-v)-FC}$$

$$=\frac{12,000\text{개}\times(100,000\text{원}-50,000\text{원})}{12,000\text{개}\times(100,000\text{원}-50,000\text{원})-100,000,000\text{원}}=1.2$$

판매량이 10,000개에서 12,000개으로 증가할 경우, 영업레버리지도는 1.25에서 1.2로 감소하게 된다.

예제 7-2 영업레버리지도와 손익확대효과

현재 선풍기를 생산하고 있는 인천전자(주)의 판매단가 및 대당 변동영업비용은 각각 50,000원, 30,000원이며, 연간 고정영업비용은 2억원이다. 그리고 이 회사의 연간 판매량은 20,000대이다.

이 회사는 첨단설비를 도입할 예정이며, 이 설비를 도입할 경우 대당 변동영업비용을 25,000원으로 줄일 수 있으나, 연간 고정영업비용은 3억원으로 증가한다.

(1) 첨단설비를 도입하지 않을 경우와 도입할 경우 이 회사의 영업레버리지도(DOL)를 각각 구하라.

(2) 이 회사의 연간 매출액이 50% 증가하거나 감소하는 경우, 첨단설비의 도입 여부에 따라 영업이익이 어떻게 달라지는지를 분석하라.

해설

(1) 첨단설비의 도입 여부에 따라 이 회사의 영업레버리지도를 각각 구하면 다음과 같다.

- 첨단설비를 도입하지 않음:

$$DOL = \frac{Q(p-v)}{Q(p-v)-FC}$$
$$= \frac{20,000\text{대} \times (50,000\text{원} - 30,000\text{원})}{20,000\text{대} \times (50,000\text{원} - 30,000\text{원}) - 200,000,000\text{원}} = 2.0$$

- 첨단설비를 도입함:

$$DOL = \frac{Q(p-v)}{Q(p-v)-FC}$$
$$= \frac{20,000\text{대} \times (50,000\text{원} - 25,000\text{원})}{20,000\text{대} \times (50,000\text{원} - 25,000\text{원}) - 300,000,000\text{원}} = 2.5$$

첨단설비의 도입으로 인하여 고정영업비용이 증가하고 변동영업비용이 감소하기 때문에 영업레버리지도가 2.0에서 2.5로 높아짐을 알 수 있다.

(2) 이 회사의 연간 매출액이 50% 증가하거나 감소하는 경우, 첨단설비의 도입 여부에 따라 영업이익이 어떻게 달라지는지를 나타내면 다음과 같다.

(단위 : 만대, 억원)

계정과목	첨단설비를 도입하지 않음			첨단설비를 도입함		
판매량	1	2	3	1	2	3
매출액	5 ← −50%	10	+50% → 15	5 ← −50%	10	+50% → 15
변동영업비용	3	6	9	2.5	5	7.5
고정영업비용	2	2	2	3	3	3
영업이익	0 ← −100%	2	+100% → 4	−0.5 ← −125%	2	+125% → 4.5

첨단설비의 도입으로 인하여 영업레버리지도가 2.0에서 2.5로 높아지며, 그 결과 영업이익의 변동폭이 ±100%(=±50%×2.0)에서 ±125%(=±50%×2.5)로 확대됨을 알 수 있다. 이러한 결과를 그림으로 나타내면 위와 같다.

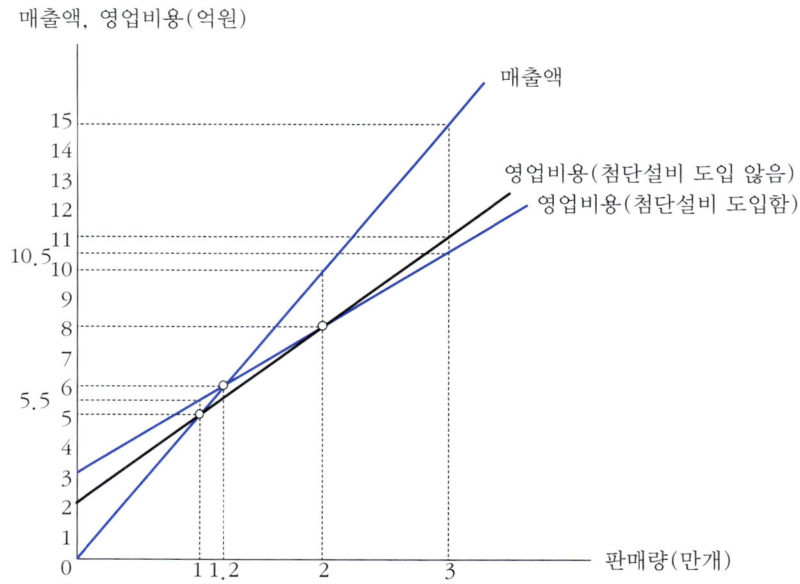

이 그림에서 볼 수 있는 바와 같이 첨단설비를 도입하는 경우 고정영업비용이 증가하고 변동영업비용이 감소하게 되어 영업비용선의 기울기가 작아진다. 이는 첨단설비의 도입으로 인해 영업이익의 변동폭, 즉 손익확대효과가 더 크게 나타남을 의미한다.

03 재무레버리지분석

3.1 재무레버리지분석

재무레버리지(financial leverage)는 총비용 중에서 고정재무비용(이자비용)이 차지하는 비중, 또는 총자본 중에서 부채가 차지하는 비중을 의미한다. 부채의존도가 높을수록 이자비용의 부담이 증가하기 때문에 영업이익이 변화할 때 주당순이익이 그보다 높은 비율로 변화하는 재무레버리지효과가 나타나게 된다.

재무레버리지효과를 측정하는 척도는 재무레버리지도(degree of financial leverage: DFL)이다. 재무레버리지도는 영업이익이 변동할 때 주당순이익이 어느 정도 변동할 것인가를 나타내는 값으로 재무레버리지효과의 정도를 의미한다. 재무레버리지도는 주당순이익 변화율을 영업이익 변화율로 나눈 것으로서 식 (7-5)와 같다.

$$DFL = \frac{\text{주당순이익 변화율}}{\text{영업이익 변화율}} = \frac{\frac{\Delta EPS}{EPS}}{\frac{\Delta EBIT}{EBIT}} \qquad (7-5)$$

EPS : 현재 주당순이익
ΔEPS : 주당순이익 변화액
$EBIT$: 현재 영업이익
$\Delta EBIT$: 영업이익 변화액

식 (7-5)에서 주당순이익과 주당순이익 변화액은 식 (7-6) 및 식 (7-7)과 같다.

$$EPS = \frac{(EBIT - I)(1 - t_C)}{N} \qquad (7-6)$$

$$\Delta EPS = \frac{\Delta EBIT(1 - t_C)}{N} \qquad (7-7)$$

I : 이자비용
t_C : 법인세율
N : 발행주식 수

(7-6)과 식 (7-7)을 식 (7-5)에 대입하여 정리함으로써 식 (7-8)과 같은 재무레버리지도의 관계식을 유도할 수 있다.[1]

1 일반적으로 우선주에 대한 배당금 D_p는 보통주주의 입장에서 볼 때, 고정적으로 지급해야 하는 고정재무비용으로 생각할 수 있다. 이 경우 우선주에 대한 배당금은 순이익으로 지급되기 때문에 우선주에 대한 배당금까지 고려하여 재무레버리지도를 구하면 다음과 같다.

$$DFL = \frac{Q(p-v) - FC}{Q(p-v) - FC - I - \frac{D_P}{(1-t_C)}}$$

$$DFL=\frac{\frac{\Delta EPS}{EPS}}{\frac{\Delta EBIT}{EBIT}}=\frac{Q(p-v)-FC}{Q(p-v)-FC-I}=\frac{EBIT}{EBT} \quad (7-8)$$

EBT : 법인세비용차감전순이익

식 (7-8)에서 기업의 이자비용(I)이 많을수록 DFL은 증가한다는 것을 알 수 있다. 이는 이자비용이 클 경우, 영업이익의 변화에 따른 주당순이익의 변동 폭이 크게 확대된다는 것을 의미한다.

한편 영업이익이 증가할수록 재무레버리지도는 감소하게 된다. 이는 영업이익이 증가할수록 이자비용이 영향이 점차 줄어들어 재무레버리지효과가 감소하기 때문이다.

예제 7-3 재무레버리지도

경기(주)는 다음 연도 영업이익이 10% 감소하여, 그 결과 주당순이익이 20% 감소할 것으로 예상하고 있다. 만약 이와 같은 예상이 옳다면, 이 회사의 재무레버리지도(DFL)는 얼마인가?

해설

$$DFL=\frac{\text{주당순이익 변화율}}{\text{영업이익 변화율}}=\frac{-20\%}{-10\%}=2.0$$

예제 7-4 재무레버리지와 손익확대효과

현재 충남(주)의 영업이익은 100억원이며, 매년 지급해야 하는 이자비용은 20억원이다. 그리고 이 회사의 발행주식 수는 100만주이며, 법인세율은 40%이다.

(1) 이 회사의 재무레버리지도(DFL)를 구하라.

(2) 이 회사의 영업이익이 10% 증가하거나 감소하는 경우, 주당순이익이 어떻게 변하는지를 설명하라.

해설

(1) $DFL = \dfrac{EBIT}{EBIT - I} = \dfrac{100억원}{100억원 - 20억원} = 1.25$

(2) 이 회사의 영업이익이 10% 증가하거나 감소하는 경우, 고정재무비용인 이자비용으로 인하여 주당순이익이 어떻게 변하는지를 나타내면 다음과 같다.

(단위 : 억원)

	← −10%		+10% →
영업이익	90	100	110
이자비용	20	20	20
법인세비용차감전순이익	70	80	90
법인세(법인세율=40%)	28	32	36
순이익	42	48	54
발행주식 수(100만주)			
	← −12.5%		+12.5% →
주당순이익(원)	4,200	4,800	5,400

이 회사의 재무레버리지도가 1.25이므로 영업이익이 10% 증감함에 따라 주당순이익은 12.5% 증감하게 된다. 재무레버리지가 1보다 클 경우 영업이익의 변동폭보다 주당순이익의 변동폭이 확대되는 재무레버리지효과, 즉 손익확대효과가 나타남을 알 수 있다.

3.2 자본조달분기점분석

자본조달분기점(break-even point of financing)은 투자소요자금의 조달방법에 관계없이 동일한 주당순이익을 얻을 수 있는 영업이익을 의미하는 것으로, 이는 다음과 같은 식에 의해서 구할 수 있다.

$$\frac{(EBIT^* - I_1)(1 - t_C)}{N_1} = \frac{(EBIT^* - I_2)(1 - t_C)}{N_2} \qquad (7\text{–}9)$$

$EBIT^*$: 자금조달분기점

I_1, I_2 : 각각의 자본조달계획(제1안 또는 제2안)에서의 이자비용

N_1, N_2 : 각각의 자본조달계획(제1안 또는 제2안)에서의 발행주식 수

식 (7–9)를 이용하여 자본조달분기점을 구하면 다음과 같다.

$$EBIT^* = \frac{N_1 \times I_2 - N_2 \times I_1}{N_1 - N_2} \tag{7-10}$$

자본조달분기점을 분석함으로써 투자소요자금을 부채와 자기자본 중 어느 원천으로부터 조달해야 하는가를 판단할 수 있다.

예제 7-5 자본조달분기점

현재 경남(주)은 자기자본만으로 자금을 조달하고 있으며, 주가는 10,000원, 발행주식수는 400만주이다. 이 회사는 수요의 증가에 대비하여 추가적인 투자자금 100억원이 소요되는 시설확장투자를 계획하고 다음의 두 가지 자금조달방안을 고려하고 있다.

- 대안 1 : 자기자본으로 100억원 조달
- 대안 2 : 연 8%의 이자율로 100억원 차입

이 회사의 법인세율은 30%이다. 다음의 물음에 답하라.

(1) 자본조달분기점을 구하라.

(2) 영업이익이 30억원, 40억원, 50억원일 경우 각 대안의 주당순이익이 어떻게 되는지를 보여라.

해설

(1) 자본조달분기점은 투자소요자금의 조달방법에 관계없이 동일한 주당순이익을 얻을 수 있는 영업이익을 의미하는 것으로서 다음과 같은 식을 이용하여 구할 수 있다.

$$\frac{(EBIT^* - 0)(1 - 0.3)}{500\text{만주}} = \frac{(EBIT^* - 0.08 \times 100\text{억원})(1 - 0.3)}{400\text{만주}}$$

$$\therefore\ EBIT^* = 40\text{억원}$$

(2) 영업이익이 30억원, 40억원, 50억원일 경우 각 대안의 주당순이익을 구하면 다음과 같다.

(단위 : 억원)

계정과목	대안 1 : 자기자본 조달			대안 2 : 부채 조달		
영업이익	30	40	50	30	40	50
이자비용	0	0	0	8	8	8
법인세비용차감전순이익	30	40	50	22	32	42
법인세(법인세율=30%)	9	12	15	6.6	9.6	12.6
순이익	21	28	35	15.4	22.4	29.4
주당순이익(원)	420	560	700	385	560	735

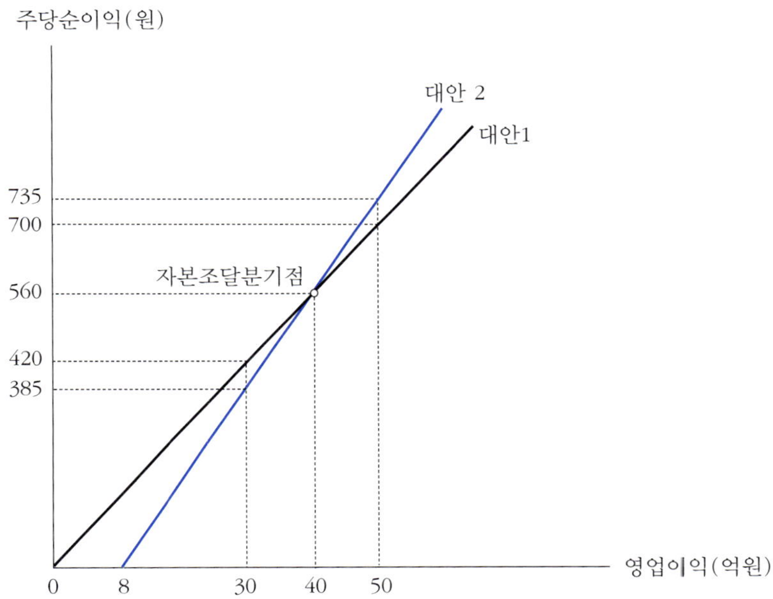

영업이익과 주당순이익의 관계를 나타내는 자본조달분기도표는 위와 같다. 자본조달분기도표에서 볼 수 있는 바와 같이 영업이익이 자본조달분기점보다 높은 수준에서는 부채로 투자자금을 조달하는 대안 2가 유리하나, 영업이익이 자본조달분기점보다 낮은 수준에서는 자기자본으로 투자자금을 조달하는 대안 1이 유리함을 알 수 있다.

한편 대안 2(부채로 자금조달)의 경우 대안 1(자기자본으로 자금조달)보다 직선의 기울기가 크게 나타나고 있다. 부채로 투자자금을 조달하는 대안 2에서 직선의 경사가 가파른 이유는 이자비용의 존재로 인해 영업이익의 변화율보다 주당순이익의 변화율이 커지는 재무레버리지효과 때문이라 할 수 있다.[2]

2 위험(재무위험)은 대안 1보다 부채로 자금을 조달하는 대안 2가 더 높다.

04 결합레버리지분석

투자결정에 따른 영업레버리지와 부채조달에 따른 재무레버리지를 통합한 것을 결합레버리지(combined leverage)라고 한다. 결합레버리지는 영업레버리지와 재무레버리지를 통합한 개념으로 흔히 레버리지라고 부르기도 한다. 따라서 총비용 중에서 고정영업비용과 이자비용이 차지하는 비중으로 결합레버리지를 측정할 수 있다.

[그림 7-3]에서 볼 수 있는 바와 같이 결합레버리지가 높을수록 고정영업비용과 이자비용이 지렛대 작용을 하기 때문에 매출액이 변화할 때 주당순이익이 그보다 높은 비율로 변화하는 결합레버리지효과(combined leverage effects)를 기대할 수 있다. 결합레버리지효과는 결합레버리지도(degree of combined leverage: DCL)를 이용하여 측정할 수 있다.

결합레버리지도는 매출액 변화율(또는 판매량 변화율)에 대한 주당순이익 변화율의 비율로서 식 (7-11)과 같이 나타낼 수 있다.

$$DCL = \frac{\text{주당순이익 변화율}}{\text{매출액 변화율}} \tag{7-11}$$

한편 결합레버리지도는 영업레버리지도와 재무레버리지도를 통합한 것이므로 식 (7-12)와 같은 결합레버리지도의 관계식을 얻을 수 있다.[3]

그림 7-3
결합레버리지 효과

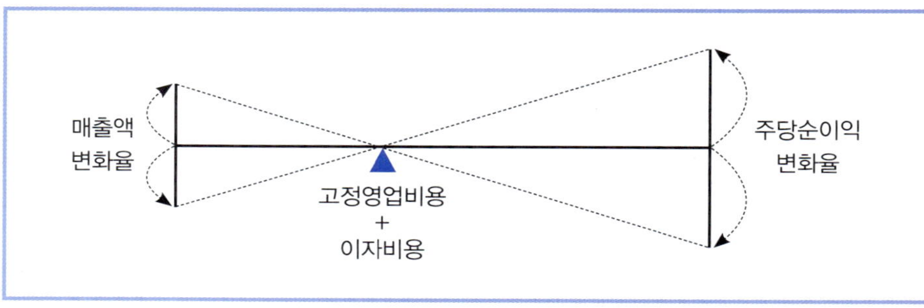

3 $DCL = \frac{\text{주당순이익 변화율}}{\text{매출액 변화율}} = \frac{\text{영업이익 변화율}}{\text{매출액 변화율}} \times \frac{\text{주당순이익 변화율}}{\text{영업이익 변화율}} = DOL \times DFL$

$$DCL = DOL \times DFL \qquad (7-12)$$

식 (7-4)와 식 (7-8)을 식 (7-12)에 대입하여 식 (7-13)과 같은 결합레버리지도의 관계식을 얻을 수 있다.

$$DCL = \frac{Q(p-v)}{Q(p-v)-FC} \times \frac{Q(p-v)-FC}{Q(p-v)-FC-I} = \frac{Q(p-v)}{Q(p-v)-FC-I} \qquad (7-13)$$

식 (7-13)에서 볼 수 있는 것처럼 기업의 고정영업비용 또는 이자비용이 증가할수록 결합레버리지도(DCL)가 증가함을 알 수 있다.

예제 7-6 결합레버리지와 손익확대효과

현재 서울(주)이 생산하는 제품의 판매단가 및 단위당 변동영업비용은 각각 50,000원, 20,000원이며, 연간 고정영업비용 및 이자비용은 각각 1.5억원, 1억원이다. 그리고 이 회사의 연간 단매량이 10,000개이며, 발행주식 수는 10만주, 그리고 법인세율은 20%이다.

(1) 이 회사의 영업레버리지도(DOL), 재무레버리지도(DFL), 결합레버리지도(DCL)를 각각 구하라.

(2) 이 회사의 연간 매출액이 10% 증가하거나 감소하는 경우, 영업이익과 주당순이익이 어떻게 달라지는지를 분석하라.

해설

(1) • $DOL = \dfrac{10{,}000\text{개} \times (50{,}000\text{원} - 20{,}000\text{원})}{10{,}000\text{개} \times (50{,}000\text{원} - 20{,}000\text{원}) - 1.5\text{억원}} = 2.0$

• $DFL = \dfrac{10{,}000\text{개} \times (50{,}000\text{원} - 20{,}000\text{원}) - 1.5\text{억원}}{10{,}000\text{개} \times (50{,}000\text{원} - 20{,}000\text{원}) - 1.5\text{억원} - 1\text{억원}} = 3.0$

• $DCL = \dfrac{10{,}000\text{개} \times (50{,}000\text{원} - 20{,}000\text{원})}{10{,}000\text{개} \times (50{,}000\text{원} - 20{,}000\text{원}) - 1.5\text{억원} - 1\text{억원}} = 6.0$

또는 $DCL = DOL \times DFL = 2.0 \times 3.0 = 6.0$

(2) 이 회사의 매출액(또는 판매량)이 10% 증가하거나 감소하는 경우, 고정영업비용과 이자비용으로 인하여 영업이익과 주당순이익이 어떻게 변하는지를 나타내면 다음과 같다.

(단위: 천개, 억원)

판매량	9 ← −10%	10 +10% →	11
매출액	4.5	5.0	5.5
변동영업비용	1.8	2.0	2.2
고정영업비용	1.5	1.5	1.5
영업이익	1.2 ← −20%	1.5 +20% →	1.8
이자비용	1.0	1.0	1.0
법인세비용차감전순이익	0.2	0.5	0.8
법인세(법인세율=20%)	0.04	0.1	0.16
순이익	0.16	0.4	0.64
발행주식 수(10만주)			
주당순이익(원)	160 ← −60%	400 +60% →	640

이 회사의 영업레버리지도와 재무레버리지도는 각각 2.0, 3.0이므로 매출액이 10% 증감함에 따라 영업이익은 20% 증감하며, 주당순이익은 60% 증감하게 된다. 즉 고정영업비용과 이자비용의 존재로 인하여 매출액이 10% 증감함에 따라 주당순이익은 60% 증감하는 결합레버리지효과, 즉 손익확대효과가 나타남을 알 수 있다.

예제 7-7 결합레버리지도를 이용한 고정영업비용의 측정

부산(주)은 매출액이 10% 증가할 경우, 주당순이익은 40% 증가한다고 생각하고 있다. 이 회사 DFL은 2.0이다. 단위당 공헌이익(판매가격-단위당 변동영업비용)은 5,000원이고 판매량이 10,000개일 경우, 이 회사의 고정영업비용은 얼마인가?

해설

부산(주)의 결합레버리지도(DCL)를 구하면 다음과 같다.

$$DCL = \frac{\text{주당순이익 변화율}}{\text{매출액 변화율}} = \frac{40\%}{10\%} = 4.0$$

그러므로 DOL은 다음과 같이 구할 수 있다.

$$DCL = DOL \times DFL \rightarrow 4.0 = DOL \times 2.0,\ DOL = 2.0$$

DOL을 구하는 공식에 의해서 고정영업비용을 구하면 다음과 같다.

$$DOL = \frac{Q(p-v)}{Q(p-v)-FC} = \frac{10,000\text{개} \times 5,000\text{원}}{10,000\text{개} \times 5,000\text{원} - FC} = 2.0$$

$\therefore$ 고정영업비용$(FC) = 25,000,000$원

레버리지와 기업위험 05

영업레버리지와 영업위험 5.1

영업위험은 매출액(또는 판매량)의 변동에 따른 영업이익의 변동성을 검토함으로써 측정할 수 있다. 기업의 판매활동에 영향을 미치는 외적 환경요인으로서 전체 경제활동에 영향을 미치는 경제정책, 산업에 대한 정부의 지원, 신제품 또는 대체품의 출현가능성, 원자재공급의 불확실성 등은 기업이 통제할 수 없는 요인이다. 그러나 영업비용의 구조는 기업이 자체적으로 적절하게 통제할 수 있는 재무요인이라고 볼 수 있다. 따라서 기업이 자체적으로 통제할 수 있는 영업비용의 구조를 조정함으로써 영업위험을 낮추는 문제를 검토해야 한다.

영업레버리지도를 나타내는 식 (7-1)을 영업이익의 변화율에 대한 관계식으로 정리하면 식 (7-14)와 같다.

$$\frac{\Delta EBIT}{EBIT} = DOL \times \frac{\Delta Q}{Q} \qquad (7\text{-}14)$$

판매량의 확률분포가 정규분포를 보이는 경우 영업이익의 확률분포도 정규분포를 보이기 때문에 영업이익 변화율의 표준편차로 영업위험을 측정할 수 있다. 식 (7-14)에 표준편차를 취하면 식 (7-15)와 같다.

$$\sigma\left(\frac{\Delta EBIT}{EBIT}\right) = DOL \times \sigma\left(\frac{\Delta Q}{Q}\right) \qquad (7\text{-}15)$$

식 (7-15)에서 볼 수 있는 것처럼 영업위험은 판매량의 변동성과 영업레버리

지도에 따라 좌우된다. 그러므로 판매량에 영향을 미치는 기업외적 환경요인과 기업의 영업비용구조가 영업위험에 영향을 미친다는 사실을 알 수 있다. 따라서 판매량에 영향을 미치는 외적 환경요인이 일정하다면 영업레버리지도가 높을수록 영업위험이 증가한다는 사실을 알 수 있다. 다시 말하여 영업비용의 구조가 영업위험에 영향을 미친다는 사실을 알 수 있다.

5.2 재무레버리지와 재무위험

재무위험은 영업이익의 변화에 따른 주당순이익의 변동성으로 정의되며, 그것은 기업의 부채의존도에 의해 영향을 받는다. 부채의존도가 높을수록 영업이익이 감소할 때는 이자비용을 지급할 수 없는 가능성이 높아지는 반면에 영업이익이 증가할 때는 주당순이익이 더 높은 비율로 증가하기 때문이다.

재무레버리지도를 나타내는 식 (7-5)를 주당순이익 변화율에 대한 관계식으로 정리하면 식 (7-16)과 같다.

$$\frac{\Delta EPS}{EPS} = DFL \times \frac{\Delta EBIT}{EBIT} \tag{7-16}$$

영업이익의 확률분포가 정규분포를 보이는 경우 주당순이익의 확률분포도 정규분포를 보이기 때문에 주당순이익 변화율의 표준편차를 이용하여 재무위험을 측정할 수 있다. 식 (7-16)에 표준편차를 취하면 식 (7-17)과 같다.

$$\sigma\left(\frac{\Delta EPS}{EPS}\right) = DFL \times \sigma\left(\frac{\Delta EBIT}{EBIT}\right) \tag{7-17}$$

식 (7-17)에서 볼 수 있는 바와 같이 영업위험을 일정한 수준으로 통제하는 경우 재무레버리지도가 높을수록 재무위험이 증가한다는 사실을 알 수 있다.

5.3 결합레버리지와 기업위험

기업위험은 영업위험과 재무위험으로 구분된다. 영업위험은 매출액(또는 판매량)의 변동에 따른 영업이익의 변동성으로 측정되고, 재무위험은 영업이익의 변동에 따른 주당순이익의 변동성으로 측정된다. 따라서 판매량의 변화에 따른 주당순이익의 변동성을 분석함으로써 기업위험을 측정할 수 있다.

결합레버리지도의 관계식을 나타내는 식 (7-11)을 주당순이익 변화율에 대한 관계식으로 정리하면 식 (7-18)과 같다.

$$\frac{\Delta EPS}{EPS} = DCL \times \frac{\Delta Q}{Q} \tag{7-18}$$

식 (7-18)의 양변에 표준편차를 취하면 식 (7-19)와 같다.

$$\sigma\left(\frac{\Delta EPS}{EPS}\right) = DOL \times DFL \times \sigma\left(\frac{\Delta Q}{Q}\right) \tag{7-19}$$

식 (7-19)에서 볼 수 있는 것처럼 기업위험은 영업레버리지도와 재무레버리지도에 의해서 좌우된다.

이상에서 설명한 바와 같이 레버리지분석을 통하여 투자정책과 자금조달정책이 기업위험에 어느 정도 영향을 미치는가를 검토할 수 있다.

주요용어
Principal Terms

- **레버리지(leverage)**

  총비용 중에서 고정영업비용과 고정재무비용(이자비용)이 차지하는 비중으로 측정되며, 고정비용이 발생되는 비유동자산 또는 부채를 사용하는 것을 의미한다.

- **영업레버리지(operating leverage)**

  총비용 중에서 고정영업비용이 차지하는 비중으로 측정되며, 고정영업비용을 발생시키는 비유동자산을 이용하는 것을 의미한다.

- **재무레버리지(financial leverage)**

  총비용 중에서 고정재무비용이 차지하는 비중으로 측정되며, 고정재무비용인 이자비용을 발생시키는 부채를 이용하는 것을 의미한다.

- **레버리지효과(leverage effects)**

  고정비의 부담이 증가할수록 매출액 또는 판매량의 변동에 따라 영업이익과 순이익의 변동성이 확대되는 효과로, 영업레버리지효과와 재무레버리지효과를 포함한다.

- **영업위험(operating risk)**

  경제환경의 변화에 따라 예상 밖으로 영업이익이 줄어들 수 있는 가능성으로 영업이익의 변동성을 의미한다.

- **재무위험(financial risk)**

  이자비용을 발생시키는 부채를 이용할 때 나타나는 위험으로, 영업이익이 감소할 때 주당순이익이 그보다 높은 비율로 줄어드는 가능성을 의미한다.

- **영업레버리지도(degree of operating leverage: DOL)**

  영업레버리지에 의해서 매출액(또는 판매량)의 변화율보다 영업이익의 변화율이 커지는 효과, 즉 영업레버리지효과의 정도를 의미한다.

  ☞ $$DOL=\frac{\text{영업이익 변화율}}{\text{판매량 변화율}}=\frac{Q(p-v)}{Q(p-v)-FC}$$

재무레버리지도(degree of financial leverage: DFL)

재무레버리지에 의해서 영업이익의 변화율보다 주당순이익(EPS)의 변화율이 커지는 효과, 즉 재무레버리지효과의 정도를 의미한다.

☞ $DFL = \dfrac{\text{주당순이익 변화율}}{\text{영업이익 변화율}} = \dfrac{Q(p-v)-FC}{Q(p-v)-FC-I}$

자본조달분기점(break-even point of financing)

투자소요자금의 조달방법에 관계없이 동일한 주당순이익을 얻을 수 있는 영업이익을 의미한다.

☞ $EBIT^* = \dfrac{N_1 \times I_2 - N_2 \times I_1}{N_1 - N_2}$

영업레버리지와 영업위험

판매량의 확률분포가 정규분포를 보이는 경우 영업이익의 확률분포도 정규분포를 보이기 때문에 영업이익 변화율의 표준편차로 영업위험을 측정할 수 있다.

☞ $\sigma\left(\dfrac{\Delta EBIT}{EBIT}\right) = DOL \times \sigma\left(\dfrac{\Delta Q}{Q}\right)$

재무레버리지와 재무위험

영업이익의 확률분포가 정규분포를 보이는 경우 주당순이익의 확률분포도 정규분포를 보이기 때문에 주당순이익변화율의 표준편차를 이용하여 재무위험을 측정할 수 있다.

☞ $\sigma\left(\dfrac{\Delta EPS}{EPS}\right) = DFL \times \sigma\left(\dfrac{\Delta EBIT}{EBIT}\right)$

결합레버리지와 기업위험

기업위험은 영업위험과 재무위험에 의해서 좌우된다.

☞ $\sigma\left(\dfrac{\Delta EPS}{EPS}\right) = DOL \times DFL \times \sigma\left(\dfrac{\Delta Q}{Q}\right)$

사·례·연·구

(주)서울은 치솔을 생산 · 판매하고 있는 중소기업으로 최근 관련 업계에서 주목받고 있다. (주)서울의 제품의 판매가격, 제조비용, 그리고 재무상태에 관한 주요 정보를 요약하면 다음과 같다.

제품 단위당 판매가격 = 2,000원	제품 단위당 변동비 = 1,500원
고정영업비용 = 25,000,000원	이자비용 = 5,000,000원
생산량 = 100,000개	부채비율(부채/자기자본) = 0.5

(주)서울의 CFO인 K씨는 레버리지 분석을 통해 투자정책과 자금조달정책이 기업위험에 미치는 영향을 분석하고자 한다. 만약 당신이 K씨라고 할 경우 다음 물음에 답하라.

(1) (주)서울의 영업레버리지도(DOL)는 얼마인가?
(2) (주)서울의 매출액이 1% 증가할 경우, 영업이익은 몇 % 증가하는가?
(3) (주)서울의 재무레버리지도(DFL)는 얼마인가?
(4) (주)서울의 영업이익이 10% 증가할 경우, 주당순이익은 몇 % 증가하는가?
(5) (주)서울의 결합레버리지도(DCL)는 얼마인가?

해설

(1) (주)서울의 영업레버리지도(DOL)는 다음과 같다.

$$DOL = \frac{Q(p-v)}{Q(p-v)-FC} = \frac{(100{,}000\text{개})\times(2{,}000\text{원}-1{,}500\text{원})}{(100{,}000\text{개})\times(2{,}000\text{원}-1{,}500\text{원})-25{,}000{,}000\text{원}} = 2.0$$

(2) 영업레버리지도의 정의에 의해서, 영업이익의 증가율을 구하면 다음과 같다.

$$\frac{\Delta EBIT}{EBIT} = DOL \times \left(\frac{\Delta Q}{Q}\right) = 2.0 \times 1\% = 2\%$$

그러므로 매출액이 1% 증가할 경우, 영업이익은 2% 증가하게 된다.

(3) (주)서울의 재무레버리지도(DFL)는 다음과 같다.

$$DFL = \frac{Q(p-v)-FC}{Q(p-v)-FC-I} = \frac{25{,}000{,}000\text{원}}{25{,}000{,}000\text{원}-5{,}000{,}000\text{원}} = 1.25$$

(4) 재무레버리지도의 정의에 의해서, 주당순이익의 증가율을 구하면 다음과 같다.

$$\frac{\Delta EPS}{EPS} = DFL\left(\frac{\Delta EBIT}{EBIT}\right) = 1.25 \times 10\% = 12.5\%$$

그러므로 영업이익이 10% 증가할 경우, 주당순이익은 12.5% 증가하게 된다.

(5) (주)서울의 결합레버리지도(DCL)는 영업레버리지도(DOL)와 재무레버리지도(DFL)의 곱으로 측정할 수 있으며, 그 결과는 다음과 같다.

$$DCL = DOL \times DFL = 2 \times 1.25 = 2.5$$

연습문제

객관식 문제

01. 다음 설명 중 가장 어색한 것은?

① 레버리지란 원래 지레장치 또는 지렛대 작용이라는 의미를 지닌다.
② 레버리지란 고정영업비용을 발생시키는 비유동자산과 고정재무비용을 발생시키는 부채를 이용하는 것을 말한다.
③ 고정비에 비해 변동비의 부담이 증가할수록 판매량이나 매출액의 변동에 따라 영업이익과 순이익의 변동성이 확대될 수 있다.
④ 재무레버리지분석을 통하여 비유동부채 사용에 따른 이자비용이 주당순이익의 크기와 질에 미치는 영향을 파악할 수 있다.
⑤ 영업위험은 경제환경의 변화에 따라 예상 밖으로 영업이익이 줄어들 수 있는 가능성을 의미한다.

02. 영업레버리지도(DOL)의 특성으로 옳지 않은 것은? (경영지도사, 2019 수정)

① 영업레버리지도가 높다는 것은 기업의 영업이익이 높거나 경영상태가 양호함을 의미한다.
② 고정영업비용이 없으면 영업레버리지는 발생하지 않는다.
③ 영업레버리지는 고정영업비용이 크고 변동비용이 작을수록 크게 작용한다.
④ 고정영업비용이 일정할 때에 매출액이 늘어나면 영업레버리지도가 낮아진다.
⑤ 경기가 불황일 때 영업레버리지도가 큰 기업일수록 매출액의 감소에 따른 영업이익 하락 폭이 크다.

03. 재무레버리지에 관한 설명으로 옳지 않은 것은? (경영지도사, 2017 수정)

① 총비용에서 고정재무비용이 차지하는 비중이 클수록 재무레버리지는 증가한다.
② 재무레버리지도는 고정재무비용이 작을수록 작게 나타난다.

③ 자기자본의 조달 없이 차입금만으로 자금을 조달하면 재무레버리지도는 낮아져 기업 위험은 감소한다.

④ 주주들은 재무레버리지가 높은 기업일수록 높은 위험을 느끼기 때문에 높은 기대수익률을 요구한다.

⑤ 재무레버리지는 기업이익의 변동성을 나타낸다고 할 수 있다.

04. 재무상태표 상에서 재무레버리지의 정도를 나타내는 정보는 (ㄱ)이고, 영업레버리지의 정도를 나타내는 정보는 (ㄴ)이다. 순서대로 바르게 나열한 것은? (경영지도사, 2018)

① ㄱ. 부채비율, ㄴ. 유형자산구성비율
② ㄱ. 부채비율, ㄴ. 무형자산구성비율
③ ㄱ. 부채비율, ㄴ. 이자보상비율
④ ㄱ. 유형자산구성비율, ㄴ. 부채비율
⑤ ㄱ. 무형자산구성비율, ㄴ. 부채비율

05. 기업의 재무레버리지도가 1.5일 때 옳은 것은? (경영지도사, 2015)

① 영업이익이 10% 증가할 때 주당순이익은 15%감소한다는 의미이다.
② 영업이익이 10% 감소할 때 주당순이익은 15%감소한다는 의미이다.
③ 매출액이 10% 증가할 때 주당순이익은 15% 증가한다는 의미이다.
④ 매출액이 10% 증가할 때 영업이익은 15% 증가한다는 의미이다.
⑤ 매출액이 10% 증가할 때 주당순이익은 15% 감소한다는 의미이다.

06. 전자부품을 생산하는 (주)안성전자의 경영자는 매출액이 10% 증가할 경우, 영업이익은 20%, 주당순이익은 40% 증가한다고 생각하고 있다. 이 회사의 DOL과 DFL은?

① DOL＝2.0, DFL＝2.0
② DOL＝1.5, DFL＝2.0
③ DOL＝2.0, DFL＝4.0
④ DOL＝1.5, DFL＝4.0
⑤ DOL＝1.0, DFL＝1.0

07. (주)서울의 영업이익(EBIT)은 50억원이다. 이 회사는 영업이익이 10% 증가할 경우 주당순이익이 20% 증가할 것으로 예상하고 있다. 이 회사의 이자비용은 얼마인가？

① 10억원
② 15억원
③ 20억원

④ 25억원 ⑤ 30억원

08. 레버리지분석에 관한 설명으로 옳은 것은? (경영지도사, 2020)

① 결합레버리지분석은 매출액의 변화에 따른 영업이익의 변화 관계를 분석하는 것이다.

② 레버리지효과는 매출액이 지렛대가 되어 주주에게 귀속되는 손익을 확대시키는 효과를 의미한다.

③ 레버리지분석은 경영환경 변화에 따라 기업의 이익이 어떻게 변할 것인가를 예측하는 데 중요한 정보를 제공해 준다.

④ 레버리지도가 높아지면 그만큼 위험이 작아진다.

⑤ 재무레버리지도가 높다는 것은 타인자본 의존도가 낮다는 것을 의미한다

주관식 문제

01. 다음 용어를 간략하게 설명하라.

1) 레버리지 2) 영업레버리지 3) 재무레버리지
4) 결합레버리지 5) 영업위험 6) 재무위험
7) 영업레버리지도 8) 재무레버리지도 9) 결합레버리지도
10) 자본조달분기점

02. 레버리지효과가 일어나는 이유에 대하여 설명하라.

03. 영업위험과 재무위험을 비교하여 설명하라.

04. 영업레버리지도와 재무레버리지도를 비교하여 설명하라.

05. 전자부품을 생산판매하는 서울(주)의 재무자료는 다음과 같다.

- 연간 판매량은 50만대이다.
- 단위당 판매가격은 100,000원이다.
- 단위당 변동영업비용은 40,000원이다.
- 연간 고정영업비용은 200억원이다.

판매량이 10% 증가할 때 영업이익이 어느 정도 증가하는가?

06. TV대리점의 연간 TV판매량은 7,000대이며, 대당 판매가격, 대당 구입가격, 연간 고정영업비용이 각각 400,000원, 370,000원, 100백만원이라고 한다. 그런데 TV에 대한 수요증가에 대비하기 위하여 5억원을 연리 12%의 이자율로 차입하여 점포확장을 하는 경우 연간 TV판매대수를 10,000대로 늘릴 수 있으며, 고정영업비의 부담이 130백만원으로 증가한다고 한다.

1) 점포확장 이전과 이후의 영업레버리지도를 구하라.
2) 점포확장을 하는 경우 재무레버리지도를 구하라.
3) 점포를 확장하는 경우에 판매량이 10% 증가할 것으로 예상된다. 이 경우 주당순이익은 어느 정도 증가하는가?

07. 현재 서울(주)의 주가는 35,000원, 발행주식 수는 40,000주이며, 부채사용으로 인한 이자비용은 4백만원이다. (주)서울은 수요증가에 대비하고자 175백만원 규모의 시설확장투자를 계획하고 있으며, 이 투자자금을 조달하고자 다음의 두 가지 대안을 검토하고 있다.

- 대안 1: 보통주 5,000주를 발행한다.
- 대안 2: 연리 15%의 이자율로 회사채를 발행한다.

서울(주)의 법인세율이 50%인 경우 다음의 물음에 답하라.

1) 자본조달분기점을 구하라.
2) 550백만원의 영업이익이 예상된다면 위 대안 1과 2 중 어느 방법으로 소요자금을 조달하는 것이 유리한가?(단, 재무위험의 증가를 무시함)

제8장의 개요

재무담당자는 재무정책의 결과와 여러 가지 재무예측 자료를 이용하여 미래의 재무상태와 경영성과를 추정하여 재무계획을 수립해야 하며, 이와 같은 재무예측 자료는 재무의사결정에서 중요한 정보로 이용된다.

이 장에서는 재무예측 및 재무계획과 관련된 내용을 중심으로 매출액, 재무제표의 각 항목, 매출액성장률, 투자소요자금 등의 예측에 대하여 살펴본 다음에 장기재무계획과 단기재무계획의 수립과정에 대하여 설명하기로 한다.

제 8 장

재무예측과 재무계획

01 재무예측의 의의와 방법

1.1 재무예측의 의의

재무예측(financial forecasting)은 기업의 미래 재무상태와 경영성과를 예측하는 활동의 하나로서 재무제표를 구성하는 각 항목의 수치를 추정하는 것을 말한다. 따라서 미래의 매출액, 이익, 자금소요액 또는 성장률 등을 추정하는 것을 재무예측이라고 한다. 이와 같은 재무예측 자료는 투자자, 채권자와 경영자 등 기업의 이해관계자들에게 매우 중요한 정보로 이용된다.

재무예측 자료는 특히 경영자에게 중요한 의미를 갖는다. 경영자는 국내·외 기업환경을 고려하여 기업목표를 효과적으로 달성하기 위하여 경영정책을 결정해야 하며, 그 결과에 따라 경영계획을 수립하여 경영활동을 통제해야 한다. 따라서 어떤 경영정책을 수행함으로써 어느 정도의 매출액과 이익을 얻을 수 있으며, 이와 같은 매출액과 이익을 실현하는 데 어느 정도의 자금이 필요하고, 어떤 방법으로 자금을 조달해야 할 것인가를 결정하여 그 결과를 경영계획에 반영시켜야 하기 때문이다. 이와 같은 의사결정에서는 미래의 매출액과 이익은 물론 투자소요자금 등에 대한 예측자료가 요구된다.

재무예측 자료는 채권자에게도 중요한 정보로 이용된다. 채권자들은 기업의 차입금상환능력에 관심을 갖기 때문에 기업이 어느 정도의 현금흐름을 창출할 수 있는 능력을 가지고 있는가를 파악해야 한다. 따라서 채권자의 입장에서는 미래의 현금창출능력에 대한 예측자료가 중요한 의사결정 정보로 이용된다.

재무계획은 재무예측에 따라 수립된다. 경영자는 여러 재무정책 중에서 최선의 재무정책을 선택해야 한다. 선택된 재무정책을 집행할 때 기업의 미래 재무상태와 경영성과가 어떻게 달라질 것인가를 예측하여 이와 같은 재무예측의 결과를 바탕으로 재무계획을 수립하고, 그에 따라 재무활동을 통제해야 한다.

재무예측의 방법 1.2

미래의 매출액, 이익과 투자소요자금은 물론 재무제표의 각 항목을 추정하는데 이용되는 방법은 주관적 예측방법과 객관적 예측방법으로 구분된다.[1]

주관적 예측방법

주관적 예측방법(subjective forecasting method)은 예측자가 자신의 오랜 경험이나 주관적인 판단에 근거하여 미래의 재무상태와 경영성과를 예측하는 방법을 말한다. 따라서 주관적 예측방법에서는 예측자의 능력이나 전문지식의 정도에 따라 예측결과가 달라지기 때문에 비과학적이라는 비판을 받기도 한다. 그러나 경우에 따라서는 주관적인 예측방법이 다음에 설명할 객관적인 예측방법보다 더 높은 예측력을 지닐 수도 있다. 예를 들어 브라운-로제프(L. D. Brown and M. S. Rozeff)의 실증적 연구결과에 의하면 자기회귀모형과 같은 수리모형보다 증권분석가의 예측모형이 이익을 더 정확하게 예측한다는 실증적 증거를 제시한 바 있다.[2]

객관적 예측방법

객관적 예측방법(objective forecasting method)은 정해진 모형을 이용하여 미래의 재무상태와 경영성과를 예측하는 방법을 말한다. 객관적 예측방법에서 주로 사용되는 모형으로는 시계열모형과 횡단면회귀모형을 들 수 있다.

시계열모형(time-series model)은 과거의 시계열자료를 분석하여 시간의 경과에 따른 체계적인 움직임을 추적함으로써 미래의 재무상태와 경영성과를 예측하는데 유용한 모형이다. 시계열모형 중에서 가장 간단한 모형으로 예측변수를 종속변수로 하고 시간을 독립변수로 하는 단순시계열모형은 식 (8-1)과 같다.

$$E(R_t) = \hat{\alpha} + \hat{\beta} t \tag{8-1}$$

$E(R_t)$: t기의 재무예측치

t : 기간 수

$\hat{\alpha}$: 추정 절편값

$\hat{\beta}$: 추세를 반영하는 추정계수

1 G. Foster, *Financial Statement Analysis*, 2nd ed., Prentice-Hall, 1986, pp. 262~264.

2 L. D. Brown and M. S. Rozeff, "The Superiority of Analyst Forecasts as Measures of Expectations: Evidence from Earnings," *Journal of Finance*, 33, March, 1978, pp. 1~16.

한편 과거의 매출액에 가중치를 각각 달리 부여하여 미래의 매출액을 예측하는 모형으로서 식 (8-2)와 같은 가중이동평균모형(weighted moving average model)을 이용할 수도 있다.

$$E(R_t) = b_1R_{t-1} + b_2R_{t-2} + \cdots + b_nR_{t-n} \tag{8-2}$$

$E(R_t)$: t기의 매출액 예측치
R_{t-n}: $t-n$기의 실제 매출액
b_n: $t-n$기의 실제 매출액에 대한 가중치

횡단면회귀모형(cross-sectional regression model)은 재무변수를 설명하는 중요한 몇 개의 설명변수들과의 사이에 존재하는 통계적인 관계를 도출하여 미래의 재무상태와 경영성과를 예측하는 데 이용되는 모형이다. 예를 들어 기업의 매출액이, 국민소득, 산업생산량 및 여가시간 등과 같은 변수와의 사이에 의미 있는 상관관계가 존재한다면 식 (8-3)과 같은 모형을 설계하여 미래의 매출액을 예측할 수 있다.

$$E(R_i) = \hat{\alpha}_i + \hat{\beta}_{i1} X_1 + \hat{\beta}_{i2} X_2 + \hat{\beta}_{i3} X_3 \tag{8-3}$$

$E(R_i)$: 기업 i의 예상 매출액
X_1 : 국민소득의 추정치
X_2 : 산업생산량의 추정치
X_3 : 여가시간의 추정치
$\hat{\alpha}_i$: 기업 i의 추정 절편값
$\hat{\beta}_{ij}$: 기업 i의 매출액에 대한 독립변수 j의 추정 회귀계수

한편 객관적인 예측방법으로서 이상에서 소개한 모형 이외에 랜덤워크모형(random walk model), 자기회귀모형(autoregression model), 박스-젠킨스모형(Box- Jenkins model) 등이 이용되기도 한다.[3]

3 이에 대한 자세한 내용은 통계학 관련서적을 참고하기 바란다.

매출액과 재무제표 항목의 예측 02

매출액의 예측 2.1

매출액의 예측은 재무계획의 수립을 위한 첫 단계이기 때문에 중요한 의미를 갖는다. 그러나 매출액을 정확하게 예측한다는 것은 대단히 어려운 일이다. 이러한 이유로 대부분의 기업에서는 여러 형태의 정보를 종합적으로 분석하여 매출액을 예측하고 있다.

매출액의 예측에서 흔히 고려되는 요인은 국내·외 경제동향, 산업동향 및 기업의 내적 환경요인 등으로 구분된다. 예를 들어 총체적인 경제활동의 척도로 이용되고 있는 국민총생산(GNP)의 성장추세는 매출액을 예측하는 데 필요한 산업의 전체 시장규모에 영향을 미친다. 혼그린(C. T. Horngren)은 매출액을 예측하기 위해서 과거의 매출액, 경제활동추세, 산업생산량, 산업전망, 국민총생산, 개인소득, 고용수준, 물가수준, 기업의 가격정책, 경쟁상태, 판매원의 질, 제품에 대한 계절적 수요 및 생산능력 등의 다양한 요인을 고려해야 한다고 주장하였다.[4]

▲ 혼그린(C.T. Horngren)은 회계학자로서 스탠포드대학교 교수를 역임했다. 그가 저술한 『Cost Accounting: A Managerial Emphasis』(1962)는 회계 전공분야에서 세계적으로 영향력 있는 저서 중 하나로 평가받았다.

이와 같은 모든 요인은 매출액을 예측하는 데 이용되고 있다. 그러나 실제로 이들 요인이 매출액에 어느 정도 영향을 미치며, 이들 요인 사이에 어느 정도의 상관관계가 존재하는가를 완벽하게 파악하는 일은 거의 불가능하다. 한편, 실무에서는 중요한 몇 개의 요인만을 선정하여 통계적인 분석방법을 이용하거나, 판매부서의 예측자료와 함께 그 밖의 여러 정보를 종합적으로 분석하여 매출액을 예측하고 있다.

다음에서는 매출액을 예측하는 데 이용 가능한 통계적 분석모형인 시계열모형과 횡단면회귀모형을 중심으로 살펴보고자 한다.

4 박정식, 경영분석, 한국방송통신대학, 1986, p. 150.

시계열모형

시계열모형은 시간의 경과에 따라 매출액이 변동하는 추세를 통계적으로 분석함으로써 매출액을 예측하는 모형이다. 예를 들어 서울(주)의 과거 20년간의 매출액에 대한 산포도가 [그림 8-1]과 같다고 하자.

[그림 8-1]에서는 매출액이 시간의 경과에 따라 일정한 비율로 증가하고 있음을 보여주고 있다. 이처럼 과거의 매출액 자료를 분석한 결과 매출액이 시간의 경과에 따라 일정한 추세를 따라 변동하는 경우에는 식 (8-4)와 같은 1차 선형 관계식을 이용하여 α와 β계수를 추정할 수 있다.

$$R_t = \alpha + \beta t + \varepsilon_t \tag{8-4}$$

R_t : t기 매출액
α : 절편값
β : 회귀계수
t : 기간 수(t=1, 2, ⋯, 19, 20)
ε_t : 확률적 오차항

식 (8-4)의 모수인 α와 β의 값을 추정한 결과 $\hat{\alpha}$=150억원이고, $\hat{\beta}$=30억원이라고 하자. 그렇다면 식 (8-5)와 같은 시계열모형을 이용하여 매출액을 추정할 수 있다.

그림 8-1

서울(주)의 매출액 분포

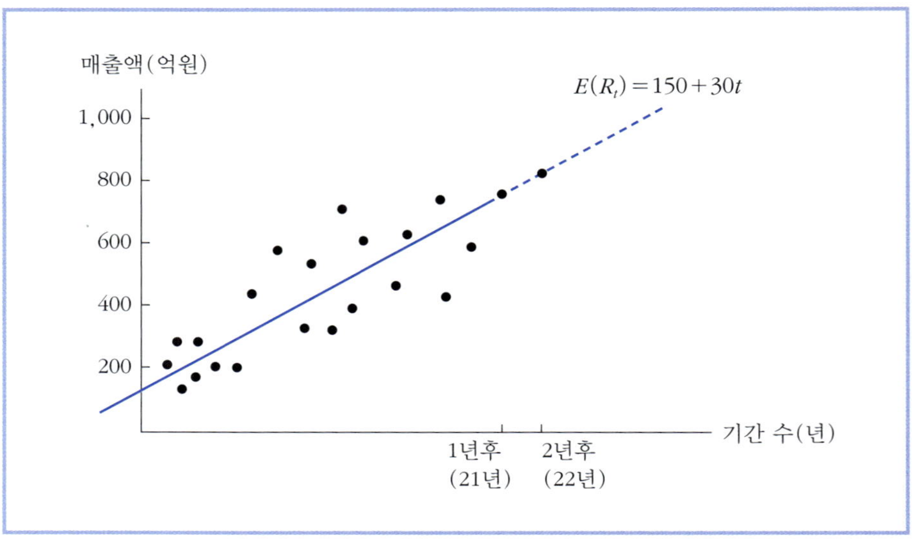

$$E(R_t) = 150\text{억원} + 30\text{억원} \times t \tag{8-5}$$

식 (8–5)를 이용하여 1년 후(21년째)와 2년 후(22년째)의 매출액을 추정하면 다음과 같다.

- 1년 후의 예상매출액＝150＋30×21＝780억원
- 2년 후의 예상매출액＝150＋30×22＝810억원

이상에서 살펴본 바와 같이 식 (8–5)와 같은 단순시계열모형에서는 매출액의 변동추세만을 고려하여 매출액을 추정하기 때문에 매출액의 순환변동이나 계절적 변동 등이 존재하는 경우에는 적용에 한계가 있다.[5]

횡단면회귀모형

횡단면회귀모형은 매출액에 영향을 미치는 여러 요인을 독립변수로 하는 한편 매출액을 종속변수로 하여 이들 변수 사이에 존재하는 상관관계를 통계적으로 분석함으로써 매출액을 예측하는 모형이다. 예를 들어 국민총생산, 산업생산량, 산업의 수출액 및 인플레이션 등의 거시경제변수가 매출액에 영향을 미치고 있다면 식 (8–6)과 같은 다중회귀모형을 이용하여 회귀계수를 추정할 수 있다.

$$R_i = \alpha_i + \beta_{i1} X_1 + \beta_{i2} X_2 + \beta_{i3} X_3 + \beta_{i4} X_4 + \varepsilon_i \tag{8-6}$$

R_i : 기업 i의 매출액
α : 절편값
β : 회귀계수
X_1 : 국민총생산
X_2 : 산업생산량
X_3 : 산업수출액
X_4 : 물가상승률
ε_i : 확률적 오차항

식 (8–6)과 같은 횡단면회귀모형이 매출액의 예측에서 유용하게 이용될 수 있는가를 확인하기 위해서는 이와 같은 모형이 통계적으로 의미가 있어야 하며,

5 매출액의 순환변동이나 계절적 변동을 고려하여 매출액을 예측하는 방법으로 센서스 Ⅱ모형' 등이 있다.

이를 위하여 모형의 적합성과 회귀계수의 유의성을 검정해야 한다.

모형의 적합도(goodness of fit) 검정은 추정된 회귀모형이 종속변수와 독립변수 사이의 관계를 충분히 설명하고 있는가를 검정하는 방법이다. 종속변수와 독립변수의 값이 식 (8-6)의 회귀식을 중심으로 하여 밀집된 형태를 보이고 있다면, 식 (8-6)의 회귀식이 종속변수와 독립변수의 관계를 잘 설명한다고 말할 수 있다. 회귀식의 적합도 검정에서는 결정계수(R^2)나 F값이 이용되고 있다.

회귀계수의 유의성 검정은 추정된 회귀계수가 0과 유의적으로 차이가 있는가를 검정하는 방법이다. 회귀계수가 0과 유의적으로 차이가 있다는 것은 독립변수가 매출액을 예측하는 변수로서 의미가 있다는 것을 말한다.

2.2 재무제표 항목의 예측

앞서 설명한 바와 같이 과거의 시계열 자료 또는 횡단면 자료를 이용하여 매출액을 예측할 수 있다. 여기에서는 예상매출액을 이용하여 재무제표의 여타 항목을 예측하는 방법으로서 매출액백분율법, 매출액을 이용한 회귀분석법, 예산비용법에 대하여 설명하기로 한다.

매출액백분율법

매출액백분율법은 매출액에 따라 비례적으로 변동하는 재무제표의 항목을 예측하는 데 이용되는 방법이다. 재무제표의 항목 중에는 매출액에 따라 비례하여 변동하는 항목이 있다. 예를 들어 유동자산은 매출과 관련된 활동을 지원하기 위하여 보유하는 자산이기 때문에 매출액이 증가할수록 유동자산도 증가하게 된다. 따라서 매출액백분율법을 이용하여 유동자산을 추정할 수 있다. 이 경우 유동자산의 매출액백분율을 계산하여 여기에 예상매출액을 곱함으로써 유동자산의 투자규모를 추정할 수 있다. 유동자산의 매출액백분율은 다음과 같다.

$$\text{유동자산의 매출액백분율} = \frac{\text{유동자산}}{\text{매출액}} \times 100$$

매출액백분율법에서는 재무제표 항목의 매출액백분율이 미래에도 그대로 유지된다고 가정하고 있다. 따라서 매출액에 따라 비례적으로 변동하는 항목을 예측할 때만 매출액백분율법을 이용할 수 있다. 매출액에 따라 변동하는 유동자산과 유동부채의 항목을 예측하기 위하여 다음과 같은 공식을 이용할 수 있다.

- 유동자산 예측치＝예상매출액×유동자산의 매출액백분율
- 유동부채 예측치＝예상매출액×유동부채의 매출액백분율

같은 방법으로 매출액에 따라 변화하는 손익계산서 항목을 다음과 같이 예측할 수 있다.

- 매출원가 예측치＝예상매출액×매출원가의 매출액백분율
- 판매비와 관리비 예측치＝예상매출액×판매비와 관리비의 매출액백분율

매출액을 이용한 회귀분석법

과거의 역사적인 자료가 충분한 경우에는 재무제표 항목과 매출액 사이에 존재하는 상관관계를 통계적으로 추정하여 회귀모형을 설계할 수 있다. 이처럼 재무제표의 한 항목과 매출액을 각각 종속변수와 독립변수로 하는 회귀모형을 이용하여 재무제표 항목의 값을 예측하는 방법을 매출액을 이용한 회귀분석법이라고 한다.

예산비용법

예산비용법은 매출액의 변화에 영향을 받지 않는 재무제표의 항목을 예측하는데 이용되는 방법으로 재무정책의 결과나 목표치를 반영시켜 미래의 값을 예측하는 방법을 말한다. 예를 들어 자본조달정책을 고려하여 비유동부채와 자기자본을 추정하거나, 비유동자산에 대한 투자정책을 고려하여 감가상각비를 추정하거나, 광고정책에 따라 광고비를 추정하는 경우 등이 이에 속한다.

03 재무계획의 체계

3.1 재무계획의 의의

재무계획(financial planning)은 자금의 운용과 조달에 관한 재무정책을 집행할 때 예상되는 미래의 재무상태와 경영성과를 추정하는 과정을 의미한다. 따라서 재무계획은 재무목표를 달성하기 위한 재무정책을 공식화하는 일련의 과정으로 이해하여야 한다.

재무계획의 수립과정에서 가장 중요한 것은 재무목표를 설정하여 이를 효과적으로 달성할 수 있는 최선의 재무정책을 선택하는 일이다. 재무정책의 선택에 따라 재무계획의 내용이 달라지기 때문이다. 따라서 재무계획은 투자정책과 자본조달정책을 통합시키는 관리활동이라고 말할 수 있다. 그러므로 재무계획을 수립할 때는 기업의 신규투자기회, 부채수용능력 및 현금보유수준 등 여러 기업여건을 고려하여 재무목표를 설정한 후에 이를 효과적으로 달성할 수 있는 투자정책, 자본조달정책과 운전자본정책 등의 결과를 추정하여 재무계획을 수립하여야 한다.

재무계획은 단기재무계획과 장기재무계획으로 구분된다. 단기재무계획은 유동자산에 대한 투자정책과 단기자금조달정책을 고려하여 수립되며, 월별 추정현금예산표나 월별 추정재무상태표 등으로 구체화된다. 한편 장기재무계획은 비유동자산에 대한 투자정책과 장기자본조달정책을 고려하여 수립되며, 장기간을 대상으로 한 추정재무제표로 구체화된다.

이상에서 설명한 바와 같이 재무계획은 여러 대체적인 가정에서 재무목표를 달성할 수 있는 최선의 투자정책과 자본조달정책을 선택하여 그 결과로 나타나는 미래의 재무상태와 경영성과를 추정하는 일련의 과정을 의미한다.

3.2 재무계획의 체계

앞서 설명한 바와 같이 재무계획은 단기재무계획과 장기재무계획으로 구분된

그림 8-2
재무계획의 체계

다. 그러나 계획기간이 길어질수록 재무계획의 신뢰성과 정확성이 떨어지기 때문에 장기재무계획의 수립기간은 2~5년이 적당하다.

재무계획의 체계를 구체적으로 살펴보면 [그림 8-2]와 같다. 재무계획은 자금계획과 이익계획으로 구분되며, 자금계획은 투자계획과 자본조달계획으로 세분화된다. 투자계획은 운전자본투자계획과 설비투자계획으로 구분된다. 자본조달계획은 단기자금조달계획과 장기자금조달계획으로 구분된다.

한편 이익계획은 수익계획과 비용계획으로 구분된다. 그리고 수익계획은 매출액의 예측을 통하여 수립되며, 매출액의 예측은 판매계획을 통하여 얻어진다. 비용계획은 목표이익을 실현하기 위하여 지출해야 하는 비용을 추정하는 일련의 과정을 말한다.

3.3 재무계획을 수립할 때의 고려사항

재무계획은 미래의 경제환경에 대한 여러 가지 가정에서 수립되기 때문에 경제환경이 예상하지 못한 방향으로 변화할 때를 대비할 수 있도록 배려하는 것이 바람직하다. 예를 들어 재무목표를 성장률의 극대화로 설정할 때 경제환경이 호전되거나 악화되는 경우, 경제환경이 현재의 수준을 유지하는 경우 등으로 세분하여 각각의 상황에 대비하면서 목표성장률을 달성할 수 있는 탄력적인 재무계획을 수립하여야 한다.

탄력적인 재무계획의 수립이 필요한 이유는 경제환경이 변화함에 따라 재무정책을 수정해야 하는 경우가 종종 나타나기 때문이다. 또한 재무계획은 경영성과를 평가하는 기준으로 이용된다. 따라서 계획기간에서 가능한 경영환경의 변화를 반영시켜 재무계획을 수립함으로써 경영성과를 객관적으로 평가할 수 있다.

재무계획의 내용은 기업의 규모나 성격에 따라 차이가 있으나 기본적인 요소는 거의 유사하다. 재무계획을 수립할 때 고려해야 할 사항을 살펴보면 다음과 같다.

일관된 가정의 설정

재무계획은 매출액의 예측에서 출발한다. 그러나 매출액을 정확하게 예측하는 것은 결코 쉬운 일이 아니다. 재무담당자들은 여러 경제변수의 상호관계를 고려한 계량적 방법이나 통계적 방법을 이용하여 매출액을 예측하고 있다. 그 밖에 경제·산업 환경, 소비자들의 구매행동을 설명하는 모형, 시장조사에서 얻어진 자료 등을 이용하여 매출액을 예측할 수도 있다.

어떠한 방법을 이용하더라도 매출액에 영향을 미치는 모든 요인을 반영시킬 수 없기 때문에 일관된 가정에서 매출액을 예측하는 것이 무엇보다 중요하다. 매출액은 생산계획과 판매계획에 기초하여 추정된다. 그러나 생산계획과 판매계획은 모두 향후의 인플레이션, 경제환경 변화, 원재료의 구매가능성 등을 고려한 일관된 가정에서 수립되어야 한다. 생산계획이나 판매계획의 수립과정에서 설정하고 있는 기본적인 가정이 서로 다른 경우에는 일관된 예측치를 얻을 수 없기 때문이다. 예를 들어 생산계획은 원재료의 구매가능성에 대한 가정에서 수립되나 판매계획은 경제환경에 대한 가정에서 수립되고 있다면 기본적인 가정이 서로 다르기 때문에 객관적인 매출액의 예측치를 얻을 수 없다.

재무정책의 반영

재무담당자는 재무목표를 효과적으로 달성할 수 있는 최선의 재무정책을 선택하여 이를 재무계획에 반영시켜야 한다. 그러나 어떤 재무정책이 최선의 정책인가를 정확하게 판별해 주는 재무이론은 존재하지 않는다. 예를 들어 배당정책은 아직까지도 논란이 계속되고 있는 문제 중의 하나이지만 기업의 모든 여건을 고려한 최선의 배당정책을 선택하여 이를 재무계획에 반영시켜야 한다.

04 장기재무계획

4.1 장기재무계획의 의의

장기재무계획(long-term financial planning)은 장기간을 대상으로 비유동자산에 대한 투자정책과 자금조달정책을 고려하여 수립되는 계획이다. 이러한 계획에는 앞서 설명한 바와 같이 경제환경에 대한 일관된 가정하에 실행 가능한 투자정책, 자본조달정책, 배당정책 등의 결과가 반영되어야 한다.

한편 재무계획의 결과에 따라 영향을 받는 재무정책이 있다. 예를 들어 기업의 내·외적 요인을 고려하여 합리적인 투자정책과 자본조달정책이 결정되었다면 배당정책은 이들 정책결정에 의해 배당정책이 영향을 받을 수 있다. 따라서 재무정책의 상호관계를 고려하여 주주들에게 어느 정도의 배당을 지급해야 할 것인가를 결정하여 이를 재무계획에 반영시켜야 한다.

예제 8-1 재무계획의 수립과정

20×0년도 서울(주)의 재무상태표와 손익계산서는 다음과 같다.

서울(주)의 재무제표

재무상태표

20×0년 12월 31일

구 분	금 액	구 분	금 액
자 산	1,000억원	부 채	500억원
		자기자본	500
총 자 산	1,000	총 자 본	1,000

손익계산서

20×0년 1월 1일~
20×0년 12월 31일

구 분	금 액
매 출 액	2,000억원
총 비 용	1,600
순 이 익	400

20×1년에 예상되는 매출액성장률과 매출액순이익률은 각각 20%이며, 목표부채비율은 1.0이고, 부채와 자기자본을 목표부채비율에 따라 조달한다. 또한 재무상태표 항목의 값을 매출액에 따라 비례적으로 조정하는 투자정책과 자본구조정책을 유지한다.

(1) 이 경우 재무계획의 정책변수를 확인하라.

(2) 정책변수에 따라 재무계획이 어떤 영향을 받는가를 설명하라.

해설

(1) 서울(주)에서 재무계획을 수립하는 데 필요한 정책변수는 배당정책이다. 왜냐하면 매출액에 따라 비례적으로 조정하는 투자정책과 부채비율을 1.0으로 유지하는 자본구조정책을 채택하고 있기 때문이다. 따라서 20×1년도 순이익 중 얼마를 배당으로 지급할 것인가에 따라 재무계획의 내용이 달라지기 때문에 배당수준을 정책적으로 결정하여야 한다.

(2) 서울(주)의 20×1년도 추정재무제표를 작성하면 다음과 같다.

서울(주)의 추정 재무제표

추정 재무상태표

20×1년 12월 31일

구 분	금 액	구 분	금 액
자 산	1,200억원	부 채	600억원
		자기자본	600
총 자 산	1,200	총 자 본	1,200

추정 손익계산서

20×1년 1월 1일~
20×1년 12월 31일

구 분	금 액
매 출 액	2,400억원
총 비 용	1,920
순 이 익	480

주) 배당금은 회계연도 말에 지급된다고 가정한다.

① 부채비율을 1.0으로 하는 자본구조정책을 채택하고 있다. 따라서 20×1년의 순이익 480억원을 모두 배당으로 지급한다면 필요자본 200억원을 부채와 보통주를 발행하여 각각 100억원씩 조달해야 한다.

② 순이익 중 380억원을 배당으로 지급한다면, 필요자본 200억원 중 100억원을 유보이익으로 충당하고, 나머지 100억원을 부채로 조달해야 한다.

외부자기자본조달액의 추정 4.2

목표매출액을 달성하기 위하여 필요한 외부자기자본조달액은 각 재무상태표 항목의 백분율이 일정하다고 가정하는 매출액백분율모형(percentage of sales model)을 이용하여 추정할 수 있다. 매출액백분율모형의 적용과정을 요약하면 다음과 같다.

① 재무상태표의 각 항목을 매출액에 따라 영향을 받는 항목과 영향을 받지 않는 항목으로 구분하여 영향을 받는 항목의 매출액백분율을 구한다.

② 예상매출액에 매출액백분율을 곱하여 매출액에 따라 영향을 받는 항목의 수치를 추정한다.

③ 매출액에 따라 영향을 받지 않는 각 항목의 수치를 추정 재무상태표에 기입한다.

④ 유보이익을 구한다.

⑤ 각 자산항목의 추정치를 합한 총자산에서 대변의 합계를 차감한다.

⑥ 외부자기자본조달액을 추정한다.

위의 절차와 같이 매출액백분율모형을 이용하여 추정 재무상태표를 작성함으로써 외부자기자본조달액을 추정할 수 있다. 이를 수식으로 정리하면 식 (8-7)과 같다.

$$\text{외부자기자본조달액} = \Delta R \cdot \frac{A}{R} + \Delta FA - \Delta R \cdot \frac{B}{R} - R_1 \cdot M \cdot (1-d) \qquad (8\text{-}7)$$

ΔR : 목표 매출증가액($R_1 - R$)

$\frac{A}{R}$: 총자산(A)의 매출액백분율

ΔFA : 비유동자산에 대한 투자소요액의 조정항목
$\frac{B}{R}$: 총부채(B)의 매출액백분율
R_1 : 예상매출액
M : 매출액순이익률
d : 배당성향

예제 8-2 외부자기자본조달액의 추정

강남(주)은 전자부품을 제조 판매하는 회사로서 각 재무상태표 항목의 매출액백분율은 다음과 같으며, 이와 같은 매출액백분율을 내년에도 그대로 유지하기로 하였다.

강남(주)의 재무상태표 (단위: 백만원)

구 분	금 액	매출액백분율	구 분	금 액	매출액백분율
유동자산	1,200	30%	유동부채	2,000	50%
비유동자산	4,800	120%	비유동부채	1,200	30%
			자 본 금	800	
			이익잉여금	2,000	
총 자 산	6,000	150%	총 자 본	6,000	150%

내년도에 구입비용이 500백만원인 신기계를 구입하기로 계획되어 있고, 신기계를 구입하는 경우 매출액이 4,000백만원에서 4,400백만원으로 증가할 것으로 예상된다. 매출액순이익률과 배당성향을 각각 10%와 50%로 유지한다.

강남(주)의 내년도 외부자기자본조달액을 추정하라.

해설

A/R, B/R, d의 값은 각각 150%, 80%, 50%이다. 그리고 FA/R은 120%이며 M은 10%이다. FA/R을 120%로 유지시키는 경우 400백만원 상당의 매출을 더 올리기 위해서는 비유동자산에 480백만원이 추가로 투자되어야 하는데, 실제로 500백만원을 투자하여 신기계를 구입하였으므로 그 차이인 20백만원을 더해주어야 한다. 여기서 20백만원은 비유동자산에 대한 투자소요액의 조정항목 ΔFA이다. 식 (8-7)에 각각의 관련 수치를 대입하여 외부자기자본조달액을 구하면 다음과 같다.

$$\begin{aligned}\text{외부자기자본조달액} &= 400\text{백만원}\times 1.5 + 20\text{백만원} - 400\text{백만원}\times 0.8 \\ &\quad - 4,400\text{백만원}\times 0.1 \times (1-0.5) \\ &= 80\text{백만원}\end{aligned}$$

유지가능성장률의 추정 4.3

재무이론에서는 기업의 재무목표를 기업가치의 극대화(또는 순현가의 극대화)에 두고 있다. 그럼에도 불구하고 많은 기업에서 성장률의 극대화를 재무목표로 설정하고 있는 이유가 무엇일까? 장기적인 관점에서 볼 때 성장률의 극대화와 기업가치의 극대화가 유사한 의미를 갖기 때문이다. 물론 성장률의 극대화가 곧 순현가(NPV)의 극대화를 의미한다고 볼 수는 없다. 음(−)의 NPV를 갖는 신규사업에 투자하는 경우 매출액은 증가하지만 기업가치가 오히려 감소할 수 있기 때문이다. 그러나 경영자들이 기업가치를 극대화하는 차원에서 기업을 경영한다면 기업의 성장은 기업가치를 극대화시킬 수 있는 재무정책의 결과로서 나타나게 된다. 그러므로 장기적인 관점에서 볼 때 성장률의 극대화는 기업가치의 극대화와 동일한 의미를 가질 수 있다.

많은 기업에서 재무상태나 자금조달능력을 고려하지 않고 무리한 성장을 추구하다가 오히려 재무적 곤경에 처하는 경우를 볼 수 있다. 따라서 자금조달능력이나 재무상태를 고려하여 기업이 무리 없이 달성할 수 있는 적정한 성장률을 파악해 둘 필요가 있다. 여기서 말하는 적정한 성장률은 유지가능성장률(sustainable growth rate)을 의미한다.

유지가능성장률은 일정한 재무정책하에서 달성할 수 있는 최대의 성장률을 의미한다. 유지가능성장률을 추정하는 데 이용되는 모형이 유지가능성장률모형(sustainable growth model)이다. 따라서 유지가능성장률 이상으로 성장목표를 수정할 때는 투자정책, 부채정책, 배당정책, 운전자본정책을 수정해야 하고, 정책수정이 어려운 경우에는 성장목표를 무리하게 추구해서는 안 된다. 유지가능성장률모형에서는 다음과 같은 가정을 하고 있다.

- 모든 자금을 내부금융과 부채로 조달한다.
- 모든 자산의 매출액백분율이 영구적으로 일정하다.
- 매출액순이익률, 배당성향, 부채비율이 영구적으로 일정하다.

이처럼 가정을 단순화시킨 목적은 설명의 편의를 위한 것이며, 어느 경우에서든 여러 대체적인 재무정책과 매출액성장률의 관계를 분석함으로써 주어진 재무정책하에서 달성할 수 있는 유지가능성장률(g)을 추정할 수 있다.

이상과 같은 가정에서 보면 매출액이 ΔR 만큼 증가하는 경우 총자산의 증가액은 매출액백분율(T)과 ΔR의 곱으로 표현된다. 따라서 식 (8–8)의 관계가 성립된다.

$$\Delta A = T \times \Delta R \tag{8–8}$$

ΔA : 총자산증가액
T : 총자산의 매출액백분율$\left(\frac{A}{R}\right)$
ΔR : 목표 매출증가액($R_1 - R$)

한편 예상유보이익은 식 (8–9)와 같다.

$$U = R_1 M(1-d) \tag{8–9}$$

U : 예상유보이익
R_1 : 예상매출액
M : 매출액순이익률
d : 배당성향

그리고 모든 자금을 부채와 유보이익을 통해서만 조달한다고 가정하였으므로 자기자본조달액과 부채조달액은 각각 식 (8–10) 및 식 (8–11)과 같다.

$$\Delta E = R_1 M(1-d) \tag{8–10}$$

ΔE : 자기자본조달액

$$\Delta B = R_1 M(1-d)L \tag{8–11}$$

ΔB : 부채조달액
L : 부채비율

따라서 총자본조달액은 식 (8–12)와 같다.

$$\Delta A = \Delta E + \Delta B = R_1 M(1-d) + R_1 M(1-d)L \tag{8–12}$$

식 (8–12)에서 $R_1 = R(1+g)$이고 $\Delta A = T\Delta R$이므로 식 (8–12)를 정리하면 식 (8–13)과 같다.

$$T\Delta R = RM(1-d)[(1+g)+(1+g)L]$$
$$= RM(1-d)[(1+g)(1+L)] \qquad (8-13)$$

식 (8–13)을 전개하여 정리하면 식 (8–14)와 같다.

$$T\Delta R - RM(1-d)(1+L)g = RM(1-d)(1+L) \qquad (8-14)$$

식 (8–14)에 $g=\Delta R/R$를 대입하여 정리하면 식 (8–15)와 같다.[6]

$$\frac{\Delta R}{R} = \frac{M(1-d)(1+L)}{T-M(1-d)(1+L)} \qquad (8-15)$$

식 (8–15)에서 $\Delta R/R$을 유지가능성장률이라고 한다. 앞의 [예제 8–2]에서 비유동자산에 대한 투자소요액의 조정항목이 없고 목표부채비율이 1.0이라고 가정하는 경우 강남(주)의 유지가능성장률을 계산하면 다음과 같다.

$$g = \frac{0.1(1-0.5)(1+1.0)}{1.5-0.1(1-0.5)(1+1.0)} = 7.14\%$$

식 (8–15)에서 현재의 재무정책을 수정함으로써 유지가능성장률을 조정할 수 있다. 예를 들어 부채비율을 높이거나 배당성향을 낮추거나 또는 매출액순이익률을 높임으로써 유지가능성장률을 높일 수 있다. 따라서 재무담당자는 현재의 재무정책을 면밀히 분석하여 성장률을 개선시킬 수 있도록 재무정책을 수정하여 재무계획을 수립해야 한다.

---

6 $$g = \frac{\frac{M}{T}(1+L)(1-d)}{1-\frac{M}{T}(1+L)(1-d)} = \frac{M\cdot\frac{R}{A}(1+L)(1-d)}{1-M\cdot\frac{R}{A}(1+L)(1-d)} = \frac{ROE\cdot b}{1-ROE\cdot b}$$

자기자본순이익률(ROE) = 매출액순이익률(M) × 총자산회전율(R/A) × (1 + 부채비율(L))

유보비율(b) = 1 − 배당성향(d)

05 단기재무계획

5.1 단기재무계획의 의의

제품의 성격에 따라 성수기와 비수기가 존재하며, 성수기에서는 판매량이 증가하는 한편 비수기에서는 판매량이 감소하는 경향이 있다.

일반적으로 성수기에서는 운전자본의 투자에 대한 수요가 증가하기 때문에 자금부족현상이 두드러지게 나타나는 반면에 비수기에서는 운전자본의 투자에 대한 수요가 줄어들기 때문에 여유자금이 발생하게 된다. 따라서 판매의 계절성을 고려하여 성수기에서 필요한 자금을 어떤 방법으로 확보할 것이며, 반대로 비수기에서 조성되는 여유자금의 운용을 어떻게 할 것이냐에 대한 정책적인 배려가 있어야 한다.

성수기와 비수기에서 요구되는 자금에 대한 정보를 얻기 위해서는 단기재무계획을 수립하여야 한다. 단기재무계획(short-term financial planning)은 판매의 계절성을 고려하여 판매량에 따라 변동하는 변동적 유동자산에 대한 투자소요액, 자금조달방법과 조달시기 등을 결정하는 일련의 계획을 말한다.

일정한 매출액성장률과 판매의 계절성을 지원하는 데 필요한 자산은 비유동자산과 유동자산으로 구분된다. 따라서 기업이 일정한 매출액성장률을 지속적으로 유지하는 한편 판매의 계절성에 따라 변동하는 매출을 지원하기 위하여 반드시 투자해야 하는 자본을 필수투자액이라고 한다.

필수투자액은 장기적인 매출액성장률과 판매의 계절성에 따라 변동한다. [그림 8-3]에서 볼 수 있는 것처럼 성수기인 3월~9월에 매출액이 증가하기 때문에 필수투자액이 증가하는 반면, 비수기인 10월~2월에는 매출액이 감소하는 관계로 필수투자액도 감소하고 있다. 필수투자액이 변동하는 이유는 매출액의 변동에 따라 유동자산에 대한 투자액이 영향을 받기 때문이다. 이와 같이 판매의 계절성을 지원하기 위하여 기업이 보유하는 유동자산을 변동적 유동자산이라고 한다.

한편 기업이 일정한 성장률을 계속 유지하기 위해서는 비유동자산 이외에 일정 부분의 유동자산을 항상 보유하고 있어야 한다. 따라서 장기적인 성장을 지원

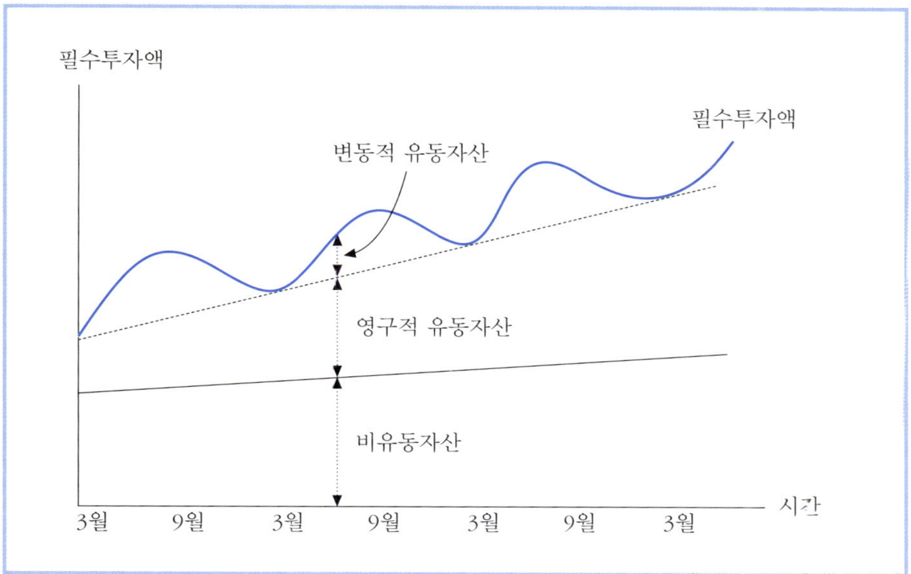

그림 8-3
판매의 계절성과 필수투자액의 관계

하는 데 필요한 유동자산은 판매의 계절성과 관계없이 항상 보유해야 하는 자산이기 때문에 비유동자산과 같은 성격을 띠게 된다. 이처럼 장기적인 성장을 지원하는데 필요한 유동자산을 영구적 유동자산이라고 한다.

이상에서 설명한 바와 같이 기업이 목표하고 있는 성장률을 유지하는 데 필요한 변동적 유동자산의 규모를 추정하여 투자소요자금의 조달방법과 조달시기를 결정해야 한다.

5.2 단기재무계획의 중요성

장기재무계획을 수립함으로써 장기적인 매출액성장률을 달성하는 데 필요한 비유동자산 및 영구적 유동자산에 대한 투자소요액, 자금조달방법, 조달시기 등에 관한 정보를 얻을 수 있다. 그러나 앞서 언급한 바와 같이 장기재무계획을 수립하더라도 매출액의 계절적 변동에 따른 필요자금의 규모나 조달방법에 대한 정보를 얻을 수 없는 결점이 있다. 따라서 재무담당자는 장기재무계획과 함께 단기재무계획을 수립하여 재무활동을 통제하여야 한다.

단기재무계획은 계절적인 매출을 지원하는 데 필요한 변동적 유동자산에 대한 투자정책과 자금조달정책의 결과를 반영하여 수립된다.

5.3 현금예산

현금은 기업이 원활한 경영활동을 수행하는 데 반드시 필요하다. 그러므로 기업의 미래 현금상태를 예측하고 계획하는 것은 기업의 미래활동을 위해 필수적이다. 현금예산(cash budget)은 미래 일정기간의 현금유출과 현금유입을 추정하여 기록한 것이다. 재무관리자는 현금예산을 통해 현금흐름의 규모와 시기를 파악하여 단기재무계획을 수립할 수 있다. 현금예산은 주별, 월별, 분기별 또는 연도별로 작성될 수 있다. 현금예산의 수립기간은 기업의 경영환경과 예산제도에 의해 결정된다. 일반적으로 현금흐름이 매우 불규칙하고 변동이 심한 기업의 경우 짧은 기간의 현금예산을 수립하는 것이 좋으며, 현금흐름이 비교적 안정적인 기업의 경우 다소 긴 기간의 현금예산을 수립하는 것이 바람직하다.[7]

현금예산을 수립하기 위해서는 먼저 매출액에 대한 추정이 선행되어야 한다. 매출액 추정의 정확성은 현금예산의 정확성에 직접적인 영향을 미친다. 다음으로 현금유입과 유출을 예측하고, 이를 상호 비교하여 최종적인 현금예산을 완성하게 된다.

현금예산의 수립과정을 설명하기 위해 다음과 같은 (주)서울완구의 사례를 생각해 보자. (주)서울완구의 20×1년 1월 1일 현재 분기별 매출액의 추정치는 다음과 같다.

	20X1. 1분기	20X1. 2분기	20X1. 3분기	20X1. 4분기
매출액	10,000만원	20,000만원	15,000만원	10,000만원

(주)서울완구는 모든 매출을 외상으로 판매하고 매출채권회수기간은 90일이다. 예를 들어 1분기의 매출액은 2분기에 전액 현금으로 회수된다. 그리고 20×0년도의 4분기 매출액(매출채권)은 1억원으로 가정한다. 분기 말의 매출채권잔액은 다음과 같이 구할 수 있다.

분기 말 매출채권액 = 분기 초 매출채권액 + 당분기 매출액
− 당분기 현금회수액

7 현금예산의 수립기간이 길수록 현금예산의 정확도는 낮아지지만, 현금흐름이 안정적인 기업의 경우 그 수립기간이 길어도 어느 정도의 정확성을 기할 수 있다.

(주)서울완구의 다음 4분기 동안의 현금회수와 기초, 기말의 매출채권 내역은 〈표 8-1〉과 같다.[8]

표 8-1

현금유입액 추정

(단위: 만원)

	20X1. 1분기	20X1. 2분기	20X1. 3분기	20X1. 4분기
매출액	10,000	20,000	15,000	10,000
현금회수액	10,000	10,000	20,000	15,000
분기 초 매출채권액	10,000	10,000	20,000	15,000
분기 말 매출채권액	10,000	20,000	15,000	10,000
총현금유입액	10,000	10,000	20,000	15,000

현금유출은 〈표 8-2〉에 나타난 바와 같이 주로 다음의 네 가지 사항으로 인하여 발생하게 된다.

▶ 매입채무의 상환

원재료를 외상으로 구입하여 일정기간이 지난 후에 현금으로 지급한다. 매입액은 예상매출액에 의해 결정되며, (주)서울완구의 경우에는 다음과 같이 가정한다.

- 매입채무의 현금상환액 = 전분기의 원재료 구입액
- 원재료 구입액 = 다음 분기 예상매출액의 1/2

▶ 임금, 세금 및 기타 비용

영업활동의 수행과정에서 발생되는 모든 정상적 현금지출비용을 포함한다.[9]

▶ 자본적 지출

유형자산 등의 구입대금을 현금으로 지급하는 것이며, (주)서울완구의 경우 4분기에 주요한 자본적 지출이 발생하는 것으로 가정하였다.

▶ 장기자본조달로 인한 지출

현존하는 비유동부채의 원리금 지급과 주주에 대한 현금배당금 등을 포함한다.

8 현금유입은 매출뿐만 아니라 자산매각, 투자수입, 그리고 장기자금조달 등에 의해서도 발생될 수 있음을 유의하여야 한다.

9 감가상각비 등 비현금지출비용은 현금유출에 포함시키지 않아야 한다.

표 8-2

현금유출액 추정

(단위: 만원)

	20X1. 1분기	20X1. 2분기	20X1. 3분기	20X1. 4분기
매 출 액	10,000	20,000	15,000	10,000
원재료구입액(외상)	10,000	7,500	5,000	5,000*
현금지출:				
매입채무 상환액	5,000	10,000	7,500	5,000
임금, 세금, 제경비**	2,000	4,000	3,000	2,000
자본적 지출액	0	0	0	10,000
이자비용과 배당금	1,000	1,000	1,000	1,000
총현금유출액	8,000	15,000	11,500	18,000

* 20×2년도 1분기의 예상 매출액은 10,000만원임.
** 임금, 세금 제경비는 매출책의 20%로 추정하였음.

표 8-3

현금예산

(단위: 만원)

	20X1. 1분기	20X1. 2분기	20X1. 3분기	20X1. 4분기
총현금유입액	10,000	10,000	20,000	15,000
총현금유출액	8,000	15,000	11,500	18,000
순현금흐름	2,000	−5,000	8,500	−3,000
누적현금잔고	2,000	−3,000	5,500	2,500
최소현금잔고	500	500	500	500
누적현금과부족	1,500	−3,500	5,000	2,000

현금유입과 현금유출이 추정되면, 이를 비교하여 순현금흐름을 계산할 수 있다. 이와 같이 작성된 현금예산은 〈표 8-3〉과 같다. 현금예산을 살펴보면 2분기에 큰 음(−)의 순현금흐름, 즉 현금부족이 나타나는데, 이는 당분기의 매출액에 대한 현금회수가 지연된 결과라 할 수 있다.

(주)서울완구는 일상적 거래, 예측 불가능한 돌발사태, 그리고 은행계좌의 최소잔고 유지 등에 대비할 목적으로 5백만원의 최소현금잔고(minimum operating cash balance)가 필요하다고 한다. 이로 인해 2분기의 누적현금부족액은 총 3,500만원이다. 이와 같은 2분기의 현금부족분은 기업의 내부자금으로 조달될 수 없기 때문에 금융기관 등을 이용하여 단기차입하여야 할 것이다.

현금예산은 여러 가지 가정하에서 추정된 것으로서 미래의 실제상황은 이와 다르게 나올 수 있다. 그러므로 여러 가지 발생가능한 상황(낙관적 상황 또는 비관적 상황 등)을 고려하여 현금예산을 각각의 상황별로 작성한 후, 이를 대비함으로써 부정확한 예측에서 오는 기회비용을 줄일 수 있을 것이다.

주요용어
Principal Terms

- **재무예측(financial forecasting)**

  기업의 미래 재무상태와 경영성과를 예측하는 활동의 하나로서 재무제표를 구성하는 각 항목의 수치를 추정하는 것을 말한다.

- **주관적 예측방법(subjective forecasting method)**

  예측자가 자신의 오랜 경험이나 주관적인 판단에 근거하여 미래의 재무상태와 경영성과를 예측하는 방법을 말한다.

- **객관적 예측방법(objective forecasting method)**

  시계열예측모형과 횡단면회귀모형 등의 정해진 모형을 이용하여 미래의 재무상태와 경영성과를 예측하는 방법이다.

- **시계열모형(time-series model)**

  과거의 시계열자료를 분석하여 시간의 경과에 따른 체계적인 움직임을 추적함으로써 미래의 재무상태와 경영성과를 예측하는 데 유용한 모형이다.

- **횡단면회귀모형(cross-sectional regression model)**

  재무변수를 설명하는 중요한 몇 개의 설명변수들과의 사이에 존재하는 통계적인 관계를 도출하여 미래의 재무상태와 경영성과를 예측하는 데 이용되는 모형이다.

- **매출액백분율법**

  매출액에 따라 비례적으로 변동하는 재무제표의 항목을 예측하는 데 이용되는 방법이다.

- **매출액을 이용한 회귀분석법**

  재무제표의 항목과 매출액을 각각 종속변수와 독립변수로 하는 회귀모형을 이용하여 재무제표 항목의 값을 예측하는 방법이다.

- **예산비용법**

  매출액의 변화에 영향을 받지 않는 재무제표의 항목을 예측하는 데 이용되는 방법으로 재무정책의 결과나 목표치를 반영시켜 미래의 값을 예측하는 방법을 말한다.

- **재무계획(financial planning)**

  자금의 운용과 조달에 관한 재무정책을 집행할 때 예상되는 미래의 재무상태와 경영성과를 추정하는 과정을 의미한다.

- **유지가능성장률(sustainable growth rate)**

  일정한 재무정책하에서 달성 가능한 최대의 성장률로서, 자금조달능력이나 재무상태를 고려하여 기업이 무리 없이 달성할 수 있는 적정한 성장률을 의미한다.

- **장기재무계획(long-term financial planning)**

  장기간을 대상으로 비유동자산에 대한 투자정책과 자금조달정책을 고려하여 수립되는 계획이다.

- **단기재무계획(short-term financial planning)**

  판매의 계절성을 고려하여 판매량에 따라 변동하는 변동적 유동자산에 대한 투자소요액, 자금조달방법과 조달시기 등을 결정하는 일련의 계획을 말한다.

- **현금예산(cash budget)**

  미래 일정기간의 현금유출과 현금유입을 추정하여 기록한 것으로서 현금예산을 통해 현금흐름의 규모와 시기를 파악하여 단기재무계획을 수립할 수 있다.

사·례·연·구

경기(주)는 전자부품을 제조 판매하는 회사로서 각 재무상태표 항목의 매출액백분율은 다음과 같으며, 이와 같은 매출액백분율을 내년에도 그대로 유지하기로 하였다.

경기(주)의 재무상태표

(단위: 백만원)

구 분	금 액	매출액 백분율	구 분	금 액	매출액 백분율
유동자산	2,000	100%	유동부채	1,200	60%
비유동자산	3,000	150%	비유동부채	2,000	100%
			자본금	800	
			유보이익	1,000	
총자산	5,000	250%	총자본	5,000	250%

경기(주)는 내년도에 구입비용이 1,000백만원인 신기계를 구입할 계획이며, 신기계를 구입하는 경우 매출액이 2,000백만원에서 2,800백만원으로 증가할 것으로 예상된다. 매출억순이익률과 배당성향을 각각 20%와 30%로 유지한다. 경기(주)의 내년도 외부자기자본조갈액을 추정하라.

해설

경기(주)의 총자산의 매출액백분율(A/R), 비유동자산 매출액백분율(FA/R), 총부채의 매출액백분율(B/R)은 각각 250%, 150%, 160%이다. 그리고 매출액순이익률(M)과 배당성향(d)은 각각 20%, 30%이다.

비유동자산 매출액백분율이 150%로 유지된다고 할 경우, 올해 대비 내년도 매출액 증가액 800백만원을 달성하기 위해서는 비유동자산에 1,200백만원이 추가로 투자되어야 한다. 그런데 실제 1,000백만원을 투자하여 신기계를 증설할 경우 비유동자산에 대한 투자액의 조정항목(ΔFA)으로 -200백만원이 발생한다.

이상의 자료를 이용하여 경기(주)의 외부자기자본조달액을 구하면 다음과 같다.

$$\text{외부자기자본조달액} = \Delta R \cdot \frac{A}{R} + \Delta FA - \Delta R \cdot \frac{B}{R} - R_1 \cdot M \cdot (1-d)$$

$$= 800\text{백만원} \times 2.5 - 200\text{백만원} - 800\text{백만원} \times 1.6$$

$$-2{,}800\text{백만원} \times 0.2 \times (1-0.3)$$

$$= 128\text{백만원}$$

연습문제

객관식 문제

01. 재무예측의 방법에 관한 설명으로 옳지 않은 것은? (경영지도사, 2018)

① 객관적 예측방법은 시계열모형과 횡단면회귀모형 등을 이용한다.
② 주관적 예측방법은 예측자의 능력에 따라 분석결과가 달라질 수 있으므로 비과학적이라는 비판을 받기도 한다.
③ 주관적 예측방법은 예측자의 경험이나 판단에 근거하여 미래의 재무상태와 경영성과를 예측하는 밥법이다.
④ 매출액백분율법은 매출액에 따라 비례적으로 변동하는 재무제표의 항목을 예측하는데 이용되는 방법이다.
⑤ 일반적으로 매출액백분율법은 단기보다 장기적인 소요자금의 예측에 더 적합하다.

02. 재무예측 방법이 아닌 것은? (경영지도사, 2013 수정)

① 계량경제모형
② 횡단면회귀모형
③ 시계열 Box-Jenkins 변형함수모형
④ APT(Arbitrage Pricing Theory) 모형
⑤ 증권분석가 예측모형

03. 다음 설명 중 틀린 것은?

① 재무예측(financial forecasting)은 기업의 미래 재무상태와 경영성과를 예측하는 활동의 하나로서 재무제표를 구성하는 각 항목의 수치를 추정하는 것을 말한다.
② 경영자는 재무예측의 결과를 바탕으로 재무계획을 수립하고, 그에 따라 재무활동을 통제해야 한다.
③ 재무예측 자료는 투자자, 채권자와 경영자 등 기업의 이해관계자들에게 매우 중요한 정보로 이용된다.

④ 재무예측의 방법으로서 주관적 예측방법(subjective forecasting method)은 예측자가 자신의 오랜 경험이나 주관적인 판단에 근거하여 미래의 재무상태와 경영성과를 예측하는 방법을 말한다.

⑤ 객관적 재무예측 방법 중 하나인 시계열모형은 재무변수를 설명하는 중요한 몇 개의 설명변수들 사이에 존재하는 통계적인 관계를 도출하여 미래의 재무상태와 경영성과를 예측하는 데 이용되는 모형이다.

04. 재무상태와 경영성과를 예측하는 데 사용되는 다음의 재무예측 모형은 무엇인가?

$$E(R_t) = \alpha + \beta t$$

$E(R_t)$: t기의 재무예측치
t : 기간 수
α : 추정 절편값
β : 추세를 반영하는 추정 회귀계수

① 시계열모형 ② 횡단면회귀모형 ③ 패널회귀모형
④ 요인분석모형 ⑤ 자본자산가격결정모형

05. 재무계획에 관한 설명으로 잘못된 것은?

① 재무계획(financial planning)은 자금의 운용과 조달에 관한 재무정책을 집행할 때 예상되는 미래의 재무상태와 경영성과를 추정하는 과정을 의미한다.
② 재무계획의 수립과정에서 가장 중요한 것은 재무목표를 설정하여 이를 효과적으로 달성할 수 있는 최선의 재무정책을 선택하는 일이다.
③ 재무계획은 투자정책과 자본조달정책을 통합시키는 관리활동이라고 말할 수 있다.
④ 재무계획은 단기재무계획과 장기재무계획으로 구분된다.
⑤ 재무계획 수립 시 매출액 성장률의 극대화를 재무목표로 삼을 경우, 이는 항상 순현가(NPV)의 극대화로 이어진다.

06. 현금예산(cash budget)을 수립 시 가장 먼저 추정하여야 하는 항목으로 적절한 것은?

① 매출액 ② 설비자산 투자액 ③ 배당금
④ 투자수입 ⑤ 자산매각액

주관식 문제

01. 다음의 용어를 간략하게 설명하라.

1) 재무예측 2) 가중이동평균법 3) 매출액백분율법
4) 예산비용법 5) 재무계획 6) 유지가능성장률
7) 현금예산

02. 재무예측의 방법으로서 주관적 예측방법과 객관적 예측방법을 비교하여 설명하라.

03. 재무제표항목의 값을 예측하는 방법으로 이용되는 매출액백분율법, 회귀분석법과 예산비용법을 비교하여 설명하라.

04. 재무계획의 의의와 체계에 대하여 설명하라.

05. 재무계획모형으로서 매출액백분율모형을 설명하라.

06. 단기재무계획의 의의와 중요성에 대하여 설명하라.

07. 현금예산의 기능에 대하여 설명하라.

08. 인천(주)의 20×1년 1월, 2월 및 3월의 예상매출액이 각각 90억원, 100억원 및 120억원이고, 매출은 신용판매와 현금판매를 통하여 이루어지며, 판매월에 매출액의 30%가 회수되는 한편 판매 직후월에 70%가 회수되며, 20×0년 12월의 매출액이 80억원이라고 한다. 20×1년 1월, 2월 및 3월의 현금유입액을 구하라.

09. 서울(주)에서는 매출액의 10%가 회수되지 않는 한편 50%가 판매월에 회수되며, 나머지가 판매 직후월에 회수될 것으로 예측하고 있다. 신용매입대금은 신용매입 직후월에 지급하며, 20×1년 5월의 매출액이 180억원이라고 한다. 서울(주)의 현금예산표를 완성하라.

(단위: 억원)

구 분	4월	5월	6월
기초현금잔액	200		
현금유입			
현금판매			
매출채권회수			
현금유출			
매입채무상환	65		
임금, 세금, 비용			
이자			
설비구입			
기말 현금잔액			

10. 서울(주)의 총자본회전율, 매출액순이익률, 배당성향, 부채비율이 각각 1.0회, 5%, 50%, 1.0이라고 한다.

1) 유지가능성장률을 구하라.

2) 유지가능성장률보다 높은 성장목표를 수립하는 경우 어떤 대책이 필요한지를 설명하라.

11. 대전(주)에서는 내년도에도 금년도와 같은 배당성향, 부채비율, 매출액순이익률 및 총자본회전율을 유지하기로 하는 한편 매출액성장률을 20%로 설정하였다고 한다. 대전(주)의 금년도 재무상태표와 손익계산서는 다음과 같으며, 배당성향이 0.7이라고 한다.

재무상태표

(단위 : 억원)

계정과목	금액	계정과목	금액
유동자산	32	유동부채	20
비유동자산	32	비유동부채	8
		자 본 금	28
		이익잉여금	8
총 자 산	64	총 자 본	64

손익계산서

(단위 : 억원)

계정과목	금액
매 출 액	64
총 비 용	58
세전순이익	6
법인세(50%)	3
순이익	3

1) 매출액백분율모형을 이용하여 내년도의 외부자기자본조달액을 구하라.

2) 내년도의 추정재무상태표를 작성하라.

제 4 편

재무제표정보의 활용

제9장의 개요

신용평가는 경영환경, 사업성과와 재무구조 등에 대한 여러 형태의 정보를 수집·분석하여 기업의 신용위험과 채무상환능력을 평가하는 것을 말한다.

신용평가는 신용분석과 채권등급평가로 구분된다. 신용분석(credit analysis)은 금융기관이 여신결정과정에서 기업의 채무불이행위험을 평가하는 것을 의미하며, 채권등급평가(bond rating)는 전문신용평가기관이 채권을 발행한 기업을 대상으로 원리금의 상환능력을 평가하여 이를 등급화하는 과정을 의미한다.

이 장에서는 은행의 여신평가와 채권등급평가에 대해서 살펴보기로 한다.

제 9 장

신용평가

01 금융기관의 여신결정

1.1 여신결정의 의의와 중요성

금융시장의 건전한 발전은 곧 경제성장의 기초가 된다. 건전한 금융시장이 존재해야만 자금의 효율적 배분이 가능하며, 자금의 효율적 배분을 통하여 생산활동이 활발하게 이루어지기 때문이다. 1997년 말 외환위기에 따른 금융기관의 부실화가 경제성장에 걸림돌이 된 적이 있었다. 금융기관의 부실화는 결국 경제활동의 침체로 이어졌으며, 경제활동의 침체는 기업은 물론 소비자에게도 많은 경제적 부담을 주었다.

금융기관은 예금자로부터 자금을 모아 기업 또는 개인에게 필요한 자금을 빌려주는 역할을 수행하고 있다. 금융기관이 예금자로부터 자금을 모으는 활동을 수신활동이라고 하며, 자금을 필요로 하는 기업 또는 개인에게 자금을 빌려주는 활동을 여신활동이라고 한다.

▲ 우리은행은 기업여신 심사 노하우와 다양한 정보를 결합한 '기업여신 자동심사시스템'을 도입하였다. 기업여신 자동심사시스템은 우리은행 내부 신용등급(Borrower Risk Rating)을 보유한 기업에 대해 일정 대출금액 이하의 여신심사와 여신승인을 처리한다. 우리은행은 더욱 정교한 대출의 사결정과 대출한도 산출 기능을 활용해 중소기업에 대한 대출지원을 강화할 계획이다. 〈출처: 대한데일리(2021.9.24.)〉

금융기관은 경제발전을 선도하는 기업에게 필요자금을 적절하게 공급해야 하는 공익적 활동을 게을리 할 수 없으며, 다른 한편에서는 수익성을 극대화하고자 하는 영리적 활동을 함께 해야 한다. 따라서 금융기관이 균형적 감각을 가지고 이와 같은 공익적 활동과 영리적 활동을 제대로 수행할 때 자금의 효율적 배분이 가능하며, 이를 통하여 안정적인 경제성장을 이룩할 수 있다.

자금의 효율적 배분은 금융기관의 합리적인 여신결정(대출결정)을 통하여 이루어진다. 금융기관이 여신결정을 잘못하여 원리금을 회수하지 못하는 경우에는 막대한 부실채권을 안게 되어 경영실적이 악화될 뿐만 아니라 예금자로부터 신뢰를 잃게 됨으로써 국민경제에 심각한 타격을 주게 된다. 잘못된 여신결정은 결국 금융기관의 부실화를 초래하여 국민경제에 심각한 영향을 미치게 된다. 따라서 금융시장의 건전한 성장·발전을 위한 금융기관의 합리적인 여신결정은 아무리 강조해도 지나치지 않을 것이다.

금융기관에서 실시하는 여신결정은 대출위험을 최소화하면서 수익성을 극대화하는 데에 목표를 두고 있다. 따라서 여신결정을 할 때 고려해야 하는 중요한 두 가지 요소는 수익성과 대출위험이다. 여신결정은 기업의 신용위험을 정확하게 평가하는 것으로부터 출발한다고 볼 수 있다. 그 이유는 신용위험의 평가결과에 따라 이자율, 대출규모, 만기 및 담보자산의 설정 등 대출조건이 결정되기 때문이다.

한편 금융기관의 여신결정은 금융기관의 경영관리적 측면에서 중요한 의미를 갖는다. 그 이유를 살펴보면 다음과 같다.[1]

첫째, 총자산 중에서 대출금이 차지하는 비중이 가장 크다는 점이다. 금융기관은 대부분의 수익을 대출에 따른 이자수익으로 얻고 있다. 그러나 이자수익과 대출위험은 상반된 관계를 갖는다. 부채상환능력이 높은 기업에 자금을 대출하는 경우에는 대손위험은 줄어들지만 수익률이 떨어지는 반면, 부채상환능력이 낮은 기업에 자금을 대출하는 경우에는 수익률은 높아지지만 대손위험이 증가하기 때문이다. 따라서 수익률과 대손위험을 적절히 고려하여 신중하게 여신결정을 해야 한다.

둘째, 기업과의 원만한 거래관계를 유지함으로써 영업환경을 개선시킬 수 있다는 점이다. 장기적으로 안정된 수익과 예금을 확보하기 위해서도 과학적인 분석을 통하여 우량기업을 선별하여 거래관계를 유지해야 한다. 기업과의 원만한 거래관계는 지속적인 금융거래를 통해서 이루어지며, 이와 같은 지속적인 거래관계를 유지함으로써 금융기관의 영업실적을 제고시킬 수 있다.

셋째, 기업이 필요로 하는 자금을 공급해 준다는 점이다. 금융기관은 영리기업이지만 공익성을 무시할 수 없다. 따라서 기업이 필요로 하는 자금을 공급해 주는 일은 금융기관의 사회적 책임을 완수한다는 측면에서 중요한 의미를 갖는다. 이러한 역할을 원활히 수행할 때 금융기관의 사회적 신뢰성이 높아지게 되어 결국 금융기관의 가치도 올라가게 된다.

1 김영진, 금융기관경영, 경문사, 1995, pp. 304~306.

1.2 여신결정과정

포스터(G. Foster)는 여신결정과정을 대출승인단계(loan approval process), 대출관리단계(loan monitoring process), 대출회수단계(loan termination process)로 구분하고 있다.[2] [그림 9-1]에서 여신결정과정을 보여주고 있다. [그림 9-1]에서 보여주는 바와 같이 여신결정과정에서는 재무제표정보를 포함한 다양한 정보가 이용되고 있다.

대출승인단계

기업의 대출요청에 따라 대출 여부를 결정하는 대출승인단계에서는 고객과의 관계, 재무제표 정보, 전략적 요소, 경영자의 자질, 신용위험, 산업 및 경제전망 등에 대한 정보를 분석하여 일정한 기준을 설정한 다음 그 기준에 따라 대출 여부를 결정해야 한다.

기업의 대출요청을 받아들이는 것이 적절하다고 판단되면 다음으로 기업과의

그림 9-1
금융기관의 대출결정과정

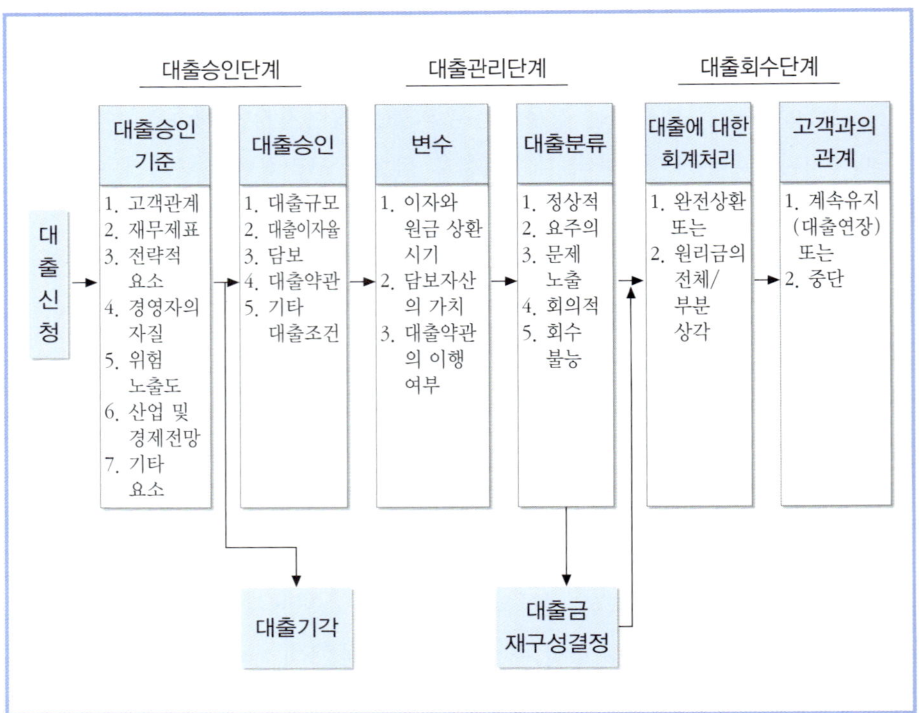

2 G. Foster, *Financial Statement Analysis*, 2nd ed., Prentice-Hall, 1986, pp. 575~585.

협의를 통하여 대출액, 이자율, 담보자산과 대출약관 등에 대한 구체적인 대출조건을 결정해야 한다.

대출관리단계

대출관리단계는 원리금 상환시기의 준수, 담보자산의 가치, 대출약관의 내용준수 및 채무이행에 대한 의지 등을 고려하여 다음과 같은 유형으로 분류하여 대출금을 관리하는 단계이다.

대출은 다음과 같은 유형으로 구분된다.

- 정상적 대출 : 약속된 사항이 제대로 이행되고 있어 최소한의 대손위험이 있는 대출.
- 요주의 대출 : 차입자의 재무상황이 취약하여 원리금 회수가 불확실해지는 징후가 나타나고 있는 대출.
- 문제의 대출 : 재무적, 관리적, 정치적 또는 경제적 상황이 불리하게 진행되고 있는 관계로 대출금을 조기에 회수해야 하는 대출.
- 회의적 대출 : 대출금의 완전회수가 어려운 관계로 높은 대손가능성이 예상되는 대출.
- 회수불능 대출 : 대출금의 회수가 불가능한 것으로 판정되는 대출.

대출회수단계

앞서와 같은 방법으로 분류된 대출유형에 따라 적절한 조치를 취하는 대출회수단계에서는 대출유형에 따라 거래관계를 계속 유지하거나, 대출금을 전액 회수하거나, 대출금의 회수가 어려운 경우에는 전부 또는 부분적으로 대손처리를 해야 한다.

대출회수단계에서 대출금의 회수가 지연되거나 대출조건이 제대로 이행되지 않은 기업과의 거래관계를 계속 유지할 것인지를 결정해야 한다. 만일 기업이 구조적인 문제로 경영실적이 악화되고 있다면 거래관계를 계속 유지할 수 없겠지만 일시적인 유동성의 문제 때문이라면 거래관계를 계속 유지하는 문제를 면밀하게 검토할 필요가 있을 것이다.

현장 FOCUS

금융감독원의 자산건전성 분류 단계

금융감독원은 자산건전성 분류를 여신의 건전성 상태별로 다음과 같이 정상, 요주의, 고정, 회수의문, 추정손실 등 5단계로 정의하고 있다(은행업감독규정 제27조).

1. 정상: 경영내용, 재무상태 및 미래현금흐름 등을 감안할 때 채무상환능력이 양호하여 채권회수에 문제가 없는 것으로 판단되는 거래처(정상거래처)에 대한 자산

2. 요주의: 다음 중 하나에 속하는 자산
   ① 경영내용, 재무상태 및 미래현금흐름 등을 감안할 때 채권회수에 즉각적인 위험이 발생하지는 않았으나 향후 채무상환능력의 저하를 초래할 수 있는 잠재적인 요인이 존재하는 것으로 판단되는 거래처(요주의거래처)에 대한 자산
   ② 1월 이상 3월 미만 연체대출채권을 보유하고 있는 거래처에 대한 자산

3. 고정: 다음 중 하나에 속하는 자산
   ① 경영내용, 재무상태 및 미래현금흐름 등을 감안할 때 채무상환능력의 저하를 초래할 수 있는 요인이 현재화되어 채권회수에 상당한 위험이 발생한 것으로 판단되는 거래처(고정거래처)에 대한 자산
   ② 3월 이상 연체대출채권을 보유하고 있는 거래처에 대한 자산 중 회수예상가액 해당부분
   ③ 최종부도 발생, 청산·파산절차 진행 또는 폐업 등의 사유로 채권회수에 심각한 위험이 존재하는 것으로 판단되는 거래처에 대한 자산 중 회수예상가액 해당부분
   ④ 회수의문거래처 및 추정손실거래처에 대한 자산 중 회수예상가액 해당부분

4. 회수의문: 다음 중 하나에 속하는 자산
   ① 경영내용, 재무상태 및 미래현금흐름 등을 감안할 때 채무상환능력이 현저히 악화되어 채권회수에 심각한 위험이 발생한 것으로 판단되는 거래처(회수의문거래처)에 대한 자산 중 회수예상가액 초과부분
   ② 3월 이상 12월 미만 연체대출채권을 보유하고 있는 거래처에 대한 자산 중 회수예상가액 초과부분

5. 추정손실: 다음 중 하나에 속하는 자산
   ① 경영내용, 재무상태 및 미래현금흐름 등을 감안할 때 채무상환능력의 심각한 악화로 회수불능이 확실하여 손실처리가 불가피한 것으로 판단되는 거래처(추정손실거래처)에 대한 자산 중 회수예상가액 초과부분
   ② 12월 이상 연체대출채권을 보유하고 있는 거래처에 대한 자산 중 회수예상가액 초과부분
   ③ 최종부도 발생, 청산·파산절차 진행 또는 폐업 등의 사유로 채권회수에 심각한 위험이 존재하는 것으로 판단되는 거래처에 대한 자산 중 회수예상가액 초과부분

금융감독원은 은행 등 금융기관이 자산건전성을 확보할 수 있도록 자산건전성 분류 단계별 자산의 일정비율 이상을 대손충당금으로 적립하도록 정하고 있다(은행업감독규정 제29조). 예를 들어 회수의문으로 분류된 자산에 대해서는 그 자산의 50% 이상, 추정손실로 분류된 자산에 대해서는 그 자산의 100%에 해당하는 대손충당금을 적립하도록 정하고 있다.

신용분석 02

신용분석의 의의 2.1

대출 여부와 대출조건은 신용분석의 결과에 따라 달라지므로 여신결정은 신용분석의 결과에 영향을 받는다고 볼 수 있다. 신용분석은 대출에 따른 기업의 원리금상환능력 또는 신용위험을 평가하는 것을 말한다. 따라서 신용분석의 목적은 기업의 신용위험을 평가함으로써 대출 여부 또는 대출조건을 결정하는 데 필요한 정보를 얻는 데 있다.

여신결정에서 범할 수 있는 첫 번째 오류는 원리금상환능력이 없는 고객에게 자금을 대출해 줌으로써 손실을 감수해야 하는 경우이고, 두 번째 오류는 원리금상환능력이 있는 고객에게 자금을 대출해 주지 않음으로써 추가적인 수익을 포기하는 경우이다.

첫 번째 오류에 따라 부담해야 하는 손실로는 대출금의 회수를 위하여 지불해야 하는 관리 및 법률비용, 원리금의 회수불능과 관련된 대손비용 등이 포함된다. 한편 두 번째 오류에 의해서 발생되는 손실로는 채무를 상환할 수 있는 고객에게 대출해 주지 않음으로써 포기해야 하는 수익으로서 기회비용 등이 있다.

이와 같은 여신결정에 따른 두 가지 오류는 모두 고객의 상실에 따른 수익성의 감소에 영향을 미친다. 그러나 두 번째 오류에 의해서 발생되는 비용은 무시할 정도로 작기 때문에 일반적으로 신용분석에서는 첫 번째 오류를 최소화하는 데 중점을 두고 있다.[3]

신용분석의 중요성 2.2

여신결정에서는 필연적으로 신용위험을 부담해야 한다. 따라서 철저한 신용분석을 통하여 신용위험의 정도를 파악하고, 그에 따라 대출규모와 대출조건을 결정해야 한다. 신용분석의 중요성을 살펴보면 다음과 같다.

---

3 E. I. Altman, R. G. Haldeman, and P. Narayanan, "Zeta Analysis: A New Model to Identify Bankruptcy Risk of Corporations," *Journal of Banking and Finance*, June, 1977, pp. 29~54.

첫째, 신용분석을 통하여 원리금의 회수에 따른 불확실성을 줄일 수 있다. 불확실성을 최소화하는 노력은 금융기관의 수익성을 개선시키는 한편 금융시장의 건전한 발전에도 기여한다. 그동안 우리나라의 금융기관에서는 대기업을 중심으로 한 담보 위주의 대출에 의존하여 왔기 때문에 많은 부실채권이 발생하였으며, 그로 인하여 경제위기에 빠져들었던 값비싼 경험을 하였다. 대기업 중심의 담보 위주의 편중대출과 관치금융이 지배하는 환경에서 많은 금융기관들이 과학적인 신용분석에 근거한 합리적인 여신결정보다 담보 위주의 비합리적인 여신결정에 의존하여 왔던 것은 주지의 사실이다. 이와 같은 비합리적인 여신결정의 관행은 결국 외환위기로 이어졌고, 외환위기를 경험하면서 신용분석의 중요성에 대한 금융기관의 인식이 높아졌던 것은 매우 다행스러운 일이다.

둘째, 신용분석에 근거하는 합리적인 여신결정을 통하여 금융기관의 수익성을 개선시킬 수 있다. 금융시장의 개방화와 세계화가 확산되면서 금융환경이 급속하게 변화하는 무한경쟁의 시대에서 금융기관이 안정적인 성장을 통하여 경제성장에 기여하기 위해서는 합리적인 여신결정을 통하여 부실채권을 최소화하는 한편 신용도에 따라 적절한 대출조건이 결정되는 합리적인 여신제도가 정착되어야 할 것이다.

셋째, 자금을 효율적으로 배분할 수 있다는 점이다. 자금의 효율적 배분은 과학적인 신용분석을 통한 합리적인 여신결정이 일반화됨으로써 가능하다. 국민경제적 차원에서 보면 자금의 효율적 배분은 아무리 강조해도 지나치지 않을 것이다.

2.3 신용분석의 5C

원리금을 상환할 수 있는 능력이 없거나 상환하고자 하는 의지가 없는 기업에 자금을 대출해 주는 것은 대단히 무모한 일이다. 따라서 기업이 대출과 관련된 약관의 내용을 제대로 이행할 수 있는 능력과 의지가 있는가를 파악하는 것은 여신결정에서 특히 중요한 의미를 갖는다. 그 밖에도 여러 가지 요인을 고려하여 기업의 신용도를 분석하여 그에 따라 여신결정을 해야 한다.

일반적으로 신용분석에서는 다음과 같은 다섯 가지의 요인을 고려하여 기업의 신용위험을 평가하고 있는데, 이를 신용분석의 5C라고 한다.

경영자의 인격

경영자의 인격(character)은 대출에 따른 원리금 상환에 대한 기업의 의지를 평가하는 중요한 요소로 이용된다. 기업의 신용도를 평가하는 가장 중요한 요소는 대출계약을 이행하고자 하는 기업의 의지 또는 책임감이다. 원리금을 상환하고자 하는 의지 또는 책임감이 없는 기업에 자금을 대출하는 경우, 채무이행 지연에 따른 많은 기회비용을 부담해야 한다.

대출계약의 이행에 대한 책임의식은 경영자의 인격(성실성, 윤리관)에 따라 좌우된다. 경영자의 인격은 과거의 거래실적, 경영자의 인격에 대한 평판, 경영자와의 면담 등을 통하여 판단할 수 있다.

상환능력

상환능력(capacity)은 기업의 현금동원능력을 평가하는 데 이용되는 중요한 요소이다. 아무리 경영자의 책임의식이 강하더라도 현금동원능력이 없는 경우에는 대출금을 회수할 수 없을 것이다.

현금동원능력은 기업의 이익창출능력과 부채의존도 등에 따라 영향을 받는다. 따라서 기업의 현금동원능력은 재무제표의 분석과 미래의 기대현금흐름을 추정함으로써 얻을 수 있다.

자본력

기업의 신용도를 결정하는 또 다른 요인은 기업이 원리금을 상환할 수 있는 충분한 자본력(capital)을 확보하고 있는가이다. 자본력은 총자산에서 총부채를 공제한 순자산을 통하여 측정할 수 있다. 채무상환능력은 현금동원능력 이외에 자본력에 따라 결정되기 때문에 기업의 순자산규모를 분석함으로써 차입금을 약속대로 상환할 수 있는 자본력이 충분한지를 평가할 수 있다.[4]

담보력

담보력(collateral)은 기업이 채무를 이행하지 못하는 경우에 확보할 수 있는 담보자산의 보유정도를 의미한다. 기업의 신용도는 경영자의 인격, 현금동원능

4 장부가치와 시장가치가 현저하게 다를 수 있다. 따라서 시장가치를 이용하여 차입자의 자본력을 측정하는 것이 바람직할 것이다.

력, 자본력 이외에 대출금의 회수를 보장할 수 있는 담보자산이 충분한지에 따라 좌우된다.

담보를 설정하는 경우에는 담보자산의 처분이 쉬울 뿐만 아니라 대출금 이상의 가치를 갖는 자산인지를 파악해야 한다. 이와 같은 물적 담보가 여의치 않을 경우에는 인적 보증(personal guarantees)으로 대체할 수 있다.

경제상황

경제상황(conditions)은 일반적인 경제상황 또는 기업의 채무상환능력에 영향을 미칠 수 있는 특별한 상황변화를 의미한다. 예컨대 기업이 불황이나 금융시장의 경색과 같은 불리한 환경변화에 대응할 수 있는 능력은 신용위험을 결정하는 중요한 요인이다. 따라서 경제상황에 대하여 몇 가지 가능한 시나리오를 설정하여 최악의 시나리오에서 기업의 채무상환 가능성을 점검해야 한다.

03 신용평점제도

3.1 신용평점제도의 의의

신용평가의 주된 목적은 기업의 신용위험을 평가하는 데 있다. 신용위험은 기업이 차입금을 상환하지 못할 가능성을 의미한다. 따라서 신용위험이 높을수록 채무상환 불이행의 정도가 높다고 말할 수 있다.

대부분의 금융기관에서는 다양한 기업의 재무제표 정보를 이용하여 채무상환능력을 평가한 후 이를 점수화하여 일정한 기준을 초과하는 경우에만 대출을 허용하는 신용평점제도를 운용하고 있다. 신용평점제도(credit scoring system)는 계량적인 신용평가의 한 방법으로서 여러 가지 평가항목을 선정하여 기업의 원리금상환능력을 종합적으로 고려한 신용평점에 따라 기업의 신용도를 평가하는 방법이다.[5]

신용평점제도는 금융기관마다 다소 차이가 있지만 일반적으로 다음과 같은 네

5 신용평점제도는 제4장에서 설명한 지수법과 유사하다.

표 9-1

주요 평가요소

1. 양적 평가요소(주요 재무비율)

구 분	평가내용	주 요 비 율
유동성 비율	단기 채무지급능력	유동비율, 당좌비율 등
자본구조비율	장기 채무지급능력	부채비율, 비유동비율, 이자보상비율 등
효율성 비율	자산의 효율적 이용도	재고자산회전율, 매출채권회전율, 유형자산회전율, 총자산회전율 등
수익성 비율	경영의 총괄적 효율성	매출액순이익률, 총자산순이익률, 자기자본순이익률 등
생산성 비율	인적·물적 자원의 성과	부가가치율, 노동생산성, 자본생산성 등
시장가치비율	시장에서의 상대적 평가	주가수익비율, 주가장부가치비율, q비율 등

2. 질적 평가요소

구 분	평 가 내 용
생산요소	생산시설, 영업레버리지, 공장자동화, 품질관리, 기술개발, 원자재 조달능력, 규모의 경제 등
마케팅요소	제품종류, 제품의 질, 제품가격, 판매조직, 광고활동, 시장점유율 등
인적자원요소	경영자의 능력, 노사관계, 직원채용 및 배치의 합리성, 근로조건 및 복지시설, 기업공개 여부 등
재무요소	거래신뢰도, 대금융기관 관계, 자금동원능력, 지배구조, 환위험 등
전략요소	연구개발투자, 경영전략방향, 최고경영진의 구성, 대정부관계 등

단계를 거쳐 이루어진다.[6]

첫째, 신용평가에서 중요하다고 판단되는 주요 평가요소를 선정한다. 주요 평가요소는 크게 양적 요소와 질적 요소로 구분되며, 일반적으로 고려될 수 있는 평가요소를 정리하면 <표 9-1>과 같다.

둘째, 채무상환능력에 영향을 미치는 정도를 고려하여 선정된 각 평가요소의 중요도에 따라 가중치를 부여한다. 일반적으로 통계적인 방법을 이용하여 가중치를 부여하지만 통계적인 방법을 이용할 수 없는 경우에는 경험이나 주관적인 판단에 따라 가중치를 부여한다.

셋째, 각각의 평가요소별로 기업의 강·약점을 파악한 다음 이를 산업 내의 타 기업과 비교하여 등급을 매긴 다음, 각 평가요소에 대한 가중치를 고려하여 점

6 장영광·송치승, 경영분석, 제5판, 무역경영사, 2017, pp. 527~528.

수를 산정한다. 예를 들어 평가요소를 A, B, C, D 및 E의 5등급으로 구분할 경우 평가요소의 등급별 점수는 평가요소의 가중치(배점)에 A등급은 5/5, B등급은 4/5, C등급은 3/5, D등급은 2/5, E등급은 1/5을 곱하여 산출한다.

넷째, 각 평가요소별로 산정된 점수를 모두 합하여 신용평점(credit scores)을 구한다. 신용평점은 기업의 신용도를 종합적으로 평가하는 것으로 여신결정의 기준으로 이용된다. 예를 들어 신용평점이 일정한 점수를 초과할 때 대출승인을 하거나, 구간을 정하여 그에 따라 대출조건이 결정되기도 한다.

신용평점제도의 장점은 양적 요소뿐만 아니라 질적 요소를 함께 고려하여 종합평가한 신용평점에 따라 기업의 신용도를 분류할 수 있다는 데 있다. 그러나 평가요소의 선정, 가중치 부여 및 등급에 따른 점수산출 등에서 주관적 판단이 개입될 수 있다는 문제점이 있다. 따라서 신용평점제도의 신뢰성을 높이기 위해서는 가능한 한 주관적 판단을 줄일 수 있는 제도적인 장치가 필요하다. 대부분의 금융기관에서는 일정한 인원으로 평가팀을 구성하여 그룹토의를 거치는 방법으로 이러한 문제점을 최소화하고 있다.

3.2 우리나라의 신용평점제도

우리나라에서는 은행, 단기금융회사 및 신용보증기금 등에서 독자적인 신용평점제도를 구축하여 그에 따라 여신결정을 하고 있다. 예컨대 한국은행에서는 어음 재할인을 위한 적격업체를 선정하기 위하여, 시중은행에서는 여신결정을 위한 업체를 선정하기 위하여, 단기금융회사에서는 기업어음의 할인을 위한 적격업체를 선정하기 위하여, 그리고 신용보증기금에서는 회사채, 여신 또는 어음보증을 위한 적격업체를 선정하기 위하여 신용평점제도를 각각 운용하고 있다.

그러나 외환위기 이후 신용평점제도에 큰 변화가 있었다. 외환위기 이전에는 은행들이 전국은행연합회와 공동으로 마련한 신용평점제도에 주로 의존하였으나, 외환위기 이후부터는 각각 독자적인 신용평점제도를 구축하여 운용하고 있다.

외환위기 이전의 신용평점제도

외환위기 이전에는 한국은행이 제정한 ‘기업체 종합평가표’와 은행별로 자체

표 9-2 중소기업신용평가표

구분		평가항목	총자산 5억원 이하	외부감사대상기업 (총자산 5억원 초과 60억원 미만)		외부감사대상기업 (총자산 60억원 이상)	
				광업 · 제조 · 건설업	도 · 소매 기타 서비스업	광업 · 제조 · 건설업	도 · 소매 기타 서비스 업
재무상태	안정성	자기자본비율	5	6	6	6	6
		당좌비율	4	6	–	6	–
		유동비율	–	–	6	–	6
		비유동장기적합률	–	4	–	4	–
		현금흐름/총부채	–	–	4	–	4
		차입금의존도	5	4	4	4	4
	수익성	매출액경상이익률	–	4	4	6	6
		매출액영업이익률	5	–	–	–	–
		총자본순이익률	–	7	7	9	9
		총자본경상이익률	5	–	–	–	–
	활동성	총자본회전율	4	4	4	5	5
		영업자산회전율	4	4	4	5	5
	생산성	총자본투자효율	–	4	4	5	5
		부가가치율	–	4	4	5	5
	성장성	총자본증가율	–	4	4	5	5
		매출액증가율	3	4	4	5	5
재무항목 합계			35	55	55	65	65
사업성	성장전망	추정매출액이익률	4	2	2	2	2
	수익전망	추정매출액영업이익률	–	2	2	2	2
	시장성	거래조건, 판매 안정도	8	4	4	4	4
		업종의 유망성	4	4	4	2	2
	경쟁력	인력개발	–	4	4	2	2
		품질 및 기술 수준	9	4	–	3	–
		입지조건, 서비스 수준	(9)	–	4	–	3
	소계		25	20	20	15	15
거래신뢰도	은행거래상황	여신거래기간, 연체 여부, 규제사실 여부	6	3	3	2	2
	사업안정성	사업장 및 주택 보유, 권리침해 여부	6	3	3	2	2
	업력(業歷)	기업체 업력	5	2	2	2	2
	세평(世評)	동업계 세평	3	2	2	2	2
	소계		20	10	10	8	8
경영능력	경영성과	흑자경영기간 및 경상이익 추세	5	5	5	2	2
	경영자능력	경영형태	3	2	2	2	2
		경영전략	4	2	2	2	2
		경영자 능력	4	2	2	2	2
	노사관계 및 근로조건	노사관계	4	2	2	2	2
		근로조건		2	2	2	2
	소계		20	15	15	12	12
비재무항목 합계			65	45	45	35	35
총계			100	100	100	100	100

개발한 '기업신용평가표' 등에 따라 신용평점제도가 운용되었다.[7]

하나의 예로서 한국은행의 '기업체 종합평가표'는 1979년부터 상업어음재할인 적격업체의 선정을 위한 목적에서 개발된 것으로 본래 목적 이외에 대출결정을 위한 신용평가에도 유용하게 활용되었다. 그 밖에도 사업전망은 있지만 담보가 부족하거나 재무상황이 좋지 않은 중소기업들에게 대출의 기회를 제공하기 위한 목적에서 한국은행과 은행연합회에서 '중소기업 신용평가표'를 개발하였다. 〈표 9-2〉는 '중소기업 신용평가표'를 예시한 것이다.

외환위기 이후의 신용평점제도

과거에는 은행들이 획일적인 신용평가시스템에 의존하여 왔으나 외환위기 이후에는 각 은행에서 독자적인 신용평가시스템을 구축하여 운영하고 있으며, 감독기관 또는 국제적으로 인정되는 규제기준에 부합하는 기준을 설정하고자 노력하고 있다.

1988년 국제결제은행협약(BIS협약)이 확정되어 신용평가의 중요성에 대한 인식이 높아지면서 신용평가시스템의 운영에도 많은 변화가 있었다. 예를 들어 BIS협약에 따라 금융기관의 자기자본에 대한 규제가 시작되면서 개인 또는 기업에 대하여 신용평점을 산출하거나 신용등급을 결정하는 시스템이 개발되었다. 또한 신용평가시스템 이외에도 여신과정별로 여신결정을 지원하는 시스템이 도입 · 운용되었다.

한편 2004년에 개정되어 2007년부터 시행되는 새로운 BIS협약(New Basel Accord)에서는 신용위험과 시장위험 이외에도 운영위험을 반영하여 자기자본비율을 산정하도록 요구하였다. 신용위험에 대해서는 내부에서 자체적으로 산정한 신용평가등급 또는 외부의 신용평가등급을 이용하여 거래기업의 신용위험을 산출하여 소요 자기자본을 산정할 때 반영하도록 하였다.

이와 같은 BIS협약의 요청에 따라 은행에서는 반드시 자체적으로 거래기업에 대한 신용평가를 수행하든지 외부 평가기관의 신용등급을 활용해야 하며, 또한 감독당국에서 그와 같은 신용평가가 적절하게 이루어지고 있는가를 검증하도록 하였다. 이러한 국제적인 금융환경의 변화에 따라 우리나라의 은행에서도 자체적으로 신용평가시스템을 구축하여 개인 또는 거래기업을 대상으로 신용평가를

7 1995년 7월부터 '기업체 종합평가표'의 작성의무가 폐지됨에 따라 각 금융기관은 독자적인 평점제도를 개발하여 이를 사용하고 있다.

수행하고 있으며, 그 결과에 따라 여신결정은 물론 충당금의 적립 및 자기자본을 통합적으로 관리하고 있다.

현재 각 은행에서는 개별고객을 대상으로 하는 신용평점제도로서 고객별 신용평가모형을 이용하여 고객별로 신용평점을 부여하거나 신용등급을 결정하고 있다. 여신평점제도는 최초의 거래신청자의 신용도를 분석하여 거래 여부를 결정하는 데 이용되는 신용평점제도(application scoring system)와 거래개시 이후 고객의 행동특성을 반영한 행동평점제도(behavior scoring system)로 구분된다.

개별고객을 대상으로 하는 여신평점시스템에서는 급여생활자와 자영업자 등으로 구분하여 개인별 신상정보, 재산상태, 거래기록 등에 대한 데이터베이스를 이용하여 개인별로 신용등급을 결정하고 있다.

한편 기업을 대상으로 하는 신용평가에서는 신용평점모형(credit scoring model) 이외에 통계적 모형과 전문가의 판단 등을 통하여 신용등급을 결정하고 있다. 기업의 경우에는 대기업, 중소기업 또는 상장기업, 소기업 등으로 세분화하여 모형을 적용하고 있다. 이와 같은 신용평가모형에서는 표본의 특성에 따라 판별분석, 로지스틱 회귀모형, 인공신경망모형, 머신러닝(machine learning) 등 다양한 방법론이 이용되고 있다.

또한 신용평가시스템 이외에도 여신과정별로 의사결정을 지원하는 시스템을 구축하여 운용하고 있다. 예를 들어 재무분석지원시스템, 담보관리시스템, 금리결정시스템, 여신상담·신청시스템, 부도·연체관리시스템 등에 따라 의사결정을 지원하고 있다.

국내 은행의 신용평가모형

일반적으로 은행에서 실시하는 신용평가 업무는 여신심사 과정의 일부에 속한다. 이런 측면에서 국내 시중은행들의 신용평가 체계는 대체로 유사하다. 하지만 각 은행별 신용평가모형은 모형을 구성하는 항목과 항목 간 상대적 중요성이 반영된 가중치 등은 은행 고유의 특성을 고려하여 다양한 형태로 개발되어 운용되고 있다.

다음은 국내 시중은행 중 A은행의 신용평가모형을 소개한다. A은행의 신용평가모형은 심사자의 주관적 판단을 비재무적 변수들을 통해 평가에 반영하는지 그 여부에 따라 기업신용평가모형과 소매신용평가모형으로 구분한다. 그리고 기업신용평가모형 중에서도 기업이 속한 업종 및 외부감사대상 여부에 따라 다양한 모형으로 구분된다. 여기서 외부감사 대상이 아닌 제조업 중심의 기업신용평가모형을 대상으로 한 A은행의 신용평가모형을 다룬다.

A은행은 신용평가시 평가대상 기업이 동일한 업종일지라도 기업의 자산규모에 따라 총 3개의 모형으로 구분하여 적용한다. 즉, 신용평가시 전기 말의 자산규모가 20억원 미만인 기업, 20억원 이상~70억원 미만, 70억원 이상 등의 세 개의 구간으로 구분된 영역의 기업에 해당하는 신용평가모형을 적용한다. 그리고 이러한 신용평가모형은 재무적 요인과 비재무적 요인으로 구성되어 있는데, 이

표 9-3 A은행 신용평가모형의 구성요인

구 분	자산규모(전기 말 기준)		
	20억원 미만	20억원 이상 70억원 미만	70억원 이상
재무적 요인	60%	65%	70%
비재무적 요인	40%	35%	30%
합 계	100%	100%	100%

표 9-4 A은행 신용평가모형: 재무적 요인의 현황 및 가중치

구 분		자산규모(전기 말 기준)					
		20억원 미만		20억원 이상 70억원 미만		70억원 이상	
		평가항목	가중치	평가항목	가중치	평가항목	가중치
재무평가	수익성	매출액총이익 대 비유동자산비율	5	자본금순이익률	7	총자본투자효율	8
		수지비율 (수익/비용)	10	이자비용 대 총비용비율	12	이자비용 대 총비용비율	14
	안전성	비유동자산 대 차입금비율	18	비유동자산 대 차입금비율	15	차입금 대 자기자본비율	10
		유동부채비율 (유동부채/자기자본)	15	순부채담보비율	22	순부채담보비율 ((총부채-이익잉여금)/유형자산)	33
		차입금의존도 (차입금/총자산)	22	이익잉여금 대 총자산비율	17	이익잉여금 대 총자산비율	10
	유동성	현금비율	20	현금비율	18	현금비율	16
	부채상환능력	이자보상비율	10	이자보상비율	9	이자보상비율	9

들 요인이 각 모형에서 차지하는 비중은 〈표 9-3〉과 같다. 그리고 A은행의 신용평가모형을 구성하는 재무적 요인의 현황과 각 요인별 가중치는 〈표 9-4〉와 같으며, 비재무적 요인의 현황과 각 요인별 가중치는 〈표 9-5〉와 같다.

A은행에서 실시하는 신용평가의 주된 목적은 대출고객의 원리금에 대한 상환능력을 평가하는 것이다. 따라서 신용평가의 결과는 여신 제공에 대한 의사결정, 대출금리 결정, 우량기업 선정, 자산 건전성 분류 등의 업무에도 활용된다. A은행은 평가대상 기업에 대한 신용평가의 결과물로서 해당 기업의 신용등급을 산정한다. A은행에서 사용하는 신용등급의 분류 체계는 〈표 9-6〉과 같다.

표 9-5 A은행 신용평가모형: 비재무적 요인의 현황 및 가중치

구분	자산규모(전기 말 기준)					
	20억원 미만		20억원 이상 70억원 미만		70억원 이상	
	평가항목	가중치	평가항목	가중치	평가항목	가중치
산업위험	산업위험	13	산업위험	13	산업위험	7
영업위험	시장성	6	시장성	10	시장성	9
	기술개발 및 품질혁신	3	기술개발 및 품질혁신	3	기술개발 및 품질혁신	3
	인력개발	0	인력개발	3	인력개발	6
	가격경쟁력	5	가격경쟁력	6	가격경쟁력	8
	성장전망	11	성장전망	5	성장전망	7
	수익전망	9	수익전망	7	수익전망	7
	위기상황평가	0	위기상황평가	0	위기상황평가	0
	자금조달능력	0	자금조달능력	0	자금조달능력	0
	우발적 재무위험	0	우발적 재무위험	0	우발적 재무위험	0
경영위험	경영자 능력	13	경영자 능력	5	경영자 능력	8
	노사관계	0	노사관계	3	노사관계	5
	근로조건 및 복지수준	0	근로조건 및 복지수준	0	근로조건 및 복지수준	6
	은행거래신뢰도	20	은행거래신뢰도	20	은행거래신뢰도	13
	세평	8	세평	8	세평	7
	업력	12	업력	8	업력	8
	규모	0	규모	9	규모	6
조정항목	기업군 신용위험, 기타 신용위험, 금융규제					

표 9-6 A은행의 신용등급 분류 체계

신용등급		정 의
정상	AAA	영업기반 및 재무상태가 최상위권으로 급격한 경기침체기에도 재무상태가 저하될 우려가 거의 없어 채무상환능력이 매우 탁월
	AA	영업기반 및 재무상태가 최상위권으로 급격한 경기침체기에도 재무상태가 저하될 우려가 낮아 채무상환능력이 탁월
	BBB	영업기반 및 재무상태가 상위권으로 일반적 경기침체기에는 재무상태가 저하될 우려가 다소 있으나 현재 채무상환능력은 우수
	BB	영업기반 및 재무상태가 중위권으로 일반적 경기침체기에는 재무상태가 저하될 우려가 다소 있으나 현재 채무상환능력은 양호
	CCC	영업기반 및 재무상태가 하위권으로 잠재적 부실화 요인이 존재하여 채무상환능력이 미흡
	CC	영업기반 및 재무상태가 최하위권으로 부실화 가능성이 높아 채무상환능력이 불량
부도	CC−	채무상환능력이 불량하여 담보물의 회수예상가액을 제외하고는 손실발생 가능성이 높음
	C	채무상환능력이 매우 불량하여 담보물의 회수예상가액을 제외하고는 손실발생 가능성이 매우 높음
	D	채무상환능력이 매우 불량하여 담보물의 회수예상가액을 제외하고는 손실 초래가 불가피함

3.3 신용평점제도의 유용성과 한계점

신용평점제도의 유용성을 정리하면 다음과 같다. 첫째, 기업의 신용도를 계량적으로 평가함으로써 일관성 있고 객관적인 여신결정을 할 수 있다는 장점이 있다. 둘째, 여러 가지 재무변수를 함께 고려하여 신용도를 평가할 수 있기 때문에 여신 적격기업을 선별하는 예측력이 높다는 장점이 있다. 셋째, 대출담당자의 시간과 노력을 절감시켜 주는 장점이 있다. 신용평점결과에 따라 일정한 점수 이상의 기업에 대해서는 더 이상의 추가분석 없이 대출을 승인하고, 일정한 점수 이하의 기업에 대해서만 정밀분석을 함으로써 시간과 노력을 줄일 수 있기 때문이다.

이와 같은 유용성에도 불구하고 신용평점제도는 다음과 같은 몇 가지 한계점을 지니고 있다. 첫째, 평가요소의 선정, 가중치의 부여, 등급에 따른 평점산출 등에서 주관적 판단이 개입될 수 있다. 둘째, 여신적격업체의 선정과 관련된 기준점을 선택하는 데 있어 주관이 개입될 수 있다. 셋째, 기업마다 서로 다른 회계처리방법뿐만 아니라 회계기간이 반영되지 않고 있다는 점이다.

현장 FOCUS

금융권 '新 신용평가모형' 쏟아진다

주요 시중은행들이 2021년 하반기부터 대안 신용평가모형(credit scoring system : CSS)을 자체 개발해 신규 도입하거나 적용 범위를 확대 · 고도화하는데 나선다. 상대적으로 대출 소외계층에 있던 신 파일러(thin filer, 금융거래 정보가 거의 없는 고객)와 소상공인 · 개인사업자를 위한 포용 금융을 실천하는 동시에 중금리 대출 확대를 준비하고 있는 인터넷전문은행과의 경쟁에도 대비하기 위한 전략이다. 저마다 더 촘촘하고 고도화한 CSS를 갖추기 위해 준비하고 있어 올 하반기 금융권의 비금융 데이터 기반 CSS 경쟁이 본격화할 것으로 전망된다.

2021년 7월 28일 금융권에 따르면 KB국민은행, 신한은행, NH농협은행은 올 하반기 적용을 목표로 새롭게 비금융데이터 기반의 대안 CSS를 개발하고 있다. 기존에 사용하고 있는 대안 모형을 고도화하는 방안도 포함했다.

KB국민은행은 소상공인에 특화한 CSS를 개발했다. 2021년 말까지 평가시스템을 적용, 소상공인 금융 지원에 적극 활용할 계획이다. 국민은행은 지난해 머신러닝(machine learning) 기반의 소매 신용평가 전략모형을 개발, 적용했다. 부동산 자산, 외부통신정보 등 다양한 비금융 대안 데이터를 활용해 금융거래 정보가 부족한 신 파일러를 포용하고 신용평가 정확성을 높이는 데 활용했다. 올해는 한 발 더 나아가 KB금융 계열사 정보를 포함한 통장 적요, 사업성 분석, 상권 정보, 고객리뷰 정보 등을 활용한 소상공인 특화 모형을 추가로 개발해 적용할 예정이다.

신한은행은 오는 9월 중 개인 대상 대안 CSS를 적용할 계획이다. 소상공인과 개인사업자를 위한 대안 모형도 개발, 연내 적용하기로 했다. 연금 납부 정보, 통신요금 결제, 소액결제 등 다양한 데이터를 활용한다. 신한은행 관계자는 "기존 CSS로 포용하지 못한 고객층을 더 정확하고 세분화한 지표로 다시 적용, 변화하는 대출 시장에 대응하기 위한 차원"이라고 설명했다.

NH농협은행도 오는 9월을 목표로 금융소외계층을 위한 대안 모형을 도입키로 했다. 이미 통신정보를 이용한 대안 모형을 적용했고 9월까지 부동산, 매출 추정 데이터와 가맹점 정보 등 다양한 대안 정보를 활용한 모형을 개발해 적용할 계획이다.

하나은행은 머신러닝을 활용해 개인사업자 대상 CSS를 올해 새롭게 도입했다. 기존에 도입한 머신러닝 기반의 개인고객 대상 모형은 다양한 대안정보를 활용해서 신파일러로 확대 적용하기 위해 개발하고 있다.

우리은행은 이달 초부터 통신 · 유통정보와 가맹점 정보 등을 활용한 대안 CSS를 개인사업자에 적용하고 있다. 비씨카드 가맹점 정보를 머신러닝으로 평가모형에 반영했다. 매출 성적이 좋지만 업력이 짧거나 금융사 거래 이력이 부족해서 은행권 대출이 어려웠던 우량 개인사업자에 대한 자금 공급 확대 효과가 있다. 중 · 저신용자와 신 파일러를 위한 비대면 중금리 CSS에는 통신료 납부 정보, 연체 이력 등 통신 정보를 추가 적용했다.

중 · 저신용자가 주 고객층인 저축은행도 기존

에 운영해 온 대안 CSS를 한 단계 고도화하는 데 집중하고 있다. 인터넷전문은행이 본격적으로 중금리대출 확대에 나설 채비를 하고 있고, 시중 대형은행까지 가세하면서 핵심 고객층이 이탈할 가능성이 생겼기 때문이다. 저축은행은 시중은행과 달리 중 · 저신용자가 주 대출 고객층이다. 이에 따라 상대적으로 더 빠르게 다양한 비금융 데이터를 활용한 대안 모형을 자체 개발해서 사용함으로써 고객의 상환능력을 더 정교하게 파악하는 데 활용해 왔다. 최근에는 상위 저축은행 중심으로 평가 모형을 더 넓고 촘촘하게 고도화하는 작업을 하고 있다.

SBI저축은행은 자체 평가 모형에 축적한 고객 신용평가 정보를 바탕으로 사이다뱅크를 위한 별도의 신용평가시스템을 마련했다. 대출 금리는 나이스 신용등급으로 결정되고 대출 한도는 자체 평가모형으로 정해지는 구조다. 이외에 OK, 웰컴, JT, KB 등 저축은행도 자체 CSS를 구축하고 통신 · 보험료 납부 이력 등 비금융 정보를 활용해 신용평가를 수행하고 있다. 저축은행 관계자는 "저축은행을 찾는 주 고객은 시중은행의 깐깐한 신용평가 기준을 넘지 못한 경우가 대부분"이라면서 "이 때문에 예전부터 다양한 비금융 정보를 기반으로 자체 대안 CSS를 구축했고, 이의 고도화를 지속하고 있다"고 말했다.

〈전자신문, 2021. 7. 28 수정〉

04 채권등급평가

4.1 채권의 기초개념

채권(bond)은 일정한 기간 동안 정기적으로 약정된 이자를 지급하고 만기일에 원금, 즉 채권의 액면가를 상환할 것을 약속한 증서이다. 채권을 발행할 때는 채권의 액면가(face value), 액면(표면)이자율(coupon rate) 그리고 만기(maturity)의 세 가지가 반드시 표시되어야 한다.

채권은 발행주체에 따라 국채(government bond), 지방채(municipal bond), 특수채(specific laws bond), 금융채(financial bond), 회사채(corporate bond)로 구분된다. 국채는 중앙정부가 발행하고 원리금의 지급을 보증하는 채권이며, 지방채는 지방자치단체가 발행하는 채권이다. 특수채는 상법 이외의 특별법에 의해 설립·운영되는 특별법인(한국전력공사, 도로공사, 예금보험공사 등)에 의해서 발행되는 채권이며, 금융채는 은행 등 금융기관에 의해서 발행되는 채권이다. 회사

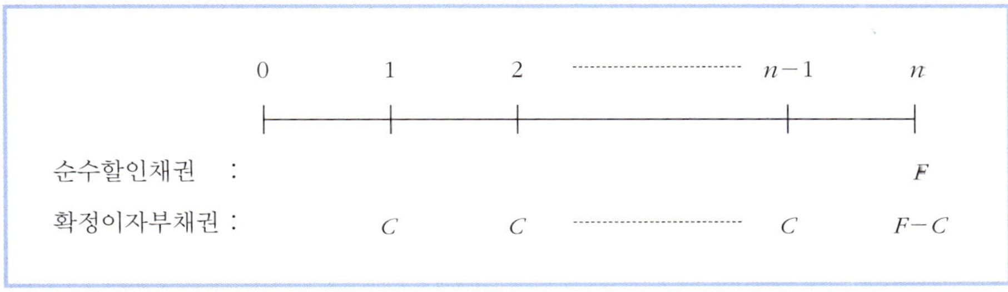

그림 9-2
채권의 현금흐름유형

채(또는 사채)는 주식회사(corporation)가 거액의 자금을 장기간 조달할 목적으로 발행하는 채권이다. 일반적으로 국채, 지방채 및 특수채를 포괄하여 국공채로 부르기도 한다.

채권은 이자지급방법에 따라서 순수할인채권, 확정이자부채권 등으로 구분될 수 있다.[8] 순수할인채권(pure discount bond or zero-coupon bond)은 이자를 지급하지 않고 만기일에 원금만을 상환하는 채권이며, 확정이자부채권(level-coupon bond)은 만기까지 확정된 액면이자(coupon)를 매기간 말에 지급하고 만기일에는 원금이 상환되는 채권이다.

n기간 말에 액면가 F만을 상환하는 순수할인채권과 n기간 말까지 매기간 말에 액면이자(액면가×액면이자율) C를 지급하고 만기일인 n기간 말에 원금 F를 상환하는 확정이자부채권의 현금흐름유형을 각각 나타내면 [그림 9-2]와 같다.

채권가치는 그 채권을 소유함으로써 얻을 수 있는 미래 현금흐름을 적절한 할인율(시장이자율)로 할인하여 현재가치로 환산한 값이다.[9] 그러므로 만기일인 n기간 말에 액면가 F만을 상환하는 순수할인채권의 현재가치는 다음과 같이 구할 수 있다.

$$PV(\text{순수할인채권}) = \frac{F}{(1+r)^n} \tag{9-1}$$

여기서 r : 시장이자율

그리고 n기간 말까지 매기간 말에 액면이자 C를 지급하고 만기일인 n기간 말

8 넓은 의미로 이자를 지급하는 채권을 이표채(coupon bond)라 하기도 하며, 중간에 이자를 지급하지 않고 만기일에 복리된 이자와 원금을 한꺼번에 상환하는 채권을 복리채(compound interest bond)라 한다.

9 현재 시장에서 형성된 이자율, 즉 시장이자율은 채권투자자가 요구하는 최소한의 수익률로서 채권투자에 대한 기회비용이라 할 수 있다. 일반적으로 채권투자의 기회비용은 채권의 현물이자율 또는 만기수익률을 의미한다.

에 원금 F를 상환하는 이표채권(확정이자부채권)의 현재가치는 다음과 같다.

$$PV(\text{이표채권}) = \frac{C}{1+r} + \frac{C}{(1+r)^2} + \cdots + \frac{C}{(1+r)^n} + \frac{F}{(1+r)^n} \qquad (9-2)$$

식 (9-1)과 식 (9-2)에서 볼 수 있는 바와 같이 채권가격은 액면이자(C), 액면가(F), 만기까지의 기간(n), 그리고 시장이자율(r)에 의해 결정된다. 채권의 발행시점에서 채권의 액면이자, 액면가, 만기 등이 결정되기 때문에 채권가격은 주로 시장이자율에 의해 변동됨을 알 수 있다. 시장이자율이 상승하면 채권투자자가 받을 수 있는 미래 현금흐름(액면이자 및 원금)의 현재가치, 즉 채권가격이 떨어진다. 따라서 시장이자율과 채권가격은 역(−)의 관계를 가지고 움직인다는 것을 알 수 있다.

현장 FOCUS

❙ 채권의 발행가격

액면이자율이 시장이자율보다 높을 경우 채권은 액면가보다 높은 가격으로 발행되는데, 이와 같은 채권을 할증채(premium bond)라고 한다. 그 반대로 액면이자율이 시장이자율보다 낮을 경우 채권은 액면가보다 낮은 가격으로 발행되는데, 이와 같은 채권을 할인채(discount bond)라고 한다. 한편, 액면이자율이 시장이자율과 같을 경우 채권은 액면가로 발행되는데, 이와 같은 채권을 액면채(par bond)라고 한다. 할증채, 할인채 등 모든 채권가격은 시간이 경과함에 따라 액면가에 접근하게 되며, 만기시점에서는 모두 액면가와 같아지게 된다. 시간이 경과함에 따라 할증채의 가격은 하락하여 자본손실(capital loss)이 나타나는 반면, 할인채의 가격은 상승하여 자본이득(capital gain)이 발생하게 된다.

예제 9-1 순수할인채권의 가치평가

만기는 3년 후이며, 액면가는 100만원인 순수할인채권의 현재가치는 얼마인가? (단, 시장이자율은 10%이다.)

해설

$$PV(\text{순수할인채권}) = \frac{100}{(1+0.1)^3} = 75.13\text{만원}$$

예제 9-2 순수할인채권의 가치평가

희망주식회사는 액면가 100만원, 만기 3년, 액면이자율 8%(단, 이자는 매년 말에 지급됨)인 사채를 발행하였다.

(1) 시장이자율이 6%인 경우 사채의 발행가격은?

(2) 시장이자율이 8%인 경우 사채의 발행가격은?

(3) 시장이자율이 10%인 경우 사채의 발행가격은?

해설

(1) $PV(\text{사채}) = \frac{8}{1+0.06} + \frac{8}{(1+0.06)^2} + \frac{108}{(1+0.06)^3} = 105.35$만원

→ 시장이자율 < 액면이자율 : 할증발행

(2) $PV(\text{사채}) = \frac{8}{1+0.08} + \frac{8}{(1+0.08)^2} + \frac{108}{(1+0.08)^3} = 100.00$만원

→ 시장이자율 = 액면이자율 : 액면발행

(3) $PV(\text{사채}) = \frac{8}{1+0.1} + \frac{8}{(1+0.1)^2} + \frac{108}{(1+0.1)^3} = 95.03$만원

→ 시장이자율 > 액면이자율 : 할인발행

4.2 채권등급평가의 의의

채권등급평가(bond rating)는 신용평가기관(bond rating agency)이 채권을 발행한 기관의 원리금상환능력을 평가하여 이를 이해하기 쉬운 기호나 문장으로 등급화하여 투자자에게 전달하는 제도를 말한다. 채권등급평가의 목적은 특정채권의 채무불이행위험(default risk)에 관한 정보를 투자자에게 전달하는 데 있다.

채권등급평가의 기능을 살펴보면 다음과 같다.[10]

첫째, 채권발행기관(기업, 지방자치단체, 정부 등)의 원리금상환능력에 대한 우월한 정보를 제공한다. 채권등급정보의 우월성은 신용평가기관의 정보분석능력 또는 내부정보에 대한 접근가능성에 따라 결정된다.

둘째, 채권발행기관에 대한 신용정보를 투자자에게 저렴한 비용으로 제공한다. 투자자들이 채권발행기관에 대한 수많은 정보를 수집하여 분석하는 일은 결

10 G. Foster, *op. cit.*, pp. 501~502.

코 쉬운 일이 아닐 뿐만 아니라 상당한 비용을 부담해야 한다. 이와 같은 일을 전문신용평가기관이 담당함으로써 투자자들이 저렴한 비용으로 필요한 정보를 이용할 수 있다.

셋째, 투자신탁회사 등과 같은 기관투자자에게 '법적 보험'(legal insurance)기능을 제공하는 한편 기관투자자의 투기적인 활동을 제한하는 역할을 한다. 예를 들어 일정한 등급 이상의 채권에만 투자하여 자금을 운용하는 경우 자금운용에 대한 법적 소송의 가능성을 줄일 수 있다. 기관투자자로서 역할을 담당하는 기관이 파산하는 경우 부담해야 하는 사회적 비용이 매우 높기 때문에 기관투자자의 파산가능성을 줄이기 위하여 '현저하게 또는 지배적으로 투기적인' 채권에 대한 투자를 제한하는 법령이나 규정을 마련하고 있다. 이와 같은 공적인 정책을 수행하는 하나의 수단으로서 투기적인 투자를 구분하는 데 채권등급평가가 이용되고 있다.

넷째, 채권발행기관이 제공하는 재무적 또는 비재무적 정보를 확인해 주는 역할을 한다. 채권등급평가가 잘못될 경우 신용평가기관의 명성이 손상될 위험이 있다. 그러므로 신용평가기관에서는 재무제표는 물론 여타 자료의 완전성(completeness) 또는 적시성(timeliness)을 채권발행기관에게 요구하게 된다. 이와 같은 측면에서 신용평가회사는 채권발행기관이 제공하는 정보의 질을 입증해 주는 역할을 할 수 있다.

다섯째, 경영자의 행동을 감시하는 역할을 한다. 경영자들이 신용평가기관을 통하여 채권등급을 받는 것 자체가 경영자의 행동에 대한 외부의 정밀조사를 받을 준비가 되어 있다는 신호를 의미한다.

4.3 채권등급의 평가

채권등급의 평가절차는 채권발행기관이 신용평가기관에 등급평가를 요청함으로써 시작된다. 등급평가의 요청을 받은 신용평가기관은 재무제표 등 공개적으로 이용 가능한 자료와 그 밖의 모든 관련정보를 수집·분석하여 채권등급을 결정한다. 세계적인 신용평가기관인 S&P의 등급평가절차를 보면 [그림 9-3]과 같다.

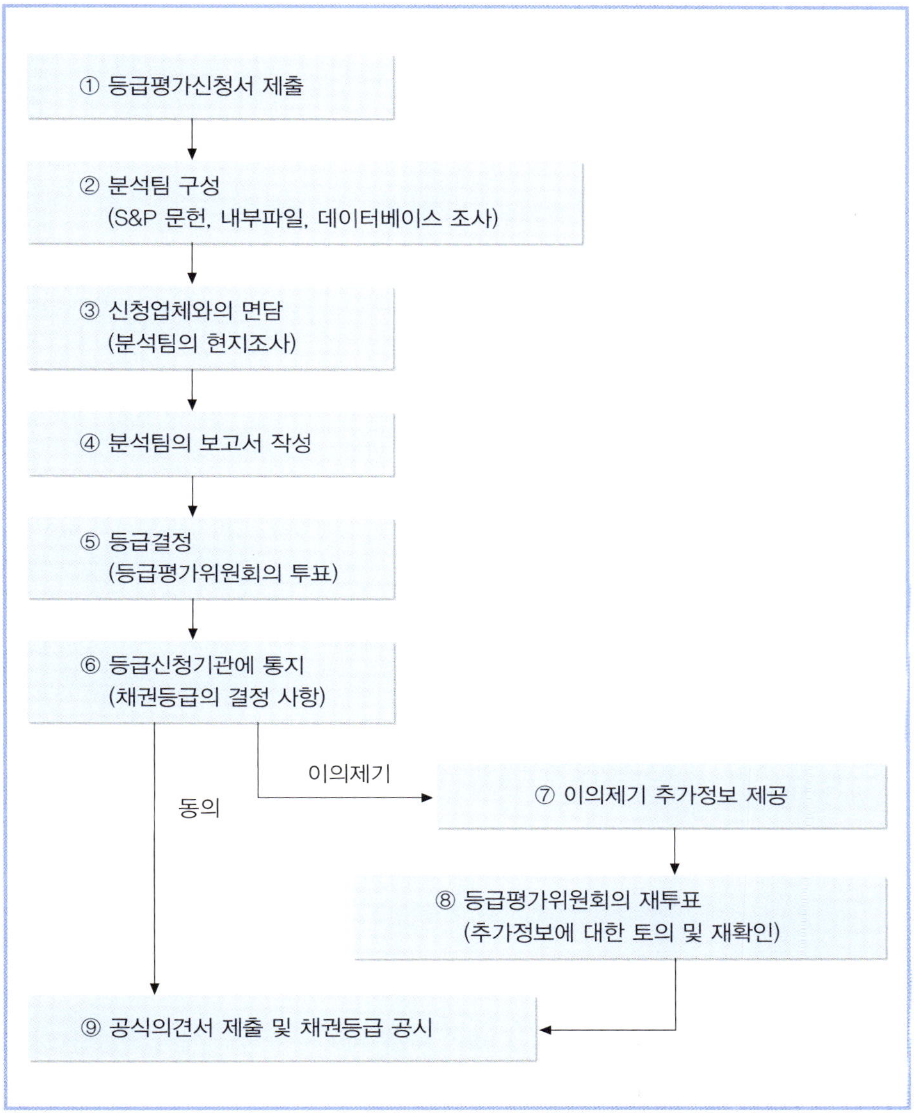

그림 9-3
S&P의 채권등급의 평가절차

신용평가기관과 채권등급

세계적으로 가장 권위 있는 신용평가기관은 미국의 S&P(Standard and Poor's Ratings Services)와 Moody's(Moody's Investors Service)이다. S&P와 Moody's의 평가기준, 평가방식, 평가결과는 거의 비슷하지만 신용등급의 부호에 다소 차이가 있다.

▲ 세계적으로 널리 알려진 신용평가회사 중 하나인 무디스(Moody's) 로고가 새겨진 본사 건물 전경

〈표 9-7〉에서 보여주는 것과 같이 S&P와 Moody's

표 9-7 S&P와 Moody's의 회사채등급의 분류와 그 의미

S&P	Moody's	의 미
AAA	Aaa	최상급채권으로 원리금지급능력이 극히 양호함.
AA+ AA AA−	Aa1 Aa2 Aa3	상급채권으로 원리금지급능력이 매우 양호함.
A+ A A−	A1 A2 A3	중상급채권으로 원리금지급능력은 양호하지만, 경제적 상황의 변화에 따라 문제가 발생할 가능성도 약간 있음.
BBB+ BBB BBB−	Baa1 Baa2 Baa3	중급채권으로 원리금지급능력은 충분하지만, 경제적 상황의 변화에 따라 문제가 발생할 가능성이 다소 높음.
BB+ BB BB−	Ba1 Ba2 Ba3	저급채권으로 원리금지급능력이 불확실하고, 약간의 투기적 요소가 있음.
B+ B B−	B1 B2 B3	투자에 적합하지 않은 채권으로 원리금지급능력 또는 계약조건의 유지가능성이 낮음.
CCC+ CCC CCC−	Caa1 Caa2 Caa3	채무불이행 가능성이 높음.
CC	Ca	매우 투기적이고 채무불이행 가능성이 매우 높음.
C D	C	최하급채권으로 극히 투기적이며, 채무불이행 상태에 있음.

의 장기채권에 대한 등급은 최상급(S&P: AAA, Moody's: Aaa)에서 최하급(S&P: D, Moody's: C)으로 크게 9~10등급으로 나누어 각 등급을 3등급으로 세분화(S&P: +, 0, − 기호 부여, Moody's: 1, 2, 3 기호 부여)하여 등급을 발표하고 있다.

채권등급은 투자적격등급과 투자부적격등급으로 구분된다. S&P의 채권등급에서는 BBB− 또는 Moody's의 Baa3 등급 이상의 채권을 투자적격등급으로 분류하고 있으며, S&P의 BB+ 또는 Moody's의 Ba1 등급 이하의 채권은 채무불이행위험이 높은 투기적 성격의 채권으로 투자부적격등급으로 분류하고 있다. 특히 투자부적격등급의 채권을 정크본드(junk bond)라고 부른다.

한편 채권등급에 따라 시장이자율(만기수익률)이 다르게 형성되는데, 〈표

표 9-8

채권등급별 시장수익률

등급 \ 만기	1년	2년	3년	5년
AAA	1.26	1.54	1.71	1.97
AA+	1.28	1.57	1.76	2.01
AA	1.32	1.61	1.79	2.06
AA−	1.35	1.66	1.82	2.17
A+	1.53	1.74	1.98	2.55
A	1.69	1.92	2.25	2.96
A−	1.95	2.22	2.67	3.50
BBB+	3.44	4.56	5.28	5.69
BBB	4.11	5.51	6.33	6.74
BBB−	5.11	6.68	7.7	8.16
BB+	7.18	8.64	9.93	10.68
BB	8.02	9.57	11.33	11.77
BB−	9.16	10.83	12.58	13.01

주: 일반무보증회사채(2021년 8월 13일 기준), 자료 : 한국기업평가(주)

9-8〉에서 만기에 따른 무보증 공모회사채의 등급별 시장이자율을 보여주고 있다. 채권의 시장이자율은 채무불이행위험에 의해 결정된다. 따라서 채권등급이 채무불이행위험을 대변하는 가장 좋은 측정치라면, 채권등급이 높을수록 채권의 시장이자율이 낮아질 것이다. 채권시장에서 채권등급에 의해 만기수익률이 결정되는 경우 등급평가 결과가 채권발행주체의 자금조달비용에 큰 영향을 미치게 된다. 그러므로 채권발행주체가 좋은 등급을 받기 위하여 평가에 필요한 내부자료 등을 신용평가기관에 적극적으로 제공하게 되고, 이에 따라 등급평가가 훨씬 정확하게 이루어질 수 있다.

한편 S&P와 Moody's 등의 평가기관에서는 회사채 이외에 단기채권인 신종기업어음(commercial paper: CP)에 대해서도 등급평가를 하고 있다. 〈표 9-9〉에서 등급분류와 등급내용을 보여주고 있다.

우리나라에서 신용평가제도가 도입된 것은 한국산업은행의 출자로 한국기업평가(주)가 설립된 1983년부터이다. 본격적인 도입은 1985년 2월 26일 투자금융회사를 중심으로 한 제2금융권의 출자로 설립된 한국신용평가(주)가 설립되면서

표 9-9 S&P와 Moody's의 CP등급의 분류와 그 의미

S&P	Moody's	의 미
A1	Prime1	최상위등급으로 채무불이행위험이 거의 없음.
A2	Prime2	상위등급으로 경제상황에 따라 약간 영향을 받을 수 있음.
A3	Prime3	중간등급으로 경제상황에 따라 영향을 받기 쉬움.
B C D	Not Prime	하위등급으로 투자부적격으로 분류되며, 채무불이행위험이 높음.

표 9-10 한국신용평가(주)의 회사채등급의 분류와 그 의미

등 급	의 미
AAA	원리금 지급능력이 최상급임.
AA	원리금 지급능력이 매우 우수하지만 AAA 채권보다는 다소 열위임.
A	원리금 지급능력은 우수하지만 상위등급보다 경제여건 및 환경악화에 따른 영향을 받기 쉬운 면이 있음.
BBB	원리금 지급능력은 양호하지만 상위등급에 비해서 경제여건 및 환경악화에 따라 장래 원리금의 지급능력이 저하될 가능성을 내포하고 있음.
BB	원리금 지급능력이 당장은 문제가 되지는 않으나 장래 안전에 대해서는 단언할 수 없는 투기적임을 내포하고 있음.
B	원리금 지급능력이 결핍되어 투기적이며 불황시에 이자지급이 확실하지 않음.
CCC	원리금 지급에 관해 현재에도 불안요소가 있으며 채무불이행의 위험이 커 매우 투기적임.
CC	상위등급에 비하여 불안요소가 더욱 큼.
C	채무불이행의 위험성이 높고 원리금 상환능력이 없음.
D	상환불능 상태임.

▲ 금융감독원이 발표한 '2019년도 신용평가실적 분석 및 감독방향'에 따르면 신용평가부문 시장점유율은 매출액 기준 한국기업평가(33.8%), 한국신용평가(32.5%), NICE신용평가(32.4%) 순으로 3사가 서로 비슷한 수준을 보였다. 〈출처: 대한금융신문 (2020. 4. 28)〉

시작되었다. 동년 9월에 전국투자금융협회에서 한국신용평가(주)를 신종기업어음에 대한 신용평가전문기관으로 지정하면서 CP 발행적격업체의 선정기준으로 동사의 신용평가등급이 활발하게 이용되기 시작하였다.

표 9-11

한국신용평가(주)의 CP등급의 분류와 그 의미

등급	의미
A1	적기상환능력이 최상이며 상환능력의 안정성 또한 최상임.
A2	적기상환능력이 우수하나 그 안정성은 A1에 비해서 다소 열위임.
A3	적기상환능력이 양호하며 그 안정성도 양호하나 A2에 비해 열위임.
B	적기상환능력은 적정시되나 단기적 여건변화에 따라 그 안정성에 투기적인 요소가 내포되어 있음.
C	적기상환능력 및 안정성이 투기적인 요소가 큼.
D	상환불능 상태임.

그 후 1986년 9월 시중은행의 출자로 한국신용정보(주)(2007년 11월 평가사업 부문의 물적분할로 한신정평가(주)가 설립된 후 2011년 9월 NICE신용평가(주)로 사명변경)가 설립되면서 이들 전문신용평가회사를 중심으로 한 현재의 신용평가체제가 확립되었다.

우리나라의 채권등급평가도 S&P 또는 Moody's와 유사하다. 한국신용평가(주)의 회사채와 CP에 대한 신용평가등급과 그 내용을 예시하면 〈표 9-10〉, 〈표 9-11〉과 같다.

국내·외 신용평가전문기관의 웹 사이트를 방문함으로써 신용평가와 관련된 다양한 정보를 얻을 수 있다. 국내·외 신용평가전문기관의 웹 사이트를 소개하면 〈표 9-12〉와 같다. S&P's Ratings Services와 한국신용평가(주)의 홈페이지 초기화면을 예시하면 각각 [그림 9-4] 및 [그림 9-5]와 같다.

표 9-12

국내·외 신용 및 채권평가 전문기관의 웹 사이트

신용평가기관	웹 사이트
S&P's Ratings Services	www.standardandpoors.com/ratings/en/us/
Moody's Investors Service	www.moodys.com
Fitch IBCA	www.fitchratings.com
NICE신용평가(주)	www.nicerating.com
한국신용평가(주)	www.kisrating.com
한국기업평가(주)	www.korearatings.com
한국자산평가(주)	www.koreaap.com
KIS Pricing	www.bond.co.kr
NICE피엔아이주식회사	www.nicepni.com
에프앤자산평가	www.fnpricing.com

그림 9-4

S&P's Ratings Services의 홈페이지 초기화면

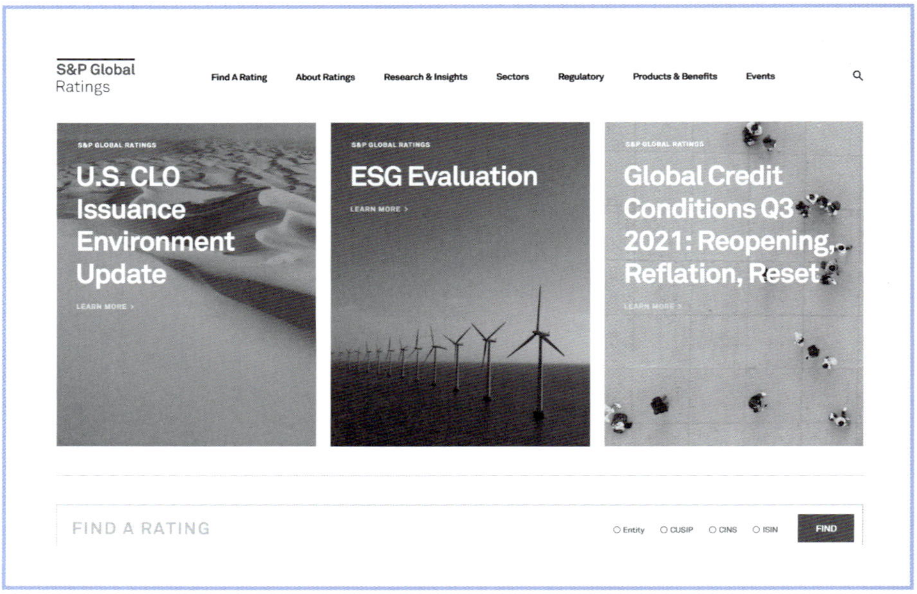

그림 9-5

한국신용평가(주)의 홈페이지 초기화면

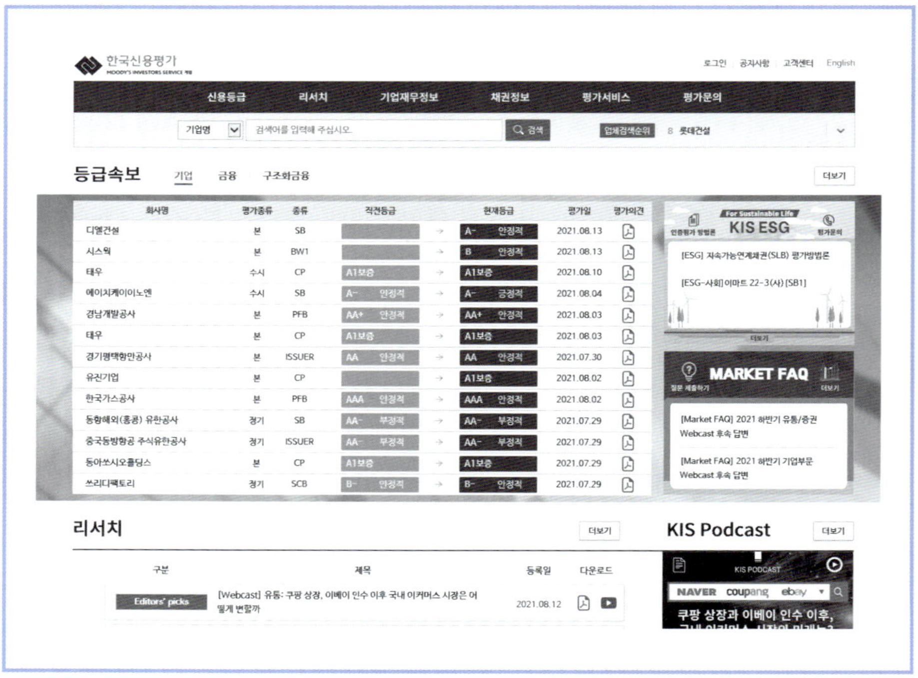

현장 FOCUS

대형 3사에 집중된 신용평가시장 … 진입확대보다 경쟁촉진 추진

국내 신용평가시장은 오랜 기간 대형 3사가 균분하고 있어 시장집중도가 높은 것으로 분석됐다. 그러나 업권특성과 시장상황 등을 고려할 때 급격한 진입확대 정책은 부작용이 클 것으로 우려되므로 제도개선을 통한 경쟁촉진에 집중해야 한다는 진단이 나왔다. 금융위원회는 금융산업 경쟁도 평가위원회에서 이 같은 내용이 담긴 '신용평가업 등 경쟁도 평가 및 진입규제 개선방안'을 확정했다고 2021년 8월 12일 밝혔다.

국내 신용평가시장은 연간매출 1천 400억원 규모로, 한국기업평가, 한국신용평가, 나이스신용평가 등 주요 3개사가 3분의 1씩 시장을 고르게 차지하고 있다. 부분인가를 받은 서울신용평가의 점유율은 매출액 기준 약 2.5% 수준이다. 평가위 분석 결과 국내 신용평가업 시장은 '고집중 시장'으로 나타났다. 시장집중도지수(Herfindahl-Hirschman index : HHI)는 약 3,200, 상위 3개사의 시장점유율(concentration ratio : CR)인 CR3은 약 97.5%였다. HHI가 2,500 이상이면 고집중시장으로 분류된다. 공정거래법은 CR3가 75% 이상인 경우 3개사를 독과점적 지위에 해당하는 시장지배적 사업자로 추정한다. 다만 그동안 시장 상황 변화, 제도 개선 노력 등으로 경쟁은 심화하고 품질개선 효과도 어느 정도 나타난 것으로 평가됐다.

최근 발행사의 평가사 교체 수가 증가하고 수수료도 낮아졌다. 같은 대상을 두고 평가사별로 평가등급이 다른 비율, 즉 스플릿(split)은 소폭 늘었다. 신용평가를 받은 기업의 연간부도율도 꾸준히 하락했다. 설문조사 결과 기관투자자와 전문가의 만족도도 높아진 것으로 나타났다. 이를 바탕으로 평가위는 정책 검토 시 신용평가업 특수성과 국내 시장상황 등을 고려해야 한다고 제언했다. 평가위는 "신용평가업은 새로운 서비스나 낮은 수수료보다는 높은 품질의 신용평가 정보를 안정적으로 제공하는 것이 중요하다"며 "이를 위해 오랜 평가 경험 축적을 통해 장기간 평가능력을 검증받는 게 필요하다"고 말했다. 또 "신용평가사의 평가결과가 금융계약 · 감독 등에 폭넓게 활용돼 공공적 성격이 강하다"며 "일정 요건을 갖춘 사업자에 진입을 허용해야 하고, 이해상충 방지와 내부통제 강화 등 적절한 영업행위 규제도 필요하다"고 제언했다.

평가위는 발행사 우위인 구조에서 시장규율 기능이 충분히 작동하지 않는다면 추가 신용평가사의 진입을 촉진하는 것만으로는 품질 개선을 기대하기는 어렵다고 내다봤다. 이에 따라 급격한 진입확대보다는 제도 개선 과제에 정책 역량을 집중하고, 인가제도 개선을 중장기적으로 검토해야 한다고 제언했다. 금융위는 제도개선에 집중하기로 했다. 발행사 또는 제3자의 요청 없이도 금융투자상품이나 발행사의 상환 능력을 평가하고 그 결과를 구독회원(투자자) 등에게 제공하는 '무(無) 의뢰 평가제도' 도입을 검토할 방침이다. 이와 함께 이해상충 방지 강화, 신용평가사에 대한 관리 · 감독 체계 개선 등을 검토과제로 선정했다.

〈연합뉴스, 2021. 8. 12 수정〉

채권등급평가에 유용한 재무비율

신용평가기관에서는 부분적으로 기업의 내부정보(private information)를 고려하기도 하지만 대부분은 공개적으로 이용가능한 정보(publicly available information)를 이용하여 채권등급을 결정하고 있다. 따라서 채권등급은 주로 기업의 채무상환능력과 안정적이고 예측 가능한 현금창출능력을 나타내는 여러 재무비율에 따라 영향을 받는다.[11]

채권등급에 영향을 미치는 주요한 재무비율을 살펴보면 다음과 같다.[12]

▶ 보상비율(coverage ratios)

$$\text{이자보상비율} = \frac{\text{영업이익}}{\text{이자비용}}$$

$$\text{고정금융비용보상비율} = \frac{\text{영업이익} + \text{리스료 및 임차료}}{\text{이자비용} + \text{리스료 및 임차료}}$$

보상비율은 고정금융비용의 지급능력을 나타내는 재무비율이다. 보상비율이 낮거나 떨어지고 있다는 것은 기업이 현금흐름의 측면에서 어려움에 처할 가능성이 높다는 것을 의미한다.

▶ 레버리지비율(leverage ratios)

$$\text{부채비율} = \frac{\text{부채}}{\text{자기자본}}$$

레버리지비율은 기업의 부채의존도를 나타내는 재무비율을 의미한다. 부채의존도가 높을수록 기업의 장기채무지급능력에 문제가 발생할 가능성이 높아진다.

▶ 유동성 비율(liquidity ratios)

$$\text{유동비율} = \frac{\text{유동자산}}{\text{유동부채}}$$

11 실제로 채권등급을 평가하기 위해서는 재무비율뿐만 아니라 산업특성, 시장경쟁력, 운영효율성, 경영관리능력, 채권계약서보호규정, 소유구조 등 질적 요인들도 모두 분석해야 한다.

12 Z. Bodie, A. Kane, and A. J. Marcus, *Investments*, 5th ed., McGraw-Hiil/Irwin, 2002, p. 436.

$$\text{당좌비율} = \frac{\text{유동자산} - \text{재고자산}}{\text{유동부채}}$$

유동성 비율은 기업의 단기채무상환능력을 나타내는 재무비율을 의미한다. 유동성 비율이 낮거나 떨어지고 있다는 것은 기업이 단기채무상환능력이 약화되고 있음을 의미한다.

▶ **수익성 비율**(profitability ratios)

$$\text{총자산영업이익률} = \frac{\text{영업이익}}{\text{총자산}}$$

수익성 비율은 자산 또는 자기자본에 대한 수익성을 나타내는 재무비율에 해당된다. 수익성 비율은 레버리지비율과 함께 기업의 전반적인 재무적 건전도를 나타내는 지표이다. 수익성 비율이 높은 기업은 기업의 투자수익률이 높을 것으로 전망되기 때문에 증권시장에서 자금조달이 보다 용이하게 될 뿐만 아니라 채무상환능력이 개선될 것으로 기대할 수 있다.

▶ **현금흐름 대 부채비율**(cash flow to debt ratio)

$$\text{현금흐름 대 부채비율} = \frac{\text{현금흐름}}{\text{부채}}$$

현금흐름 대 부채비율은 영업활동을 통하여 얻어지는 현금흐름으로 부채를 상환할 수 있는 정도를 나타내는 재무비율을 의미한다. 따라서 이 비율이 높을수록 부채상환에 필요한 현금창출능력이 양호함을 의미한다.

채권등급과 주요 재무비율 사이의 상호관계에 대한 S&P의 조사결과를 요약하면 〈표 9-13〉과 같다.

재무비율은 산업의 표준비율과 비교하여 평가되어야 하지만 분석가에 따라 특정비율에 대한 가중치가 다르게 적용될 수도 있다. 그럼에도 불구하고 〈표

표 9-13 **채권등급과 재무비율(1991~1993, 중앙값) 간의 관계**

채권등급	고정금융비용 보상비율 (배)	현금흐름 대 부채비율 (%)	총자산 영업이익률 (%)	고정부채 대 자기자본비율 (%)
AAA	6.34	0.49	24.2	11.7
AA	4.48	0.32	18.4	19.1
A	2.93	0.17	13.5	29.4
BBB	1.82	0.04	9.7	39.6
BB	1.33	0.01	9.1	51.1
B	0.78	−0.02	6.3	61.8

자료: Standard & Poor's Debt Rating Guide, 1994.

9-13〉에서 볼 수 있는 바와 같이 채권등급과 재무비율 사이에 서로 밀접한 관계가 존재하고 있음을 알 수 있다. 예를 들어 고정금융비용보상비율, 현금흐름 대 부채비율, 총자산영업이익률이 높을수록 그리고 고정부채 대 자기자본비율이 낮을수록 채권등급이 높아지고 있음을 알 수 있다.

채권등급은 채권을 발행하고자 하는 발행회사의 채무불이행위험에 대한 우월한 정보를 제공한다. 채권등급이 높을수록 채무불이행위험이 낮다는 것을 의미한다. 따라서 높은 등급의 채권일수록 만기수익률이 낮아지며, 반대로 낮은 등급의 채권일수록 만기수익률이 높은 수준에서 거래가 이루어진다.

채권시장에서는 실제로 채권등급에 따라 만기수익률이 결정되기 때문에 등급평가의 결과가 채권발행기관의 자금조달비용에 큰 영향을 미치게 된다. 그러므로 좋은 등급을 받기 위하여 채권발행기관에서 자발적으로 평가에 필요한 내부자료 등을 신용평가기관에 적극적으로 제공하고자 하는 유인을 갖게 되기 때문에 등급평가가 보다 정확하게 이루어질 수 있다.

현장 FOCUS

국제신용평가 양대 산맥, 스탠더드앤드푸어스와 무디스

'국제금융시장의 저승사자' 국제금융시장에서 서슬 퍼런 권력을 휘둘러온 신용평가사들을 일컫는 말이다. 도를 넘어서는 위세에 대한 비아냥도 녹아 있다. 최근엔 유럽 국가와 은행들의 신용등급을 급격히 하향 조정해 위기를 증폭시켰다는 비난도 받는다. '세계경제의 파수꾼' '갱도 안의 카나리아'라는 그동안의 찬사가 무색할 지경이다.

스탠더드앤드푸어스(S&P)와 무디스는 국제 신용평가업계의 양대 산맥이다. 이들 회사는 2008년 글로벌 금융위기를 야기한 미국 금융회사들의 위

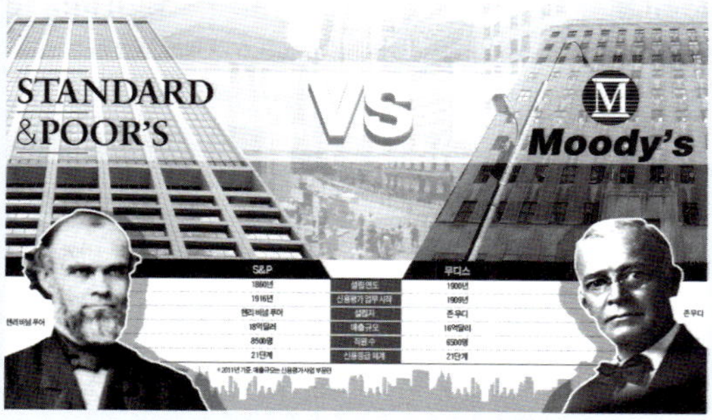

험을 전혀 알아채지 못했다는 비판을 받았다. S&P와 무디스가 최근 '강성' 신용평가 보고서를 쏟아내는 것도 이런 분위기와 무관치 않다. 세계 신용평가시장을 40%씩 양분하고 있는 이들 회사는 때로는 대립하고 때로는 협력하며 한 치 양보 없는 격전을 이어가고 있다.

◆ 글로벌 금융위기와 유럽 재정위기

작년 8월 미국의 신용등급이 갑작스레 강등됐다. S&P가 '한방'을 날린 것이다. 세계 금융시장은 쇼크에 빠졌고 증시는 요동쳤다. S&P가 이런 결정을 한 데에는 무디스와의 신경전이 영향을 미쳤다는 분석이 있다. S&P가 시장점유율에서 무디스에 밀리자 '오버'를 했다는 것이다. 무디스는 자존심으로 대응했다. 미국의 신용등급을 그대로 유지하면서 "국가부채가 크더라도 경제 규모와 비교하면 감당할 능력이 충분하다"고 무디스는 설명했다. 상대방을 겨냥해 직격탄을 날린 적도 있다. S&P는 2010년 무디스의 신용등급을 '부정적 관찰대상'에 올렸다. 신용등급이 조만간 떨어질 가능성이 있다는 경고였다. 이유는 "미국의 금융규제 개혁입법에 따라 신용평가사들의 비용이 늘고 수익이 감소할 수 있다"는 것이었다.

유럽 재정위기 때에도 무디스와 S&P는 충돌했다. 무디스가 유럽 국가들과 은행들의 신용등급을 공격적으로 하향 조정한 것은 글로벌 금융시장의 평가에서 무디스보다 다소 우위에 있었던 S&P를 의식해 좀 더 민감하게 움직였다는 것이다.

S&P가 유럽 국가에 대한 등급 하향 조정을 단행하면 무디스는 하향 폭을 더 늘리는 식으로 받아치기도 했다. 예컨대 포르투갈 국채를 한번에 정크(투자부적격) 수준으로 낮췄다. 독일의 신용등급 전망은 무디스가 먼저 부정적으로 조정했다.

S&P는 곧바로 "독일은 경제·금융 부문의 큰 충격을 흡수할 능력이 있다"며 "AAA에 대한 안정적 등급 전망을 유지한다"고 맞대응했다.

◆ "위기가 닥칠 때 뭐했나" 비판도

미국과 유럽 국가들에 대한 두 회사의 신용등급 하향 조정이 경쟁적으로 이뤄지면서 비판의 목소리도 커져갔다. 세계적인 신용평가회사가 하는 일이라는 게 금융·경제위기가 발생하기 전에는 '좋은 등급'을 남발하다 위기가 닥친 뒤에야 신용등급을 경쟁적으로 강등시키는 것이냐는 비난이 쏟아졌다.

2008년 미국 하원 청문회장에 불려나간 데번 샤르마 전 S&P 회장과 레이먼드 맥대니얼 전 무디스 회장은 "비우량 주택담보대출(서브프라임 모기지론)의 심각성을 정확하게 예측하지 못했다"고 시인했다. 2007년 초부터 서브프라임 모기지 부실 문제가 대두됐으나 이들 회사는 이를 기초자산으로 만든 파생상품인 부채담보부증권(collateralized debt obligation: CDO)의 위험성을 알지 못했다. 최고 등급을 그대로 유지했다. CDO의 신용등급 거품은 글로벌 금융위기를 촉발시켰다.

금융시장에 충격이 있을 때마다 신용평가회사 책임론이 도마에 올랐다. 2001년 회계부정으로 파산한 미국 에너지업체 엔론이 그랬다. 파산 직전까지 이 회사는 투자적격 등급을 유지했다. 결국 투자자들은 막대한 손실을 떠안아야 했다. 공기업 캘리포니아 유틸리티스도 채무불이행 상태에 빠지기 직전까지 투자적격 등급을 갖고 있었다.

정부가 반발하는 사례도 적지 않았다. 2002년 일본 재무성은 국제 신용평가회사가 부여한 일본 국채의 등급이 과소평가됐다며 항의서한을 전달했다. 중국은 작년 신용평가회사에 대한 의존도를 줄이고 자체 신용평가회사를 키우겠다는 방침을 공개적으로 밝혔다. 저우샤오촨 중국 인민은행장은 "S&P와 무디스 등이 경기 순환주기에 맞춰 평가를 하고 있어 제대로 미래를 전망하지 못한다"고 비판했다. 중앙은행장이 대놓고 국제 신용평가회사에 대한 불신을 나타낸 것은 이례적이다.

◆ 철도채권 평가가 모태

S&P와 무디스의 성장배경은 비슷하다. 미국 남북전쟁 이후 철도산업이 번성하면서 철도회사 신용을 평가할 필요가 생겼다. S&P가 무디스보다 40년 빠른 1860년에 설립됐다. S&P 창업자인 헨리 바넘 푸어는 철도회사 투자자들을 위해 '미국 철도 투자 매뉴얼'을 선보였다. 막대한 투자비가 필요했던 미국 철도회사들은 은행 대출과 투자자 모집이 어렵게 되자 회사채를 발행했다. S&P는 투자자들이 참고할 수 있도록 '주요 철도회사의 재무와 경영정보를 제공하는 업무'를 했다.

1900년 존 무디가 설립한 무디스는 재무정보를 제공하는 차원을 넘어 기업에 대한 신용평가 사업을 시작했다. 신용평가 업무는 무디스가 S&P보다 한발 앞선 셈이다. 무디스는 1909년 '산업과 기업 증권 매뉴얼'을 발간하고 철도회사가 발행한 채권에 대한 신용위험을 최초로 평가했다.

S&P는 1916년 모기업 푸어스 퍼블리싱이 회사채 평가사업에 나서면서 신용평가사업에 본격 진출했다.

◆ 국가공인 평가기관

S&P와 무디스는 한배를 탄 사례도 많았다. 양사가 같은 방향으로 움직였을 때 글로벌 시장에서 영향력이 증폭된다는 사실은 누구보다 이들 스스로가 잘 알았기 때문이다.

1929년 대공황 발발은 두 회사가 급성장하는 발판이 됐다. 1929년 뉴욕 주식시장 폭락으로 시작된 대공황은 미국 경제를 나락으로 떨어뜨렸다. 기업도산이 속출했다. 그러나 두 회사가 높은 등급을 부여한 회사들의 부도율은 눈에 띄게 낮았다. 1970년 펜센트럴 철도회사 파산도 호재로 작용했다. 투자대상의 신용위험을 미리 알고 싶었던 투자자들은 신용평가회사를 찾았다.

S&P와 무디스의 영향력이 본격적으로 커진 것은 1975년 미국 증권거래위원회(SEC)가 S&P, 무디스, 피치를 국가공인 신용평가기관(NRSRO)으로 지정하면서부터다. 채권시장을 활성화하기 위해 미국 증권사, 연금, 보험 등은 의무적으로 신용평가를 받게 됐다. 정부가 감독기능을 이들 3개 민간 신용평가회사에 넘긴 셈이다.

1980년대 뮤추얼펀드가 활성화하면서 S&P와 무디스의 활동영역은 더 넓어졌다. 미국 투자은행(IB)들은 전 세계 기업의 주식과 채권을 인수해 뮤추얼펀드에 팔았다. 신용등급의 필요성은 많은 국가로 확대됐다. 1990년대 들어 다국적기업의 해외 직접투자가 늘고 다양한 금융상품이 등장한 점도 S&P와 무디스의 수익성 향상과 영향력 강화에 긍정적이었다. 작년 기준으로 S&P는 23개국 8,500명의 직원을, 무디스는 28개국 6,500명의 직원을 두고 있다. 신용평가사업 부문 매출은 S&P가 18억달러로 무디스(16억달러)를 앞선다.

◆ 한국과는 악연도

S&P와 무디스는 한국과 악연이 있다. 우리나라

가 1997년 국제통화기금(IMF)의 구제금융을 받게 된 과정의 서곡은 국제 신용평가회사의 등급 하락이었다. 발단은 S&P였다. S&P는 1997년 10월 한국의 국가 신용등급을 AA-에서 A+로 낮췄다. 같은 해 11월에는 A-로 두 단계 하향 조정했다. 12월에는 BBB-로 끌어내리더니 열흘 뒤에는 한 번에 네 단계를 강등시켜 B+를 부여했다. 국제금융시장에서 투자부적격 국가로 몰아낸 것이다. 무디스도 S&P와 비슷한 과정을 밟았다. S&P와 무디스는 경쟁적 롤러코스터식 등급 강등을 단행했다. 외국인 투자자들은 서둘러 한국을 빠져나갔다. 결국 한국은 IMF에 손을 내밀어야 했다.

S&P는 무디스와 피치에 비해 한국의 신용등급을 보수적으로 하고 있다. S&P가 부여한 한국 신용등급은 A로 무디스(A1)나 피치(A+)에 비해 한 단계 낮다. 북한 핵 개발 등 한반도의 지정학적 위험요인에 비중을 두고 평가하고 있다.

신용등급 평가가 제대로 되고 있는지에 대해 의심받는 일은 여전히 많다. 중국·일본뿐만 아니라 유럽 국가들도 자체 신용평가회사를 만들어 S&P와 무디스를 견제해야 한다는 목소리를 내고 있다. 유럽 재정위기를 안정시키기보다는 오히려 불안을 증폭시킨다는 이유로 S&P와 무디스의 영향력을 제한해야 한다는 주장도 있다.

〈한국경제신문, 2012. 11. 9 수정〉

주요용어
Principal Terms

여신활동
자금을 필요로 하는 기업 또는 개인에게 자금을 빌려주는 활동을 말한다.

여신결정과정
포스터(G. Foster)에 의해 주장된 내용으로서 대출승인단계, 대출관리단계, 대출회수단계 등으로 구성된다.

대출승인단계(loan approval process)
고객과의 관계, 재무제표 정보, 전략적 요소, 경영자의 자질, 신용위험, 산업 및 경제전망 등에 대한 정보를 분석하여 일정한 기준을 설정한 다음 그 기준에 따라 대출 여부의 결정이 이루어지는 단계이다.

대출관리단계(loan monitoring process)
원리금 상환시기의 준수, 담보자산의 가치, 대출약관의 내용준수 및 채무이행에 대한 의지 등을 근거로 대출의 유형을 구분하여 대출금을 관리하는 단계이다.

대출회수단계(loan termination process)
대출유형에 따라 거래관계를 계속 유지하거나, 대출금을 전액 회수하거나, 대출금의 회수가 어려운 경우에는 전부 또는 부분적으로 대손처리 등의 업무가 실시되는 단계이다.

신용분석
대출에 따른 기업의 원리금상환능력 또는 신용위험을 평가하는 것으로, 그 목적은 기업의 신용위험을 평가하여 대출 여부 또는 대출 조건을 결정하는 데 필요한 정보를 얻는 데 있다.

신용분석의 5C
신용위험의 평가 시 고려하는 다섯 가지 요인으로, 경영자의 인격(character), 상환능력(capacity), 자본력(capital), 담보력(collateral), 경제상황(conditions) 등을 말한다.

신용평점제도(credit scoring system)

계량적인 신용평가의 한 방법으로서 여러 가지 평가항목을 선정하여 기업의 원리금상환능력을 종합적으로 고려한 신용평점에 따라 기업의 신용도를 평가하는 방법이다.

채권(bond)

일정한 기간 동안 정기적으로 약정된 이자를 지급하고 만기일에 원금, 즉 채권의 액면가를 상환할 것을 약속한 증서이다.

순수할인채권(pure discount bond or zero-coupon bond)

이자를 지급하지 않고 만기일에 원금만을 상환하는 채권이다.

확정이자부채권(level-coupon bond)

만기까지 확정된 액면이자(coupon)를 매기간 말에 지급하고 만기일에는 원금이 상환되는 채권이다.

채권가치

채권을 소유함으로써 얻을 수 있는 미래 현금흐름을 적절한 할인율(시장이자율)로 할인하여 현재가치로 환산한 값이다.

☞ $PV(\text{순수할인채권}) = \frac{F}{(1+r)^n}$

☞ $PV(\text{이표채권}) = \frac{C}{1+r} + \frac{C}{(1+r)^2} + \cdots + \frac{C}{(1+r)^n} + \frac{F}{(1+r)^n}$

채권등급평가(bond rating)

신용평가기관이 채권을 발행한 기관의 원리금상환능력을 평가하여 이를 이해하기 쉬운 기호나 문장으로 등급화하여 투자자에게 전달하는 제도를 말한다.

사·례·연·구

(주)서울은 신제품 개발에 필요한 자금을 조달할 목적으로 액면가 100,000원, 만기 3년, 액면이자율 8%(단, 이자는 매년 말에 지급됨)인 사채를 발행하였다.

(1) 시장이자율이 6%인 경우 위 사채의 발행가격은?

(2) 시장이자율이 8%인 경우 위 사채의 발행가격은?

(3) 시장이자율이 10%인 경우 위 사채의 발행가격은?

(4) 시장이자율과 사채의 발행가격 사이의 관계를 설명하라.

해설

(1) $PV(\text{사채}) = \frac{8,000}{1+0.06} + \frac{8,000}{(1+0.06)^2} + \frac{108,000}{(1+0.06)^3} = 105,346\text{원}$

(2) $PV(\text{사채}) = \frac{8,000}{1+0.08} + \frac{8,000}{(1+0.08)^2} + \frac{108,000}{(1+0.08)^3} = 100,000\text{원}$

(3) $PV(\text{사채}) = \frac{8,000}{1+0.1} + \frac{8,000}{(1+0.1)^2} + \frac{108,000}{(1+0.1)^3} = 95,026\text{원}$

(4) 채권은 액면이자율과 시장이자율의 상대적 크기에 따라 아래와 같이 할증발행, 액면발행, 할인발행 등의 방식으로 발행된다.

- 시장이자율 $<$ 액면이자율 : 할증발행
- 시장이자율 $=$ 액면이자율 : 액면발행
- 시장이자율 $>$ 액면이자율 : 할인발행

즉, 사채의 발행가격은 시장이자율과 역(−)의 관계를 가진다.

연습문제

객관식 문제

01. 대출의 유형 중 보기에 해당하는 것은?

〈보기〉 차입자의 재무상황이 취약하여 원리금 회수가 불확실해지는 징후가 나타나고 있는 대출

① 정상적 대출 ② 요주의 대출 ③ 둔제의 대출
④ 회의적 대출 ⑤ 회수불능 대출

02. 여신건전성이 높은 것에서부터 낮은 순서대로 나열한 것은? (경영지도사, 2016)

① 정상, 요주의, 고정, 회수의문, 추정손실
② 정상, 고정, 요주의, 회수의문, 추정손실
③ 정상, 회수의문, 요주의, 고정, 추정손실
④ 정상, 요주의, 고정, 추정손실, 회수의문
⑤ 정상, 요주의, 추정손실, 고정, 회수의문

03. 신용분석의 5C에 관한 설명으로 옳지 않은 것은? (경영지도사, 2016)

① 경영자의 인격(character)은 대출에 따른 원리금 상환에 대한 기업의 의지를 평가하는 요소로서 경영자의 과거 신용기록, 경영자의 인격에 대한 사회적 평판 등을 평가한다.
② 상환능력(capacity)은 기업이 유동부채에 비해 유동자산을 얼마나 많이 보유하고 있는가를 평가하여 단기부채상환능력을 평가하는 데 이용되는 중요한 요소이다.
③ 자본력(capital)은 기업의 총자산에서 총부채를 차감한 순자산을 통하여 측정하며, 이를 통해서 원리금을 상환할 수 있는 충분한 자본력을 확보하고 있는가를 평가한다.
④ 담보력(collateral)은 차입자가 대출에 대하여 담보로 제공하는 자산의 규모와 질에 의해 평가할 수 있다.
⑤ 경제상황(conditions)은 불황, 금융긴축, 금리변동 등이 차입자의 채무상환능력에 미치는 영향을 평가하기 위한 것이다.

04. 신용평점제도(credit scoring system)에 관한 설명으로 옳지 않은 것은? (경영지도사, 2016)

① 신용평점으로 신용위험을 계량화하여 평가할 수 있다.
② 사후관리를 통해 조기경보체제의 수단으로 활용할 수 있다.
③ 채무상환능력에 영향을 미치는 주요 평가요소를 선정하고 각 요소의 중요도에 따라 가중치를 부여하여 신용평점을 산출한다.
④ 신용평점 산출시 평가요소의 선정, 가중치 부여 및 등급에 따른 점수산출 등에서 주관적 판단이 개입될 수 없다.
⑤ 최종판정을 내리기 위한 예비적 분석방법으로 이용할 수 있다.

05. (주)산단이 발행한 채권의 신용등급이 투자적격에서 투자부적격 등급으로 하락하였다. 이러한 상황이 발생한 경우 (주)산단의 재무적 영향에 관한 설명으로 옳지 않은 것은? (경영지도사, 2020 수정)

① 추가적인 부채 조달에 어려움이 발생할 수 있다.
② 신규 차입금의 평균 이자율이 상승할 가능성이 높다.
③ 영업이익이 일정한 경우, 고정금융비용보상비율이 더 높아질 것이다.
④ 영업이익이 일정한 경우, 이자비용이 증가하여 이자보상비율이 더 낮아질 것이다.
⑤ 영업이익과 이자수익이 일정한 경우, 순이자보상비율이 더 낮아질 것이다.

06. 소망주식회사는 액면가 10,000원, 만기 2년 그리고 액면이자율 10%인 사채를 발행하였다. 시장이자율이 8%라면, 이 사채의 발행가격은 얼마인가?

① 9,519.8원 ② 9,623.6원 ③ 10,356.7원
④ 10,423.8원 ⑤ 10,532.5원

주관식 문제

01. 다음 용어를 간략하게 설명하라.

1) 신용분석
2) 신용평점제도
3) 채권등급평가
4) 기업어음(CP)

02. 금융기관의 여신결정 과정을 설명하라.

03. 신용평점제도의 의의와 방법을 설명하라.

04. 신용평점제도의 유용성과 한계점을 설명하라.

05. 채권등급평가의 의의와 역할을 설명하라.

06. 채권등급의 결정요인을 설명하라.

07. 우리나라의 채권등급평가제도의 현황을 조사한 후, 그 문제점을 지적하라.

08. "채권의 시장이자율(만기수익률)은 채무불이행위험에 의해서 결정된다. 따라서 채권등급이 채무불이행위험의 가장 좋은 측정치이기 때문에, 채권등급이 높을수록 채권의 시장이자율은 낮아질 것이다." 이와 같은 설명이 우리나라 채권시장에서 성립되는지를 실제자료를 수집하여 검증해 보라.

제10장의 개요

기업부실화는 기업과 관련된 수많은 이해관계자들(주주, 채권자, 경영자, 종업원, 거래처 등)에게 적지 않은 고통을 안겨준다. 따라서 기업부실화를 사전에 예측하는 일은 기업의 이해관계자들에게 중요한 의미를 갖는다.

1997년 전후 일부 대기업뿐만 아니라 수많은 중소기업이 부도를 내거나 부실화되어 국민경제에 심각한 영향을 미쳤다. 대기업의 부도는 금융권의 붕괴와 외환위기로 이어져 급기야 국제통화기금(International Monetary Fund: IMF) 구제금융을 신청하는 사태로 발전하였다. 이처럼 기업의 부도가 급증하게 된 것은 대규모 차입에 의한 무리한 사업확장, 불완전한 금융시스템 등이 복합적으로 작용하여 나타난 결과라 할 수 있다. 기업이 부실화되는 과정에서 여러 가지 징후가 나타나게 되며, 이와 같은 부실화의 징후를 분석함으로써 부실화의 가능성을 예측할 수 있다.

이 장에서는 기업부실화의 의의, 원인 및 징후, 예측방법 등에 대하여 설명하고자 한다.

제10장 기업부실 분석

01 기업부실화의 의의

02 기업부실화의 원인 및 징후

03 기업부실화의 예측방법

01 기업부실화의 의의

1.1 기업부실화의 의의

기업부실화(corporate financial distress)는 기업이 재무적 의무(financial obligation)를 다하지 못하고 있는 상태를 의미한다.[1] 따라서 기업부실화가 악화되면 궁극적으로 기업이 파산할 수도 있다. 기업부실화와 관련된 용어로 경영실패, 지급불능, 채무불이행, 파산 등이 있다. 이들 용어는 경우에 따라 상호 중복적으로 사용되고 있으며 엄격히 구분되는 것은 아니다.[2]

기업부실화는 기업의 이해관계자는 물론 사회·경제적으로도 큰 손실을 초래하게 된다. 기업부실화의 영향을 몇 가지 살펴보면 다음과 같다.

첫째, 채권자와 주주의 부(富)를 감소시킨다. 기업부실화에 따라 순자산가치가 음(−)의 값을 보이는 경우 채권자는 원리금의 일부를 회수하지 못하게 되며, 주주 또한 투자원금을 거의 상실하게 된다.

▲ 포스코 ICT와 이크레더블이 공동으로 개발하여 국내 최초로 제공하고 있는 인공지능 기반 기업부실예측 서비스인 크레덱스(CREDEX)의 홈페이지. 크레덱스는 인공지능, 빅데이터 기술을 활용하여 기업의 데이터를 실시간 수집, 분석해 기업부실 위험을 사전 예측하여 알려주는 서비스이다.

둘째, 기업부실화가 지속되는 경우 기업은 조업을 중단할 수밖에 없으며, 조업중단에 따라 종업원들이 일자리를 잃게 되어 실업증가에 따른 사회적 불안을 야기시키는 요인이 된다.

셋째, 조업중단에 따라 생산량이 감소하면서 경제발전을 둔화시키는 결과를 가져오게 된다.

넷째, 기업파산이 빈번하게 발생될 경우 신용거래의 위축 등으로 인하여 경제활동이 위축될 수 있다.

1 기업부실은 매우 복잡하고 다양한 형태로 나타나기 때문에 그 개념을 한마디로 정의한다는 것은 어려운 일이다. 예를 들어, 기업부실은 경영상태가 매우 악화된 것을 지칭하기도 하고, 기업활동을 종식해야만 하는 법률적 파산의 의미로 사용되기도 한다.

2 전성빈·김건우·김민철, 기업의 재무위기와 도산, 한국신용분석사회, 1998, pp. 26~28.

기업부실화와 관련된 용어 1.2

기업부실화는 경영실패, 지급불능, 채무불이행, 파산 등을 모두 포함하는 의미를 갖는다. 이하에서 이들 용어에 대하여 살펴보기로 한다.

경영실패(failure)는 기업의 수익성이 감소함에 따라 나타나는 부실화의 현상을 의미한다. 수익성이 감소한다는 것은 구체적으로 수익이 비용보다 적거나 또는 투자수익률이 자본비용보다 낮은 상태가 유지되고 있음을 의미한다. 지속적인 수익성의 감소에 따른 경영실패는 결국 지급불능이나 파산상태로 이어질 수 있다. 그러나 경영실패가 반드시 파산으로 이어지는 것은 아니다. 경영실패가 수년간 누적되더라도 법적 지급의무를 갖는 부채가 없는 경우에는 경영을 계속할 수 있기 때문이다.

지급불능(insolvency)은 기술적 지급불능과 파산상태의 지급불능으로 구분된다. 기술적 지급불능(technical insolvency)은 일시적인 유동성 부족으로 인하여 만기가 된 채무를 상환하지 못하는 상태를 의미한다. 기술적 지급불능은 일시적인 유동성 부족에 따라 나타나는 현상이지만, 유동성 부족의 현상이 지속되는 경우에는 파산의 직접적 원인으로 작용할 수 있다. 한편 파산상태의 지급불능(insolvency in a bankruptcy sense)은 총부채가 총자산가치를 초과하여 순자산가치가 음(−)의 값을 보이는 상태로서 실질적인 파산을 의미한다. 파산상태의 지급불능은 만성적인 수익성의 저하 및 유동성 부족의 결과로 나타나기 때문에 실질적인 파산을 의미한다.

채무불이행(default)은 채무자가 채권자와의 계약을 위반하거나 원리금을 지때에 상환하지 못하여 법적 처리의 근거가 되는 상태를 말한다. 그러나 채무불이행상태에 처한 경우라 하더라도 채권자와의 합의에 따라 구조조정(distressed restructuring)을 통하여 기업을 재편성함으로써 영업활동을 계속할 수 있다. 또한 법적으로 파산신청에 들어가더라도 사전에 채권자와의 협상을 통하여 채무의 재조정이 가능하다.

파산(bankruptcy)은 파산상태의 지급불능 또는 법원에 의해서 공식적으로 선고된 파산상태를 의미한다. 우리나라의 파산법에 의하면 기업의 자산총액이 부채총액에 미치지 못할 때 법원이 파산선고를 내릴 수 있으며, 법원의 파산선고에 따라 기업이 해산되는데 이와 같은 상태를 파산이라고 정의하고 있다.[3]

3 채무자 회생 및 파산에 관한 법률 제306조 1항.

1.3 부실기업의 정리방법

1997년도 말의 외환위기 이후 많은 기업이 부실화되면서 기업경영의 투명성과 건전성에 대한 인식이 널리 확산되는 계기가 되었다. 부실기업의 정리는 워크아웃(기업개선작업), 사적 화의 또는 법정관리를 통하여 기업을 회생시키는 경우와 제3자 매각 또는 파산을 통하여 기업을 퇴출시키는 경우로 구분된다.

첫째, 워크아웃(workout)은 1997년 외환위기 이후 시장안정화를 위하여 1998년 6월 기업구조조정협약에 따라 부실기업을 회생시키기 위하여 금융기관(채권자)이 자율적으로 해당 부실기업을 지원하는 제도이다. 다시 말하여 금융기관들이 한자리에 모여 협약을 체결한 다음 그에 따라 채권을 출자로 전환하거나, 원리금상환을 유예시키거나 또는 신규자금을 지원하여 기업을 회생시키는 제도를 말한다.

둘째, 사적 화의는 워크아웃과 비슷한 개념의 기업회생제도이다. 사적 화의는 지급불능상태에 있는 기업이 법원에 요청하여 채무감면을 받는 제도로서 법원이 중간에서 다리를 놓아주는 워크아웃의 성격을 지니고 있다. 사적 화의는 워크아웃과 다음과 같은 점에서 비교된다. 워크아웃은 주로 대기업을 대상으로 하는 한편, 사적 화의는 중소기업을 대상으로 하는 기업회생제도에 속한다. 또한 워크아웃은 기본협약과 기업개선절차가 정해져 있는 반면, 사적 화의는 채권금융기관간의 협의를 통하여 지원내용이 결정된다.

▲ 신동아건설이 1985년에 완공한 63빌딩은 당초 신동아그룹 계열 대한생명의 소유였으나, 1997년 외환위기 당시 그룹이 해체되며 한화가 대한생명을 인수하며 현재 한화생명의 본사로 사용되고 있다. 신동아건설은 2010년 글로벌 금융위기 여파로 유동성 위기를 겪을 때 주채권은행인 우리은행 등 채권단과 경영정상화 이행약정을 맺고 워크아웃을 개시하였다. 그 이후 구조조정과 자산 매각 등 경영정상화를 위한 노력 끝에 워크아웃 이후 9년 4개월 만인 2019년에 워크아웃을 종료하게 됐다. 〈출처: 미디어펜(2021. 2. 23)〉

셋째, 법정관리는 실무적으로 사용되는 용어로서 실정법상으로 보면 회사정리제도를 의미한다. 법정관리는 지급불능상태에 있는 기업을 법원의 감독 아래 채권자와 주주들의 이해관계를 조정하여 기업을 회생시키는 제도를 말한다. 법정관리에 들어가면 진성어음(상거래에 의해 발생된 어음)을 포함한 모든 채무가 동결되기 때문에 회생가능성이 높아진다. 법정관리와 워크아웃의 주요 차이점은 워크아웃에서는 금융기관의 채권만 동결되는 반면, 법정관리에서는 금융기관의 채권은 물론 진성어음까지도 동결되는 포괄적인 채권감면을 받을 수 있다. 따라서 워크아웃 중인 기업이 신규자금을 지원 받지 못하는 경우에 법정관리를 신청하는 경우가 많다.

넷째, 기업퇴출은 부실기업을 제3자에게 매각하거나 파산절차를 거쳐 기업을 청산하는 것을 말한다. 이 중 회사청산을 상법에 따라 해산한 회사의 남은 재산을 공평하게 분배하며, 주주·채권자 등에 대한 피해를 최소화하는 제도이다.

02 기업부실화의 원인 및 징후

2.1 부실화 예측의 정보원천

기업의 부실화는 상당한 기간을 거쳐 부실화의 원인과 징후가 누적되는 결과로서 나타난다. 부실화를 초래하는 징후는 재무적 징후 이외에 재무제표를 통해서도 파악할 수 없는 비재무적 징후가 있기 때문에 부실화를 예측하는 방법 또한 다양할 수밖에 없다.

일반적으로 다음과 같은 다양한 정보원천을 이용함으로써 기업부실화의 가능성을 사전에 예측할 수 있다.[4]

첫째, 기업이 지속적으로 충분한 현금흐름을 창출하지 못하는 경우에는 궁극적으로 부실화로 연결될 수밖에 없다. 따라서 기업의 현재 및 미래 현금흐름을 면밀하게 분석함으로써 부실화의 가능성에 대한 정보를 얻을 수 있다.

둘째, 부실화의 원인은 기업의 경쟁력, 상대적인 원가구조, 원가상승에 대한 흡수능력, 경영자의 자질, 산업의 성장잠재력, 경제환경변화에 대한 대응력 등 다양한 영역에서 찾을 수 있다. 아울러 부실화의 원인은 환경변화에 대응하기 위한 기업의 경영전략(corporate strategy)을 분석함으로써 파악할 수도 있다. 한편 기업이 속한 산업에 대한 분석을 통해서도 부실화의 가능성을 예측할 수 있는 정보를 얻을 수 있다. 예를 들어 섬유산업의 손익분기점과 원가구조를 분석함으로

4 G. Foster, *Financial Statement Analysis*, 2nd ed., Prentice-Hall, 1986, p. 536.

써 섬유에 대한 수요가 급격하게 감소함에 따른 부실화의 가능성이 높은 기업을 탐색할 수 있을 것이다.

셋째, 부실화의 경험이 있는 기업과 부실화의 경험이 없는 기업의 재무제표를 비교 분석함으로써 부실화의 가능성을 예측할 수 있는 정보를 얻을 수 있다. 하나 또는 다수의 재무변수를 비교 분석함으로써 정상기업과 부실기업을 판별하는 통계적인 분석은 부실화의 가능성을 예측하는 데 유용한 도구가 된다.[5]

넷째, 주가수익률 또는 채권등급 등과 같은 시장정보를 분석함으로써 부실화의 가능성에 대한 정보를 얻을 수 있다. 부실화의 징후는 부실화가 시작되기 이전 수개월 전부터 주가수익률이 지속적으로 하락하거나 채권등급이 하향 조정되는 것으로 나타난다. 기업부실화가 예상되는 기업의 경우 그 정보가 주가 또는 채권등급 등에 즉각적으로 반영되기 때문이다.

2.2 기업부실화의 원인과 유형

기업부실화의 원인은 아주 다양하지만 결국 경영실패에 기인한다고 볼 수 있다. 대부분의 경우 단 한번의 잘못된 의사결정의 결과로서 경영실패가 나타나는 것이 아니라 여러 차례의 잘못된 의사결정의 결과로 나타나기 때문이다. 이와 같은 연속적인 의사결정의 실수가 기업의 재무상태를 악화시켜 결국 파산에 이르게 하는 원인이 된다. 흔히 부실화의 원인으로 매출액의 감소에 따른 수익성 저하, 타인자본에 의존한 과다한 설비확장, 경영자의 능력부족, 지배구조의 불합리성 또는 환경변화에 대한 부적절한 대응 등이 거론되고 있다.

부실화의 유형을 몇 가지로 구분하여 살펴보면 다음과 같다.

제품개발의 실패와 무리한 사업확장

신제품 개발이 실패로 끝나는 이유는 단순하다. 신제품 개발에 앞서 사전조사가 불충분하였기 때문이다. 제품을 개발하여 시장에 내놓고 나서야 시장성이 없다는 것을 알게 된 경우에는 투자비용을 회수할 수 없다. 또한 시장성이 없기 때문에 시장에서 제품이 팔리지 않을 것이고, 결국 창고에 재고상품만 엄청난 속도

5 단일변수를 분석하는 방법을 단일변량분석(univariate analysis), 다수의 변수를 동시에 분석하는 방법을 다변량분석(multivariate analysis)이라 한다.

로 쌓이게 된다.

무리하게 매출을 확대하기 위하여 신용매출을 증가시킬수록 자금부족이 누적되어 결국 신제품 개발을 위한 투자가 큰 부담으로 남게 된다. 과도한 설비투자로 인하여 기업의 영업레버리지도(degree of operating leverage)가 높아지게 되어 영업위험이 급격하게 증가하게 되며, 게다가 시설투자에 필요한 자금을 타인자본으로 조달한 경우에는 문제의 심각성이 더욱 커지게 된다.

타인자본에 의한 무모한 기업확장은 결국 기업을 지급불능상태에 빠지게 하는 원인이 된다. 이와 같은 과정을 정리하면 [그림 10-1]과 같다.

경기침체로 인한 판매여건의 악화

불황기에서는 경기변동에 민감한 기업일수록 매출이 급격하게 감소한다. 경기침체에 따른 매출의 감소는 기업경영에 심각한 영향을 미친다. 매출감소를 우려하여 무리하게 매출을 증대시키려는 정책을 추진하는 경영진도 많다. 예를 들어 제품판매가 어려워 파격적인 신용조건을 제시하면서 매출을 늘리고자 하는 경우 당장은 제품이 잘 팔리는 것처럼 보이겠지만 쌓이는 것은 매출채권뿐이다. 이 경우 신용매출은 창고에 있는 재고자산을 다른 장소로 옮겨놓은 데 불과하다. 매출이 증가하였는데도 자금은 내내 묶여 있는 셈이다. 예를 들어 경기침체 갈기에서 두드러진 자금경색 현상이 일어나는 이유가 여기에 있다.

자금경색이 심화될수록 직원의 사기가 날로 저하되고 생산성도 떨어지게 된

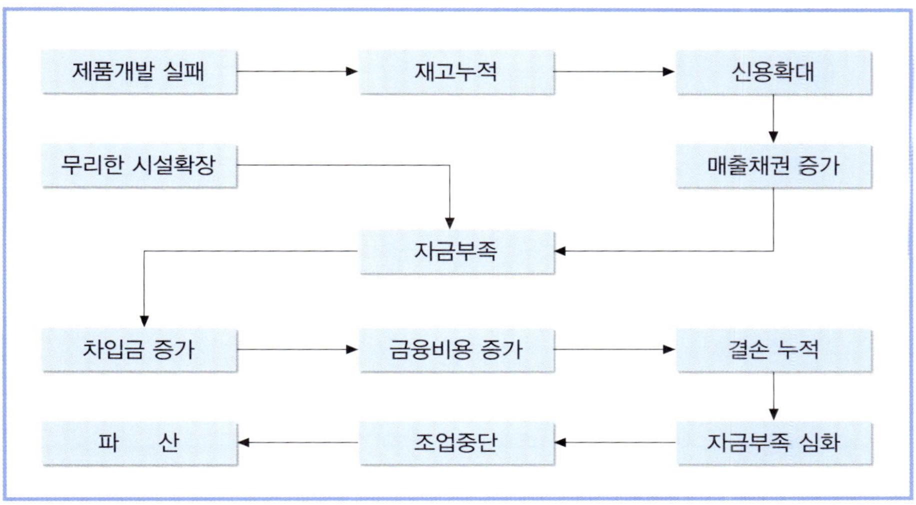

그림 10-1
제품개발의 실패와 무리한 사업확장

다. 자사제품, 시장, 경쟁회사 등에서 어떤 변화가 일어나는지를 따져서 효과적으로 대처하지 못하는 경우에는 결국 파산에 이르게 된다. 이와 같은 과정을 정리하면 [그림 10-2]와 같다.

그림 10-2
경기침체로 인한 판매여건의 악화

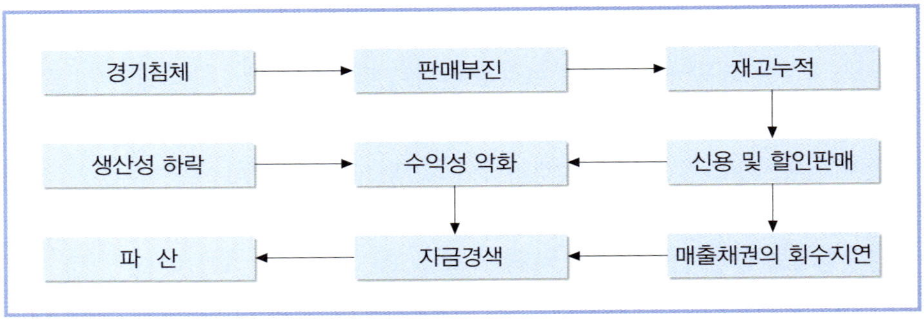

만성적인 자금난과 자금부족

기업이 지나치게 많은 자금을 타인자본으로 조달할수록 부실화의 가능성이 높아질 수밖에 없다. 시설자금은 물론 운영자금까지 과도하게 타인자본으로 충당하는 경우에는 사소한 시중의 자금사정 변화에도 견디어내지 못하고 흔들리게 된다. 시중의 자금사정이 조금만 경색되어도 자금조달이 어려워지기 때문에 원재료를 제때에 구입하지 못하게 되어 생산활동이 위축될 뿐만 아니라 노후화된 시설을 교체하지 못하여 제품의 불량률이 증가하게 된다. 불량률의 증가로 인한 매출감소의 악순환이 계속되다 보면 결국 기업은 파산상태에 빠지게 된다. 이와 같은 과정을 요약하여 정리하면 [그림 10-3]과 같다.

그림 10-3
만성적인 자금난과 자금부족

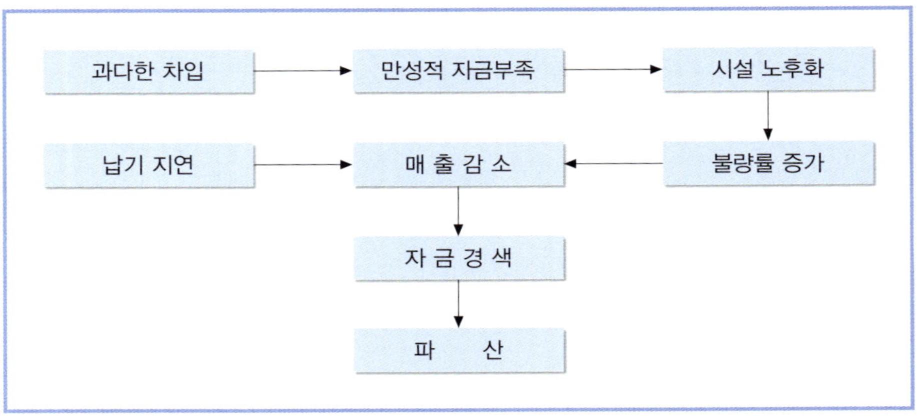

연쇄적인 파산

기업 자체에 직접적인 원인이 있는 것이 아니라 거래관계상 전방기업이나 후방기업에 문제가 생겨서 그 파급효과로 인하여 파산되거나, 계열사간의 상호 지급보증에 의해 한 회사가 부도를 내면 그것이 다른 회사의 부도에 영향을 미칠 수 있다. 그 과정을 정리하면 [그림 10-4]와 같다.

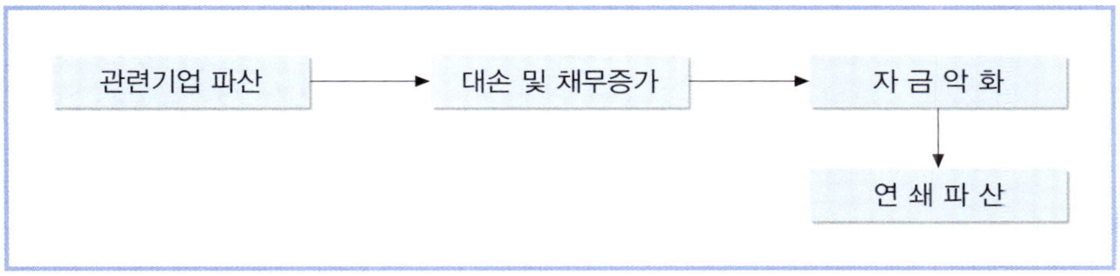

그림 10-4
연쇄 파산

2.3 기업부실화의 징후

기업부실화가 상당기간에 걸쳐서 진행될수록 그 과정에서 여러 가지 재무적 징후는 물론 비재무적 징후들이 나타나게 된다. 재무적인 징후는 재무제표분석을 통하여 파악할 수 있다. 재무제표는 누구든지 쉽게 이용할 수 있기 때문에 재무제표의 분석을 통하여 부실화의 징후를 파악하는 방법이 가장 널리 이용되고 있다. 그러나 재무제표에는 비재무적 정보가 반영되어 있지 않으며, 부실화의 시점과 상당한 시차를 두고 재무제표가 발표된다는 점에서 한계가 있다.

재무제표의 분석을 통하여 파악할 수 있는 재무적 부실화의 징후를 살펴보면

표 10-1 재무적 부실징후

재무상태표	손익계산서	현금흐름표
• 현금·예금 절대부족 • 매출채권, 재고자산 급증 • 비유동자산 과대투자 • 단기차입금 등 유동부채 증가 • 차입조건이나 금리면에서 불리한 신규차입금 증가 • 타인 자본의존도 심화 • 자본잠식	• 매출액의 지속적 감소 • 매출원가, 판매비와 관리비 급증, 과다한 금융비용 • 이익률의 현저한 감소 • 결손의 확대 및 지속	• 영업활동으로 인한 현금흐름의 부족 • 단기차입금에 의한 장기부채상환 증가 • 과다한 배당금 지급

〈표 10−1〉과 같다.[6]

한편 비재무적 징후는 부실기업이나 그 기업이 속한 산업에 따라 아주 다양한 형태로 나타난다. 한국신용평가(주)에서는 비재무적 징후를 통하여 기업부실을 예측할 수 있는 항목으로 다음과 같은 30개 항목을 제시하고 있다.[7]

(1) 회사의 수위실이나 화장실이 지저분하다.
(2) 사장과 경리사원의 부재가 잦다.
(3) 사원들의 출근율이 저조하다.
(4) 사내의 기강이 해이해졌다.
(5) 어음거래가 불량하다.
(6) 높은 이자의 어음이 나돈다.
(7) 회의가 빈번하고 장시간이다.
(8) 이상한 바겐세일을 한다.
(9) 갑작스럽게 부동산을 처분한다.
(10) 거래처가 자주 바뀐다.
(11) 상품가격이 터무니없이 오른다.
(12) 경기추세와 수요를 무시한다.
(13) 주거래은행 등 거래금융기관이 변경된다.
(14) 비상식적인 임원이동을 한다.
(15) 간부와 사원의 퇴사가 잦다.
(16) 대주주의 지분변동이 불안하다.
(17) 후계자의 계승을 둘러싸고 분쟁이 있다.
(18) 경영자가 공과 사를 혼동하고 있다.
(19) 경영자의 성격이 내성적으로 바뀐다.
(20) 낯선 사람들이 드나들기 시작한다.
(21) 악성 루머가 그치지 않고 떠돈다.
(22) 경영자가 정치 같은 일에 너무 관심을 쏟는다.
(23) 경영자가 분에 넘치는 호화생활을 한다.
(24) 사무실에 비해 사장실이 호화스럽다.
(25) 경영자의 여성관계 소문이 그치지 않는다.

6 박정식·신동령, 경영분석, 제6판, 다산출판사, 2016, p. 331.
7 남명수·김대호, 신경영분석, 삼영사, 1997, pp. 322~323에서 재인용.

(26) 무리하게 본사 사옥을 늘렸다.
(27) 회사게시판에 부착된 내용들이 부정적이다.
(28) 노사간의 대립이 첨예화되어 있다.
(29) 경리장부가 아주 복잡하고 정리가 안 되어 있다.
(30) 간판이 쓰러져 있거나 쇼윈도우가 지저분하다.

한국신용평가(주)의 '부실기업의 자가진단법'에 의하면 30개의 징후 중 10개 이상이 해당되는 경우에 '부도 가능성'이 있다고 판단한다. 한편 15개 이상이 해당되는 경우는 '부도 요주의', 20개 이상이 해당되는 경우는 '부도 위험', 25개 이상이 해당되는 경우는 '부도 확실'로 판단한다.

현장 FOCUS

3년간 재무구조 나쁜 기업 '부실징후기업' 판정

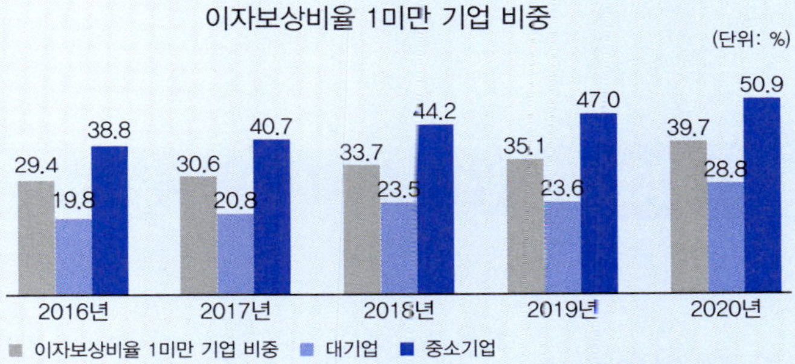

자료: 한국은행 금융안정보고서

최근 3년간 재무구조가 좋지 않은 기업은 올해 금융당국의 신용위험평가에서 '부실징후기업'으로 걸러진다. 코로나19 이전부터 재무구조가 좋지 않았던 기업이라면 생존가능성이 낮다는 판단에서다. 다만 코로나19 피해 기업이나 충격에서 회복되는 기업들은 이번 '부실징후기업'에서 제외될 전망이다. 6월 27일 금융권에 따르면 금융감독원은 최근 대기업과 중소기업에 대한 신용위험평가를 진행 중이다. 이달 중 세부평가를 진행할 기업을 선정하고, 채권은행들에 코로나19 회복 가능성을 반영한 지표로 평가하도록 권고할 계획이다. 이번 신용위험평가의 기준은 '코로나19의 회복가능성'을 반영하는 것이 될 전망이다. 코로나19 이전인 2018~2019년에도 재무구조가 좋지 않았던 기업이 올해 상반기에도 좋지 않다면 '부실징후기업'으로 솎아내겠다는 게 금융당국의 방침이다. 코로나19 사태의 충격을 받았던 피해기업들이 2021년 상반기 실적을 회복하고 있는데, 여전히 3년 전과 마찬가지로 재무난에서 벗어나지 못한 기업이라면 '좀비기업'으로 남을 가능성이 높기 때문이다.

항공, 숙박, 여행업 등 코로나19 여파가 아직도 반영되고 있는 기업들은 이번 신용위험평가 기준 부실징후기업에서 제외될 가능성이 높다. 백신접종 확대 등 코로나19 사태가 진정되면서 차츰 회복될 가능성이 높은 업종이라는 판단에서다. 이미 조선, 건설, 해운, 석유화학, 철강업 등 경기민감 업종은 코로나19의 충격에서 벗어나 상반기 실적이 호황이어서 부실기업에서 탈출할 전망이다. 다만 3년 전과 변함없이 재무구조가 좋지 않은 기업들은 다음달 '세부평가'를 통해 부실징후기업 여부를 판단한다. 코로나19의 피해가 악재로 겹친 것인지 여부를 판단하자는 것이다. 산업위험에서도 업종별로 향후 3년간 경기변동 민감도나 성장전망도 세부적으로 살펴 정말 '회복가능성'이 있는 기업이라면 부실징후기업에서 제외시키기로 했다. 지난 2018~2019년 겨우 신용등급 B등급에 턱걸이했는데 지난해 C등급이나 D등급을 받은 기업들이 요주의 대상이다. 아무리 B등급이라도 회복가능성이 없다고 판단되면 C등급(기업재무구조개선작업, 워크아웃)이나 D등급(기업회생)으로 판정하겠다는 것이다.

이번 신용위험평가에서 이 같은 기업들을 솎아내는 것은 '리스크 이연' 우려 때문이다. 2021년 9월 말 코로나19 금융지원 조치(원리금 상환유예)가 종료되면 일부 기업들의 연체 등이 발생할 수 있어, 이번 평가를 통해 회복가능한 기업과 그렇지 못한 기업을 미리 선별해놓겠다는 게 금융당국의 의도다. 리스크가 이연되면 자칫 금융회사들의 부실로 이어질 수 있어서다. 금융당국 관계자는 "회복 가능성의 여부를 알기 쉽지 않기 때문에 실적 부진기업에 대한 평가를 보다 세밀하게 할 수밖에 없다"며 "채권은행들에 회복 가능성을 면밀히 살피도록 당부할 방침"이라고 말했다.

〈e대한경제, 2021. 6. 28〉

03 기업부실화의 예측방법

기업부실화의 가능성을 예측하는 방법은 매우 다양하다. 그 이유는 부실화를 초래하는 원인이 매우 다양하기 때문이다. 예컨대 재무제표를 분석하거나 경영전략을 분석하거나 현금흐름을 분석함으로써 부실화의 가능성을 예측할 수 있으며, 통계적인 분석방법을 통해서도 부실화의 가능성을 예측할 수 있다.

여기서는 재무비율을 이용한 분석방법으로 단일변량분석과 다변량분석방법을 중심으로 살펴보기로 한다.

3.1 단일변량분석에 의한 부실화의 예측

단일변량분석은 여러 개의 재무변수를 하나씩 비교 분석하여 그 결과에 따라 부실화의 가능성을 예측하는 방법이다. 단일변량분석에 의한 부실화의 예측은

다음과 같은 두 가지 기본적인 가정에서 이루어진다.[8]

첫째, 재무비율의 분포가 부실기업과 정상기업에서 체계적으로 다르다.

둘째, 이와 같은 체계적 분포의 차이를 이용하여 부실화의 가능성을 예측할 수 있다.

재무비율 분포의 차이분석

재무비율 분포의 차이를 분석함으로써 부실화의 가능성을 예측할 수 있다. 부실화의 징후를 대변하는 특정재무비율을 통계적 또는 경험적으로 선정하여 정상기업과 부실기업의 재무비율 분포를 비교함으로써 부실화의 가능성을 판단할 수 있다. 이와 같은 분석은 다음과 같은 3단계에 의해서 이루어진다.

▶ 재무비율 선정

기업부실화에 대한 선행연구의 결과, 기업평가실무 및 분석자의 판단 등을 고려하여 부실화의 예측에 적합한 재무비율을 선정한다.

▶ 표본기업 선정

부실기업 표본을 선정한 다음 업종 및 기업규모 등에서 부실기업과 유사한 정상기업을 대응기업으로 선정한다. 이와 같은 짝짓기 표본추출법(paired sampling technique)은 업종과 기업규모 등의 변수가 기업부실에 미치는 영향을 제거하기 위한 것이다.

▶ 차이분석

부실기업과 대응기업 표본에 대한 재무비율의 평균을 계산하여 두 표본 사이에 차이가 있는지를 분석한다. 이를 위해서 일정한 기간 동안 부실기업과 대응기업 표본의 평균 재무비율이 시간의 경과에 따라 변화하는 추세를 도표로 작성하여 분석하는 프로파일분석(profile analysis)을 이용할 수 있다.

프로파일분석을 통하여 두 표본집단 사이에 현저한 차이를 나타내는 재무비율을 찾아내고, 이와 같은 재무비율들이 시간의 경과에 따라 변화하는 움직임을 관찰함으로써 부실화의 가능성을 예측할 수 있다.

---

8 G. Foster, *op. cit.*, pp. 536~537.

그러나 부실기업과 대응기업 표본에서 특정재무비율의 분포가 서로 다르다는 확신을 갖기 위해서는 다음과 같은 몇 가지 추가분석이 필요하다. 첫째, 두 표본 집단에서 각 재무비율 분포의 분산을 비교하여야 한다. 둘째, 두 표본집단에서 나타나는 분포의 차이에 대한 통계적 유의성 검정(statistical significance test)을 해야 한다. 셋째, 선정된 재무비율이 실제로 어느 정도 예측력을 갖는지를 검증해야 한다.

재무비율 분포의 차이를 분석하여 부실기업과 정상기업으로 분류하는 연구는 오랜 역사를 가지고 있다. 대표적인 연구는 1954년~1964년 동안 79개의 부실기업과 정상기업을 표본으로 선정하여 평균 재무비율의 차이를 분석한 비버(W. H. Beaver, 1966)의 연구이다.[9]

비버는 30개의 재무비율을 선정하여 파산 이전 5년 동안에 걸쳐 부실기업과 정상기업의 평균 재무비율이 어떤 변화를 보이는지를 분석함으로써 부실화의 가능성을 예측할 수 있다고 하였다. [그림 10-5]에서 비버의 연구결과를 보여주고 있다. 부실기업과 정상기업 표본 사이에 현저한 차이를 보이는 5개 재무비율을 선정하여, 부실화 5년 전부터 각 평균 재무비율의 변화추세를 그래프로 나타낸 것이다.

[그림 10-5]에서 보여주는 바와 같이 정상기업과 비교할 때 부실기업의 평균 재무비율이 파산 5년 전부터 나빠지기 시작하여 부실화 시점에 가까울수록 가속화되고 있는 것으로 나타났다.

이원분류법

재무비율을 이용하여 부실화의 가능성을 예측하는 경우 부실화의 가능성을 판단할 수 있는 일정한 기준이 있어야 한다. 예를 들어 이원분류법(dichotomous classification technique)은 분석하고자 하는 기업을 부실기업과 정상기업으로 분류할 때 발생되는 예측오류를 최소화하는 최적판별점(optimal cutoff point)을 정하여 그 기준에 따라 부실화의 가능성을 예측하는 데 이용되는 방법이다.[10]

---

9 W. H. Beaver, "Financial Ratios as Predictors of Failure," *Empirical Research in Accounting, Supplement to Journal of Accounting Research*, 1966, pp. 71~111.

10 예측오류는 다음과 같다.

예측 \ 실제	정상기업	부실기업
정상기업	○	제1종 오류
부실기업	제2종 오류	○

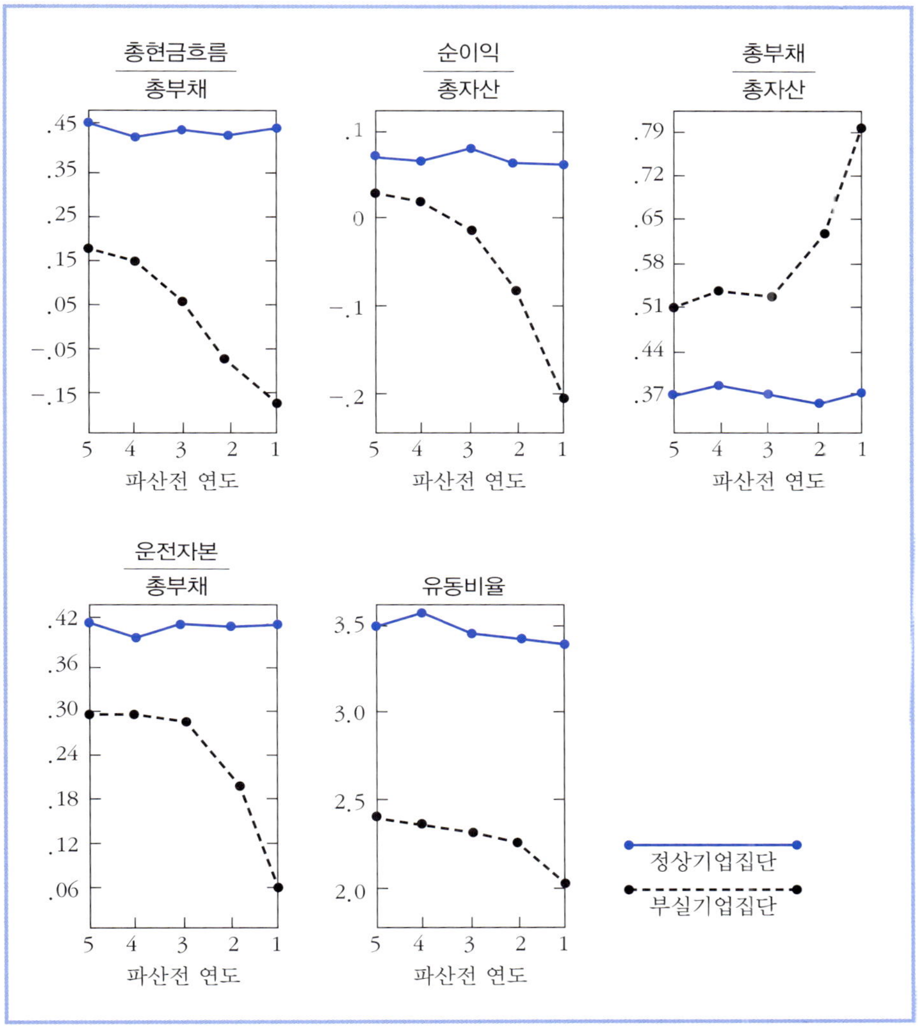

그림 10-5
프로파일 분석:
부실기업과 정상기업의
평균 재무비율의 추세

이원분류법을 이용하여 최적판별점을 결정하는 절차는 다음과 같다. 첫째, 표본기업들에 대한 재무비율을 크기에 따라 순서대로 배열한다. 둘째, 순서대로 배열된 재무비율 사이의 중간점을 산출하여 각 중간점을 판별점으로 이용하는 경우의 예측오류를 계산한다. 셋째, 예측오류가 최소인 중간점을 최적판별점으로 선정한다.[11]

총자산순이익률을 이용하여 부실화의 가능성을 예측하는 경우 이원분류법의 적용과정에 대하여 살펴보기로 하자. 표본으로 추출한 부실기업과 정상기업을

11 제1종 오류와 제2종 오류 사이에 큰 차이가 있을 경우 각 오류의 예상손실액을 감안하여 총예상손실액을 최소화하는 방향으로 판별점을 선택하는 것이 보다 합리적이다.

표 10-2

총자산순이익률의 크기에 따른 표본기업의 분류

표본기업	총자산순이익률	실제상황
1	0.120	정상
2	0.110	정상
3	0.094	정상
4	0.078	정상
5	0.065	정상
6	0.056	부실
7	0.034	정상
8	0.024	정상
9	0.012	부실
10	0.003	부실

표 10-3

예측오류의 측정과 최적판별점의 결정

판 별 점	제1종 오류	제2종 오류	총예측오류
총자산순이익률 < 0.0605이면 부실로 예측	0	2	2
총자산순이익률 < 0.0450이면 부실로 예측	1	2	3
총자산순이익률 < 0.0290이면 부실로 예측	1	1	2
총자산순이익률 < 0.0180이면 부실로 예측	1	0	1*
총자산순이익률 < 0.0075이면 부실로 예측	2	0	2

* 최적판별점

대상으로 각각 부실화 이전 1년째의 총자산순이익률을 계산하여 그 크기에 따라 순서대로 배열한 결과를 〈표 10-2〉에서 보여 주고 있다.

두 경계비율 사이의 중간점을 판별점으로 선정할 때의 예측오류를 계산하면 〈표 10-3〉과 같다. 〈표 10-3〉에서 첫 번째 판별점(0.0605)은 기업 5의 총자산순이익률(0.065)과 기업 6의 총자산순이익률(0.056)을 평균한 값이다. 이와 같은 방법으로 각각의 판별점을 선정하여 제1종 오류와 제2종 오류를 계산하여 총예측오류가 가장 작은 점을 최적판별점으로 선정한다.

〈표 10-3〉에서 볼 수 있는 바와 같이 총예측오류(제1종 오류+제2종 오류)가 가장 적은 총자산순이익률 0.0180이 최적판별점이 된다. 따라서 분석하고자 하는 기업의 총자산순이익률을 계산하여 '총자산순이익률<0.0180'이면 부실기업으로 분류하며, '총자산순이익률≥0.0180'이면 정상기업으로 분류함으로써 부실화의 가능성을 예측할 수 있는데, 이 경우 최적판별점(0.0180)에서 예측력은

표 10-4

이원분류법에 의한 부실예측능력 평가: 재무비율의 예측오류율

재 무 비 율	파산 전 연도				
	5	4	3	2	1
현금흐름/부채	0.22	0.24	0.23	0.21	0.13
순이익/총자산	0.28	0.29	0.23	0.20	0.13
부채/총자산	0.28	0.27	0.34	0.25	0.19
운전자본/총자산	0.41	0.45	0.33	0.34	0.24
유동비율	0.45	0.38	0.36	0.32	0.20

자료: W. H. Beaver, *op. cit.*, p. 85.

90%(9개 기업/10개 기업)이다.[12]

그러나 이와 같은 예측력은 검증되지 않은 것이다. 최적판별점의 예측력은 추정표본(estimation sample)에서 얻어진 결과로서 표본기업의 특수한 사정에 따라 생기는 우연성에 의해 영향을 받을 수 있기 때문이다. 따라서 최적판별점의 예측력을 검증하기 위해서는 별도의 확인표본(validation sample)을 선정하여야 한다. 확인표본에서 검증된 예측력은 사실상 이원분류법의 예측력이라고 볼 수 있다.

비버는 앞서 설명한 프로파일분석에 이어 이원분류법을 이용한 각 재무비율의 예측력을 측정하였다.[13] 〈표 10-4〉에서 5개의 재무비율에 대한 예측오류율(총예측오류 수/표본기업 수)을 보여주고 있다.

3.2 다변량분석에 의한 부실화의 예측

단일변량분석을 이용한 부실화의 가능성을 예측하는 데 따른 문제점은 하나의 재무비율에만 의존하여 부실화의 가능성을 예측하기 때문에 어느 재무비율을 선정하느냐에 따라 예측결과가 달라진다는 점이다. 이와 같은 문제점은 부실화의 가능성을 예측함에 있어 유용하게 이용될 수 있다고 판단되는 여러 개의 재무비율을 선정하여 이를 종합적으로 분석함으로써 해결될 수 있다. 이처럼 여러 개의 재무비율을 선정한 후 종합적으로 분석하여 부실화의 가능성을 예측하는 방법이 다변량분석방법이다.

12 $\text{예측정확도} = \dfrac{\text{표본기업 수} - \text{총예측오류 수}}{\text{표본기업 수}}$

13 Beaver(1966)는 별도의 확인표본을 이용하여 각 재무비율의 예측능력을 평가하였다.

판별분석의 의의 및 절차

다변량분석방법 중에서 가장 대표적인 방법이 판별분석(multiple discriminant analysis)이다.[14] 판별분석은 여러 재무변수들이 다변량정규분포를 보이며, 집단별 재무변수의 확률분포가 동일하다는 가정에서 여러 재무비율에 따라 대상기업을 부실기업과 정상기업으로 분류하는 데 이용되는 통계적인 분석방법이다.

판별분석은 원래 생물학이나 행동과학 등에서 질적인 성격을 갖는 변수를 분류하기 위하여 이용되었으나 오늘날에는 기업의 부실예측, 기업의 신용평가, 채권의 등급평가 등과 같은 재무분석 분야에서도 널리 이용되고 있다.

▶ 판별함수의 추정

판별분석에서는 먼저 표본으로 선정된 여러 기업을 부실기업과 정상기업의 두 집단으로 나누고, 각 집단의 특성을 대변하는 재무비율을 선정하여 부실기업과 정상기업으로 가장 잘 구분할 수 있는 판별함수를 추정하여야 한다.

판별함수는 식 (10-1)과 같다.

$$Z = a_1X_1 + a_2X_2 + a_3X_3 + \cdots + a_nX_n \tag{10-1}$$

Z : 판별점수
X_i : i번째 재무비율
a_i : i번째 재무비율의 판별계수

식 (10-1)에서 판별계수는 두 집단간의 변동성(부실기업과 정상기업 집단 사이의 평균 판별점수간 거리)을 최대로 하는 한편, 집단내의 변동성(각 집단의 평균 판별점수와 그 집단에 속한 각 표본기업의 판별점수 사이의 거리)이 최소가 되도록 하는 계수이다.[15] 예를 들어 수익성과 유동성을 나타내는 두 재무변수에 따라 부실기업은 ×, 정상기업은 ○으로 표시하여 두 집단으로 가장 잘 구분해 주는 판별함수를 예시하면 [그림 10-6]과 같다.

---

14 최근에는 판별분석 이외에 확률모형인 로짓분석(logit analysis) 또는 프로빗분석(probit analysis), 인공지능모형 등도 많이 이용되고 있다.

15 판별함수식을 추정하는 문제는 SAS(Statistical Analysis System) 또는 SPSS(Statistical Package for the Social Sciences) 등 통계프로그램을 이용하여 쉽게 해결할 수 있다.

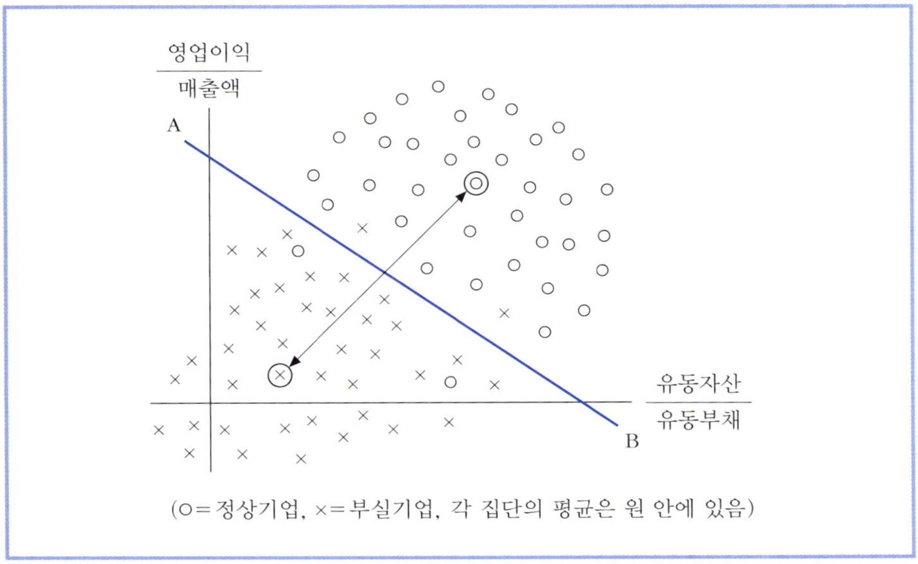

그림 10-6
선형판별분석

▶ 최적판별점의 선정

식 (10-1)과 같은 판별함수를 추정한 다음 판별함수에 각 재무비율의 값을 대입하여 판별점수를 계산한 후, 부실기업과 정상기업으로 분류할 때 나타나는 총 예측오류가 최소가 되는 최적판별점을 선정하여 최적판별점을 기준으로 부실화의 가능성을 예측할 수 있다. 이 경우 판별함수의 예측력을 검증하기 위해서는 확인표본을 별도로 추출하여 모형의 예측력을 평가해야 한다.

판별함수를 이용한 부실화의 예측

▶ 알트만의 *Z*-점수 모형[16]

▲ 뉴욕대학교(New York University) 스턴경영대학(Stern School of Business)의 명예교수인 알트만(E. I. Altman). 그는 재무전공 분야에서 세계적으로 유명한 학자이자 *Z*-점수모형의 창시자로 널리 알려져 있다.

알트만(E. I. Altman)은 1946년~1965년 사이에 미국의 제조업 중 파산을 신청한 33개의 부실기업과 짝짓기 표본추출법에 의해 추출된 33개의 정상기업을 표본으로 선정하여 판별분석을 실시하였다. 그리고 선행연구에서 기업평가를 위한 유의적인 지표로 사용된 22개의 재무비율을 선정하여 그중 기업부실 예측에 이용될 수 있는 5개의 재무비율을 최종적으로 선정

16 E. I. Altman, "Financial Ratios, Discriminant Analysis and the Prediction of Corporate Bankruptcy," *Journal of Finance*, Sept., 1968, pp. 589~609.

하였다.[17] 선정된 5개 변수는 유동성, 수익성, 레버리지, 지급능력과 효율성 등을 대표하는 재무비율이다.

알트만이 파산 1년 전 자료를 이용하여 추정한 판별함수, 즉 Z–점수모형(Z-score model)은 식 (10–2)와 같다.

$$Z = 1.2X_1 + 1.4X_2 + 3.3X_3 + 0.6X_4 + 1.0X_5 \tag{10-2}$$

Z : 판별점수
X_1 : 운전자본/총자산
X_2 : 이익잉여금/총자산
X_3 : 영업이익(EBIT)/총자산
X_4 : 자기자본의 시장가치/총부채의 장부가치
X_5 : 매출액/총자산

파산 1년 전 자료에 의해 계산된 두 표본집단의 재무비율($X_1 \sim X_5$) 및 판별점수(Z)의 평균은 〈표 10–5〉와 같다.

Z–점수모형의 최적판별점은 Z=2.675로 추정되었으며, 알트만이 제시한 구체적인 판별기준은 다음과 같다.

- $Z > 2.99$: 정상기업
- $Z < 1.81$: 부실기업
- $1.81 \leq Z \leq 2.99$: 판정유보

추정표본에 의한 Z–점수모형의 예측정확도는 파산 1년 전 자료를 이용할 경우 95%(63개 기업/66개 기업), 파산 2년 전 자료를 이용할 경우 83%(54개 기업/65개 기업)로 높게 나타났다. 한편 확인표본에 의한 모형의 예측정확도는 파산 1년 전 자료를 이용하는 경우 83.5%(76개 기업/91개 기업)로 나타났다.[18]

또한 알트만은 1983년에 재무비율 X_4를 '자기자본의 장부가치/총부채의 장부가치'로 대체하여 비상장회사에 적용할 수 있는 식 (10–3)과 같은 새로운 판별함수, 즉 Z'–점수모형(Z'-score model)을 제시하였다.

17 재무변수 및 판별함수의 통계적 유의성, 변수간의 상관관계, 모형의 예측능력, 분석자의 판단 등을 평가하여 5개 재무변수가 최종적으로 선정되었다.

18 그러나 파산기업에 대한 예측력의 정확도는 96%(24개 기업/25개 기업)로 현저히 높았다.

표 10-5 부실기업과 정상기업의 재무비율 및 판별점수의 평균

변 수	부실기업 평균	정상기업 평균
X_1	−0.061	0.414
X_2	−0.626	0.355
X_3	−0.318	0.154
X_4	0.401	2.477
X_5	1.5	1.9
Z	−0.29	5.02

$$Z' = 0.717X_1 + 0.847X_2 + 3.107X_3 + 0.420X_4 + 0.998X_5 \quad (10-3)$$

Z'−점수모형의 판별기준은 다음과 같다.

- $Z' > 2.90$: 정상기업
- $Z' < 1.23$: 부실기업
- $1.23 \leq Z' \leq 2.90$: 판정유보

추정표본에 대한 Z'−점수모형의 예측정확도는 파산 1년 전 자료를 이용할 경우 94%(62개 기업/66개 기업)로 Z−점수모형의 예측능력(95%)과 거의 유사하게 나타났다.

▶ ZETA모형

알트만(E. I. Altman) 등은 재무 및 영업환경의 변화를 반영하여 기존 Z−점수모형을 개선한 ZETA모형을 개발하였다. 이는 미국의 ZETA서비스사(ZETA Services, Inc.)가 상품화하여 유료로 제공하는 ZETA신용위험(ZETA Credit Risk) 보고서의 기초가 되었다.[19]

ZETA모형은 제조업 및 소매업 중에서 53개의 파산기업과 대응되는 58개의 정상기업을 표본으로 선정하였다. 이 모형은 최종적으로 7개의 재무비율을 이용하고 있으며, 그 내용은 다음과 같다.

19 E. I. Altman, R. Haldeman, and P. Narayanan, "ZETA Analysis: A New Model to Identify Bankruptcy Risk of Corporations," *Journal of Banking and Finance*, June, 1977. pp. 29~54.

① 수익성(X_1) = 영업이익/총자산

② 이익안정성(X_2) = 과거 10년 동안에서 X_1의 표준오차

③ 채무이행능력(X_3) = 영업이익/이자비용

④ 누적적 수익성(X_4) = 이익잉여금/총자산

⑤ 유동성(X_5) = 유동자산/유동부채

⑥ 시장에서의 자본화 정도(X_6) = 보통주 시장가치의 5년 평균값/총자본의 시장가치의 5년 평균값[20]

⑦ 기업규모(X_7) = log(총유형자산)[21]

표 10-6

ZETA모형과 Z-점수모형의 예측능력 비교[22)]

파산 전 연도수	ZETA모형		Z-점수모형	
	부실기업	정상기업	부실기업	정상기업
1	96.2%	89.7%	93.9%	97.0%
2	84.9%	93.1%	71.9%	93.9%
3	74.5%	91.4%	48.3%	n.a.
4	68.1%	89.5%	28.6%	n.a.
5	69.8%	82.1%	36.0%	n.a.

그림 10-7

부실기업집단과 정상기업집단의 평균 ZETA점수 추세

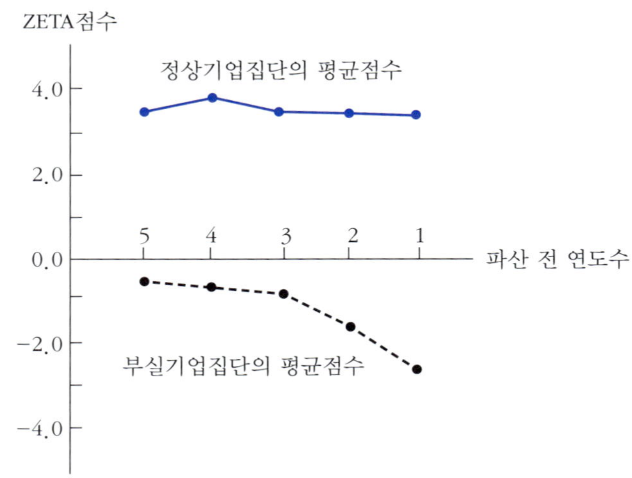

20 총자본 = 보통주 + 우선주 + 장기부채 + 자본화된 리스

21 리스이용권의 자본화된 금액도 자산에 가산되며, 규모변수의 극한값의 영향을 줄이고 변수분포를 정규화시킬 수 있도록 로그함수로 변환하여 사용하였다.

22 전성빈·김건우·김민철, 앞의 책, p. 245.

ZETA모형은 ZETA서비스사에 의해서 상품화되었기 때문에 이 모형의 구체적인 판별계수는 대외적으로 공개되지 않고 있다. 그러나 ZETA모형의 예측력이 기존의 Z–점수모형보다 더 뛰어난 것으로 알려져 있다. 〈표 10–6〉은 ZETA모형과 Z–점수모형을 이용한 부실기업과 정상기업에 대한 예측력을 서로 비교한 것이다.

파산 이전 5년째부터 1년째까지의 기간에서 부실기업과 정상기업 표본 간의 평균 ZETA점수 추세를 살펴보면 [그림 10–7]과 같다.

▶ 금융감독원의 판별모형

1982년에 금융감독원에서 효율적인 여신관리 및 기업평가를 위한 목적에서 판별모형을 개발하였다.[23] 이 모형에서는 부도발생 또는 적색관리대상 업체로 분류된 21개의 부실기업과 짝짓기 표본추출법에 의해 추출된 22개의 우량기업을 표본으로 선정한 후 20개의 재무비율 중에서 7개의 재무비율을 최종적으로 선택하여 식 (10–4)와 같은 판별모형을 유도하였다.[24]

$$D=5.32323-0.03257X_1-0.025767X_2-0.00761X_3+0.05955X_4 -0.004459X_5+2.27053X_6-2.78251X_7 \quad (10-4)$$

X_1 : 자기자본비율(%)
X_2 : 유동비율(%)
X_3 : 비유동장기적합률의 역수(%)
X_4 : 순운전자본 대 총자본비율(%)
X_5 : 자기자본경상이익률(%)[25]
X_6 : 총자본회전율(회)
X_7 : 경영자산회전율(회)[26]

이 경우 최적판별점은 0.03801이며, 판별기준은 다음과 같다.

---

23 금융감독원 여신관리국, "판별분석에 의한 기업평가방법," 1982. 8.
24 앞의 Z–점수모형 등과는 달리 X_1~X_7 변수의 값으로 %단위의 숫자를 대입해야 한다.
25 경상이익은 법인세비용 차감전 순이익을 의미한다.
26 경영자산은 경영활동에 직접 투입되는 자산으로서 총자산에서 건설중인자산, 투자자산을 차감하여 계산된다.

- $D < -1.59668$: A그룹(정상)
- $-1.59668 \le D < 0.03801$: B그룹(정상)
- $0.03801 \le D < 1.67271$: C그룹(부실)
- $D \ge 1.67271$: D그룹(부실)

이 모형은 통상적인 판별모형과 반대로 판별점수가 낮을수록 우량기업으로 분류된다는 점을 주의해야 한다. 추정표본에 대한 모형의 예측정확도는 97%이다.

판별분석의 유용성과 한계

판별분석은 사전에 기업부실화의 가능성을 예측하여 기업의 이해관계자들에게 유용한 정보를 제공하는 역할을 한다. 구체적으로 판별분석의 유용성을 살펴보면 다음과 같다.

첫째, 단일변량분석과 달리 판별분석은 여러 개의 재무변수를 동시에 고려하는 종합적인 분석기법이다.

둘째, 판별분석은 동일기준으로 여러 기업을 동시에 평가하기 때문에 평가의 일관성을 유지할 수 있다. 분석가가 임의로 기준을 변경하거나 달리 적용함으로써 특정기업을 편파적으로 평가할 가능성을 제거할 수 있다.

셋째, 판별분석에 의하면 기업부실을 저렴한 비용으로 신속하게 예측할 수 있다. 즉, 판별분석은 경제적·시간적으로 유용한 정보를 재무의사결정자에게 제공한다.

그러나 판별분석은 다음과 같은 몇 가지 한계점을 가지고 있다.[27]

첫째, 판별분석은 과거의 재무자료에 기초하여 이루어지기 때문에 기업환경이 급격하게 변하는 경우 그 예측력에 한계가 있다.

둘째, 판별분석에 사용되는 재무변수의 선정시 주관적인 판단이 개입될 여지가 많다. 재무변수의 선정에 대한 객관적인 기준을 마련하기가 어렵기 때문이다.

셋째, 판별분석은 질적 자료를 반영하지 못하며, 기업간 서로 다른 회계처리 방법의 사용에 따라 그 예측력이 감소될 수 있다.

27 국내의 한 은행이 최초로 컴퓨터시스템에 의해 중소기업의 부실화 위험 정도를 파악, 신속하고 정확한 대출의사결정을 내리는 '중기업 스코어링시스템'을 한국과학기술원(KAIST)과 공동으로 개발해 시행하고 있다. '중기업 스코어링시스템'은 인공신경망으로 불리는 첨단금융공학기법을 응용, 중소기업의 재무자료와 간단한 비재무자료를 투입, 중소기업의 부실화 위험 정도를 측정하는 중소기업 전용의 신용평가기법이다.

현장 FOCUS

AI기반 기업부실예측 서비스 '크레덱스' 관심 고조

▲ 포스코ICT 직원들이 AI 기업부실예측 서비스(크레덱스)를 통해 거래 기업의 등급을 살펴보고 있다. [포스코ICT 제공]

수도권에 본사가 있는 제조업체인 A사는 2020년 말 공장을 멈출 뻔한 아슬아슬한 사태를 겪었다. 원료를 공급하는 B사가 어떤 예고도 없이 도산하는 바람에 재고량이 바닥날 뻔한 것이다. 문제가 된 B업체는 기존 신용평가에서 '정상' 등급을 받아 갑자기 도산할 것이라곤 예측하지 못했다. 다행스럽게 A사는 위기를 넘길 수 있었다. 이 회사 구매 담당자가 인공지능(AI) 기업실적 예측 솔루션인 '크레덱스'를 통해 B사를 조회해 본 것이 결정적인 도움이 됐다. 크레덱스는 이미 3개월 전 B사에 '위험' 등급을 매겼다. 이후 이 회사는 공급사 선정 때 AI 시스템의 평가를 확인하도록 내부 지침을 변경했다. A사 구매 담당자는 "경영 환경이 급변하는 상황에서 1년에 한 번 발표하는 기존 신용평가에 의존하는 게 불안해지고 있다"며 "AI의 도움을 받아 실시간으로 거래 기업의 '건강 상태'를 확인할 수 있는 안전장치가 마련된 격"이라고 말했다.

코로나 19 장기화로 경영 불확실성이 증가하는 가운데 기업의 부실을 인공지능(AI)을 활용해 사전에 예측해주는 서비스에 대한 관심이 쏠리고 있다. 포스코ICT와 기업신용평가 전문기업인 이크레더블이 공동 개발해 국내 최초로 서비스하고 있는 AI 기반 기업부실예측 서비스 '크레덱스'가 그 주인공으로 최근 가입고객이 245개사를 넘어섰다고 밝혔다. 크레덱스(CREDEX www.credex.co.kr)는 AI, 빅데이터 기술을 활용해 기업의 데이터를 실시간 수집, 분석해 기업부실 리스크와 자금조달 능력을 사전 예측함으로써 부실이 발생하기 전에 고객에게 예측 정보를 제공해주는 서비스다.

2020년 초 유료 서비스를 시작해 롯데건설, 대림건설, 동부건설, 두산건설, 대한항공, SK네트웍스서비스 등이 서비스를 받고 있다. 같은 해 8월 처음 100개사를 넘어서 2021년 3월 현재 245개사가 서비스를 받는 등 가파른 증가세를 보이고 있다. 특히 롯데건설과 대림건설 등은 공급 업체를 결정할 때 크레덱스가 제시하는 부실예측 등급을 필수 정보로 활용하고 있다고 포스코ICT는 설명했다. 기업들이 크레덱스 서비스에 관심을 보이는 것은 기존 신용등급이 연간 및 분기 단위로 등급을 산정하기 때문에 기업들의 경영상황을 실시간 반하는 데는 한계가 있었기 때문이다.

크레덱스는 재무제표는 물론 금융거래내역, 각종 공과금 납부실적, 공공조달 참여실적, 상거래정보 등 기업의 다양한 활동성 데이터를 실시간 수집해 자체 개발한 AI를 활용해 분석한다. 이를 통해 해당 기업의 채무상환능력을 종합 평가하고 신용상태의 변화를 감지해 부실 발생 위험을 사전에 알려주는 것은 물론 예상 시점까지 알려주기 때문에 기존 신용평가 서비스와 보완적인 관계로 활용성이 높다는 점을 꼽고 있다. 많은 협력사들이 있는 건설사들이 서비스를 이용하고 있는 것도 이러한 장점 때문이다는 것이다.

한편 크레덱스는 다양한 기업 데이터를 추가적으로 확보하고 지속적인 AI 모델 고도화를 통해 부실 예측률을 높여나갈 계획이다. 또 사용자 편의성

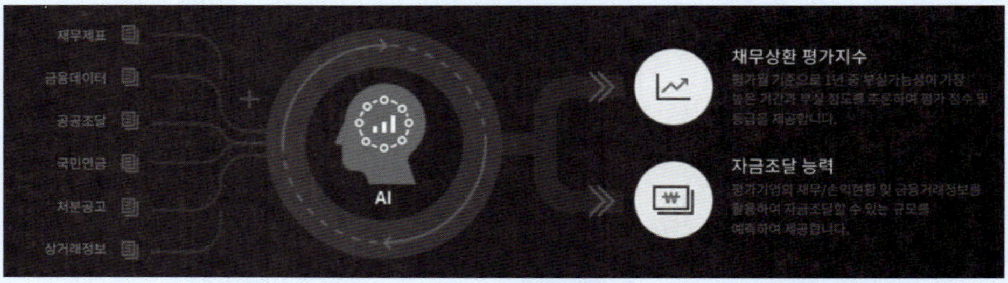

[포스코ICT 제공]

을 높이기 위해 고객 시스템에 크레덱스가 도출한 부실 등급을 연동하는 서비스, 일 단위 레벨변동 알림 등의 기능을 추가했으며, 모바일 서비스를 시작하여 편의성도 높이고 있다.

〈경북도민일보, 2021. 3. 18 수정〉

주요용어
Principal Terms

기업부실화(corporate financial distress)

기업이 재무적 의무(financial obligation)를 다하지 못하고 있는 상태로서 기업부실화가 악화되면 궁극적으로 기업이 파산할 수도 있다.

경영실패(failure)

기업의 수익성이 감소함에 따라 나타나는 부실화의 현상을 의미한다. 수익성이 감소한다는 것은 구체적으로 수익이 비용보다 적거나 또는 투자수익률이 자본비용보다 낮은 상태가 유지되고 있음을 의미한다.

지급불능(insolvency)

기술적 지급불능과 파산상태의 지급불능으로 구분된다.

기술적 지급불능(technical insolvency)

일시적인 유동성 부족으로 인하여 만기가 된 채무를 상환하지 못하는 상태를 의미한다.

파산상태의 지급불능(insolvency in a bankruptcy sense)

총부채가 총자산가치를 초과하여 순자산가치가 음(−)의 값을 보이는 상태로서 실질적인 파산을 의미한다.

채무불이행(default)

채무자가 채권자와의 계약을 위반하거나 원리금을 제때에 상환하지 못하여 법적 처리의 근거가 되는 상태를 말한다.

파산(bankruptcy)

파산상태의 지급불능 또는 법원에 의해서 공식적으로 선고된 파산상태를 의미한다.

워크아웃(workout)

IMF 외환위기 이후 시장안정화를 위하여 1998년 6월 기업구조조정협약에 따라 부실기업을 회생시키기 위하여 금융기관(채권자)이 자율적으로 해당 부실기업을 지원하는 제도이다.

사적 화의

워크아웃과 비슷한 개념의 기업회생제도로서, 지급불능상태에 있는 기업이 법원에 요청하여 채무감면을 받는 제도로서 법원이 중간에서 다리를 놓아주는 워크아웃의 성격을 지니고 있다.

법정관리

지급불능상태에 있는 기업을 법원의 감독 아래 채권자와 주주들의 이해관계를 조정하여 기업을 회생시키는 제도로 회사정리제도를 의미한다.

기업퇴출

부실기업을 제3자에게 매각하거나 파산절차를 거쳐 기업을 청산하는 것을 말한다.

프로파일분석(profile analysis)

부실기업과 대응기업 표본에 대한 재무비율의 평균을 계산하여 두 표본 사이에 차이가 있는지를 분석하는 것으로, 일정한 기간 동안 부실기업과 대응기업 표본의 평균 재무비율이 시간의 경과에 따라 변화하는 추세를 도표로 작성하여 분석하는 방법이다.

이원분류법(dichotomous classification technique)

분석하고자 하는 기업을 부실기업과 정상기업으로 분류할 때 발생되는 예측오류를 최소화하는 최적판별점(optimal cutoff point)을 정하여 그 기준에 따라 부실화의 가능성을 예측하는 데 이용되는 방법이다.

판별분석(multiple discriminant analysis)

여러 재무변수들이 다변량정규분포를 보이며, 집단별 재무변수의 확률분포가 동일하다는 가정에서 여러 재무비율에 따라 대상기업을 부실기업과 정상기업으로 분류하는 데 이용되는 통계적인 분석방법이다.

사·례·연·구

(주)분식의 재무자료를 요약하면 다음과 같다.

(단위: 억원)

운전자본	5	유동부채	80
총자산	500	비유동부채	120
영업이익	15	자기자본	300
이익잉여금	30	매출액	250

한편 (주)분식의 자기자본의 총시장가치는 120억원이다. 이러한 경우 아래에 주어진 알트만 Z 모형을 이용하여 (주)분식의 부실 여부를 평가하라.

$$Z = 1.2X_1 + 1.4X_2 + 3.3X_3 + 0.6X_4 + 1.0X_5$$

Z : 판별점수
X_1 : 운전자본/총자산
X_2 : 이익잉여금/총자산
X_3 : 영업이익(EBIT)/총자산
X_4 : 자기자본의 시장가치/총부채의 장부가치
X_5 : 매출액/총자산

해설

알트만 Z모형을 이용하여 ㈜분식의 부실 여부를 평가하는 데 필요한 변수, 즉 재무비율을 구하면 다음과 같다.

- 운전자본/총자산 = 5/500 = 0.01
- 이익잉여금/총자산 = 30/500 = 0.06
- 영업이익(*EBIT*)/총자산 = 15/500 = 0.03
- 자기자본의 시장가치/총부채의 장부가치 = 120/200 = 0.6
- 매출액/총자산 = 250/500 = 0.5

이상의 변수들을 이용하여 알트만 Z모형의 판별점수인 Z값을 구하면 다음과 같다.

$$Z = 1.2 \times 0.01 + 1.4 \times 0.06 + 3.3 \times 0.03 + 0.6 \times 0.6 + 1.0 \times 0.5$$
$$= 1.055$$

계산된 판별점수가 부실판정($Z < 1.81$) 구간에 속하므로 (주)분식은 부실기업으로 평가된다.

연습문제

객관식 문제

01. 기업부실을 의미하는 것이 아닌 것은? (경영지도사, 2013)

① 경제적 실패 ② 지급불능 상태 ③ 파산선고
④ 채권가격 하락 ⑤ 기업부도

02. 기업부실에 관한 설명으로 옳은 것은? (경영지도사, 2021)

① 지급불능이란 법원에 의해서 파산선고가 공식적으로 내려진 경우이다.
② 경제적 부실이란 기업의 총자산가치가 총부채가치에 미치지 못하는 경우이다.
③ 파산이란 기업의 총수익이 총비용에 미치지 못하는 경우이다.
④ 사적화의는 기업구조조정협약에 따라 부실기업을 회생시키기 위하여 금융기관이 자율적으로 해당 부실기업을 지원하는 제도이다.
⑤ 법정관리는 지급불능상태에 있는 기업을 법원의 감독아래 채권자와 주주들의 이해관계를 조정하여 기업을 회생시키는 제도이다.

03. 기업 부실화의 유형이 아닌 것은? (경영지도사, 2016)

① 자금부족형 ② 연쇄도산형 ③ 방만경영형
④ 환경적응실패형 ⑤ 가족중심경영형

04. 기업의 부실징후에 관한 설명으로 옳지 않은 것은? (경영지도사, 2020)

① 경영진이 빈번하게 교체되거나 갑작스럽게 교체된다.
② 영업활동에서 유입되는 현금흐름이 지속적으로 감소한다.
③ 주력 제품의 시장점유율 및 수익성이 지속적으로 하락한다.
④ 주요 자산의 양도 및 매각을 통해 단기성 자금을 마련한다.
⑤ 자금조달의 주요 원천이 단기차입금에서 장기차입금으로 전환된다.

05. (주)산단은 기업의 부실을 판별 예측할 수 있는 재무비율을 발견하기 위하여 일정한 기간 동안 부실기업과 건전기업의 재무비율이 어떻게 변화하는가의 추세를 도표로 작성하려고 한다. 이때 분석해야 하는 기법은? (경영지도사, 2019)

① 판별분석 ② 프로파일(proöle) 분석 ③ 채권평가모형분석
④ 추세분석법 ⑤ 다변량분석

06. 알트만(E. Altman)은 기업평가를 위한 유의적인 지표로 사용된 22개의 재무비율 중 기업부실 예측에 이용될 수 있는 5개의 재무비율을 선정하였다. 선정된 5개의 재무비율이 아닌 것은? (경영지도사, 2017)

① 매출액/총자산 ② 유동자산/총자산 ③ 영업이익/총자산
④ 유보이익/총자산 ⑤ 자기자본/총부채

07. 기업부실 예측에 사용되는 판별분석에 관한 설명으로 옳지 않은 것은? (경영지도사, 2020)

① 제1종 오류란 건전기업을 부실기업으로 잘못 분류하는 경우를 의미한다.
② 동일기준으로 여러 기업을 동시에 평가하기 때문에 평가의 일관성을 유지할 수 있다.
③ 관찰치들의 특성을 나타내는 변수에 기초하여 관찰집단을 두 개 이상의 그룹으로 분류하는 데 사용되는 통계적 분석기법이다.
④ 사전에 기업 부실화의 가능성을 예측하기 위하여 다양한 통계기법을 이용한 판별모형이 개발되고 있다.
⑤ 비회계적 질적 자료를 반영하지 못하며 기업간 서로 다른 회계처리 방법의 사용에 따라 예측력이 감소될 수 있다.

주관식 문제

01. 기업부실과 관련되어 사용되는 다음의 용어를 설명하라.

1) 경영실패(failure) 2) 지급불능(insolvency) 3) 채무불이행(default)
4) 파산(bankruptcy) 5) 워크아웃(workout) 6) 사적 화의
7) 법정관리 8) 기업퇴출 9) 이원분류법
10) 판별분석

02. 기업부실의 가능성을 예측하기 위해서 사용되는 정보원천을 설명하라.

03. 최근에 발생된 우리나라 부실기업의 사례를 수집하여, 부실의 주된 원인을 조사하여 보라.

04. 표본으로 추출한 부실기업과 정상기업의 부실 1년 전 자기자본비율을 계산한 후, 그 크기대로 배열한 결과는 다음과 같다.

표본기업	자기자본비율(%)	실제상황
1	34.3	정상
2	32.5	정상
3	30.8	부실
4	28.5	정상
5	21.1	정상
6	20.4	정상
7	11.9	부실
8	8.1	부실
9	−3.3	부실
10	−23.0	부실

1) 순서대로 배열된 재무비율간 중간점을 산출한 후, 각 중간점에 대한 예측오류를 계산하라.
2) 최적판별점을 결정하고 주어진 추정표본에 의하여 그 예측능력을 평가하라.
3) 최적판별점의 예측능력을 추정표본에 의하여 평가하는 경우의 문제점을 지적하고 그 해결방안을 제시하라.

05. 단일변량분석에 의한 기업부실 예측방법과 그 문제점을 설명하라.

06. 기업부실예측에 사용되는 판별분석의 의의와 절차를 설명하라.

07. 임의의 기업을 선정하고 재무자료를 수집한 후, 다음의 판별모형을 이용하여 그 기업의 부실 여부를 판정하라.

1) Z－점수모형(Z-score model)

2) Z'－점수모형(Z'-score model)

3) 금융감독원의 판별모형

08. 기업부실예측에 사용되는 판별분석의 유용성과 한계를 설명하라.

제11장의 개요

기업가치는 미래에 실현되는 기업의 기대현금흐름을 적절한 할인율로 할인한 현재가치를 의미한다. 그러나 현금흐름 및 할인율의 추정과 관련하여 제기되는 제반 문제로 인해 기업가치를 정확하게 평가하는 것은 현실적으로 어려운 일이다.

이 장에서는 기업가치를 평가하는 데 이용되는 대표적 모형으로 기업현금흐름 할인모형과 경제적 부가가치 모형 등에 대해서 설명한다.

제11장

기업가치평가

01 기업가치의 의의와 중요성

02 기업DCF모형

03 EVA모형

01 기업가치의 의의와 중요성

1.1 기업가치의 의의

자산가치(asset value)는 자산을 보유함으로써 실현되는 미래현금흐름의 크기와 위험(불확실성)에 의해 결정된다. 즉 자산가치는 그 자산으로부터 얻을 수 있는 미래의 기대현금흐름을 적절한 할인율(위험을 반영한 할인율)로 할인한 현재가치를 의미하며, 그 가치를 구하는 식은 식 (11-1)과 같다.

$$\text{자산가치} = \frac{CF_1}{1+r} + \frac{CF_2}{(1+r)^2} + \cdots + \frac{CF_n}{(1+r)^n} \tag{11-1}$$

여기서 CF_t : t시점에서 자산의 기대현금흐름
n : 자산의 수명(내용연수)
r : 현금흐름의 위험을 반영한 할인율

현금흐름의 유형은 보유자산의 형태에 따라 다르다. 예를 들어 주식을 보유하는 경우에는 배당수익으로, 채권을 보유하는 경우에는 이자수익과 원금회수액(액면가액)으로 현금흐름을 얻을 수 있다. 한편 할인율은 현금흐름의 위험에 따라 결정되며, 위험이 높을수록 할인율이 높아진다.

생명이 무한한 계속기업(going concern)을 전제로 이상과 같은 방법을 적용하면 기업 전체의 가치를 측정할 수 있다. 기업가치는 기업이 창출할 수 있는 미래의 기대현금흐름을 적절한 할인율로 할인하여 구할 수 있으며, 그 식은 식 (11-2)와 같다.

$$\text{기업가치} = \frac{CF_1}{1+r} + \frac{CF_2}{(1+r)^2} + \frac{CF_3}{(1+r)^3} + \cdots \tag{11-2}$$

여기서 CF_t : t시점에서 기업의 기대현금흐름
r : 현금흐름의 위험을 반영한 할인율[1]

1 기업가치를 평가할 때 적절한 할인율은 가중평균자본비용(WACC)이다. 가중평균자본비용의 측정방법에 대해서는 제2절에서 설명할 것이다.

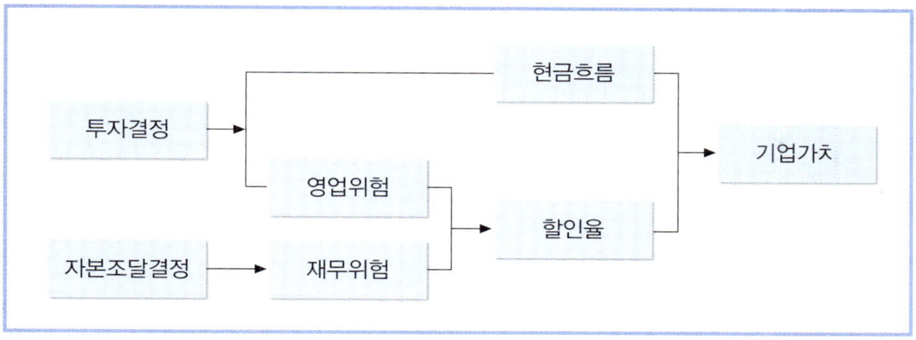

그림 11-1
재무의사결정과 기업가치의 관계

기업가치는 기업이 보유하고 있는 모든 자산에 대한 청구권의 가치를 합한 것으로 자기자본가치와 부채가치를 합한 것과 같다. 한편 기업가치는 투자결정, 자본조달결정 등에 따라 영향을 받는다. 비유동자산에 대한 투자를 늘릴수록 영업현금흐름이 증가하는 한편 영업위험이 증가하며, 부채의존도가 높을수록 재무위험이 증가한다. 따라서 기업가치는 영업현금흐름과 기업위험(영업위험과 재무위험으로 구성됨)에 따라 결정된다. 이와 같은 관계를 그림으로 나타내면 [그림 11-1]과 같다.

1.2 기업가치의 중요성

대부분의 경영자들은 순현가법을 이용하여 투자결정을 한다. 그러나 경영전략의 수립 또는 경영성과의 평가에서는 순현가 이외의 다른 지표가 이용되기도 한다.[2] 개별사업의 경제성을 평가할 때는 순현가법이 이용되지만, 경영성과를 평가할 때는 회계적 성과지표인 주당순이익(earning per share: EPS)의 성장률, 자기자본순이익률(return on equity: ROE), 총자산순이익률(return on assets: ROA), 매출액순이익률(return on sales: ROS) 등이 이용되기도 한다. 이처럼 경영자들이 일관성 없는 성과지표를 이용하는 것은 모순된 것이라 할 수 있다.

순현가(net present value: NPV)는 완전한 정보(재무제표정보를 포함한 모든 정보)를 필요로 하는 유일한 척도이며, 다양한 이해관계자들의 장기적인 이익이 서로 상충되지 않고 미래 지향적으로 결정되기 때문에 가장 합리적인 성과지

2 J. F. Weston and T. E. Copeland, *Managerial Finance*, 9th ed., The Dryden Press, 1992, pp. 704~708.

2020	2019	Brand Corporation	Segment	Country	Brand Value in Mio EUR
1	1	Apple	IT & Technology	USA	242.554
2	2	Google	IT & Technology	USA	175.865
3	4	Microsoft	IT & Technology	USA	149.205
4	3	Amazon	Retail	USA	140.248
5	6	LVMH Group	Luxury	France	90.702
6	10	Alibaba Group	Retail	China	80.842
7	9	AT&T	Telco	USA	76.108
8	5	Facebook	IT & Technology	USA	66.219
9	7	Johnson & Johnson	Consumer Goods	USA	65.253
10	12	Walmart	Retail	USA	59.629
11	11	Verizon	Telco	USA	56.005
12	8	Coca-Cola	Consumer Goods	USA	54.852
13	14	Procter & Gamble	Consumer Goods	USA	52.750
14	19	Nestle	Consumer Goods	Switzerland	47.402
15	13	China Mobile	Telco	Hong Kong (China)	47.121
16	18	Intel	IT & Technology	USA	46.814
17	16	Pepsi Group	Consumer Goods	USA	46.276
18	15	Tencent/QQ	IT & Technology	China	45.927
19	22	Walt Disney	Media & Entertainment	USA	45.159
20	21	Samsung	IT & Technology	Korea	44.971

▲ 브랜드 가치를 평가하는 유럽브랜드연구소(European Brand Institute)가 발표한 '2020년 글로벌 100대 브랜드 기업의 순위(출처: www.europeanbrandinstitute.com)

표라 할 수 있다. 이와는 달리 EPS성장률, ROE, ROA, ROS 등은 손익계산서정보를 주로 이용하여 산출되는 회계적 지표로서 과거 지향적이고 근시안적이라는 문제가 있다.

앞서 언급한 바와 같이 기업가치는 미래에 실현되는 기업의 기대현금흐름을 적절한 할인율로 할인한 현재가치와 같다. 그러나 이와 같은 방법으로 기업가치를 추정하는 경우 여러 가지 문제가 제기될 수 있다. 예를 들어 "현금흐름을 어떻게 정의할 것인가? 적절한 할인율은 얼마인가?"와 같은 문제를 정확하게 해결하기는 쉽지 않을 것이다.

현금흐름할인(discounted cash flow: DCF)의 개념을 이용하여 기업가치를 추정하는 대표적인 모형으로는 기업현금흐름할인모형(기업DCF모형)과 경제적 부가가치(economic value added: EVA)모형(EVA모형)이 있다. 두 모형은 사용하기 쉽고, 경제적인 측면에서 기업에 대한 통찰력을 제공하고 있다는 장점을 지니고 있다.[3]

02 기업DCF모형

2.1 기업DCF모형의 의의

기업가치는 기업의 정상적인 영업활동을 통해서 실현되는 영업가치(operating value)로서, 미래에 기대되는 잉여현금흐름(free cash flow: FCF)을 적절한 할인율

3 T. Copeland, T. Koller, and J. Murrin, *Valuation: Measuring and Managing the Value of Companies*, 3rd ed., John Wiley & Sons, Inc., 2000, pp. 131~146.

율, 즉 가중평균자본비용(weighted average cost of capital: WACC)으로 할인하여 계산된다.[4]

잉여현금흐름은 기업의 세후 영업이익에 비현금지출비용(감가상각비 등)을 가산한 후, 영업용 운전자본, 유형자산, 기타자산 등에 대한 투자지출액을 차감하여 계산된다. 잉여현금흐름은 기업의 영업활동을 통해 얻어지는 것으로서 기업의 모든 자본제공자(주주와 채권자)에게 제공될 수 있는 현금흐름이기 때문에 기업의 가치평가에 적합한 현금흐름이라 할 수 있다.

이와 같은 잉여현금흐름을 가중평균자본비용으로 할인하여 기업가치를 평가하는 모형을 기업DCF모형(enterprise discounted cash flow model)이라고 한다.

2.2 잉여현금흐름의 추정

잉여현금흐름(FCF)은 채권자와 주주에게 분배할 수 있는 현금흐름으로서 정상적인 영업활동을 통해 얻을 수 있는 현금흐름, 즉 영업현금흐름(operating cash flow)에서 총투자액을 차감하여 구할 수 있다.

잉여현금흐름 = 영업현금흐름 − 총투자액
= 세후 영업이익 + 감가상각비 − 총투자액

양(+)의 잉여현금흐름은 기업이 채권자와 주주에게 분배할 수 있는 현금흐름을 가지고 있다는 것을 의미하며, 반대로 음(−)의 잉여현금흐름은 채권자와 주주가 기업에 그만큼의 자금을 공급해야 한다는 것을 의미한다.

〈표 11−1〉에서 보여주는 (주)서해의 요약재무제표를 이용하여 잉여현금흐름의 측정절차에 대하여 살펴보자. 단 (주)서해가 보유하고 있는 자산은 모두 정상적인 영업활동과 관련된 것으로 가정한다.

4 잉여현금흐름은 이후에 소개할 주주의 현금흐름, 즉 주주잉여현금흐름(free cash flow to equity: FCFE)과 구분하고자 기업잉여현금흐름(free cash flow to the firm: FCFF)이라고도 한다.

표 11-1

(주)서해의 요약재무제표

재무상태표

(주)서해 (단위 : 백만원)

	20×0. 12. 31	20×1. 12. 31
현금	630	650
매출채권	3,800	4,000
재고자산	4,100	4,500
순유형자산	6,820	7,000
자산총계	15,350	16,150
매입채무	3,100	3,000
미지급비용	1,200	1,500
장기차입금	6,100	6,230
자본금(보통주)	2,100	2,000
이익잉여금	2,850	3,420
부채와 자본총계	15,350	16,150

손익계산서

(주)서해 20×1. 1. 1~20×1. 12. 31. (단위 : 백만원)

매출액	20,000
현금지출비용*	(17,000)
감가상각비	(1,000)
영업이익	2,000
이자비용	(300)
법인세비용차감전순이익	1,700
법인세비용(법인세율=40%)	(680)
순이익	1,020
배당금	(450)
차기이월이익잉여금	570

* 현금지출비용=매출원가+판매비와 관리비−비현금지출비용(감가상각비 등)

잉여현금흐름의 구성항목

잉여현금흐름(FCF)은 영업현금흐름(세후 영업이익+감가상각비)에서 총투자액을 차감하여 구할 수 있으며, 그 구성항목을 살펴보면 다음과 같다.

▶ 세후 영업이익

세후 영업이익(net operating profit less adjusted taxes: NOPLAT)은 정상적인 영업활동으로부터 얻어지는 영업이익(earning before interest and taxes: EBIT)에서 법인세를 공제한 차액으로 측정된다. 여기서 말하는 법인세는 영업이익에 대해서 부과되어야 하는 법인세를 의미한다. 다시 말하면 부채, 유가증권, 기타 영업외수익이나 비용항목이 없다는 가정에서 지급해야 하는 세금을 말한다. 따라서 세후 영업이익은 다음과 같이 측정할 수 있다.

$$NOPLAT = \text{영업이익} \times (1 - \text{법인세율})$$

(주)서해의 자료를 이용하여 세후 영업이익을 계산하면 다음과 같다.

$$NOPLAT = 2,000 \times (1 - 0.4) = 1,200\text{백만원}$$

▶ 감가상각비

감가상각비는 매출원가, 판매비와 관리비 등에 포함되어 있다. 감가상각비에 관한 자료는 현금흐름표상의 감가상각비 항목 등을 이용하여 얻을 수 있다.

▶ 총투자액

총투자액(gross investment)은 운전자본에 대한 투자액, 유형자산에 대한 투자액(자본적 지출)과 기타자산에 대한 투자액을 말한다.

먼저 해당 기간에서 영업활동과 관련된 운전자본만을 고려하여 운전자본에 대한 투자액을 측정한다. 따라서 적정보유수준 이상의 현금 및 유가증권, 이자부유동부채(단기차입금, 장기차입금 중 당해연도에 만기가 돌아오는 부분 등)는 영업활동과 관계없이 영업외 또는 재무적 활동으로부터 조성되는 현금흐름이기 때문에 운전자본에 대한 투자액을 측정할 때는 이를 제외시켜야 한다.

20×1년도 (주)서해의 영업용 운전자본 투자액을 계산하면 다음과 같다.[5]

$$\begin{aligned}\text{운전자본에 대한 투자액} &= \text{유동자산의 증가액} - \text{유동부채의 증가액} \\ &= (650 + 4,000 + 4,500 - 630 - 3,800 - 4,100) \\ &\quad - (3,000 + 1,500 - 3,100 - 1,200) \\ &= 620 - 200 \\ &= 420\text{백만원}\end{aligned}$$

5 실무적으로 현금 및 유가증권의 적정보유수준을 정확하게 파악하기는 힘들다. 여기서는 운전자본의 변동을 계산할 때 현금증가액은 영업활동과 관련하여 발생한 것으로 보고 포함시켰다.

이상에서와 같이 (주)서해의 경우 20×1년도에 운전자본에 420백만원을 투자하였기 때문에 그만큼의 현금유출이 일어났음을 알 수 있다.

한편 자본적 지출(capital expenditure)은 유형자산에 대한 신규투자, 대체투자와 개량 및 증설 투자를 위하여 지출된 현금유출을 말한다. 자본적 지출은 순유형자산(유형자산−감가상각누계액)의 증가액과 당해연도의 감가상각액을 더하여 산출된다.

20×1년도 (주)서해의 자본적 지출을 계산하면 다음과 같다.

자본적 지출=순유형자산의 증가액+유형자산의 감가상각비
=(7,000−6,820)+1,000
=1,180백만원

따라서 (주)서해의 경우 20×1년도에 유형자산에 1,180백만원을 투자하여 그만큼의 현금유출이 일어났음을 알 수 있다.

한편 (주)서해는 20×1년에 기타자산에 대한 투자를 하지 않았으므로 기타자산에 대한 투자와 관련된 현금유출은 존재하지 않는다.

이상에서 설명한 자료를 이용하여 (주)서해의 잉여현금흐름(FCF)을 계산하면 다음과 같다.

잉여현금흐름=세후 영업이익+감가상각비−총투자액
=1,200+1,000−(420+1,180)
=600백만원

재무적 현금흐름

영업활동에서 얻어지는 잉여현금흐름은 채권자와 주주들에게 배분되며, 이를 재무적 현금흐름이라 한다. 재무적 현금흐름 중 채권자들에게 배분되는 현금흐름을 채권자의 현금흐름이라고 하며, 주주들에게 배분되는 현금흐름을 주주의 현금흐름 또는 주주잉여현금흐름(free cash flow to equity: FCFE)이라 한다.

재무적 현금흐름=채권자의 현금흐름+주주의 현금흐름

한편 앞에서 설명한 바와 같이 잉여현금흐름이 양(+)의 값을 보인다는 것은 기업이 채권자와 주주들에게 배분할 수 있는 현금흐름을 보유하고 있다는 것을 의미하며, 반대로 잉여현금흐름이 음(-)의 값을 보인다는 것은 기업이 채권자와 주주들로부터 공급받아야 하는 현금흐름이 있다는 것을 의미한다.

▶ 채권자의 현금흐름

채권자의 현금흐름은 부채의 변동액과 세후 이자비용을 포함하여 측정된다. 부채의 변동(change in debt)은 유동부채를 포함한 모든 부채 중에서 이자부부채(interest bearing debt)의 변동(신규 차입 또는 부채 상환)을 의미한다. 부채의 감소(부채 상환)와 세후 이자비용은 채권자들에게 배분되는 현금흐름으로서 채권자의 현금흐름을 측정할 때 가산항목이 되며, 반대로 부채의 증가(신규 차입)는 채권자들이 기업에 공급하는 현금흐름으로서 채권자의 현금흐름을 측정할 때 차감항목이 된다.

(주)서해의 경우 부채의 변동액을 계산하면 다음과 같다.

부채의 변동액 = 장기차입금의 변동액
= 6,230 − 6,100
= 130백만원

(주)서해의 경우 20×1년도에 장기차입금이 130백만원 증가하였다. 이는 장기차입금을 통하여 130백만원을 조달하여 현금유입이 각각 일어났음을 의미한다. 따라서 (주)서해는 20×1년도에 부채를 통하여 130백만원의 현금유입이 있었음을 알 수 있다.

한편 세후 이자비용을 계산하면 다음과 같다.

세후 이자비용 = 세전 이자비용 × (1 − 한계법인세율)
= 300 × (1 − 0.4)
= 180백만원

따라서 (주)서해는 20×1년에 180백만원을 채권자들에게 이자로 지급하여 180백만원의 현금유출이 있었음을 알 수 있다.

이상에서 설명한 것처럼 (주)서해는 20×1년에 채권자들에게 이자로 180백만원을 배분하는 한편, 채권자들로부터 130백만원의 현금흐름을 공급받았다. 따라서 (주)서해는 20×1년에 채권자에게 110백만원의 현금흐름을 배분한 셈이 된다.

채권자의 현금흐름＝세후 이자비용－부채의 증가액

＝180－130

＝50백만원

▶ 주주의 현금흐름

주주의 현금흐름은 이익잉여금(유보이익)을 제외한 자기자본의 변동, 즉 지분의 변동액과 배당금을 포함하여 측정된다. 그러나 주식배당은 기업의 현금흐름에 영향을 미치지 않기 때문에 고려해서는 안 된다.

지분의 감소(자사주 매입 등), 배당금 등은 주주들에게 제공된 현금흐름으로서 주주의 현금흐름을 측정할 때 가산항목이 된다. 반면에 지분의 증가(주식의 발행 등) 등은 주주들에 의해 기업에 공급된 현금흐름으로서 주주의 현금흐름을 측정할 때 차감항목이 된다.

(주)서해의 경우 20×1년의 지분의 변동액을 계산하면 다음과 같다.

지분의 변동액＝2,000－2,100＝－100백만원

표 11-2 (주)서해의 잉여현금흐름(FCF)

(주)서해 (단위 : 백만원)

구 분	20X1
영업이익	2,000
영업이익에 대한 세금	(800)
세후 영업이익	1,200
감가상각비	1,000
영업현금흐름	2,200
운전자본의 (증가)/감소	(420)
자본적 지출	(1,180)
순기타자산의 (증가)/감소	0
총투자액	(1,600)
잉여현금흐름(FCF)	600
채권자의 현금흐름	50
주주의 현금흐름	550
재무적 현금흐름(financing flow)	600

따라서 (주)서해는 20×1년에 자사주를 매입하기 위하여 100백만원을 주주들에게 배분하였음을 알 수 있다.

한편 (주)서해는 20×1년에 배당금으로 450백만원을 주주들에게 배분하였다. 이상에서 살펴본 것처럼 (주)서해는 20×1년에 자사주를 매입하기 위하여 100백만원을 그리고 배당금으로 450백만원을 각각 배분하였다. 따라서 (주)서해의 경우 20×1년도 주주들의 현금흐름은 다음과 같이 계산된다.

주주의 현금흐름=자사주 매입+배당금
=100+450
=550백만원

이상에서 설명한 것처럼 (주)서해는 20×1년도에 영업활동을 통해서 얻어진 잉여현금흐름 600백만원은 채권자에게 50백만원 그리고 주주들에게 550백만원이 각각 배분되었음을 알 수 있다. (주)서해의 잉여현금흐름을 계산하는 과정을 정리하면 〈표 11-2〉와 같다. 〈표 11-2〉에서 제시된 바와 같이 현금흐름들 간의 관계를 정리하면 다음과 같다.

잉여현금흐름 =재무적 현금흐름
(기업잉여현금흐름) =채권자의 현금흐름+주주의 현금흐름
(주주잉여현금흐름)

자본비용의 추정 2.3

기업이 투자에 필요한 자금을 조달하는 방법은 크게 두 가지로 나눌 수 있다. 하나는 주식(보통주, 우선주)을 발행하거나 사내유보이익을 통해 자금을 조달하는 방법, 즉 자기자본을 이용하는 방법이다. 다른 하나는 은행 등 금융기관으로부터 차입하거나 채권을 발행하여 자금을 조달하는 방법, 즉 타인자본(부채)을 이용하는 방법이 있다. 자본비용(cost of capital)은 기업이 자본을 사용한 대가로 자본제공자(주주 또는 채권자)에게 지급해야 하는 비용이다. 이 경우 자본비용은 자본제공자가 자본시장에서 유사한 위험을 가진 증권에 투자할 때 기대할 수 있

는 수익률, 즉 기회비용이라 할 수 있다.

자본제공자인 주주 또는 채권자의 입장에서 자본비용을 기대수익률(expected return), 요구수익률(required rate of return), 최저필수수익률이라고도 하며, 자본비용은 미래 현금흐름을 할인하여 자산 또는 자본의 현재가치를 환산하는 데 이용되기 때문에 자본환원율(capitalization rate), 할인율(discount rate)이라고도 한다.

자기자본비용

자기자본비용은 기업이 주식(보통주)을 발행하여 자본을 조달할 때 발생되는 비용, 즉 주주들이 요구하는 수익률로서 이를 정확하게 측정하기는 어렵다. 일반적으로 주식의 자본비용은 자본자산가격결정모형(capital asset pricing model: CAPM) 또는 배당평가모형을 이용하여 측정할 수 있다. CAPM 또는 항상성장모형 등은 엄격한 가정하에서 도출된 모형이다. 따라서 이와 같은 모형을 이용하여 추정된 보통주의 자본비용은 실제 자본비용과 다소 차이가 날 수 있음을 유의하여야 한다.

한편 유보이익은 주주에게 배당으로 지급하는 대신 투자를 위해 유보시킨 것이므로 주주들은 유보이익에 대해서도 주식과 동일한 수익률을 요구하게 된다. 따라서 유보이익의 자본비용과 주식의 자본비용은 동일하다고 할 수 있다.

CAPM에 의해 산출되는 주식의 기대수익률은 자본시장의 균형 하에서 투자자가 그 주식에 대해서 요구하는 수익률로 주식의 자본비용이 된다. 증권시장선(SML)을 이용하여 주식의 자본비용 즉, 자기자본비용 r_S를 산출하는 식을 나타내면 다음과 같다.

$$r_S = r_f + [E(r_M) - r_f]\beta_S \tag{11-3}$$

r_f : 무위험이자율

$E(r_M)$: 시장의 기대수익률

β_S : 체계적 위험(systematic risk), $\dfrac{Cov(r_S,\ r_M)}{Var(r_M)}$

식 (11-3)에서 체계적 위험을 나타내는 주식 베타 β_S는 근본적으로 투자안의 미래 수익률자료에 의해서 추정되어야 한다. 그러나 현실적으로 투자안의 미래

수익률자료를 얻기란 매우 어려운 일이다. 이와 같은 경우 그 주식의 과거 수익률자료(표본)를 이용하여 추정할 수 있다.

그러나 새로운 투자안일 경우에는 과거 수익률자료도 존재하지 않을 것이다. 이와 같은 경우 일반적으로 투자안과 동일한 위험을 가지고 있다고 생각되는 대용기업(proxy company)을 선정한 후, 그 기업의 과거 수익률자료에 의해서 베타계수를 측정하여 그것을 사용하기도 한다. 그러나 이 경우 상당한 측정오차가 발생할 수 있는데, 이 문제는 동종 산업에 속해 있는 기업들의 평균베타계수를 사용함으로써 어느 정도 완화될 수 있다.

일정한 비율로 성장하는 주식의 가치를 평가하는 배당평가모형, 즉 항상성장모형은 다음과 같다.

$$P_0 = \frac{D_1}{r-g} \tag{11-4}$$

식 (11-4)에서 현재의 주가 P_0를 알고 있다면, 주식의 자본비용 r_S를 다음과 같이 구할 수 있을 것이다.

$$r_S = \frac{D_1}{P_0} + g \tag{11-5}$$

P_0 : 현재의 주식가격
D_1 : 1년도 말의 예상 주당배당금
g : 성장률(유보비율×투자수익률)

한편 성장이 없는 주식의 경우 성장률은 0이므로 이러한 주식의 자본비용 r_S은 다음과 같다.

$$r_S = \frac{D_1}{P_0} \tag{11-6}$$

부채의 자본비용

부채의 자본비용은 기업이 부채를 사용할 때 지급해야 하는 대가, 즉 이자율이라 할 수 있다. 영구사채와 같은 부채의 자본비용 r_B는 다음과 같이 측정할 수 있다.

$$r_B = \frac{\text{이자비용}}{\text{부채의 가치}} \tag{11-7}$$

일반적으로 자금조달 목적으로 기업이 발행하는 채권은 만기까지 확정된 액면이자(coupon)를 매기간 말에 지급하고 만기일에는 원금이 상환되는 확정이자부채권(level-coupon bond)이다. 확정이자부채권의 현재가치와 그 채권을 소유할 경우 얻을 수 있는 미래 현금흐름의 현재가치를 일치시켜 주는 할인율을 만기수익률(yield to maturity)이라 한다. 따라서 만기수익률은 현재시점에서 확정이자부채권을 매입하여 만기까지 보유하는 경우에 투자자가 얻을 수 있는 기간당 평균수익률을 의미한다. 확정이자부채권의 현재가치를 알고 있다면, 식 (11-8)을 이용하여 이 채권의 만기수익률 r을 구할 수 있다.

$$PV(\text{확정이자부채권}) = \frac{C}{1+r} + \frac{C}{(1+r)^2} + \cdots + \frac{C}{(1+r)^n} + \frac{F}{(1+r)^n} \tag{11-8}$$

r : 만기수익률

채권의 만기수익률은 그 기업의 경영위험과 재무위험에 따라 시장에서 형성되는 실세금리로서 유통수익률이라고도 한다. 이러한 점에서 채권의 만기수익률을 부채의 자본비용인 r_B로 활용하는 것이 합리적일 것이다.

가중평균자본비용

일반적으로 기업의 자본비용이라 함은 원천별 자본비용을 가중평균하여 구한 가중평균자본비용(WACC)을 의미한다. 기업이 주식과 부채로 자본을 조달하는 경우 WACC는 자기자본비용과 타인자본비용을 주식과 부채의 시장가치비율에 따라 가중평균한 자본비용이 된다. 이러한 WACC를 식으로 나타내면 다음과 같다.

$$WACC=\left(\frac{S}{S+B}\right)r_S+\left(\frac{B}{S+B}\right)r_B(1-t_C) \quad (11-9)$$

S : 주식의 시장가치
B : 부채의 시장가치
t_C : 법인세율

이자비용의 경우 기업의 과세소득을 감소시켜 법인세를 줄여 주므로 기업의 입장에서는 그만큼의 법인세 절감효과를 얻을 수 있다. 그러므로 식 (11-9)에서 이자비용의 법인세 절감효과를 반영하기 위해서, 부채의 자본비용에 「1-법인세율」을 곱하였음을 유의해야 한다. 그리고 식 (11-9)에서 WACC를 계산할 때 가중치로서 사용되는 자본의 구성비율은 시장가치로 측정되어야 한다.

가중평균자본비용(WACC)을 추정할 때 고려해야 할 가장 중요한 원칙은 가치평가방법과 할인의 대상이 되는 현금흐름의 정의에 부합하도록 WACC를 추정해야 한다는 것이다.[6] 기업DCF모형과 부합되는 WACC를 추정하기 위해서 다음 몇 가지 사항이 충족되어야 한다.

첫째, 잉여현금흐름(FCF)은 기업의 모든 투자자에게 귀속되기 때문에 타인자본, 자기자본 등 모든 자본원천의 한계비용에 기초하여 WACC를 측정하여야 한다. 둘째, FCF는 세후 측정치이기 때문에 세후 기준으로 WACC를 계산하여야 한다. 셋째, FCF가 명목가치로 측정되는 경우 명목개념의 WACC를 사용하여야 한다. 넷째, 원천별 자본비용을 측정할 때 각 자본공급자들이 부담하는 체계적 위험을 고려하여야 한다. 다섯째, 시장가치는 각 자본조달항목의 실질적인 경제적 가치를 반영하고 있기 때문에 시장가치에 근거한 가중치를 이용하여야 한다. 여섯째, 인플레이션, 체계적 위험, 자본구조의 변화에 따라 WACC를 조정해야 한다.

기업가치의 평가 2.4

기업가치는 미래에 기대되는 잉여현금흐름(FCF)을 적절한 할인율인 가중평균자본비용(WACC)으로 할인한 현재가치라 할 수 있다. 기업가치를 평가하기 위하

6 T. Copeland, T. Koller, and J. Murrin, *op. cit.*, pp. 201~202.

여 기업 영업활동의 수명에 대한 가정이 필요하다. 이에 대한 현실적인 가정은 기업가치가 발생하는 시기를 예측기간(explicit forecast period)과 잔여기간으로 구분하는 것이다.[7] 이 경우 일반적으로 예측기간 이후에는 현금흐름이 일정한 비율로 성장한다고 가정한다. 잉여현금흐름(FCF)의 예측기간과 잔여기간을 그림으로 나타내면 다음과 같다.

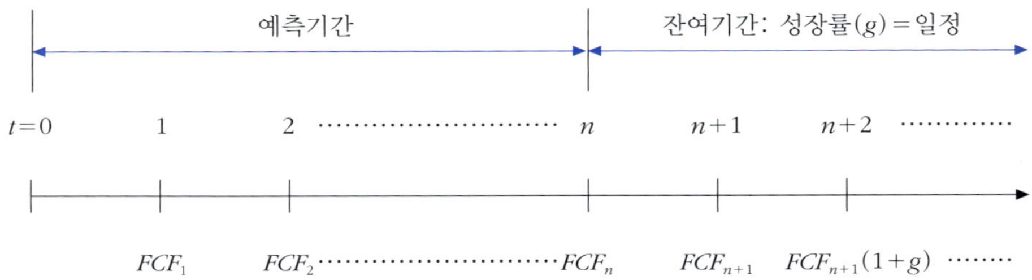

따라서 기업가치는 식 (11-10)과 같다.[8]

$$
\begin{aligned}
\text{기업가치} &= \text{예측기간에서 } FCF\text{의 현재가치} \\
&\quad + \text{잔여기간에서 } FCF\text{의 현재가치} \\
&= \sum_{t=1}^{n} \frac{FCF_t}{(1+WACC)^t} + \frac{CV}{(1+WACC)^n}
\end{aligned}
\qquad (11\text{–}10)
$$

$$CV : \frac{FCF_{n+1}}{WACC-g}$$

예측기간 이후의 기업가치를 잔여기간의 기업가치(continuing value: CV)라고 한다. 예측기간을 어느 정도로 설정할 것인가에 대한 선택은 예측기간에서 기대되는 잉여현금흐름(FCF)의 현재가치와 잔여기간에서 기대되는 FCF의 현재가치 사이의 배분문제에 영향을 미칠 뿐, 기업가치 자체에는 영향을 미치지 않는다. 이와 같은 방법으로 추정된 기업가치에서 부채가치를 공제하여 자기자본가치를 구할 수 있다.

7 아주 먼 미래 현금흐름의 할인가치는 무시할 정도로 작기 때문에 현금흐름의 추정기간을 아주 길게 하여(예를 들어 100년 정도) FCF를 추정하고 그 후에 발생할 현금흐름을 무시할 수도 있다.

8 영업외현금흐름 또는 유가증권 등이 존재하는 경우 이것들의 현재가치를 포함하여 기업가치를 추정해야 한다.

자기자본가치 = 기업가치 − 부채가치

한편 자기자본가치는 식 (11−11)과 같이 주주잉여현금흐름(FCFE)을 자기자본비용으로 할인하여 자기자본가치를 구할 수 있으며, 이와 같은 가치평가모형을 지분DCF모형(equity discounted cash ≠ow model)이라 한다.[9]

$$자기자본가치 = \sum_{t=1}^{\infty} \frac{FCFE_t}{(1+r_S)} \tag{11-11}$$

식 (11−11)에서 주주잉여현금흐름(FCFE)은 앞서 살펴본 바와 같이 기업의 잉여현금흐름(FCF)에서 채권자의 현금흐름(원금상환액과 세후 이자비용에서 신규차입액을 차감한 금액)을 차감한 잔액, 즉 주주들에게 제공될 수 있는 현금흐름이다. 이는 다음 식을 이용하여 추정할 수 있다.

$$\begin{aligned} FCFE &= FCF - \text{채권자의 현금흐름} \\ &= FCF - (\text{원금상환액} + \text{세후 이자비용} - \text{신규차입액}) \end{aligned}$$

EVA모형 03

EVA의 개념 및 측정 3.1

기업가치를 측정하는 데 이용되는 또 다른 모형은 EVA모형이다. 개념적 측면에서 경제적 부가가치(EVA)는 경제학자인 마샬(Alfred Marshall)에 의해서 처음으로 사용된 경제적 이익(economic proöt : EP)과 동일하다.[10]

마샬은 1890년에 "기업소유주 또는 경영자가 얻은 이윤에서 현재 이자율수준으로 계산된 투하자본에 대한 이자를 차감한 나머지가 기업을 경영함으로써 얻

9 지분DCF모형을 주주현금흐름(≠ow to equity: FTE)법이라고도 한다.

10 Stern Stewart & Company는 EVA라는 용어를 사용하는 반면, McKinsey & Company는 EP라는 용어를 주로 사용하고 있다.

▲ 마샬(Alfred Marshall)은 영국 케임브리지(Cambridge) 대학에서 정치경제학 교수를 역임했으며, 세계적으로 유명한 경제학 서적인 『Principles of Economics』(1890)의 저자로서 당대의 가장 영향력 있는 경제학자 중 한 명에 속한다.

게 되는 이익이다"라고 서술하였다.[11] 즉 마샬은 기업이 어느 일정기간 동안 창출한 경제적 이익(EP)은 회계상 기록된 비용뿐만 아니라 투자된 자본에 대한 기회비용까지도 감안한 결과이어야 한다고 역설하였다.

경제적 부가가치(EVA)는 기업이 영업활동을 통하여 얻은 이익에서 자본비용을 차감한 것과 같다.

$$EVA = IC \times (ROIC - WACC) = NOPLAT - IC \times WACC \qquad (11\text{-}12)$$

IC : 투하자본
$ROIC$: 투하자본수익률($NOPLAT/IC$)
$NOPLAT$: 세후 영업이익, 즉 $EBIT \times$ (1−법인세율)
$WACC$: 가중평균자본비용

EVA를 계산할 때 사용되는 투하자본(invested capital: IC)은 기업의 본연의 활동인 생산·영업활동에 투자된 금액으로서 기업 본연의 활동과 관련된 운전자본(영업용 유동자산−비이자부유동부채), 순유형자산, 순기타자산의 합계에서 비이자부비유동부채(장기공사선수금, 장기미지급금 등)를 차감하여 측정할 수 있다. 재무상태표에 근거하여 투하자본의 산출과정을 살펴보

그림 11-2
재무상태표에 근거한 투하자본의 산출과정

투하자본	Ⅰ. 영업관련 자산 (1) 영업용 유동자산 (2) 영업관련 순유형자산 (3) 영업관련 순기타자산	Ⅳ. 비이자발생부채 (1) 유동부채 (2) 비유동부채	
		Ⅴ. 이자발생부채 (1) 유동부채 (2) 비유동부채	투하자본
	Ⅱ. 적정보유수준 이상의 현금 및 유가증권	Ⅵ. 자기자본	
	Ⅲ. 비영업용 비유동자산 (건설중인 자산, 투자부동산, 출자금 등)		

▶ 투하자본 = 영업관련 자산(Ⅰ) − 비이자발생부채(Ⅳ)
= 이자발생부채(Ⅴ) + 자기자본(Ⅵ)
− 적정보유수준 이상의 현금 및 유가증권(Ⅱ) − 비영업용 비유동자산(Ⅲ)

11 Alfred Marshall, *Principles of Economics*, Vol. 1, New York: Macmillan & Co., 1890, p. 142.

면 [그림 11-2]와 같다.

투하자본을 측정할 때 역사적 원가에 기준을 둔 장부가치를 기준으로 하여야 하는지 또는 시장가치를 기준으로 해야 하는지가 의문이 되는 경우가 많다. 원칙적으로는 투하자본은 시장가치(대체원가 등)에 의해 측정되어야 하나, 이와 관련된 모든 자산에 대한 시장가치를 측정하는 것은 객관성 또는 비용 등의 문제 때문에 현실적으로 어려운 일이다. 따라서 투하자본의 시장가치에 대한 대용치(proxy)로서 장부가치를 사용하는 것이 일반적이라 할 수 있다.

EVA의 창출에 필요한 조치를 다음과 같이 단순화시킬 수 있기 때문에 EVA는 하나의 매력적인 지표라 할 수 있다.

첫째, 영업비용을 감소시키거나 매출을 증가시킴으로써 세후 영업이익(NOPLAT)을 증가시켜야 한다. 둘째, 자본구조를 변경함으로써 가중평균자본비용(WACC)을 감소시켜야 한다. 셋째, 운전자본에 대한 투자 또는 불필요한 자산을 줄이는 등 영업이익에 영향을 미치지 않는 범위 내에서 투하자본(IC)을 축소시켜야 한다.

이와 같은 접근법에 의하면 정(+)의 스프레드(ROIC > WACC)를 갖는 사업에 대한 투자를 증가시키는 한편, 부(−)의 스프레드(ROIC < WACC)를 갖는 사업으로부터 자본을 철수시킴으로써 효율적으로 투하자본을 재배치할 수 있다.

EVA는 단기성과를 측정하는 데 유용한 척도로 사용될 수 있으나, 장기성과를 측정하는 데 다소 문제가 될 수 있다. 예를 들어 단기적인 EVA를 너무 강조하는 경우 당장은 수익성이 떨어지나 향후 잠재적 이익이 매우 높을 것으로 기대되는 사업을 포기하는 등 미래의 성장기회를 희생시킬 가능성이 높아진다.

EVA모형에 의한 기업가치평가 3.2

EVA모형에 의하면 기업가치는 투하자본(IC)에 예상EVA의 현재가치를 합한 것과 같다.[12]

$$\text{기업가치} = IC + \text{예상}EVA\text{의 현재가치}$$

12 예상EVA의 현재가치는 투자로 인해 얻을 수 있는 성장기회의 순현재가치(NPVGO)와 동일한 개념이다.

그리고 자본시장이 효율적일 경우 예상EVA의 현재가치는 자기자본의 시장가치에서 자기자본의 장부가치를 차감한 값, 즉 시장부가가치(market value added: MVA)와 같다.[13]

투하자본수익률(return on invested capital: ROIC)과 가중평균자본비용(WACC) 사이의 관계에 따라 다음과 같이 나타낼 수 있다.

- $ROIC > WACC$ → 예상 EVA의 현재가치 >0 → 기업가치 $> IC$
- $ROIC = WACC$ → 예상 EVA의 현재가치 $=0$ → 기업가치 $= IC$
- $ROIC < WACC$ → 예상 EVA의 현재가치 <0 → 기업가치 $< IC$

기업DCF모형과 마찬가지로 예측기간과 잔여기간으로 구분하여 각 기간에서 예상되는 EVA를 위험조정할인율로 할인한 현재가치를 구함으로써 기업가치를 추정할 수 있다. 잔여기간에서 EVA의 성장률이 일정하다고 가정하는 경우 EVA 모형을 그림으로 나타내면 다음과 같다.

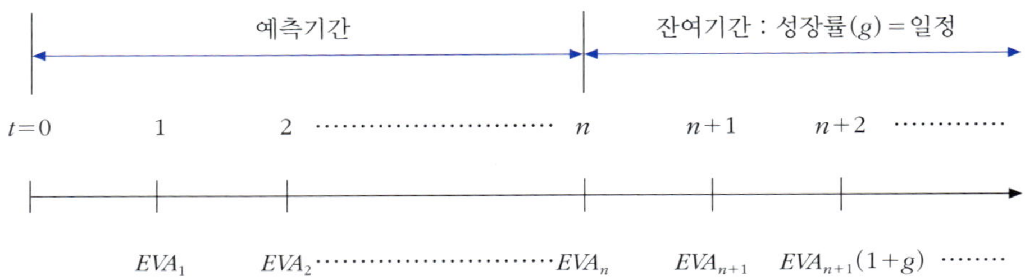

그러므로 EVA의 현재가치를 다음과 같이 구할 수 있다.

$$
\begin{aligned}
EVA\text{의 현재가치} &= \text{예측기간에서 } EVA\text{의 현재가치} \\
&\quad + \text{잔여기간에서 } EVA\text{의 현재가치} \\
&= \sum_{t=1}^{n} \frac{EVA_t}{(1+WACC)^t} + \frac{CV}{(1+WACC)^n} \qquad (11-13)
\end{aligned}
$$

$$CV : \frac{EVA_{n+1}}{WACC-g}$$

13 기업의 총시장가치에서 주주와 채권자의 총투자액(장부가치)을 차감하여 예상EVA의 현재가치, 즉 시장부가가치(MVA)를 구할 수도 있다.

가치창조경영과 EVA 3.3

가치창조경영(value based management: VBM)은 기업가치창출의 핵심요인에 초점을 맞춤으로써 전체 조직분야에 대한 전략적 또는 운영적 의사결정을 개선시키기 위해 고안된 통합과정이다. VBM에 사용되는 직접적인 성과지표는 기업가치이지만 보다 단기적이고 객관적인 재무지표는 EVA라 할 수 있다.

가치창조경영(VBM)에서 중요한 일은 가치창출의 핵심요인(key value drivers)을 철저히 이해하는 것이다. 그 이유로는 다음과 같은 두 가지가 있다. 첫째, 기업가치에 영향을 미치는 요소 중에서 각 하위조직의 영향력하에 있는 요소들을 관리함으로써 가치창출에 기여할 수 있다. 예를 들어 고객만족, 비용, 자본적 지출 등 직접 영향을 미칠 수 있는 부분에 대하여 필요한 조치를 취함으로써 기업가치를 증대시킬 수 있다. 둘째, 경영자가 가치창출요인을 통하여 각 하위조직을 이해하게 되고 달성하고자 하는 목표에 관해 의견을 교환할 수 있다.

가치창출 요인은 경제적 부가가치(EVA)에 영향을 미치는 모든 요인을 의미한다. 따라서 가치창출 요인을 체계적으로 정의함으로써 어느 요인이 부가가치에

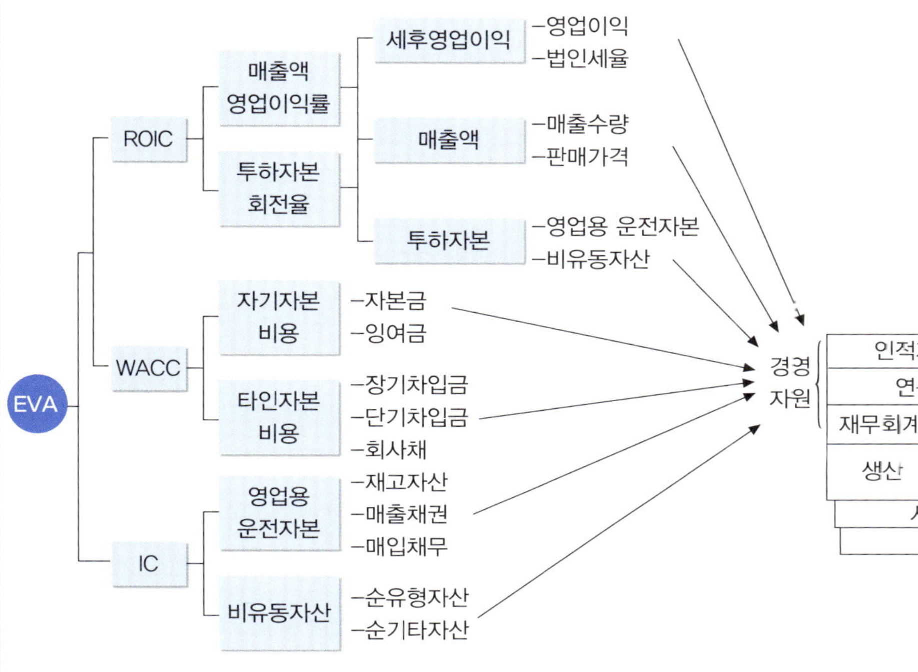

그림 11-3
EVA에 의해 도출된 부가가치 창출의 핵심요인

가장 큰 영향을 미치는지를 파악하여 각 구성원들에게 달성해야 할 목표를 할당할 수 있어야 한다. [그림 11-3]은 EVA에 의해 도출된 핵심가치창출요인을 나타낸 것이다.[14]

예를 들어 매출액영업이익률은 경쟁사와 유사하지만 투하자본회전율이 떨어진다고 가정해 보자. 투하자본회전율이 낮은 것은 다시 여러 가지 요인으로 분해할 수 있다. 경쟁사보다 운전자본이 과다하거나, 비싼 기계장치를 사용하거나 하는 등의 원인을 생각해 볼 수 있다. 만약 운전자본의 관리에 문제가 있다면 이것은 다시 매출채권 및 매입채무의 관리, 재고자산의 관리로 구분할 수 있다. 이러한 운전자본의 관리문제는 결국 마케팅전략과의 관계에서 발생한다고 볼 수 있기 때문에 마케팅전략을 수정하거나, 판매활동수단을 변화시키는 등의 조치를 모색할 수 있다. 이와 같은 과정을 통하여 문제의 발생원인을 찾아내어 이것이 기업가치에 어떻게 기여하는가를 보다 정확하게 파악할 수 있다.

기업가치극대화와 직결되는 EVA의 체계적이고 유기적인 분해를 통해서 각 사업부의 재무상태표와 손익계산서상의 구체적인 계정과목과 만나게 된다. 개선여지가 발견되거나 시계열적으로 악화경향을 보이는 재무상태표와 손익계산서상의 구체적인 항목들이 찾고자 하는 가치창출요인이 될 것이다. 이와 같은 과정을 거쳐 도출된 가치창출요인들은 개선조치를 취해야 하는 책임사업부서, 담당기능, 담당자 등을 확인하는 데 유용하게 활용된다.

기업가치의 개선 또는 극대화에 직결되는 개선포인트와 혁신과제의 도출이 두 번째 요구되는 VBM의 전개과정이다. VBM이 성공적으로 전개되기 위해서는 다음과 같은 전제조건이 필요하다.

첫째, 새로운 경영환경에 적합하도록 경영자의 의식이 변화되어야 한다. 둘째, VBM에 적합한 회계정보시스템의 체계적인 재구축이 필수적이다.

---

14 강효석·이원흠·조장연, 기업가치평가론: EVA와 가치창조경영 , 제3판, 홍문사, 2001. 483~488.

현장 FOCUS

맥킨지가 말하는 기업가치 경영

▶ 팀 콜러(맥킨지 뉴욕사무소 파트너), 리처드 돕스(맥킨지 글로벌 인스티튜트 소장)

한국의 대표 기업인 삼성전자가 세계 최대 IT업체 자리를 놓고 애플과 치열하게 경쟁하고 있다. 지난해 4분기 애플의 매출과 영업이익은 463억 3,300만달러(약 52조 1,000억원), 173억4,000만달러(약 19조 5,000억원)를 기록했다. 같은 기간 삼성전자가 올린 매출 47조원, 영업이익 5조 2,000억원보다 많다. 특히 애플의 영업이익률은 37.4%로 삼성전자의 영업이익률 11.1%보다 3배 이상 높았다. 이런 현상은 IT업계에서만 발견되는 게 아니다. 대부분의 한국 기업들은 선진국의 경쟁사들보다 영업이익률이 낮다. 그동안 한국 기업들이 매출액 등 외형 성장에 치중해온 결과다.

리처드 돕스 맥킨지 글로벌 인스티튜트 소장은 "한국 기업이 외형성장에서 가치 창출로 관심을 돌리지 않으면 일본 기업처럼 쇠락하거나 인수·합병당할 수 있다"고 경고했다. 지난달 31일 매일경제 MBA팀은 최근 「기업가치란 무엇인가」라는 책을 쓴 리처드 돕스 소장과 팀 콜러 맥킨지 뉴욕사무소 파트너를 만나 기업가치를 높일 수 있는 경영방법에 대해 들어봤다.

기존 기업들은 외형성장 위주 경영을 추구했다. 가치창출경영(managing for value)과 다른 것 같다. 이 둘은 어떤 점이 다른가?

▶ 리처드 돕스: 성장 자체는 바람직하지만 자본비용(cost of capital)보다 큰 이익을 창출하지 않으면 가치를 창출하지 못한다. 때로는 성장률을 낮추고 수익률을 높여야 할 경우가 있다. 성장성과 수익성 사이에는 상충관계(trade-off)가 있을 수 있다.

왜 경영자들은 그동안 외형성장 위주 경영을 추구해 왔다고 생각하나. 이런 성향의 문제점은 무엇인가?

▶ 팀 콜러: 성공적인 기업들은 목표로 했던 실적 규모를 달성하면 이를 재투자하는 경향이 있다. 새롭게 창출된 현금흐름으로 주주들에게 돌려주기보다는 다른 기업을 인수·합병하려 한다. 물론 기업가치를 창출할 수 있는 인수도 있다. 그러나 현실에서는 안타깝게도 단순히 현금이 남아돈다는 이유로 기업인수에 나서는 경우가 많다.

▶ 돕스: 한국 기업들은 세계 1위 기업이 되겠다는 목적으로 기업규모를 확장해왔다. 기업 가치보다는 기업규모를 중시했다. 한국 기업이 세계 선두권 기업으로 부상한 지금은 수익성 관점에서 생각할 필요가 있다. 일본 기업들도 과거에 성장위주 경영으로 세계 시장을 리드했지만, 적절한 시기에 수익성 위주로 사고방식을 전환하지 못해 위기를 맞았다.

성장위주 사고방식을 버리지 않으면 왜 위기를 맞게 되나?

▶ 돕스: 만약 기업들이 자본비용보다 높은 수익률을 달성하지 못하면 기업으로 유입되는 현금흐름이 감소해 기업은 더 이상 투자하지 못하게 된다. 일본도 이 때문에 부동산 가격이 급락하는 위기에 처했다. 한국이 이 같은 문제에 직면하면 일본보다 상황이 더 안 좋을 수 있다. 일본보다 외국자본 의존율이 높기 때문이다. 한국 기업의 수익

성이 악화되는 순간 외국자본은 한국 기업들을 떠나게 될 것이다. 심각한 자본부족 문제에 시달리게 되면 더 이상 성장하기 어려워진다. 중국 기업들에 추월당할 수 있다. 외국자본 이탈로 주가수익비율(PER)이 낮아지면 외국 기업에 인수·합병당할 위험도 커진다. 한국 기업이 다른 기업을 인수하고자 하는 경우에도 인수전에 뛰어든 경쟁사보다 불리해진다.

수익성 위주 사고방식도 문제가 있지 않나? 기업이 장기적 성장보다는 단기 수익에만 치중할 수 있다.

▶ 콜러: 맞다. 미국에서는 단기 이익에만 집중해 실패한 반대 사례가 많다. 높은 이익만을 추구하다 보니 과잉투자가 아니라 투자부족 현상이 일어난다. 장기적 관점에서 필요한 자본 투자를 소홀히 한다.

▶ 돕스: 균형 있는 접근이 필요하다. 수익성에만 집착하면 사업 자체가 축소될 수 있다. 내가 아는 한 기업은 3~5년 동안 가격을 인상하고 연구·개발(R&D) 비용을 삭감하는 등 수익성 개선에만 집중하다가 경쟁우위를 상실했다. 내가 말하고 싶은 것은 단기 수익이 아니라 장기적인 수익성을 위해 노력해야 한다는 것이다. R&D 투자를 아끼지 않고 선도적 입지를 유지하는 데 힘써야 한다.

수익성과 성장성을 조화시킬 수 있는 방법이 있는가?

▶ 돕스: 쉽지 않은 문제다. 이사회와 고위 경영진이 이에 대해 충분한 시간을 두고 논의할 수 있어야 한다. 많은 대기업들을 보면 고위급 임원들이 개별 사업에 대해 충분한 지식을 갖지 못하고 있는 경우가 많다. 장기적 관점을 가지고 계획을 수립하는 별도의 기관인 '핵심본부(corporate center)'를 둘 필요가 있다.

▶ 콜러: 맥킨지가 전문가와 서방 기업들을 상대로 조사한 결과 대부분의 기업들이 사업부를 분리·매각하는 데 소극적이었다. 반면 장기적인 수익성을 높이기 위해 적극적으로 자본을 재배분한 기업들은 상대적으로 성과가 좋았다. 물론 사업부문을 분리·매각하는 것은 기업들에 쉬운 일이 아니다. 특정 사업이나 회사가 경쟁력을 잃었을 때 과감하게 매각을 결정하는 것이 중요하다. '핵심본부'는 오너의 판단에 도움을 줄 수 있다. 전사적이고 객관적인 시각을 갖고 있기 때문이다.

핵심본부가 성공적으로 운영되고 있는 사례를 알려달라.

▶ 콜러: 사모펀드(private equity fund: PEF) 모델을 적용해 보라고 권하고 싶다. 사모펀드 회사는 보통 5~15개 사업들을 보유하고 있다. 사모펀드 회사의 핵심본부는 이들을 지속적으로 모니터링하면서 언제 매각할지를 체계적으로 감독한다. 핵심본부 인력들은 특정 사업부에 대해 개인적 관계가 없고 객관적인 시야를 가진 인재들이다. 시장을 모니터링하면서 새로운 시장 진입(entry)과 기존시장 탈출(exit) 시기를 알려준다.

핵심본부 구성원은 누가 선발하나? 이들이 과연 기업가치를 위해서만 노력할 것인가?

▶ 돕스: 핵심본부 인력들은 계속 핵심본부에 상주할 필요는 없다. 개별 사업부에 있었던 사람이 핵심본부로 들어오는 경우도 있다. 이들은 개별 사업에 대해 해박한 지식을 갖고 있다. 핵심본부 내 다른 사람들에게 해당 사업부에 대해 알려줄 수 있다. 그러다가 다시 원래 사업부로 돌아가기도 한다.

▶ 콜러: 핵심본부 인력들은 자체적으로 의사결정 권한을 갖고 있는 것은 아니다. 분석 자료를 CEO와 CFO에게 전달할 뿐이다. 결정은 CEO와 CFO가 한다. 핵심본부 인력들은 총체적·장기적

시각을 가지고 공정하게 시장상황을 분석한다. 이들에 대한 평가는 재임기간에 기업가치가 얼마나 향상됐는지에 따라 결정되기 때문이다.

기업가치 평가는 어떻게 해야 하나. 주가가 기준인가?

▶ 돕스: 물론 주가도 좋은 기준이지만 주가에는 기업의 펀더멘털이 충분히 반영되지 않는 경우도 있다. 주가만으로는 기업가치를 평가하기 어렵다. 가령 주가가 10% 하락했다고 하더라도 실제 기업가치가 하락해서가 아니라 기존 주가가 과대평가됐기 때문일 수 있다. 경쟁사와 비교해 상대적인 가치평가를 내리는 방법이 오류가 적다.

▶ 콜러: 기업의 이익이나 자본수익률과 같은 수치들은 과거 성과를 반영할 뿐이다. 또 지난 1년 동안의 성과를 보여주기 때문에 단기적 관점에 지나지 않는다. 따라서 다년간의 성과를 볼 수 있는 관점으로 전환해야 한다. 재무적인 기준뿐 아니라 '신규 시장에 진출을 했느냐' 또는'적절한 분야에 투자를 했느냐'와 같이 계량화하기 힘든 기준도 도입해야 한다.

스톡옵션 때문에 경영자들은 단기 실적에만 집착하기 쉽다. 장기적인 관점에서 기업가치를 해칠 수 있다. 경영자가 기업의 실질가치 향상에 전념하도록 하려면 스톡옵션을 어떻게 설계해야 하나?

▶ 돕스: 경영자의 성과와 무관하게 시장상황이 주가에 큰 영향을 줄 수 있다. 스톡옵션 행사 때 시장의 영향을 배제할 수 있어야 한다. 경영자가 장기적 관점을 가질 수 있도록 스톡옵션 행사기간을 5년 이상으로 설정할 필요가 있다.

▶ 콜러: 해당 임원이 회사를 떠난 후 나타나는 기업성과도 스톡옵션 보상에 반영될 수 있어야 한다.

〈매일경제, 2012. 2. 3 수정〉

주요용어
Principal Terms

- **자산가치(asset value)**

자산가치는 그 자산으로부터 얻을 수 있는 미래의 기대현금흐름을 적절한 할인율(위험을 반영한 할인율)로 할인한 현재가치를 의미한다.

☞ $\text{자산가치} = \dfrac{CF_1}{1+r} + \dfrac{CF_2}{(1+r)^2} + \cdots + \dfrac{CF_n}{(1+r)^n}$

- **기업DCF모형**

미래에 기대되는 잉여현금흐름(free cash flow: FCF)을 적절한 할인율, 즉 가중평균자본비용(WACC)으로 할인하여 기업가치를 측정하는 모형을 말한다.

- **잉여현금흐름(free cash flow: FCF)**

채권자와 주주에게 분배할 수 있는 현금흐름으로서 정상적인 영업활동을 통해 얻을 수 있는 현금흐름으로서 영업현금흐름(operating cash flow)에서 총투자액을 차감하여 구할 수 있는데, 일명 기업잉여현금흐름(free cash flow to the firm: FCFF)이라고도 한다.

☞ FCF = 영업현금흐름 − 총투자액

= 세후 영업이익 + 감가상각비 − 총투자액

- **세후 영업이익(net operating profit less adjusted taxes: NOPLAT)**

정상적인 영업활동으로부터 얻어지는 영업이익(earning before interest and taxes: EBIT)에서 법인세를 공제한 차액으로 측정된다.

- **총투자액(gross investment)**

운전자본에 대한 투자액, 유형자산에 대한 투자액(자본적 지출)과 기타자산에 대한 투자액을 말한다.

- **재무적 현금흐름**

채권자들에게 배분되는 현금흐름(채권자의 현금흐름)과 주주들에게 배분되는 현금흐름(주주의 현금흐름)을 합한 현금흐름을 의미한다.

○ 가중평균자본비용(weighted average cost of capital: WACC)

기업이 자기자본과 타인자본으로 자본을 조달하는 경우 자기자본비용과 타인자본비용을 각각의 시장가치비율에 따라 가중평균한 기업의 자본비용을 의미한다.

☞ $WACC=\left(\frac{S}{S+B}\right)r_S+\left(\frac{B}{S+B}\right)r_B(1-t_C)$

○ 기업가치(firm value)

미래(예측기간과 잔여기간)에 기대되는 잉여현금흐름(FCF)을 적절한 할인율인 가중평균자본비용(WACC)으로 할인한 현재가치를 말한다.

☞ 기업가치 = 예측기간에서 FCF의 현재가치 + 잔여기간에서 FCF의 현재가치

$$=\sum_{t=1}^{n}\frac{FCF_t}{(1+WACC)^t}+\frac{CV}{(1+WACC)^n}$$

○ 지분DCF모형(equity discounted cash flow model)

주주잉여현금흐름(FCFE)을 자기자본비용으로 할인하여 자기자본가치를 구하는데 이용가능한 가치평가모형을 말한다.

○ 주주잉여현금흐름(free cash flow to equity: FCFE)

기업의 잉여현금흐름(FCF)에서 채권자의 현금흐름(원금상환액과 세후 이자비용에서 신규 차입액을 차감한 금액)을 차감한 잔액, 즉 주주들에게 제공될 수 있는 현금흐름을 말한다.

○ 경제적 부가가치(EVA)

기업이 영업활동을 통하여 얻은 이익에서 자본비용을 차감한 것과 같다.

☞ $EVA=IC\times(ROIC-WACC)=NOPLAT-IC\times WACC$

○ EVA모형에 의한 기업가치

투하자본(IC)에 예상EVA의 현재가치를 합한 것과 같다.

☞ 기업가치 = $IC+$ 예상EVA의 현재가치

- **시장부가가치(market value added: MVA)**

  예상EVA를 적절한 자본비용으로 할인한 현재가치를 말한다.

- **가치창조경영(value based management: VBM)**

  기업가치창출의 핵심요인, 즉 경제적 부가가치(EVA)에 영향을 미치는 요인에 초점을 맞춤으로써 전체 조직분야에 대한 전략적 또는 운영적 의사결정을 개선시키기 위해 고안된 통합과정이다.

사·례·연·구

20×1년도 말 현재 장부가액을 기준으로 한 (주)인천의 재무상태표는 다음과 같다.

재무상태표

(주)인천 20×1년 12월 31일 현재 (단위 : 억원)

자산		부채 및 자기자본	
자산	100	부채	30
		자기자본	70
총자산	100	부채 및 자기자본	100

(주)인천의 자산은 모두 영업자산이며, 부채는 무위험이자율 10%로 차입한 것이다. 이 회사는 매년 5억원의 감가상각비가 발생하며, 추가적인 투자 없이 감가상각비에 해당하는 금액만큼 매년 재투자를 실시한다. 그 결과 이 회사는 매년 23억원의 영업이익을 영구히 얻을 수 있을 것으로 기대된다. 이 기업의 자기자본에 대한 적절한 할인율은 20%이고, 60만주의 보통주를 발행하고 있으며, 법인세율은 40%이다. 다음 물음에 답하라.

(1) 배당평가모형을 이용할 경우 (주)인천의 현재 주가는 얼마인가?

(2) (주)인천의 경영자는 잉여현금흐름(FCF)을 이용한 가치평가에 관심을 가지고 있다. 이와 관련하여 (주)인천을 대상으로 다음 연도 말에 기대되는 아래의 각 현금흐름을 구하라.

① 기업잉여현금흐름(free cash flow to the firm: FCFF)

② 주주잉여현금흐름(free cash flow to equity: FCFE)

(3) 주주잉여현금흐름(FCFE)을 이용하여 (주)인천의 현재 주가를 계산하라.

해설

(1) (주)인천의 다음연도에 기대되는 순이익 및 주당순이익을 구하면 다음과 같다.

$$순이익 = (영업이익 - 이자비용) \times (1 - 법인세율)$$
$$= (23억원 - 30억원 \times 0.1) \times (1 - 0.4) = 12억원$$

$$주당순이익(EPS_1) = \frac{12억원}{600,000주} = 2,000원/주$$

(주)인천은 추가적인 투자를 하지 않는 경우 이를 모두 배당으로 지급해야 한다. 따라서 이 기업의 주가는 다음과 같다.

$$\therefore P_0 = \frac{D_1}{r_S} = \frac{EPS_1}{r_S} = \frac{2,000}{0.2} = 10,000\text{원}$$

(2) 기업잉여현금흐름(FCFF)과 주주잉여현금흐름(FCFE)을 구하면 다음과 같다.

① $FCFF$ = 영업현금흐름 − 총투자액

= [23억원 × (1 − 0.4) + 5억원] − 5억원 = 13.8억원

② $FCFE = FCFF$ − 채권자의 현금흐름

= 13.8억원 − 1.8억원 = 12억원

여기서, 채권자의 현금흐름은 아래와 같다.

채권자의 현금흐름 = 세후 이자비용 + 원금상환액 − 신규 차입액

= 30억원 × 0.1 × (1 − 0.4) = 1.8억원

(3) (주)인천의 주주에게 귀속되는 주주잉여현금흐름(FCFE)을 이용하여 주가를 구하면 다음과 같다.

주당 $FCFE_1$ = 12억원/600,000주 = 2,000원/주

$$\therefore P_0 = \frac{\text{주당 } FCFE_1}{r_S} = \frac{2,000}{0.2} = 10,000\text{원}$$

위의 결과는 배당평가모형을 적용하여 추정된 물음 (1)의 결과와 동일함을 알 수 있다.

연습문제

객관식 문제

01. 기업가치를 평가하는 현금흐름할인모형에 관한 설명으로 옳지 않은 것은? (경영지도사, 2019)

① 기업의 영업활동에 의한 잉여현금흐름으로 기업가치를 평가하는 모형이다.
② 기업이 활용하는 자산으로부터 발생하는 미래현금흐름을 적절한 할인율로 계산한 현재가치로 기업가치를 평가한다.
③ 할인율은 자본 출자자 관점에서 기업의 최대수익률이 되며, 기업의 관점에서 보면 자본조달의 대가인 자본수익이 된다.
④ 영업현금유입액에서 영업현금유출액을 차감하여 영업활동현금흐름을 구한다.
⑤ 현재가치 측정에 적용되는 할인율은 기업의 가중평균자본비용(WACC)을 사용한다.

02. 기업가치평가에 관한 설명으로 옳지 않은 것은? (경영지도사, 2016)

① 기업가치는 기업이 보유한 모든 자산에 대한 청구권의 가치를 의미한다.
② 기업가치는 투자결정과 자금조달결정에 의해 영향을 받는다.
③ 기업가치는 미래의 기대현금흐름을 위험을 고려한 할인율로 할인한 현재가치라고 할 수있다.
④ 주식과 채권을 발행하여 자본을 조달하는 기업은 가중평균자본비용보다는 자기자본비용을 이용하여 기업가치를 산출한다.
⑤ 경제적부가가치(EVA)는 기업이 영업활동을 통하여 얻은 이익에서 자본비용을 차감하여 산출한다.

03. 기업가치평가에 관한 설명으로 옳지 않은 것은? (경영지도사, 2015 수정)

① 기업가치는 미래에 기대되는 잉여현금흐름(free cash flow)을 가중평균자본비용(WACC)으로 할인한 것이다.

② 영업이익을 기초로 한 잉여현금흐름 추정시 감가상각비를 세후 영업이익에 가산하는 이유는 감가상각비가 비현금성 비용이기 때문이다.

③ 가중평균자본비용(WACC)은 자본조달항목별 자본비용을 자본조달항목의 가중치를 이용하여 측정한다.

④ 지분DCF모형(equity discounted cash flow model)에 의하면 자기자본가치는 주주잉여현금흐름(FCFE)을 자기자본비용으로 할인하여 측정한 값이다.

⑤ 주식의 자본비용은 증권시장선(security market line)을 이용하여 추정할 수 있으며, 이때 위험의 단위는 주식의 총위험이다.

04. 현금흐름할인모형(discounted cash flow model)에 관한 설명으로 옳지 않은 것은?
(경영지도사, 2014 수정)

① 현금흐름할인모형은 잉여현금흐름 할인모형을 지칭하며, 기업의 영업활동에 의한 잉여현금흐름으로 기업가치를 평가한다.

② 할인율은 경영자 관점에서 요구수익률이자 기업의 필수수익률이 되고, 기업의 관점에서 보면 자본조달의 대가인 자본비용이 된다.

③ 영업현금유입액에서 영업현금유출액을 차감하여 영업활동 현금흐름을 구한다.

④ 잉여현금흐름(free cash flow)는 영업현금흐름에서 영업투하자본의 증가분을 차감한 것이다.

⑤ 현금흐름할인모형은 어떤 투자자본에 대한 현금흐름이냐에 따라 총투자자본 현금흐름할인모형과 자기자본 현금흐름할인모형이 있다.

05. (주)산단의 2019년 말 자기자본비율은 40%, 타인자본비율은 60%의 비중을 차지하고 있다. 세후 타인자본비용은 8%, 자기자본비용은 10%라고 할 때, (주)산단의 가중평균자본비용(WACC)은?
(경영지도사, 2020)

① 7.0% ② 7.6% ③ 8.0%
④ 8.8% ⑤ 9.2%

06. 영업이익에서 법인세를 공제한 값에서 기업의 투하자본 조달비용을 차감한 것은?
(경영지도사, 2015)

① 표준 시장부가가치(MVA) ② 주주 부가가치(SVA)

③ 채권자 부가가치(BVA) ④ 기업자본 부가가치(ESVA)
⑤ 경제적 부가가치(EVA)

07. 경제적 부가가치(EVA)에 관한 설명으로 옳지 않은 것은? (경영지도사, 2019)

① EVA의 측정은 영업이익에서 총자본비용을 차감한 것이다.
② EVA가 양(+)의 값이면 효과적인 경영을 하였다는 것을 의미한다.
③ 수익성이 높은 부문에 투자를 유도하고 생산성 향상에 기여한다.
④ EVA를 강조할 경우 경영자들은 단기성과를 추구하는 경향이 있다.
⑤ EVA를 증가시키려면 자본비용을 낮추어야 하고 적절한 재무구조를 유지하여야 한다.

주관식 문제

01. 다음 용어를 간략하게 설명하라.

1) 기업가치 2) 기업DCF모형
3) 잉여현금흐름 4) 가중평균자본비용
5) 경제적 부가가치(EVA) 6) 가치창조경영(VBM)

02. 주당순이익성장률, 자기자본순이익률, 총자산순이익률, 매출액순이익률 등 회계적 성과지표의 문제점에 관하여 논하라.

03. 가중평균자본비용(WACC)을 추정할 때 고려해야 할 일반원칙을 설명하라.

04. 경제적 부가가치(EVA)의 개념, 측정방법 및 한계점을 설명하라.

05. 기업가치를 측정하는 대표적인 모형인 기업DCF모형과 EVA모형을 비교하여 설명하라.

06. 가치창조경영(VBM)의 개념과 그것의 중요한 부분인 핵심가치창출요인을 설명하라.

07. 다음은 (주)동해의 재무제표자료이다.

재 무 상 태 표

(단위 : 천원)

자산	20X1.12.31	20X2.12.31	부채와 자본	20X1.12.31	20X2.12.31
유 동 자 산	200,000	600,000	유 동 부 채	120,000	400,000
비유동자산	800,000	1,300,000	비유동부채	300,000	800,000
			자 본	580,000	700,000
자산총계	1,000,000	1,900,000	부채와 자본총계	1,000,000	1,900,000

손 익 계 산 서

(단위 : 천원)

과 목	20X2.1.1~20X2.12.31
매출액	20,000,000
매출원가	(9,000,000)
감가상각비	(500,000)
영업이익	10,500,000
이자비용	(1,500,000)
법인세차감전순이익	9,000,000
법인세(법인세율=20%)	(1,800,000)
당기순이익	7,200,000
배당금	(3,000,000)
유보이익	4,200,000

재무제표를 이용하여 측정할 수 있는 현금흐름을 다음과 같이 정의한다고 가정한다.

- 영업현금흐름=세후 영업이익+감가상각비
- 기업에 의해 창출된 현금흐름=채권자에게 귀속될 현금흐름+주주에게 귀속될 현금흐름

이상의 자료를 이용하여 다음의 물음에 답하라. (CPA 2차, 2001 수정)

(1) (주)동해의 영업현금흐름을 구하라.

(2) (주)동해의 운전자본, 비유동자산 등에 대한 총투자액을 구한 후, 기업에 의해 창출된 현금흐름을 구하라.

(3) (주)동해는 20×2년도에 새로운 부채 700,000천원을 차입하였다. 이와 같은 경우 (주)동해의 20×2년도 부채상환액은 얼마인가? 또한 채권자에게 귀속될 현금흐름은

얼마인가?

(4) (주)동해의 20×2년도 신주발행액 또는 자사주매입액을 구하라. 그리고 주주에게 귀속될 현금흐름을 구하고, 기업에 의해 창출된 현금흐름이 주주와 채권자에게 귀속될 현금흐름의 합이 됨을 보여라.

08. 20×1년도 말 현재 장부가액을 기준으로 한 (주)광주의 재무상태표는 다음과 같다.

재 무 상 태 표

(주)광주 20×1년 12월 31일 현재 (단위 : 억원)

자산	100	부채	40
		자기자본	60
총자산	100	부채 및 자기자본	100

(주)광주의 자산은 모두 영업자산이며, 부채는 무위험이자율 10%로 차입한 것이다. 이 회사는 매년 5억원의 감가상각비가 발생하며, 추가적인 투자 없이 감가상각비에 해당하는 금액만큼 매년 재투자를 실시한다. 그 결과 이 회사는 매년 24억원의 영업이익을 영구히 얻을 수 있을 것으로 기대된다. 이 기업의 자기자본에 대한 적절한 할인율은 16%이고, 60만주의 보통주를 발행하고 있으며, 법인세율은 40%이다.

(1) (주)광주의 경영자는 잉여현금흐름(FCF)을 이용한 가치평가에 관심을 가지고 있다. 이와 관련하여 아래 물음에 답하라.

① 다음 연도 말 기업에 귀속되는 잉여현금흐름(FCFF), 주주에게 귀속되는 잉여현금흐름(FCFE) 및 채권자에 귀속되는 현금흐름을 구하라.

② 주주에게 귀속되는 잉여현금흐름(FCFE)을 이용하여 이 회사의 현재 주가를 계산하라.

(2) (주)광주의 경영자는 경제적 가치 개념에 근거한 가치평가도 아울러 실시하고자 한다. (단, 가중평균자본비용은 반올림하여 소수점 아래 여섯째 자리까지 표시하고, 금액은 억원기준으로 소수점아래 셋째 자리까지 표시하라.)

① 이 회사의 가중평균자본비용(WACC)을 구하라.

② 다음 연도 말에 기대되는 경제적 부가가치(EVA)와 시장부가가치(MVA)는 각각 얼마인가?

제12장의 개요

기업은 급변하는 환경 속에서 살아남기 위하여 지속적으로 성장을 추구하여야 한다. 기업의 성장은 합리적인 투자결정, 자본조달결정 등을 통하여 기존사업을 점진적으로 확대해 나가는 내적성장과 타기업을 합병하거나 매수함으로써 일시에 사업영역을 확대하려는 외적성장으로 구분된다. 기업의 합병과 매수(mergers and acquisitions: 이하 M&A라 약칭함)는 외적성장의 주요한 수단으로 최근 국내·외에서 그 관심이 높아지고 있다.

이 장에서는 M&A의 의의와 유형, M&A의 시너지효과, M&A의 평가, 적대적 M&A에 대한 방어전략 등에 관하여 설명하고자 한다.

제12장

기업의 합병과 매수

01 M&A의 의의와 유형

02 M&A의 시너지효과

03 M&A의 평가

04 M&A의 방어전략

01 M&A의 의의와 유형

1.1 M&A의 의의

기업의 합병과 매수(M&A)는 한 기업이 다른 기업을 합병(merger)하거나 매수(acquisition)하는 것으로서, 일반적으로 신규사업의 진출이나 기업확장의 수단으로 이용된다. M&A는 불확실성하에서 이루어진 투자결정이라 할 수 있다. 따라서 M&A의 기본적인 평가원칙은 인수기업(acquiring firm)의 주주에게 양(+)의 순현가(NPV)를 가져다주는 인수대상기업 또는 피인수기업(target firm, acquired firm)을 인수하여야 한다는 것이다.

그러나 인수대상기업의 순현가를 결정하는 것은 매우 어려운 일이기 때문에 M&A는 그 자체로서 흥미있는 과제라 할 수 있으며, 다음과 같은 몇 가지 특징을 가지고 있다.

첫째, M&A로부터 얻을 수 있는 이득을 시너지(synergy)라 하며, 이를 정확히 추정하기는 어렵다.[1]

둘째, M&A에 의해 복잡한 회계, 세무, 법적인 효과가 발생한다.

셋째, M&A는 주주들이 기업에 대해 취할 수 있는 주요한 통제수단이다. 현재의 경영자와 주주 사이의 이해관계가 서로 상충될 때 M&A가 이루어질 수도 있다. 예를 들어 주주들은 불편한 관계에 있는 경영자를 해임시키기 위하여 다른 기업이 자신의 기업을 인수하도록 할 수 있다.

넷째, M&A분석은 주로 기업가치에 초점을 맞추어 이루어지나, M&A는 기업가치뿐만 아니라 주식과 부채의 상대적 가치에도 영향을 미친다.

다섯째, M&A는 때때로 비우호적인 거래를 포함하기 때문에 인수대상기업들에 의해 방어전략이 사용되기도 한다.

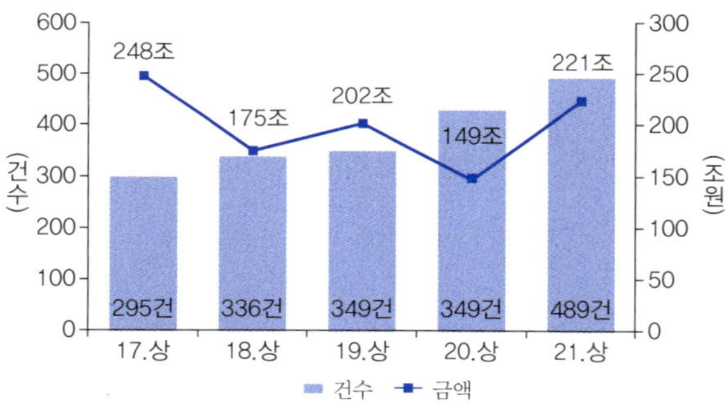

▲ 2021년 상반기 기업결합 건수는 총 489건, 금액은 221.0조원으로 2020년 상반기(424건, 148.7조원)보다 건수는 65건(15.3%↑), 금액은 72.4조원(48.7%↑) 증가하였다. 이중 국내기업에 의한 기업결합(422건, 30.2조)이 결합건수(+66건, 18.5%↑)나 금액(+11.4조원, 60.4%↑) 모두 크게 증가하였다. 특히 대기업집단에 의한 비계열사간 결합(145건)이 이미 지난해 연간 전체 건수(142건)를 상회하여, 최근 5년 이내 최대치를 기록할 것으로 보인다.

(출처: 공정거래위원회 2021. 9. 3)

1 시너지는 1+1 > 2가 되는 것을 의미하며, 이를 상승효과라 하기도 한다.

M&A의 유형 1.2

M&A는 협의의 개념으로 흡수합병(merger) 또는 신설합병(consolidation), 주식매수(acquisition of stock), 자산매수(acquisition of assets) 등 3가지에 의해서 이루어지는 기업매수(acquisition)로 볼 수 있으나, 광의의 개념으로 기업매수뿐만 아니라 위임장투쟁(proxy contest), 비공개기업화(going private) 등도 포함하는 기업인수(takeover)로 볼 수 있다.[2] [그림 12-1]에서 기업인수의 형태를 보여주고 있다.

흡수합병 또는 신설합병

흡수합병은 한 기업(합병회사)이 다른 기업(피합병회사)을 흡수하여 결합하는 것을 의미한다. 이 경우 합병회사가 피합병회사의 모든 자산과 채무를 인수함으로써 피합병회사는 없어지고 하나의 회사로 결합된다. 신설합병은 다수의 기업들이 새로운 하나의 기업으로 결합되는 것을 의미한다. 이 경우 결합되는 기업은 모두 해산되고 새로운 하나의 기업이 설립되어, 이 신설기업에 해산된 기업들의 모든 자산과 부채가 승계된다.

흡수합병과 신설합병은 법률적인 관계에서 차이가 있지만, 경제적인 측면에서는 두 개 이상의 기업이 하나의 기업으로 합쳐지는 것으로 차이가 없다. 새로운 회사설립에는 시간과 경비가 소요되고, 세법상으로 불리한 경우가 많기 때문에 실제로 신설합병은 거의 이용되지 않는다. 따라서 일반적으로 합병은 흡수합병

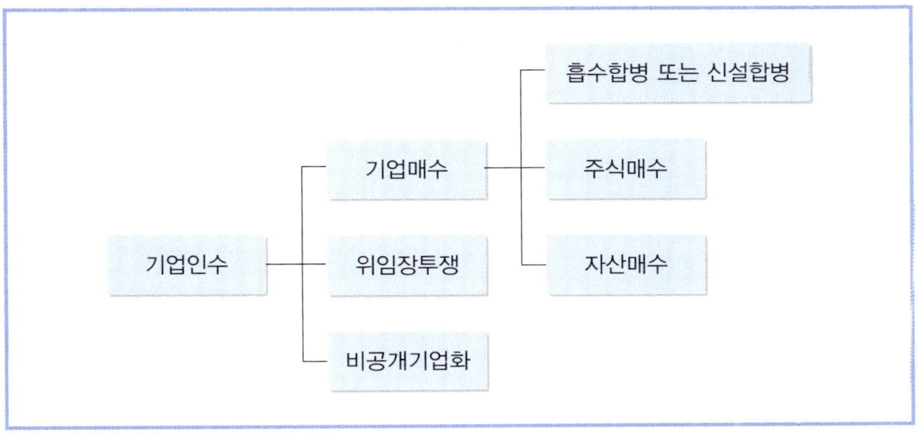

그림 12-1
기업인수의 형태

2 기업인수는 기업의 지배권행사에 충분한 지분을 매입하는 모든 행위를 의미한다.

을 의미한다.

결합되는 기업의 형태별로 분류하면 합병은 동종기업간에 이루어지는 수평적 합병(horizontal merger), 생산 및 유통과정의 수직적 흐름에 있어서 인접한 단계에 있는 기업간에 이루어지는 수직적 합병(vertical merger), 수평적 또는 수직적 관계가 없는 이종기업간에 이루어지는 다각화 합병(conglomerate merger) 등으로 나눌 수 있다.

주식매수

주식매수는 인수기업이 현금, 주식, 다른 증권 등을 이용하여 인수대상기업의 의결권주식을 매입함으로써 인수대상기업의 지배권을 획득하는 것을 의미한다. 주식매수의 방법으로 대주주 주식지분의 매입, 주식시장을 통한 매입 및 공개매수(tender offer or takeover bid: TOB) 등이 있다.

공개매수는 단기간에 의도한 가격으로 인수대상기업의 주식을 주주들로부터 공개적으로 매입하는 행위이다. 인수대상기업의 경영진과의 합의에 따라 공개매수가 이루어지는 경우도 있으나, 대부분의 경우 경영진의 의사와 관계없이 주주들로부터 직접 주식을 매입하는 적대적인 인수의 형태를 취하고 있다.

주식매수는 다음과 같은 몇 가지 점에서 합병과 다르다.

첫째, 주식매수는 주주총회의 승인 또는 인수대상기업의 경영진이나 이사회를 거치지 않고 직접 주주들을 대상으로 이루어진다.

둘째, 대부분의 경우 주식매수는 인수대상기업 경영자의 저항 속에서 이루어지므로 합병보다 많은 비용이 소요된다.

셋째, 공개매수에 대한 소액주주들의 반발 때문에 인수대상기업을 완전히 인수하기 어려울 때가 많다.

넷째, 주식매수는 인수기업이 인수대상기업의 주식을 매입하여 인수대상기업을 지배하는 형태로서 인수대상기업의 법률적인 실체는 계속 유지된다.[3]

자산매수

자산매수는 인수기업이 인수대상기업의 경영지배권을 획득하기 위하여 인수대상기업의 전부 또는 일부 주요자산(영업)을 매입하는 것을 말한다. 자산매수는

3 인수대상기업의 완전한 흡수는 합병에 의해서 이루어지므로 대부분의 주식매수는 결국 형식적인 절차를 거쳐 합병에 이르게 된다.

인수대상기업의 경영진과 협의하에 이루어지는 경우가 대부분이기 때문에 소액주주들의 반발을 피할 수 있다는 장점은 있으나, 자산소유권의 이전에 따른 법적 절차가 번거롭고 법률적인 비용이 크다는 단점이 있다.[4]

위임장투쟁

위임장투쟁은 일부의 주주집단이 주로 자기가 지지하는 이사를 선임하여 기업의 지배권을 획득하기 위한 것으로서, 다른 주주들로부터 의결권을 위임받아 주주총회에서 선임권을 대리행사하는 것을 의미한다.[5] 이와 같은 위임장투쟁은 현재의 경영진에게 기업을 보다 효율적으로 경영할 수 있도록 압력을 가하는 수단이 될 수 있다.

비공개기업화

비공개기업화(또는 사기업화)는 일부 주주가 상장된 주식의 대부분을 매입함으로써 사실상의 개인기업으로 만들고, 그 결과 상장이 폐지되어 비공개기업으로 전락시키는 것을 의미한다. 비공개기업이 되면 우호적인 경우 외에는 M&A가 원칙적으로 일어날 수 없기 때문에 적대적 M&A로부터 벗어날 수 있다. 또한 공개회사에 대해서 요구되는 각종 보고의무 등에서도 면제되어 경영진은 경영에만 주력할 수 있다.[6]

비공개기업화를 위해서는 상장된 대부분의 주식을 매입하여야 하기 때문에 대규모의 자금이 필요하게 된다. 따라서 이 경우 회사자산을 담보로 채권을 발행하여 조달한 자금에 의해 주식을 인수하는 차입매수(leveraged buyout: LBO)가 자주 사용된다. LBO를 위해 발행되는 채권은 위험도가 아주 높은 저등급사채로 정크본드(junk bond)라 한다. 특히 LBO가 현재의 경영자에 의해 주도될 때, 이를 경영자매수(management buyout: MBO)라고 한다.

4 우리나라의 경우 인수대상기업의 자산매각이 그 기업의 영업에 중요한 영향을 미칠 수 있을 때, 이에 반대하는 주주들은 해당기업에 주식매수청구권을 행사할 수 있다.

5 미국 등에서는 통상적으로 제2, 3대주주 등이 소액주주의 의결권을 모아 제1대주주에 대항하여 경영권을 장악하는 수단으로 활용하고 있다. 그러나 우리나라의 경우 의결권대리행사의 권유를 엄격히 규제하고 있으며, 또한 실질적으로 주식이 제대로 분산되어 있지 않기 때문에 위임장투쟁에 의한 기업지배권획득은 어렵다. 2003년 하나로통신(주)(현, SK브로드밴드(주))이 주주총회에서 소액주주의 절반이 넘는 26% 이상의 위임장을 확보하여 외자유치권을 통과시킴으로써 LG그룹에 의한 경영권인수 시도를 좌절시킨 것이 위임장투쟁의 대표적인 사례이다.

6 기업을 공개하여 불특정 다수의 주주로부터 자금조달하는 것을 지향하는 기업공개(going public)에는 역행되지만, 1980년대에 들어서 미국에서는 비우호적인 기업매수가 빈번하게 이루어지면서 상장회사의 경영자가 기업을 비공개화하는 경우가 많았다.

현장 FOCUS

"위기를 기회로" 산업계 M&A 열기 후끈

2021년도 상반기에도 인수 · 합병(M&A)을 통한 산업계 지각변동이 활발히 이뤄지고 있다. 이는 코로나19 사태로 글로벌 경제가 유례없는 위기 상황에 돌입하면서 M&A로 덩치를 키우는 동시에 미래 먹거리를 발굴, 글로벌 경쟁력을 확보해 산업 격변기 속에서 살아남겠다는 전략으로 풀이된다. 7월 21일 한국M&A거래소(Korea M&A Exchange : KMX)에 따르면 2021년도 상반기 M&A 건수는 주권상장회사 167건(40.3%), 비상장 주요기업 247건(59.7%) 등 총 414건으로 지난해 상반기(280건)보다 134(47.9%)건이 증가한 것으로 나타났다. 또한 글로벌 금융 정보 업체 딜로직(Dealogic)에 따르면 올해 1~6월 금액이 공개된 국내 경영권 거래규모는 43조 8,605억원으로 집계됐다. 이는 지난해 같은 기간(26조 4,576억원)보다 60% 늘어난 금액으로, 국내 관련 통계 집계 역사상 가장 높은 수치다.

역대급 M&A 시장이 열린 배경에는 코로나19가 결정적 영향을 미쳤다는 분석이 나온다. 코로나19로 기업 생태계가 급변하면서 부실기업의 구조조정이 불가피해지면서다. 정부의 경기부양 정책과 회사채를 통한 자금조달 방식이 맞물려 유사 이래 최대 규모의 유동성이 풀려 있는 것도 요인이 되고 있다. 2021년도 상반기 M&A 시장에서 가장 돋보인 대기업은 단연 신세계그룹이다. SK와이번스를 시작으로 네이버와 지분스와프, 화성 테마파크 부지 매입, W컨셉 인수 등을 성사시켰다. 화룡정점은 이베이코리아 인수였다. 3조 4,000억원 가량의 높은 가격을 써내며 상반기 최대 딜을 거머쥐었다. 이커머스 경쟁력 강화라는 성장 전략을 위해 과감한 투자를 아끼지 않은 것이다.

시가총액 3위와 4위에 나란히 올라있는 카카오와 네이버가 경쟁적으로 콘텐츠 기업 M&A에 나선 것도 올해 상반기 시장의 관전 포인트였다. 넷플릭스(Netflix)와 같은 동영상스트리밍서비스(over the top : OTT)의 시장 장악력이 커지면서 오리지널 콘텐츠에 대한 수요가 크게 늘어난 만큼 네이버와 카카오가 포털을 뛰어넘어 콘텐츠에 새로운 먹거리가 있다고 판단한 것이다. 항공업계의 M&A 열기도 뜨겁다. 대한항공은 최근 산업은행과 협의를 거쳐 아시아나항공에 대한 '인수 후 통합 전략'(post-merger integration : PMI) 계획을 최종 확정하고 기업결합심사를 기다리는 중이다. 모회사인 대한항공과 아시아나항공 간 결합으로 진에어 · 에어부산 · 에어서울 등도 통합 작업을 앞둔 상황이다. 지난해 제주항공으로 인수되는 작업이 불발됐던 이스타항공은 지난달 24일 골프장 관리 · 부동산 임대업체인 성정과 M&A 투자 계약을 체결했다. 이외에도 현대차그룹은 '보스턴다이내믹스' 지분 80%를 9,930억원에 인수했고, 호반건설은 대한전선을 2,518억원에 사들였다. 연초부터 대형 계약이 이어진 인수 · 합병(M&A) 시장은 올해 하반기에도 활기를 이어갈 것으로 관측된다.

업계 관계자는 "역대급 유동성 장세와 포스트 코로나 시대를 맞아 기업들의 새판 짜기 의지가 맞아떨어지면서 M&A 움직임이 확산하고 있다"며 "하반기에도 굵직굵직한 빅딜이 잇따를 것으로 기대된다"고 말했다.

〈매일일보, 2021. 7. 21 수정〉

M&A의 시너지효과 02

기업이 M&A를 하는 주된 이유는 M&A로부터 얻을 수 있는 시너지효과 때문일 것이다. 여기서는 M&A의 시너지효과와 그 원천에 대하여 살펴보고자 한다.

M&A의 시너지효과 2.1

시너지효과(synergy effect)는 두 기업이 하나의 기업으로 합병되는 경우 합병 이후의 기업가치가 합병 이전 개별기업가치의 합계보다 더 커지는 효과로서 상승효과라고도 한다. 예를 들어 기업 A가 기업 B를 인수하여 합병하는 경우 시너지는 다음과 같다.

$$\text{시너지} = PV(\mathrm{A+B}) - [PV(\mathrm{A}) + PV(\mathrm{B})] \qquad (12-1)$$

$PV(\mathrm{A+B})$: 합병 후의 기업가치
$PV(\mathrm{A})$, $PV(\mathrm{B})$: 합병 전 A, B의 기업가치

M&A로 인한 시너지효과는 현금흐름할인모형을 이용하여 측정될 수 있으며, 이는 식 (12-2)와 같다.

$$\text{시너지} = \sum_{t=1}^{n} \frac{\Delta CF_t}{(1+r)^t} \qquad (12-2)$$

ΔCF_t : 합병으로 인한 t 시점의 증분현금흐름[7]
r : 증분현금흐름에 적합한 위험조정할인율[8]

식 (12-2)에서 증분현금흐름은 다음과 같이 4개의 부분으로 분해된다.

▲ 네이버는 왓패드 지분 100%를 6억여달러에 인수하기로 결정했다. 네이버는 웹툰(네이버웹툰)과 웹소설(왓패드) 분야에서 각각 세계 1위 플랫폼을 보유하게 되었으며, 향후 네이버는 왓패드 웹소설의 웹툰화 등 시너지를 낼 수 있는 다양한 사업을 벌이겠다는 구상을 하고 있다.
(출처: 한겨레 2021. 1. 20)

7 ΔCF_t = (합병 후 현금흐름) − (합병 전 개별기업 현금흐름의 합) = $CF_t(\mathrm{A+B}) - [CF_t(\mathrm{A}) + CF_t(\mathrm{B})]$
8 합병시 증분현금흐름의 할인율은 자금의 원천이 아니라 사용과 관련된 위험을 반영하여야 한다. 따라서 합병시 증분현금흐름의 적절한 할인율은 인수기업 또는 합병 이후 결합기업의 자본비용이 아닌 인수대상기업의 요구수익률임을 유의하여야 한다.

$$\Delta CF_t = \Delta R_t - \Delta C_t - \Delta T_t - (\Delta WC_t + \Delta CI_t) \quad (12-3)$$

ΔR_t : 합병으로 인한 t시점의 증분수익
ΔC_t : 합병으로 인한 t시점의 증분비용
ΔT_t : 합병으로 인한 t시점의 세금의 증분
ΔWC_t : 합병으로 인한 t시점의 순운전자본의 증분
ΔCI_t : 합병으로 인한 t시점의 자본적 지출의 증분

2.2 시너지효과의 원천

M&A에 의한 시너지효과는 수익증대, 비용절감, 세금절감, 자본소요액의 감소 등을 통하여 합병으로 인한 증분현금흐름을 증가시키든가 또는 자본비용(할인율)을 감소시킴으로써 증대된다.[9] M&A에 의한 시너지효과의 원천을 수익증대, 비용절감, 세금절감, 자본비용의 감소, 자본소요액의 감소 등으로 구분하여 살펴보기로 하자.

수익증대

합병의 가장 중요한 이유 중의 하나는 합병 후 기업수익이 합병 전 개별기업의 수익을 합한 것보다 크게 된다는 것이다. 합병으로 인한 수익증대는 마케팅이득(marketing gains), 전략적 이득(strategic benefits), 시장 또는 독점적 지배력(market or monopoly power) 등으로부터 발생한다.

▶ 마케팅이득

합병에 의해서 마케팅능력을 향상시킬 수 있으며, 이를 통해 보다 큰 영업이익을 창출할 수 있다. 예를 들어 합병을 통해 비효율적인 광고전략을 개선할 수 있고, 빈약한 유통채널을 강화할 수 있으며, 불균형상태의 제품믹스(product mix)를 개선할 수 있다.

9 수익의 증대, 비용의 절감, 세금의 절감 등에 의한 시너지는 기업의 운영상 나타나는 것으로서 이를 운영시너지(operating synergy)라 하며, 할인율의 감소에 의한 시너지는 기업의 재무정책, 즉 자본구조와 관련된 것으로서 재무시너지(financial synergy)라 한다.

▶ 전략적 이득

합병으로 인하여 경쟁기업에 비해 전략적 우위를 확보할 수 있다. 예를 들어 출판사가 컴퓨터회사를 인수하는 경우 경쟁출판사에 비하여 컴퓨터를 이용한 전자출판에 있어서의 전략적 우위를 점할 수 있다. 특히 유·무형의 진입장벽이 가로막고 있는 경우 M&A를 통하여 새로운 사업에 쉽게 진출할 수 있다.[10]

▶ 시장 또는 독점적 지배력

동종산업에 속하는 다른 기업을 인수함으로써 경쟁적 위치를 높일 수 있으며, 극단적으로 독점적 지위를 확보할 수도 있다. 이 경우 합병기업은 제품가격을 선도할 수 있으며, 독점적 이윤을 획득할 수 있다. 그러나 단순히 경쟁을 억제하기 위한 합병은 사회적으로 이득이 없으며, 정부의 규제를 받는 대상이 되기도 한다.

비용절감

합병의 가장 기본적인 이유 중의 하나는 두 개의 기업을 독자적으로 운영하는 것보다 합병을 통한 운영효율성을 높임으로써 운영비용을 크게 절감할 수 있다는 점이다. 비용절감에 의한 시너지효과는 규모의 경제(economies of scale), 수직적 통합의 경제(economies of vertical integration), 기술의 이전(technology transfer), 자원의 상호보완(complementary resources), 비효율적인 경영의 제거(elimination of inefficient management) 등을 통해서 나타난다.

▶ 규모의 경제

최적규모(optimal size)에 도달할 때까지 평균생산비용은 생산량의 증가에 따라 점점 감소하게 된다. 따라서 최적규모에 도달하지 못한 기업이 다른 기업을 인수함으로써 최적규모에 도달할 수 있다면, 합병으로 인해 단위당 생산비용을 감소시킬 수 있다. 이와 같은 규모의 경제에 의한 비용절감은 수평적 합병에서 나타난다.

10 우리나라의 경우 진입장벽이 높은 금융산업에의 진출을 위한 M&A가 빈번하게 이루어졌다. 한솔그룹의 동해종금인수(1994. 11), 쌍용그룹의 인천투금인수(1995. 8) 등이 이 경우에 속한다. 그러나 이와 같은 무리한 금융산업에의 진출은 동해종금, 인천투금 등이 퇴출됨으로써 모두 실패로 끝났다.

▶ 수직적 통합의 경제

생산과정의 전 단계 또는 다음 단계에 있는 기업을 통합하여 협조적인 생산 또는 판매단계를 갖추고, 품질관리와 가격 등 거래조건의 협상을 효과적으로 함으로써 거래비용을 절감시킬 수 있다. 예를 들어 저렴하고 안정적인 자동차부품의 확보를 위해 자동차회사가 자동차 부품회사를 인수하거나, 적극적인 PC판매망의 확보를 위해 PC제조업체가 PC판매회사를 인수하기도 한다.

▶ 기술의 이전

기술의 이전은 합병의 또 다른 이유라 할 수 있다. 예를 들어 제약회사가 생명공학과 관련된 기술을 이전받아 신약개발에 활용하기 위하여 생명공학회사를 인수할 수 있다.

▶ 자원의 상호보완

기업은 현존하는 자원을 효과적으로 이용하거나 성공적인 영업에 필요한 요소를 확보하기 위하여 다른 기업을 인수한다. 예를 들어 스키용품 상점이 테니스용품 상점을 인수함으로써 겨울과 여름에 걸쳐 보다 안정된 판매를 할 수 있으며, 상점의 활용도를 높일 수 있을 것이다.

▶ 비효율적인 경영의 제거

합병을 통해 비효율적인 기업의 경영진을 제거할 수 있으며, 중복되는 경영진의 수를 감소시킴으로써 기업의 운영비용을 줄일 수 있다.[11]

세금절감

합병은 세금을 절감할 수 있는 하나의 수단이 될 수 있다. 이는 인수대상기업의 영업손실(net operating losses), 부채수용능력의 향상(unused debt capacity), 잉여자금(surplus fund)의 이용 등에 의해서 발생된다.

---

11 M&A는 전문경영자가 주주의 이익과 배치된 행위(예를 들어 특권적 소비, 무사안일주의 등)를 함으로써 발생하게 되는 지분의 대리인문제를 해결하기 위한 수단으로 사용될 수 있다.

▶ 영업손실

누적된 영업손실로 인하여 이월결손금을 갖고 있는 회사를 인수하는 경우, 합병회사는 그 이월결손금을 승계하여 법인세를 절감할 수 있다.

▶ 부채수용능력의 향상

기업의 최적자본구조는 부채사용으로 인한 한계이익(부채의 법인세절감효과)과 한계비용(파산비용)이 같아지는 점에서 이루어진다. 두 개의 기업이 합병하는 경우 합병 전 개별기업의 채무에 대하여 공동으로 지급보증하는 것이 되므로 파산위험이 감소하게 된다. 이와 같이 합병으로 인하여 공동보험효과(coinsurance effect)가 발생하기 때문에 파산비용은 두 개의 개별기업으로 존재할 때보다 합병한 이후에 상대적으로 작게 나타날 것이다. 따라서 인수회사는 합병 이후 부채비율을 높일 수 있으며, 이로 인하여 추가적인 세금혜택을 얻을 수 있기 때문에 새로운 가치를 창출할 수 있다.

▶ 잉여자금의 이용

현실적으로 배당소득세율이 자본이득세율보다 높다. 기업이 충분한 잉여현금흐름(free cash flow)을 갖고 있을 때, 이를 배당으로 지급하지 않고 기업을 인수하는 데 이용하는 경우 주주들은 배당소득 대신 주가의 상승에 따른 자본이득을 얻을 수 있다. 따라서 주주들은 배당소득세 대신 낮은 자본이득세를 부담함으로써 세금을 절감할 수 있다.

자본비용의 감소

두 기업이 합병될 때 증권발행비용 측면에서 규모의 경제가 발생하기 때문에 자본비용을 감소시킬 수 있다. 일반적으로 주식 또는 채권의 발행비용은 소규모기업보다 대규모기업에서 더 작게 나타난다.[12]

자본소요액의 감소

합병을 통해 불필요한 시설 및 장비 등을 처분함으로써 자본적 지출을 줄일 수

12 합병으로 인해 분산효과가 발생하게 되어 자본비용이 감소하는 것으로 생각하기 쉬운데, 이는 CAPM이 성립하는 경우 불가능한 일이다. 왜냐하면 합병으로 인해 감소되는 위험은 비체계적 위험이기 때문이다.

있다. 또한 기업규모가 증가함에 따라 규모의 경제가 실현되어 현금, 매출채권, 재고자산 등을 효율적으로 관리할 수 있으므로 운전자본에 대한 지출이 줄어들게 된다.

03 M&A의 평가

M&A는 본질적으로 투자결정문제와 연관이 있다. 따라서 M&A의 평가는 전형적으로 순현가법에 의해 이루어진다.[13] 예를 들어 기업 A가 기업 B의 인수를 고려하고 있다고 하자. 이 경우 인수기업 A가 인수대상기업 B를 M&A함으로써 얻을 수 있는 순현가(NPV)는 기업 B를 인수함으로써 얻을 수 있는 이득의 현재가치(시너지)에서 기업 B를 인수한 대가로 지불한 비용(프리미엄)을 차감하여 구할 수 있다. 이를 관계식으로 나타내면 식 (12-4)와 같다.

$$\begin{aligned} NPV &= \text{시너지} - \text{프리미엄} \\ &= [PV(\mathrm{A+B}) - (PV(\mathrm{A}) + PV(\mathrm{B}))] - [\text{기업 B의 매수가격} - PV(\mathrm{B})] \end{aligned} \tag{12-4}$$

또는 M&A에 따른 NPV는 합병으로 인한 인수기업의 증분가치로서 식 (12-5)와 같이 구할 수 있다.

$$\begin{aligned} NPV &= \text{합병 후 기업 A의 가치} - \text{합병 전 기업 A의 가치} \\ &= [PV(\mathrm{A+B}) - \text{기업 B의 매수가격}] - PV(\mathrm{A}) \end{aligned} \tag{12-5}$$

기업 B를 M&A하는 것에 대한 평가는 식 (12-4) 또는 식 (12-5)에 의해 계산된 NPV에 의해서 이루어진다. NPV가 양(+)의 값을 가지면 기업 A는 기업 B를 인수하여야 하고, NPV가 음(−)의 값을 가지면 기업 A는 기업 B를 인수하지 않아야 한다. 이와 같은 분석은 현금에 의한 M&A일 경우에는 비교적 단순하나,

13 M&A의 기본적 평가원칙을 무시한 기업인수로 인해 오히려 위험에 빠지게 되거나 커다란 후유증을 겪을 수 있으며, 이와 같은 상황을 '승자의 저주'(winner's curse)라 한다. 대우건설, 대한통운 등을 인수한 후 유동성 위기로 인해 재매각한 금호아시아나그룹은 '승자의 저주'의 대표적 사례다.

보통주에 의한 M&A일 경우에는 복잡해진다.

3.1 현금에 의한 M&A

예를 들어 현재 기업 A와 기업 B의 가치가 각각 800억원, 100억원이며, 두 기업은 모두 부채 없이 자기자본에 의해 자본이 조달된다고 가정하자. 그리고 만약 기업 A가 이익잉여금(유보이익)을 이용하여 기업 B를 인수하는 경우 100억원의 시너지효과가 나타나서 합병 후 결합기업가치는 1,000억원이 된다고 하자. 기업 B의 이사회는 현금으로 140억원을 준다면 기업 B를 매각할 수 있다는 의사를 제시하였다. 이와 같은 경우 기업 A는 기업 B를 인수하여야 하는가?

기업 A가 기업 B를 인수하는 경우 얻을 수 있는 순현가는 식 (12-4) 또는 식 (12-5)에 의해 다음과 같이 구할 수 있다.

$$
\begin{aligned}
NPV &= [PV(\text{A}+\text{B}) - (PV(\text{A}) + PV(\text{B}))] - [\text{기업 B의 매수가격} - PV(\text{B})] \\
&= [1{,}000\text{억원} - (800\text{억원} + 100\text{억원})] - (140\text{억원} - 100\text{억원}) \\
&= 100\text{억원} - 40\text{억원} = 60\text{억원}
\end{aligned}
$$

또는

$$
\begin{aligned}
NPV &= \text{합병 후 기업 A의 가치} - \text{합병 전 기업 A의 가치} \\
&= [PV(\text{A}+\text{B}) - \text{기업 B의 매수가격}] - PV(\text{A}) \\
&= (1{,}000\text{억원} - 140\text{억원}) - 800\text{억원} \\
&= 860\text{억원} - 800\text{억원} = 60\text{억원}
\end{aligned}
$$

기업 A가 기업 B를 인수하는 경우의 순현가는 60억원이므로 기업 A는 기업 B

표 12-1 현금에 의한 M&A의 평가

구 분	합병 전		합병 후
	기업 A	기업 B	
시장가치	800억원	100억원	860억원
총발행주식 수	200만주	50만주	200만주
주가	40,000원	20,000원	43,000원

를 인수하여야 한다. 그리고 만약 기업 A의 총발행주식 수가 200만주라고 한다면, 합병 전 기업 A의 주가는 40,000원(800억원/200만주)이나, 합병 후 기업 A의 주가는 43,000원(860억원/200만주)으로 상승하게 된다. 이와 같은 계산과정은 〈표 12-1〉에 나타나 있다.

3.2 보통주에 의한 M&A

이제 기업 A가 현금 대신 보통주를 발행하여 기업 B를 인수하는 경우를 생각해 보자. 예를 들어 기업 B의 총발행주식수는 50만주이며, 합병시 기업 A는 기업 B의 주식 50만주에 대하여 자사주식 35만주를 교환해 준다고 하자. 즉 기업 A와 기업 B의 주식교환비율은 0.7 : 1이다. 합병 후 기업 A의 총발행주식수는 235만주(200만주+35만주)가 되므로, 기업 B 주주들의 합병 후 합병기업에 대한 지분비율은 약14.89%(35만주/235만주)가 된다. 따라서 합병 후 기업 B 주주들의 지분가치는 148.9억원(1,000억원×0.1489)이 된다.[14] 즉 기업 B의 실제 매수가격은 148.9억원이다.[15] 이는 〈표 12-2〉의 (1)열에 나타나 있다.

기업 B를 현금매수가격 140억원과 동일한 가격으로 인수하기 위해서는 기업 A는 기업 B의 주주에게 몇 주를 발행해주어야 하겠는가? 기업 B 주주들의 합병 후 합병기업에 대한 지분비율을 α라 하면, 합병 후 기업 B 주주들의 지분가치는 다음과 같다.

$$\text{합병 후 기업 B 주주들의 지분가치} = \alpha \times 1{,}000\text{억원}$$

여기서 합병 후 기업 B 주주들의 지분가치를 현금매수가격과 동일한 140억원으로 놓으면 α는 14%(140억원/1,000억원)가 된다. 이 경우 기업 B의 주주에게 발행해 주어야 할 기업 A의 주식 수는 다음과 같이 계산할 수 있다.

---

14 흔히 합병 전 기업 A의 주가가 40,000원이므로 기업 B를 140억원(40,000원×35만주)에 매입한 것과 같다고 생각하기 쉽다. 그러나 합병 후 기업 A의 주가가 42,553원(1,000억원/235만주)으로 상승하므로 기업 B의 실제 매수가격은 현금매수가격 140억원보다 큰 148.9억원이 됨을 유의하여야 한다.

15 이 경우 M&A에 의한 순현가는 기업 B를 140억원에 현금매수할 때보다 다음과 같이 약간 감소한다.

$$\begin{aligned} NPV &= [PV(\text{A}+\text{B}) - (PV(\text{A}) + PV(\text{B}))] - [\text{기업 B의 매수가격} - PV(\text{B})] \\ &= [1{,}000\text{억원} - (800\text{억원} + 100\text{억원})] - (148.9\text{억원} - 100\text{억원}) \\ &= 100\text{억원} - 48.9\text{억원} = 51.1\text{억원} \end{aligned}$$

표 12-2

보통주에 의한 M&A의 평가

구 분	합병 전		합병 후	
	기업 A	기업 B	(1)보통주교환비율 (0.7 : 1)	(2)보통주교환비율 (0.651 : 1)
시장가치	800억원	100억원	1,000억원	1,000억원
총발행주식 수	200만주	50만주	235만주	232.558만주
주가	40,000원	20,000원	42,553원	43,000원

$$\alpha = \frac{\text{신주발행 수}}{\text{구주식 주}+\text{신주발행 수}} \rightarrow 0.14 = \frac{\text{신주발행 수}}{\text{200만주}+\text{신주발행 수}}$$

위의 식을 풀어 신주발행 수, 즉 기업 B의 주주에게 발행해 주어야 할 기업 A의 주식 수를 구하면 다음과 같다.

$$\alpha = \frac{0.14 \times \text{200만주}}{1-0.14} = \text{32.558만주}$$

따라서 합병 후 총발행주식 수는 232.558만주(200만주+32.558만주)가 된다. 기업 A의 주식 32.558만주가 기업 B의 주주에게 교부되므로, 이는 기업 B 주식 1주에 대해 기업 A 주식 0.651주를 교환해 주는 것이다. 즉 기업 A와 기업 B의 주식교환비율은 0.651 : 1이다. 이와 같이 기업 B의 이사회가 기업을 140억원에 매각하기로 하였다면, 주식의 공정교환비율은 0.651 : 1이 된다. 이 계산과정은 〈표 12-2〉의 (2)열에 나타나 있다.

M&A를 할 때 현금 또는 보통주 중 어느 방법에 의한 것이 더 유리한지는 다음과 같은 몇 가지 요인에 달려있다.

첫째, 인수기업의 주식이 과대평가되어 있다면, 주식에 의한 방법이 현금에 의한 방법보다 비용이 더 저렴할 것이다.

둘째, 현금에 의한 인수는 과세대상이 되는 반면, 보통주에 의한 인수는 과세되지 않으므로 보통주에 의한 인수가 더 유리할 수 있다.

셋째, 현금에 의한 인수의 경우 인수대상기업의 주주들은 합병의 성과여부에 따라 영향을 받지 않는다. 그러나 보통주에 의한 인수의 경우 인수대상기업의 주주들은 합병으로 인한 이득 또는 손실을 같이 공유하게 된다. 따라서 인수기업의 입장에서는 합병의 성과가 좋게 나타날 가능성이 높을 경우에는 현금에 의한 인수가 유리하나, 합병의 성과가 나쁘게 나타날 가능성이 높을 경우에는 보통주에 의한 인수가 유리할 것이다.

현장 FOCUS

I M&A와 승자의 저주

'승자의 저주'는 경쟁에서는 이겼지만 이를 위해 과도한 비용을 치르면서 위험에 빠지는 상황을 일컫는 말이다. 이 표현은 1950년대 미국 텍사스의 해양 석유채굴권 경매가 과도하게 달아오르면서 낙찰가가 실제 가치보다 과도해 낙찰자가 큰 손해를 입은 사례에서 유래됐다. 1950년대 미국 석유 기업들은 멕시코만의 석유 시추권 공개 입찰에 참여했으나 당시 석유매장량을 정확히 측정할 기술이 부족했던 탓에 적정 입찰가는 추측에 의존할 수밖에 없었다. 입찰자들은 제각기 석유 매장량을 추정해 입찰가격을 써냈지만 과도한 경쟁이 벌어졌다. 결국 2천만달러를 제시한 기업이 시추권을 땄지만 실제 매장량의 가치는 1천만달러에 불과했다. 1971년 석유회사에서 근무한 케이펜과 클랩, 캠벨 (Capen, Clapp, and Compbell)이 발표한 논문에 처음 등장한 개념으로, 2017년 노벨경제학상 수상자인 리처드 세일러(Richard H. Thaler)가 1992년 '승자의 저주'(The Winner's Curse)라는 책을 발간하면서 하나의 장을 할애해 자세한 내용을 설명했다.

기업 인수합병 과정에서도 비슷한 일이 발생할 수 있다. 성장잠재력이나 모기업과의 시너지 효과 등에 주목해 비싼 값에 대상 기업을 인수하지만 예기치 못한 상황 변화 등으로 모기업이 휘청거릴 수도 있다. 국내에서는 2000년대 금호아시아나 그룹이 벌였던 공격적인 인수합병 사례가 승자의 저주 사례로 자주 언급된다. 금호아시아나 그룹은 2006년에 대우건설, 2008년에 대한통운을 인수합병하며 재계 7위로 올라섰으나 2008년 미국발 금융위기에서 시작된 유동성 위기로 재무구조가 나빠지며 그룹 전체가 흔들렸다. 당시 금호아시아나그룹은 인수했던 대우건설, 대한통운은 물론 금호렌터카, 금호고속 등 다른 계열사들까지 매물로 내놓아야 했다. 그리고 2019년 말 그룹의 가장 중요한 기업인 금호아시아나마저 매물로 내놓아 대한항공에 인수된다.

〈매일신문, 2019. 4. 4 수정〉

M&A의 방어전략 04

인수기업과 인수대상기업의 경영자 사이에서 합의가 이루어지지 않는 적대적 M&A가 시도될 경우 인수대상기업의 저항을 받게 된다. 일반적으로 적대적 M&A에 대한 저항은 경영자의 입장을 공시 또는 우편 등을 통하여 주주들에게 전달하는 것으로 시작되며, 궁극적으로 가능한 법적인 행동을 취하도록 유도하거나 경쟁적인 입찰에 의한 주식매도를 권유하게 된다.

기업인수를 저지하려는 경영자의 행동이 인수기업 또는 다른 기업으로부터 높은 프리미엄을 얻어낼 수 있는 경우 인수대상기업의 주주들에게 유리할 수 있다. 그러나 인수대상기업의 경영자는 주주의 이익에 관계없이 단순히 자신의 직위를 유지하기 위해서 M&A에 저항할지도 모른다.

일반적으로 인수기업측에서는 공개매수 또는 위임장투쟁 등을 통해 적대적 M&A를 시도한다. 이에 대해 인수대상기업의 경영자가 취할 수 있는 전략은 매우 다양하나 여기서는 일반적으로 알려진 몇 가지 방어전략을 소개하기로 한다.

정관수정 4.1

정관을 수정하여 적대적 M&A를 어렵게 만들 수 있다. 예를 들어 일반적으로 주주총회에서 합병이 승인되기 위해서는 주주들로부터 2/3 이상의 찬성을 얻도록 되어 있는데, 이를 상향조정하여 80% 이상의 찬성을 얻어야 합병이 가능하도록 정관을 수정함으로써 적대적 M&A를 어렵게 할 수 있다. 이와 같은 정관수정을 초다수결수정(super-majority amendment)이라 한다. 또 다른 방법으로 신속하게 신규이사를 선출하는 것이 어렵도록 이사의 선출시기를 지연시킬 수도 있다.[16]

16 이에 대한 구체적인 전략으로 이사들의 임기만료 시점을 다르게 하는 것이다. 이 경우 인수자는 빠른 시일 내에 인수대상기업의 경영진을 자신이 원하는 경영진으로 모두 교체하기 어렵게 된다. 따라서 인수자가 실질적으로 기업의 지배권을 행사하는 데는 상당한 시일이 걸린다.

4.2 재매입정지협정

재매입정지협정(repurchase standstill agreements)은 적대적 인수를 시도할 것으로 예상되는 특정주주와 앞으로 일정기간 동안 자사주를 매입하지 않도록 약정을 맺는 것을 의미한다. 이를 통해 인수대상기업은 적대적 인수가 시도되지 않음을 보장받을 수 있지만, 그 대가로 시가에 프리미엄이 더해진 높은 가격을 지불하여 특정주주가 그동안 매집한 주식을 매입하여야 한다. 이와 같이 목표기업의 주식을 매집한 후, 그 기업으로 하여금 프리미엄가격에 그 주식을 되사게 만들어 이익을 얻는 것을 그린메일(greenmail)이라 한다.[17]

4.3 비공개기업화와 차입매수

비공개기업화는 일부 주주가 상장주식의 대부분을 매입함으로써 사실상의 개인기업으로 만들고, 그 결과 상장이 폐지되어 비공개기업으로 전락시키는 것을 의미한다. 비공개기업이 되면 우호적인 경우 외에는 M&A가 원칙적으로 일어날 수 없게 된다. 이와 같은 비공개기업화는 대개의 경우 회사자산을 담보로 채권을 발행하여 조달한 자금에 의해 주식을 인수하는 차입매수(LBO)가 사용된다. LBO로 인하여 기업가치가 증가할 수 있는데, 그 이유는 다음의 두 가지로 요약될 수 있다. 첫째, 추가적인 부채사용으로 인한 세금절감효과에 의해 기업가치가 증가한다. 둘째, 일반적으로 경영자가 대부분의 지분을 인수하여 소유자가 되므로 보다 효율적인 경영활동에 대한 인센티브를 가져 열심히 일하려 할 것이다. 이로 인해 기업의 가치가 증가한다.

4.4 기타 방어전략

황금낙하산

황금낙하산(golden parachute)은 기업이 매수되어 경영자가 해임될 경우 그에게 거액의 퇴직금 또는 일정기간의 보수를 지급해야 한다는 내용을 고용계약에

17 그린메일은 공갈(blackmail)을 풍자한 것으로 그린은 초록색의 달러지폐를 의미한다.

규정하는 것을 의미한다. 이는 직접적으로 경영자의 신분을 보장하는 동시에 매수비용을 상승시키는 원인이 되기 때문에 M&A의 시도를 어렵게 한다. 또한 합병시 인수대상기업의 경영자에게 지급되는 보상금은, 경영자가 인수기업의 매수제의를 고려할 때 자신의 이익보다는 주주의 부에 보다 더 관심을 가지고 협상에 임할 수 있도록 하는 보상으로 볼 수 있다.

▲ 황금낙하산은 1980년대 미국 월가에서 활발한 M&A가 이뤄졌을 당시 만들어졌는데, 국내에서도 많은 상장기업에서 도입하고 있다. 과거에는 주로 대주주 지분율이 낮은 코스닥상장사들이 황금낙하산을 선호하였다. 최근인 COVID-19 팬데믹 여파로 주가가 급락하면서 경영권 위협에 대한 우려가 증가하여 대주주 지분율이 높은 기업도 선제적으로 이를 도입하는 경향이 있다.
(출처: 한경BUSINESS 2020. 9. 2)

왕관보석

왕관보석(crown jewel)은 인수대상기업이 가지고 있는 가장 중요한 자산을 의미하는 것으로 기업이 M&A될 위험에 처할 때 이를 사전에 매각함으로써 타기업에 의한 적대적 M&A의 시도를 와해시킬 수 있다. 이는 기업을 빈껍데기로 만들어 적대적 M&A에 대응하는 전략으로 초토화전략(scorched earth strategy)이라고도 한다.

독 약

독약(poison pill)은 적대적 M&A의 시도에 대한 가장 강력한 방어전략의 하나로 이 전략을 취하는 기업은 독약이라고 불리는 증권(신주인수권 또는 전환사채 등 특수한 권리가 부여된 증권)을 보통주주에게 배당의 형태로 나누어준다. 그 증권은 합병시 자기회사 또는 합병회사의 주식을 극히 낮은 가격으로 인수할 수 있는 권리를 나타낸 것으로 인수기업에 큰 손실을 입히게 된다. 미국, 일본, 프랑스, 독일 등에서 도입하고 있지만, 한국에서는 아직 도입되지 않고 있다.

황금주

황금주(golden share)는 정부 등이 M&A 거부권을 행사할 수 있는 특별주식을 의미한다. 1984년 영국의 통신사업자 브리티시텔레콤(British Telecom)을 민영화할 때, 영국정부가 처음으로 채택했다. 이는 공공성이 강하고 네트워크로 연결된 거대한 독점기업을 민영화하면서 민영화 독점으로 인한 소비자 피해와 공익의 손실이 우려되지만, 그러한 우려만으로 민영화를 중단할 수 없다는 대처리즘(Thatcherism)의 산물이다. 이후 프랑스, 독일, 이탈리아 등 유럽전역과 미국, 일본에서도 황금주를 도입하였으나, 한국에서는 아직 도입되지 않고 있다.

차등의결권주

차등의결권주(dual class stock)는 적대적 M&A에 대한 기업의 경영권 방어수단 가운데 하나로 최대주주나 경영진이 실제 보유한 지분보다 많은 의결권을 행사할 수 있도록 하는 것을 의미하며 복수의결권주라고도 한다. 이 제도는 적은 지분으로 적대적 M&A로부터 경영권을 방어하는 효과가 있지만, 적대적 M&A와 무관한 상황에서는 의사결정이 왜곡될 수 있다는 단점이 있다. 이 제도가 도입되면 한 주만으로도 주주총회 의결사항에 대해 절대적 거부권을 행사할 수 있는 황금주 등을 발행할 수 있다. 미국, 일본, 영국, 프랑스 등 선진국에서 도입하고 있지만, 현재 한국은 '1주 1의결권'의 상법 규정에 따라 허용되지 않고 있다.

백기사

적대적 M&A의 대상이 된 기업이 적당한 방어수단이 없을 경우 우호적인 제3의 매수희망기업을 찾아서 매수결정에 필요한 정보 등을 제공해 주고 매수오퍼를 내도록 하는데, 이때 인수대상기업의 경영자에게 우호적인 제3자 매수측을 백기사(white knight)라고 한다.[18]

역공개매수

역공개매수(counter tender offer)는 적대적 인수기업이 공개매수를 해 올 때 여기에 맞서 인수대상기업이 오히려 적대적 인수기업의 주식을 매수함으로써 정면대결을 하는 적대적 M&A 방어전략이다. 팩맨방어(pac man defense)라고도 하는데, 이것은 두 편이 서로 잡아먹기 시합을 벌이는 일본 비디오 전자게임에서 나온 용어이다. 역공개매수는 두 회사가 상호 10% 이상의 주식을 보유하는 경우 상호 보유한 주식의 의결권이 제한되는 상법 규정을 이용한 방어수단으로, 즉 M&A를 시도하는 회사가 상장법인 등일 경우 상대 회사의 주식을 10% 이상 매집함으로써 상호 의결권을 행사할 수 없게 하는 것이다. 이를 통해 인수대상기업은 매수 희망기업이 자사에 대한 적대적 M&A를 포기하도록 유도하게 된다. 그러나 이 전략은 양 기업의 전면전 성격을 띠므로 상호간에 깊은 상처를 입을 수밖에 없다.

---

18 경영권 인수에 관심을 가지고 대규모의 주식을 매수하는 백기사와 달리 경영권에 관심이 없고 투자목적으로 소규모의 주식을 매수하는 우호세력을 백지주(white squire)라 한다.

현장 FOCUS

알고 보면 더 재미진 경영권 방어수단

최근 현대차 지배구조 개편안이 무산되었다. 그 뒤에는 엘리엇 매니지먼트 등 주주들의 반대가 있었는데, 이른바 주주행동주의 펀드의 위력을 다시 한 번 실감한 사례였다. 현대차의 지배구조 개편은 오랫동안 이어진 순환출자 해소와 정의선 부회장의 후계승계 완성을 위한 초석이 될 것으로 여겨졌던 만큼 아쉬움을 남겼다. 그렇다고 엘리엇 매니지먼트가 반대한 이유 또한 분명하다는 측면에서 주주 행동주의 펀드를 마냥 탓할 순 없다. 다만 최근 2,000여 개 상장회사를 대표하는 한국상장회사협의회와 코스닥협회는 주주행동주의 펀드의 과도한 경영 간섭 가능성에 우려를 표시하고 경영권 방어제도 도입 촉구를 위한 호소문을 발표했다. 기업들이 지배구조를 개선하는 과정에서 일부 행동주의 펀드의 경영 간섭과 경영권 위협이 반복되고 있는 만큼 주요 선진국 수준의 경영권 방어수단 도입이 시급하다는 것이 요지이다. 이들은 '차등의결권 주식'과 '포이즌 필(poison pill)'처럼 세계 주요국에서 이미 보편화된 경영권 방어수단을 도입해야 한다고 했다.

가장 일반적인 경영권 방어수단은 자기주식 취득이다. 말 그대로 자기주식 보유 비율을 늘려 경영권 행사력을 높이는 것이다. 자사주 취득의 경우 자본의 공동화나 불공정 거래 가능성 측면에서 상법상 금지되지만 자본시장법상 상장법인에 대해서는 배당가능이익 범위 내에서 장내매수나 공개매수 등의 형태로 가능하다. 대신 시장 왜곡을 방지하기 위해 시기나 수량 등 방법이 제한되어 있다. 적대적 인수합병(M&A)을 방어하는 대표적인 전략인 황금낙하산(golden parachute)이며, 이는 과거 M&A가 활발했던 1980년대 미국 월가에서 나온 말이다. 인수대상기업의 최고경영자(CEO)에게 일정 기간 스톡옵션이나 보너스 등

을 두둑이 줘서 기업의 안정성을 추구하고 M&A 비용을 높여 인수가 어렵게 만드는 방법이다. 다만 무능한 경영진이라면 오히려 무임승차 기회가 될 수 있으니 잘 사용해야 한다. 경영자가 아닌 일반 직원에게 많은 퇴직금을 지급하는 규정 등으로 M&A 의욕을 떨어뜨리는 주석낙하산(tin parachute)도 있다. 시차임기제란 경영권 방어수단은 매년 전체 이사 중 일부만 선임하게 해서 이사 전체가 교체되는 시점을 지연시키는 제도인데, 이사들의 임기가 분산되면 M&A를 하려는 입장에서는 경영권을 장악하는 시간이 오래 걸릴 수밖에 없다. 다만 부작용도 있다. 소액주주 입장에서는 2명 이상의 이사 선임을 목적으로 열리는 집중투표제를 통해 사외이사를 바꿀 수 있는데, 시차임기제로 교체되는 사외이사 숫자가 1명으로 제한되면 집중투표제 효력을 기대하기 어려울 수 있다.

여기까지는 미국, 일본, 프랑스 등 선진국과 함께 국내에서도 이미 도입돼 있는 경영권 방어 수단이고, 초다수결의제, 차등의결권주식, 포이즌 필 등은 아직 도입되지 않은 경영권 방어수단이다. 초다수의결제는 일부 안건에 대해 주총 통과 여건을 강화시킨 제도를 말한다. 정관 변경이나 이사 및 감사 해임, 회사 해산 같은 특별 안건의 경우 주총 통과 요건을 훨씬 더 어렵게 만들어놓는 것이다. 차등의결권주식은 말 그대로 주식의 의결권을

주요 국가의 경영권 방어수단 도입 현황

구분	한국	미국	일본	영국	프랑스
자기주식 취득(stock repurchase)	○	○	○	○	○
황금낙하산(golden parachute)	○	○	○	○	○
시차임기제(staggered board)	○	○	○	×	○
초다수결의제(supermajority voting)	×	○	○	×	○
차등의결권주식(dual-class share)	×	○	○	○	○
포이즌필(poison pill)	×	○	○	×	○

차등화하는 것으로 일반 주식보다 의결권이 몇 배 높은 주식을 발행해서 경영권을 지키도록 한다. 국내는 허용되지 않고 있지만 미국에서는 구글이 2004년 상장 당시 창업주들에게 보통주보다 의결권이 10배나 많은 주식을 발행해 경영권을 강화한 사례가 있다. 미국 포드사도 대주주는 3.7%의 지분으로 40%의 의결권을 갖고 있다고 한다. 포이즌필은 적대적 M&A 시도가 활발했던 1980~1990년대에 나온 말이다. 기존 주주들에게 시가보다 싼 가격에 지분을 살 수 있도록 미리 권리를 부여해서 M&A를 시도하려고 할 때 지분 확보를 어렵게 만드는 것이다. M&A를 시도하려는 사람 입장에서는 이름처럼 '독약'을 삼키게 되는 것이다.

기업 입장에서는 가능한 다양한 방법으로 경영권을 방어하고 싶은 것이 당연지사다. 실제로 국내에서는 이런 경영권 방어장치 도입 논의가 활발히 이뤄지고 있는 중이다. 다만 국내의 경우 적대적 M&A가 빈번한 외국과는 상황이 분명 다르며, 역으로 소액주주의 권리를 침해하면서 시대 흐름에 역행할 수 있다는 지적도 나오고 있는 만큼 도입 전까지 신중하고 꼼꼼한 검토 작업이 필요하다.

〈비즈니스워치, 2018. 5. 27 수정〉

주요용어
Principal Terms

- **합병과 매수(mergers and acquisitions: M&A)**

  한 기업이 다른 기업을 합병(merger)하거나 매수(acquisition)하는 것으로서, 일반적으로 신규사업의 진출이나 기업확장의 수단으로 이용된다.

- **흡수합병(merger)**

  한 기업(합병회사)이 다른 기업(피합병회사)을 흡수하여 결합하는 것으로서 합병회사가 피합병회사의 모든 자산과 채무를 인수하여 피합병회사가 없어지고 하나의 회사로 결합된다.

- **신설합병(consolidation)**

  다수의 기업들이 새로운 하나의 기업으로 결합되는 것으로서 결합되는 기업은 모두 해산되고 새로운 하나의 기업이 설립되어 이 신설기업에게 해산된 기업들의 모든 자산과 부채가 승계된다.

- **주식매수(acquisition of stock)**

  인수기업이 현금, 주식, 다른 증권 등을 이용하여 인수대상기업의 의결권주식을 매입함으로써 인수대상기업의 지배권을 획득하는 것을 의미한다.

- **공개매수(tender offer, takeover bid: TOB)**

  단기간에 의도한 가격으로 인수대상기업의 주식을 주주들로부터 공개적으로 매입하는 행위이다.

- **자산매수(acquisition of assets)**

  인수기업이 인수대상기업의 경영지배권을 획득하기 위하여 인수대상기업의 전부 또는 일부 주요자산(영업)을 매입하는 것을 말한다.

- **위임장투쟁(proxy contest)**

  일부의 주주집단이 주로 자기가 지지하는 이사를 선임하여 기업의 지배권을 획득하기 위한 것으로서 다른 주주들로부터 의결권을 위임받아 주주총회에서 선임권을 대리행사하는 것을 의미한다.

- 비공개기업화(going private)

일부 주주가 상장된 주식의 대부분을 매입함으로써 사실상의 개인기업으로 만들고, 그 결과 상장이 폐지되어 비공개기업으로 전락시키는 것을 의미한다.

- 차입매수(leveraged buyout: LBO)

회사자산을 담보로 채권을 발행하여 조달한 자금에 의해 주식을 인수하는 것으로서 이때 발행되는 채권은 위험도가 아주 높은 저등급사채로 정크본드(junk bond)라 한다.

- 시너지효과(synergy effect)

두 기업이 하나의 기업으로 합병되는 경우 합병 이후의 기업가치가 합병 이전 개별기업가치의 합계보다 더 커지는 효과로서 상승효과라고도 한다.

- M&A의 평가

M&A의 평가는 전형적으로 순현가(NPV)법에 의해 이루어진다.

☞ M&A의 NPV＝시너지－프리미엄

- 초다수결수정(super-majority amendment)

주주총회에서 80% 이상, 즉 초다수의 찬성을 얻어야 합병이 가능하도록 정관을 수정함으로써 적대적 M&A를 어렵게 하는 것을 의미한다.

- 재매입정지협정(repurchase standstill agreements)

적대적 인수를 시도할 것으로 예상되는 특정주주와 앞으로 일정기간 동안 자사주를 매입하지 않도록 약정을 맺는 것을 의미한다.

- 그린메일(greenmail)

목표기업의 주식을 매집한 후, 그 기업으로 하여금 프리미엄가격에 그 주식을 되사게 만들어 이익을 얻는 것을 말한다.

○ 황금낙하산(golden parachute)

기업이 매수되어 경영자가 해임될 경우에 그에게 거액의 퇴직금 또는 일정기간의 보수를 지급해야 한다는 내용을 고용계약에 규정하는 것으로서, 이는 경영자 신분보장 및 매수비용 상승의 원인으로 작용하여 M&A의 시도를 어렵게 한다.

○ 왕관보석(crown jewel)

인수대상기업이 가지고 있는 가장 중요한 자산을 의미하는 것으로, 기업이 M&A될 위험에 처할 때 이를 사전에 매각함으로써 타기업에 의한 적대적 M&A의 시드를 와해시킬 수 있다.

○ 독약(poison pill)

적대적 M&A의 시도에 대한 가장 강력한 방어전략의 하나로, 이 전략을 취하는 기업은 독약이라고 불리는 증권(신주인수권 또는 전환사채 등 특수한 권리가 부여된 증권)을 보통주주에게 배당의 형태로 나누어줌으로써 인수기업에 큰 손실을 입히게 된다.

○ 황금주(golden share)

정부 등이 M&A 거부권을 행사할 수 있는 특별주식을 의미한다

○ 백기사(white knight)

인수대상기업의 경영자에게 우호적인 제3자 매수측을 의미한다.

○ 역공개매수(counter tender offer)

적대적 인수기업이 공개매수를 해 올 때 여기에 맞서 인수대상기업이 오히려 적대적 인수기업의 주식을 매수함으로써 정면 대결을 펼치는 적대적 M&A 방어전략이다.

사·례·연·구

현재 대한(주)은 민국(주)의 인수를 검토하고 있다. 이를 위해 대한(주)의 재무담당자는 다음과 같은 정보를 수집하였다.

구 분	대한(주)	민국(주)
총시장가치	150억원	60억원
총발행주식 수	100만주	20만주

대한(주)이 민국(주)을 인수하는 경우, 규모의 경제로 인하여 100억원의 시너지효과가 나타날 것으로 기대된다.

(1) 대한(주)이 민국(주)의 주식에 대하여 주당 50,000원씩 지불하여 인수하는 경우, 순현가는 얼마인가?

(2) 대한(주)이 민국(주)의 주주에게 자사주 50만주를 교부하여 인수하는 경우, 순현가는 얼마인가?

(3) 인수가 시도된다면, 현금 또는 주식교부 중 어느 것이 더 유리한가? 위의 물음 (1)과 (2)의 결과를 비교하여 답하라.

해설

(1) 대한(주)이 민국(주)의 주식에 대하여 주당 50,000원씩 지불하여 인수하는 경우, 인수로 인한 NPV는 다음과 같다.

$$\begin{aligned} NPV &= \text{시너지} - \text{프리미엄} \\ &= 100\text{억원} - [(20\text{만주} \times 50{,}000\text{원}) - 60\text{억원}] \\ &= 60\text{억원} \end{aligned}$$

(2) 대한(주)이 민국(주)의 주주에게 자사주 50만주를 교부하여 인수하는 경우, 민국(주)의 주주들이 합병 후 대한(주)에 대한 소유비율을 계산하면 다음과 같다.

$$\text{소유비율} = \frac{50\text{만주}}{100\text{만주} + 50\text{만주}} = 0.3333$$

따라서 인수로 인한 NPV는 다음과 같다.

NPV = 시너지 − 프리미엄
= 100억원 − [310억원 × 0.3333 − 60억원]
= 56.677억원

(3) 대한(주)이 민국(주)의 주식에 대하여 주당 50,000원씩 지불하여 인수하는 경우 순현가는 60억원이다. 이에 비해 보통주 50만주를 교부하여 인수하는 경우의 순현가는 56.677억원이다. 따라서 대한(주)은 민국(주)을 주식교부보다는 현금으로 인수하는 것이 더욱 유리할 것으로 평가된다.

연습문제

객관식 문제

01. M&A에 대한 다음의 설명 중 잘못된 것은?

① M&A는 불확실성하에서 이루어진 투자결정이라 할 수 있다.
② M&A로부터 얻을 수 있는 이득을 시너지라 하며, 이를 정확히 추정하기는 어렵다.
③ M&A에 의해 복잡한 회계, 세무, 법적인 효과가 발생한다.
④ M&A는 주주들이 기업에 대해 취할 수 있는 주요한 통제수단이다.
⑤ M&A분석은 주로 기업가치에 초점을 맞추어 이루어지며, M&A는 주식과 부채의 상대적 가치에 영향을 미치지 않는다.

02. 기업인수합병(M&A)의 주요 기대효과가 아닌 것은? (경영지도사, 2016 수정)

① 매출수익의 증대
② 비용과 원가의 절감
③ 신규고용의 창출
④ 투자소요액의 절감
⑤ 자본비용의 감소

03. 주식시장에 상장된 A기업은 또 다른 상장회사 B기업을 합병하고자 해당기업 경영진의 동의 없이 주식을 매집한 후, 나머지 주주들에게 직접 공개매수를 제의하였다. 이와 같은 인수합병(M&A) 방식에 해당하는 것은? (경영지도사, 2020)

① 수평적(horizontal) 인수합병
② 수직적(vertical) 인수합병
③ 다각적(conglomerate) 인수합병
④ 우호적(friendly) 인수합병
⑤ 적대적(hostile) 인수합병

04. 기업의 합병 동기에 관한 설명으로 옳지 않은 것은? (경영지도사, 2020)

① 규모의 경제, 생산기술상의 수직적 협력 등을 통해 비용절감 효과를 누릴 수 있다.
② 피인수기업의 이월결손금이 있는 경우, 합병 후 세금공제 효과에 따른 현금유출을 줄일 수 있다.
③ 토빈의 q비율이 1보다 큰 경우, 이 기업이 보유한 자산을 취득하기 위한 방법으로 증권시장을 통한 합병이 가장 바람직하다.
④ 합병은 주주의 이익이 아닌 경영자의 효용을 높이는 방법으로 이용될 가능성이 있다.
⑤ 마케팅 효율화, 전략적 우위 등으로 수익증대의 효과가 있을 수 있다.

05. 다음 중 M&A에 의한 시너지효과의 원천으로 적절치 못한 것은?

① 전략적 이득
② 규모의 경제
③ 자원의 상호보완
④ 분산효과로 인한 자본비용의 감소
⑤ 부채수용능력의 향상

06. 기업 인수 · 합병(M&A)에 관한 설명으로 옳은 것은? (경영지도사, 2015 수정)

① 적대적 M&A 방어수단으로 정관 수정, 재매입정지협정, 백기사 등이 있다.
② 기업합병(merger)은 합병기업 중 한 기업이 존속기업으로 남아 있기 때문에 신설법인 설립은 불가능하다.
③ 우호적 M&A는 피인수기업의 반대 또는 의사와 관계없이 피인수기업 주주에게 직접 공개매수제의를 하거나 주식매집을 통해 이루어진다.
④ 비상장기업과 상장기업 간 M&A는 금지되어 있다.
⑤ M&A가 이루어지는 방법과 조건에 따라 시너지효과(synergy effect)가 달라지기 때문에 주주의 부에 영향을 미치지 않는다.

07. M&A의 방어전략에 대한 다음의 설명 중 거리가 먼 것은?

① 정관을 수정하여 적대적 M&A를 어렵게 만들 수 있다.
② 차입매수(LBO)에 의해 세금 및 대리인 비용을 감소시킬 수 있기 때문에 이는 기업가치를 증가시키기 위해 사용되나, M&A와는 무관한다.
③ 기업의 중요한 자산, 즉 왕관보석을 매각함으로써 적대적 M&A에 대응하는 전략을 초

토화전략이라 한다.

④ 독약이라 불리는 증권은 합병시 자기회사 또는 합병회사의 주식을 극히 낮은 가격으로 인수할 수 있는 권리를 나타낸 것으로 인수기업에 큰 손실을 입힌다.

⑤ 적대적 M&A의 대상이 된 기업이 적당한 방어수단이 없을 경우 사용할 수 있는 것이 백기사이다.

주관식 문제

01. 다음의 용어를 간략하게 설명하라.

1) 공개매수　　2) 위임장투쟁　　3) 비공개기업화

4) 재매입정지협정　　5) 왕관보석　　6) 백기사

02. M&A로 인한 시너지의 원천을 설명하라.

03. 도화산업(주)은 통신산업에 진출하기 위하여 소리통신(주)의 인수를 고려하고 있으며, 두 회사에 관한 정보는 다음과 같다.

구　분	도화산업(주)	소리통신(주)
주　가	30,000원	12,000원
주당순이익(EPS)	2,000원	1,000원
총발행주식 수	100만주	50만주

1) 도화산업(주)이 주식의 시장가치를 기준으로 주식을 교부하여 소리통신(주)을 인수한다면, 합병후 EPS는 얼마인가? 또한 EPS의 변화가 합병후 도화산업(주)의 기존 주주에게 미치는 영향을 설명하라.

2) 도화산업(주)이 소리통신(주)을 현재 시장가치에 25%의 프리미엄을 추가로 지불하여 인수한다면, 도화산업(주)은 소리통신(주)의 주주에게 주식을 몇 주 교부해 주어야 하는가?

04. 청산실업(주)은 현재 녹수전자(주)의 인수를 고려하고 있다. 녹수전자(주)를 합병할 경우 청산실업(주)은 매년 말 다음과 같은 추가적인 현금흐름을 얻을 수 있을 것으로 예상하고 있다.

시 점	현금흐름
1년도 말 2년도 말 3년도 말 4년도 말 이후	1,500만원 2,000만원 2,000만원 매년 4%의 성장률

현재 녹수전자(주)의 베타는 1.2이고, 부채의 시장가치는 15,000만원이다. 그리고 무위험이자율은 6%, 시장수익률은 10%라 할 때 다음의 물음에 답하라.

1) 청산실업(주)이 녹수전자(주)의 주주에게 지불할 수 있는 최대금액은?

2) 만약 녹수전자(주)의 총주식가치가 10,000만원이고 이 회사의 주주들이 인수시 20%의 프리미엄을 추가로 요구한다면, 이 회사를 인수하여야 하는가?

05. 현재 청솔기계(주)는 경민산업(주)의 인수를 검토하고 있다. 이를 위해 청솔기계(주)의 재무담당자는 다음과 같은 정보를 수집하였다.

구 분	청솔기계(주)	경민산업(주)
주가수익비율(PER) 총발행주식 수 당기순이익	20 100만주 10억원	15 20만주 4.5억원

그리고 청솔기계(주)의 재무담당자는 경민산업(주)의 현재 주당배당금은 1,800원이며 매년 5%씩 일정하게 성장할 것으로 예상하고 있다. 또한 재무담당자의 분석에 의하면 청솔기계(주)가 경민산업(주)을 인수하는 경우, 규모의 경제로 인하여 경민산업(주)의 배당금성장률이 매년 7%씩 향상될 수 있을 것이다.

1) 합병시 경민산업(주)의 가치는 얼마인가?

2) 청솔기계(주)가 경민산업(주)의 주식에 대하여 주당 40,000원씩 지불하여 인수하는 경우, 순현가는 얼마인가?

3) 청솔기계(주)가 경민산업(주)의 주주에게 자사주 38만주를 교부하여 인수하는 경우, 순현가는 얼마인가?

4) 인수가 시도된다면, 현금 또는 주식교부 중 어느 것이 더 유리한가? 위의 문제 2)와 3)의 결과를 비교하여 답하라.
5) 청솔기계(주)의 경영자는 합병시 경민산업(주)의 배당금성장률 7%는 너무 낙관적이며, 6%의 성장률이 보다 현실적이라고 생각한다. 이 경우 위의 문제 4)의 결과는 어떻게 되겠는가?

연습문제 해설

제 1 장

객관식 문제

01. ③ 02. ③ 03. ③ 04. ④ 05. ⑤ 06. ① 07. ②

제 2 장

객관식 문제

01. ② 02. ④ 03. ① 04. ② 05. ④ 06. ③ 07. ② 08. ⑤
09. ④ 10. ⑤ 11. ④ 12. ⑤

제 3 장

객관식 문제

01. ④ 02. ③ 03. ⑤ 04. ④ 05. ① 06. ③ 07. ② 08. ③
09. ① 10. ⑤ 11. ② 12. ④ 13. ③ 14. ② 15. ② 16. ④
17. ⑤ 18. ② 19. ③ 20. ② 21. ③ 22. ③ 23. ⑤ 24. ⑤

주관식 문제

06. 각각의 재무비율을 구하면 다음과 같다.

① $\text{유동비율} = \frac{\text{유동자산}}{\text{유동부채}} \times 100 = \frac{1,265,000}{736,400} \times 100 = 172\%$

② $\text{당좌비율} = \frac{\text{당좌자산}}{\text{유동부채}} \times 100 = \frac{1,265,000 - 732,000}{736,400} \times 100 = 72\%$

③ $\text{부채비율} = \frac{\text{부채}}{\text{자기자본}} \times 100 = \frac{782,000}{728,000} \times 100 = 107\%$

④ $\text{비유동비율} = \frac{\text{비유동자산}}{\text{자기자본}} \times 100 = \frac{245,000}{728,000} \times 100 = 34\%$

⑤ 이자보상비율 $= \frac{\text{영업이익}}{\text{이자비용}} = \frac{560,000}{220,000} = 2.5$배

이상에서 구한 재무비율을 표준비율과 비교하면 다음과 같다.

재무비율	실제비율	표준비율	양호 · 불량
유동비율	172%	160%	양호
당좌비율	72%	80%	불량
부채비율	107%	200%	양호
비유동비율	34%	100%	양호
이자보상비율	2.5배	2.1배	양호

(주)대전의 실제비율과 표준비율을 비교하여 평가하면 다음과 같다.

- 단기채무지급능력을 나타내는 유동비율, 당좌비율 등 유동성 비율을 살펴보면, 과다한 재고자산으로 인하여 당좌비율이 다소 낮다는 문제가 있으나 대체로 양호한 것으로 보인다.
- 장기채무지급능력을 나타내는 부채비율, 비유동비율, 이자보상비율 등 자본구조비율은 표준비율보다 모두 양호하다.

결론적으로 (주) 대전의 단기채무지급능력과 장기채무지급능력은 대체로 양호하나 재고자산에 대한 추가적인 분석이 필요한 것으로 판단된다.

07. ① 부채비율 $= \frac{\text{부채총계}}{\text{자본총계}} = \frac{\text{부채총계}}{100,000} = 1.5$

- 부채총계 = 150,000만원
- 유동부채 = 부채총계 − 비유동부채 = 150,000 − 30,000 = 120,000만원
- 매입채무 = 유동부채 − 단기차입금 = 120,000 − 20,000 = 100,000만원
- 자산총계 = 부채·자본총계 = 부채총계 + 자본총계 = 250,000만원

② 유동비율 $= \frac{\text{유동자산}}{\text{유동부채}} = \frac{\text{유동자산}}{120,000} = 1.2$

- 유동자산 = 144,000만원
- 비유동자산 = 자산총계 − 유동자산 = 250,000 − 144,000 = 106,000만원

③ 당좌비율 $= \frac{\text{유동자산} - \text{재고자산}}{\text{유동부채}} = \frac{144,000 - \text{재고자산}}{120,000} = 0.8$

- 재고자산 = 48,000만원

④ 총자산회전율 $= \frac{\text{매출액}}{\text{총자산}} = \frac{\text{매출액}}{250,000} = 2.92$

• 매출액＝730,000만원

⑤ 매출채권회수기간$=\frac{\text{매출채권}}{\text{1일 평균매출액}}=\frac{\text{매출채권}}{2,000}=$40일

(※1일 평균매출액$=\frac{730,000}{365}=$2,000만원)

• 매출채권＝80,000만원

• 현금및현금성자산＝유동자산－매출채권－재고자산

＝144,000－80,000－48,000＝16,000만원

⑥ 매출액순이익률$=\frac{\text{당기순이익}}{\text{매출액}}=\frac{\text{당기순이익}}{730,000}=0.1$

• 당기순이익＝73,000만원

⑦ 법인세비용차감전순이익$=\frac{\text{당기순이익}}{1-\text{법인세율}}=\frac{73,000}{1-0.34}=$110,606만원

• 법인세비용＝110,606×0.34＝37,606만원

• 영업이익＝법인세비용차감전순이익＋이자비용＝110,606＋64,000

＝174,606만원

• 매출총이익＝영업이익＋판매비와 관리비＝174,606＋94,000

＝268,606만원

• 매출원가＝매출액－매출총이익＝730,000－268,606＝461,394만원

제 4 장

객관식 문제

01. ① 02. ③ 03. ④ 04. ③ 05. ③ 06. ③ 07. ④ 08. ④
09. ② 10. ⑤ 11. ⑤ 12. ③ 13. ②

주관식 문제

09. (주)대구의 평점표는 다음과 같다.

주요비율	재무비율 (A)	표준비율 (B)	관계비율 (C=A/B)	가중치(D)		평점(E=C×D)	
				Wall	Trant	Wall	Trant
유동비율	123.56	136.63	0.9043	25	15	22.61	13.56
부채비율*	126.50	105.20	0.8316	25	10	20.79	8.32
비유동비율*	84.24	101.23	1.2017	15	10	18.03	12.02
매출채권회전율	12.23	14.15	0.8643	10	10	8.64	8.64
재고자산회전율	10.24	13.42	0.7630	10	20	7.63	15.26
비유동자산회전율	1.24	1.55	0.8000	10	20	8.00	16.00
자기자본회전율	1.21	1.67	0.7246	5	–	3.62	–
매입채무회전율	23.26	20.34	1.1436	–	15	–	17.15
합 계						89.32	90.95

* 부채비율과 비유동비율은 낮을수록 좋기 때문에, 이들에 대한 관계비율은 역비인 C=B/A로 산출한다.

월의 지수법에 의하면 (주)대구의 종합지수는 89.28이며, 트랜트의 지수법에 의하면 90.93이다. 그러므로 두 지수법에 의하면 (주)대구의 경영상태는 좋지 않은 것으로 평가된다.

10. (1) 자기자본순이익률(ROI)

$$=\frac{\text{순이익}}{\text{자기자본}}=\frac{\text{순이익}}{\text{총자산}}\times\frac{\text{총자산}(=\text{총자본})}{\text{자기자본}}$$

$$=\frac{\text{순이익}}{\text{매출액}}\times\frac{\text{매출액}}{\text{총자산}}\times\left(1+\frac{\text{부채}}{\text{자기자본}}\right)$$

$$=\text{매출액순이익률}\times\text{총자산회전율}\times(1+\text{부채비율})$$

- 20×1년 : 23.6%=(3.9%)×(3.2회)×(1+0.887)
- 20×2년 : 14.8%=(2.5%)×(2.6회)×(1+1.272)
- 20×3년 : 8.8%=(1.4%)×(2.0회)×(1+2.125)

자기자본순이익률이 계속 감소한 것은 부채비율이 증가하였음에도 불구하고 매출액순이익률과 총자산회전율이 동시에 떨어졌기 때문이다. 즉, 수익성과 자산의 효율적 이용도가 점점 악화되고 있음을 알 수 있다. 또한 재무구조도 점점 악화되고 있으므로 향후 수익성에 좋지 않은 영향을 미칠 수 있다.

(2) 유동비율이 420%에서 180%로 떨어진 반면, 비유동장기적합률이 거의 90%대로 일정한 수준을 유지하고 있기 때문에 유동부채가 증가한 것으로 판단된다.

제5장

객관식 문제

01. ④ 02. ⑤ 03. ① 04. ① 05. ① 06. ② 07. ③ 08. ②
09. ③ 10. ④ 11. ④ 12. ①

제6장

객관식 문제

01. ④ 02. ② 03. ① 04. ⑤ 05. ③ 06. ① 07. ⑤ 08. ①

주관식 문제

06. 1) $Q^* = \dfrac{FC}{p-v} = \dfrac{50\text{억원}}{1{,}700\text{원} - 600\text{원}} = 4{,}545{,}455\text{단위}$

2) $Q_\pi = \dfrac{FC+\pi}{p-v} = \dfrac{50\text{억원}+30\text{억원}}{1{,}700\text{원} - 600\text{원}} = 7{,}272{,}727\text{단위}$

3) $Q^* = \dfrac{50\text{억원}}{1{,}700\text{원} - 1{,}000\text{원}} = 7{,}142{,}857\text{단위}$

4) $Q^* = \dfrac{50\text{억원}}{2{,}000\text{원} - 600\text{원}} = 3{,}571{,}429\text{단위}$

07. • 가중평균공헌이익률법

가중평균공헌이익률 $= 0.6 \times 0.7 + 0.3 \times 0.6 + 0.1 \times 0.5$
$= 0.42 + 0.18 + 0.05 = 0.65$

인천(주)의 손익분기점 매출액 $= \dfrac{400\text{백만원}}{0.65} = 615.3846\text{백만원}$

제품 A의 BEP 매출액 $= 615.3846 \times 0.6 = 369.2308$백만원

제품 B의 BEP 매출액 $= 615.3846 \times 0.3 = 184.6154$백만원

제품 C의 BEP 매출액 $= 615.3846 \times 0.1 = 61.5385$백만원

• 개별법

(단위: 백만원)

제품명	예상 매출액 (1)	변동영업 비용률(%) (2)	공헌 이익률(%) (3)=1−(2)	공헌이익 (4)=(1)×(3)	누적 공헌이익 (5)	고정 영업비용 (6)	누적 영업이익 (7)=(5)−(6)
A	600	30	70	420	420	400	20
B	300	40	60	180	600	400	200
C	100	50	50	50	650	400	250
계	1,000						

$$\text{BEP 매출액}=\frac{400}{0.7}=571.43\text{백만원}$$

08. 1) $Q_\pi=\dfrac{FC+\pi}{p-v}=\dfrac{760\text{백만원}+200\text{백만원}}{20{,}000\text{원}-12{,}000\text{원}}=\dfrac{960\text{백만원}}{8{,}000\text{원}}=120{,}000\text{단위}$

2) $Z=\dfrac{Q_\pi-E(Q)}{\sigma(Q)}=\dfrac{120{,}000-400{,}000}{300{,}000}=-0.93$

표준정규분포표를 이용하여 목표영업이익을 달성할 수 있는 판매량, 즉 목표판매량(120,000단위) 이하의 판매가 이루어질 확률을 구하면 17.62%이다.

$$\begin{aligned}P(Q\le Q_\pi)&=P(Q\le 120{,}000)=P(Z\le -0.93)\\&=P(Z\ge 0.93)=0.5-P(0\le Z\le 0.93)\\&=0.5-0.3238=0.1762\end{aligned}$$

제 7 장

객관식 문제

01. ③ **02.** ① **03.** ③ **04.** ① **05.** ② **06.** ① **07.** ④ **08.** ③

주관식 문제

05. $DOL=\dfrac{Q(p-v)}{Q(p-v)-FC}=\dfrac{50\text{만대}\times(100{,}000\text{원}-40{,}000\text{원})}{50\text{만대}\times(100{,}000\text{원}-40{,}000\text{원})-200\text{억원}}$

$=\dfrac{300\text{억원}}{100\text{억원}}=3$

∴판매량이 10% 증가할 때 영업이익은 30% 증가한다.

06. 1) 점포확장 전 $DOL = \dfrac{7{,}000\text{대} \times (400{,}000\text{원} - 370{,}000\text{원})}{7{,}000\text{대} \times (400{,}000\text{원} - 370{,}000\text{원}) - 100\text{백만원}}$

$= \dfrac{210\text{백만원}}{110\text{백만원}} = 1.91$

점포확장 후 $DOL = \dfrac{10{,}000\text{대} \times (400{,}000\text{원} - 370{,}000\text{원})}{10{,}000\text{대} \times (400{,}000\text{원} - 370{,}000\text{원}) - 130\text{백만원}}$

$= \dfrac{300\text{백만원}}{170\text{백만원}} = 1.76$

2) 점포확장 후 DFL

$= \dfrac{10{,}000\text{대} \times (400{,}000\text{원} - 370{,}000\text{원}) - 130\text{백만원}}{10{,}000\text{대} \times (400{,}000\text{원} - 370{,}000\text{원}) - 130\text{백만원} - 60\text{백만원}} = 1.55$

3) $DCL = DOL \times DFL = 1.76 \times 1.55 = 2.73$

∴ 판매량이 10% 증가하는 경우 주당순이익은 27.3% 증가한다.

07. 1) $\dfrac{(EBIT^* - I_1)(1 - t_C)}{N_1} = \dfrac{(EBIT^* - I_2)(1 - t_C)}{N_2}$

$\dfrac{(EBIT^* - 4\text{백만원})(1 - 0.5)}{45{,}000\text{주}} = \dfrac{(EBIT^* - 30.25\text{백만원})(1 - 0.5)}{40{,}000\text{주}}$

∴ $EBIT^* = 240.25\text{백만원}$

2) 대안 2를 통하여 자금을 조달하는 것이 유리함.

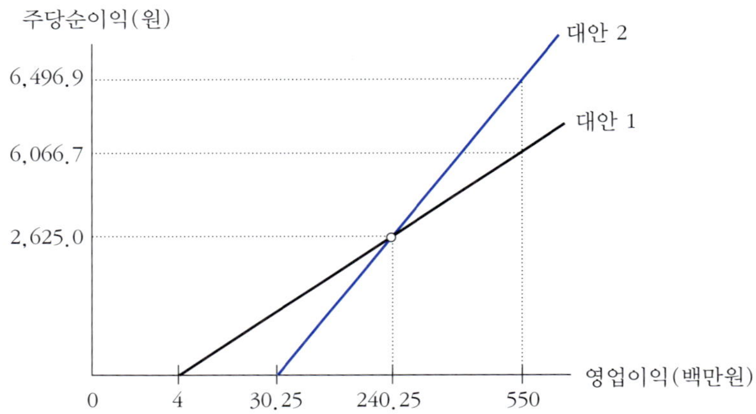

제8장

객관식 문제

01. ⑤ 02. ④ 03. ⑤ 04. ① 05. ⑤ 06. ①

주관식 문제

08.

(단위: 억원)

구분	12월	1월	2월	3월
매출액	80	90	100	120
현금판매		27	30	36
매출채권	56	63	70	84
매출채권회수액		56	63	70
현금유입		83	93	106

09.

(단위: 억원)

구분	4월	5월	6월
기초현금잔액	200	135	225
현금유입			
현금판매		90	
매출채권회수			72
현금유출			
매입채무상환	65		
임금, 세금, 비용			
이자			
설비구입			
기말현금잔액	135	225	297

10. 1) $g=\dfrac{M(1-d)(1+L)}{T-M(1-d)(1+L)}=\dfrac{0.05\times(1-0.5)(1+1.0)}{1.0-0.05\times(1-0.5)(1+1.0)}=5.3\%$

2) 총자본회전율의 개선(총자산의 매출액백분율 하락), 매출액이익률의 개선, 배당성향의 하향조정, 부채비율의 제고 등 재무정책의 수정을 고려해야 한다.

11. 1) 외부자기자본조달액$=\frac{A}{R}\Delta R+\Delta FA-\frac{B}{R}\Delta R-MR_1(1-d)$

$=\frac{64}{64}\times 12.8+0-\frac{28}{64}\times 12.8-\frac{3}{64}\times 76.8\times(1-0.7)$

$=6.12$억원

2) (단위 : 억원)

	백분율	금액		백분율	금액
유동자산	0.5	38.4	유동부채	0.3125	24
비유동자산	0.5	38.4	비유동부채	0.125	9.6
			자본금		34.12
			이익잉여금		9.08
총 자 산	1.0	76.8	부채·자분		76.8

자본금$=28+6.12=34.12$억원

예상순이익$=76.8\times\frac{3}{64}=3.6$억원

예상유보이익$=$예상순이익$-$배당지급액$=3.6-3.6\times 0.7=1.08$억원

이익잉여금$=8+1.08=9.08$억원

제9장

객관식 문제

01. ② 02. ① 03. ② 04. ④ 05. ③ 06. ③

제10장

객관식 문제

01. ④ 02. ⑤ 03. ⑤ 04. ⑤ 05. ② 06. ② 07. ①

주관식 문제

04. 1)

판별점(%)	제1종 오류	제2종 오류	총예측오류
자기자본비율<31.65이면 부실	0	3	3
자기자본비율<29.65이면 부실	1	3	4
자기자본비율<24.80이면 부실	1	2	3
자기자본비율<20.75이면 부실	1	1	2
자기자본비율<16.15이면 부실	1	0	1*
자기자본비율<10.00이면 부실	2	0	2
자기자본비율< 2.40이면 부실	3	0	3

2) • 최적판별점 : 자기자본비율<16.15이면 부실기업으로 분류함.

• 예측력 $= \dfrac{\text{표본기업 수}-\text{총예측오류 수}}{\text{표본기업 수}} = \dfrac{10-1}{10} = 0.9(90\%)$

3) 최적판별점의 예측능력은 추정표본(estimation sample)에서 얻어진 결과이기 때문에 표본기업의 특수사정에 따라 생기는 우연성에 의해 영향을 받을 수 있다. 따라서 최적판별점의 예측능력을 평가하기 위해서는 별도의 확인표본(validation sample)을 선정하여 예측력을 검증해야 한다.

제11장

객관식 문제

01. ③ 02. ④ 03. ⑤ 04. ② 05. ④ 06. ⑤ 07. ①

주관식 문제

07. (1) 영업현금흐름 = 세후 영업이익 + 감가상각비

$= 10,500,000 \times (1-0.2) + 500,000 = 8,900,000$천원

(2) • 운전자본의 변동 = 유동자산의 증가액 − 유동부채의 증가액

$= (600,000-200,000) - (400,000-120,000) = 120,000$천원

• 비유동자산의 변동 = 비유동자산의 증가액 + 감가상각비

= (1,300,000−800,000) + 500,000 = 1,000,000천원

→ 총투자액 = 120,000 + 1,000,000 = 1,120,000천원

∴ 기업에 의해 창출된 현금흐름 = 영업현금흐름−총투자액

= 8,900,000−1,120,000 = 7,780,000천원

(3) 비유동부채상환액 = 신규 차입액−비유동부채의 증가액

= 700,000−(800,000−300,000) = 200,000천원

∴ 채권자에게 귀속될 현금흐름

= 세후 이자비용 + 비유동부채의 상환액−신규 차입액

= 세후 이자비용−비유동부채의 증가액

= 1,500,000 × (1−0.2) − (800,000−300,000) = 700,000천원

(4) • 지분의 변동 = 총자기자본의 변동−유보이익

= (700,000−580,000) −4,200,000 = −4,080,000천원(자사주 매입)

• 주주에게 귀속될 현금흐름 = 배당금 + 자사주 매입액

= 3,000,000 + 4,080,000 = 7,080,000천원

• 기업에 의해 창출된 현금흐름

= 채권자에게 귀속될 현금흐름 + 주주에게 귀속될 현금흐름

7,780,000천원 = 700,000천원 + 7,080,000천원

08. (1) 각 현금흐름을 구하면 다음과 같다.

① • $FCFF$ = 영업현금흐름−총투자액

= [24억원 × (1−0.4) + 5억원]−5억원 = 14.4억원

• 채권자에게 귀속되는 현금흐름

= (세후 이자비용 + 원금상환액−신규 차입액)

= 40억원 × 0.1 × (1−0.4) = 2.4억원

• $FCFE$ = $FCFF$−채권자에게 귀속되는 현금흐름

= 14.4억원−2.4억원 = 12억원

② 주당 $FCFE_1$ = 12억원/600,000주 = 2,000원/주

$$\therefore P_0 = \frac{\text{주당 } FCFF_1}{r} = \frac{2,000}{0.16} = 12,500\text{원}$$

(2) ① 자기자본의 시장가치 = 12,500원 × 60만주 = 75억원

부채가치 = 40억원

$$\therefore\ WACC = \left(\frac{75}{115}\right)\times 0.16 + \left(\frac{40}{115}\right)\times 0.1\times(1-0.4) = 0.125217$$

② • EVA = 세후 영업이익 − 투하자본 × $WACC$

= 24억원 × (1−0.4) − 100억원 × 0.125217 = 1.878억원

• MVA = 예상EVA의 현재가치 = EVA/$WACC$

= 1.878억원/0.125217 = 15억원

또는 MVA = 자기자본의 시장가치 − 자기자본의 장부가치

= 75억원 − 60억원 = 15억원

제12장

객관식 문제

01. ⑤ **02.** ③ **03.** ⑤ **04.** ③ **05.** ④ **06.** ① **07.** ②

주관식 문제

03. 1) 도화산업(주)이 주식의 시장가치를 기준으로 소리통신(주) 주주에게 주식을 교환해 줄 때, 그 교환비율은 다음과 같다.

• 교환비율 $= \dfrac{12{,}000\text{원}}{30{,}000\text{원}} = 0.4$

그러므로

• 총발행주식 수 = 100만주 + 20만주 = 120만주

• 순이익 = 홍성산업(주)의 순이익 + 소리통신(주)의 순이익

= (2,000원 × 100만주) + (1,000원 × 50만주)

= 250,000만원

$$\Rightarrow EPS = \frac{\text{순이익}}{\text{총발행주식 수}} = \frac{250{,}000\text{만원}}{120\text{만주}} = 2{,}083.33\text{원}$$

시장이 효율적이어서 도화산업(주)과 소리통신(주)의 주가가 정확히 그 내재가치를 반영하고 있다면, 도화산업(주)은 소리통신(주)을 정확히 그 시장가치로 매수한 것이기 때문에 합병으로 인하여 도화산업(주)의 EPS가 상승하더라도 도화산업(주)의 기존 주주의 부에는 영향을 미치지 않

는다. 합병 후 도화산업(주)의 EPS의 상승은 PER의 하락으로 그 효과가 상쇄되기 때문이다.

구 분	합병 전		합병 후
	도화산업(주)	소리통신(주)	
주가	30,000원	12,000원	30,000원
주당순이익(EPS)	2,000원	1,000원	2,083.33원
PER(=주가/EPS)	15	12	14.40

2) 소리통신(주)의 주식을 25%의 프리미엄을 지불하는 경우, 소리통신(주)의 매수가격은 15,000원(12,000원×1.25)이 된다. 따라서 교환비율은 다음과 같다.

$$\text{교환비율} = \frac{15{,}000\text{원}}{30{,}000\text{원}} = 0.5$$

그러므로 도화산업(주)이 소리통신(주)을 인수하기 위하여 신규로 발생하여야 하는 주식수는 25만주(=50만주×0.5)이다.

04. 1) 녹수전자(주)의 합병으로 인한 청산실업(주)의 추가적인 현금흐름 :

0	1년도 말	2년도 말	3년도 말	4년도 말	……
	1,500만원	2,000만원	2,000만원	2,000만원(1+0.04)	……

$\rightarrow r = r_f + [E(r_M) - r_f]\beta = 0.06 + (0.1 - 0.06) \times 1.2 = 0.108$

• 합병시 녹수전자(주)의 가치

$$= \frac{1{,}500\text{만원}}{(1+0.108)} + \frac{2{,}000\text{만원}}{(1+0.108)^2} + \frac{1}{(1+0.108)^2}\left(\frac{2{,}000\text{만원}}{0.108-0.04}\right)$$

=26,940.40만원

→ 녹수전자(주)의 주식가치

=녹수전자(주)의 가치－녹수전자(주)의 부채가치

=26,940.40만원－15,000만원=11,940.40만원

그러므로 청산실업(주)이 녹수전자(주)의 주주들에게 지불할 수 있는 최대금액은 11,940.40만원이다.

2) 녹수전자(주)의 총주식가치가 10,000만원이고, 이 회사의 주주들이 인수시 20%의 프리미엄을 추가로 요구한다면, 이 회사를 인수하기 위해서 녹수전자(주)의 주주들에게 12,000만원(=10,000만원×1.2)을 지불하여야 한다. 이 금액은 청산실업(주)이 녹수전자(주)의 주주들에게 지불할 수 있는 최대금액인 11,940.40만원보다 더 높으므로 이 회사를 인수하지 않아야 한다.

05. 두 기업 주식의 총시장가치와 주당 가격을 구하면 다음과 같다.

구 분	청솔기계(주)	경민산업(주)
주가수익비율(PER)	20	15
총발행주식 수	100만주	20만주
당기순이익	10억원	4.5억원
총시장가치	200억원(=10억원×20)	67.5억원(=4.5억원×15)
주당가격	20,000원(=200억원/100만주)	33,750원(=67.5억원/20만주)

1) 경민산업(주)의 현재 주당배당금은 1,800원이며, 매년 5%씩 일정하게 성장하고, 그 주가는 33,750원이므로 항상성장률모형을 이용하여 경민산업(주)의 자본비용을 구하면 다음과 같다.

$$33{,}750\text{원} = \frac{1{,}800\text{원} \times (1+0.05)}{r-0.05} \quad \rightarrow r=0.106$$

합병시 규모의 경제로 인하여 경민산업(주)의 배당금의 성장률은 매년 7%씩으로 향상될 수 있으므로 경민산업(주)의 가치는 다음과 같다.

$$\text{경민산업(주)의 가치} = \frac{(1{,}800\text{원} \times 20\text{만주})(1+0.07)}{0.106-0.07} = 107\text{억원}$$

2) 청솔기계(주)가 경민산업(주)의 주식에 대하여 주당 40,000원씩 지불하여 인수하는 경우, 이 인수의 순현가는 다음과 같다.

$NPV = 107\text{억원} - (40{,}000\text{원} \times 20\text{만주}) = 27\text{억원}$

3) 합병 후 청솔기계(주)의 가치=200억원+107억원=307억원

청솔기계(주)가 경민산업(주)의 주주들에게 자사주 38만주를 교부하여 인수하는 경우 경민산업(주) 주주들의 합병 후 청솔기계(주)에 대한 소유비율은 다음과 같다.

$$\text{소유비율} = \frac{38\text{만주}}{100\text{만주} + 38\text{만주}} = 0.27536$$

따라서 M&A에 의한 순현가는 다음과 같다.

$NPV = 107\text{억원} - (307\text{억원} \times 0.27536) = 22.46\text{억원}$

4) 경민산업(주)을 주당 40,000원씩 현금으로 인수하는 경우의 순현가는 27억원이며, 이는 보통주 38만주를 발행하여 인수하는 경우의 순현가 22.46억원보다 크다. 따라서 청솔기계(주)는 경민산업(주)을 주당 40,000원씩 현금으로 인수하여야 한다.

5) 합병시 규모의 경제로 인하여 경민산업(주)의 배당금의 성장률이 매년 6%씩으로 향상될 수 있다면 경민산업(주)의 가치는 다음과 같다.

$$\text{경민산업(주)의 가치} = \frac{(1,800\text{원} \times 20\text{만주}) \times (1 + 0.06)}{0.106 - 0.06} = 82.9565\text{억원}$$

먼저 청솔기계(주)가 경민산업(주)의 주식에 대하여 주당 40,000원씩 지불하여 인수하는 경우의 순현가를 구하면 다음과 같다.

$NPV = 82.9565\text{억원} - (40,000\text{원} \times 20\text{만주}) = 2.9565\text{억원}$

그리고 청솔기계(주)가 경민산업(주)의 주주들에게 자사주 38만주를 교부하여 인수하는 경우의 순현가는 다음과 같다.

합병 후 청솔기계(주)의 가치 $= 200\text{억원} + 82.9565\text{억원} = 282.9565\text{억원}$

$\rightarrow NPV = 82.9565\text{억원} - (282.9565\text{억원} \times 0.27536) = 5.0416\text{억원}$

이 경우 경민산업(주)을 주당 40,000원씩 현금으로 인수하는 경우의 순현가는 2.9565억원이며, 보통주 38만주를 발행하여 인수하는 경우의 순현가는 그 보다 큰 5.0416억원이다. 따라서 청솔기계(주)는 경민산업(주)을 보통주 38만주를 발행하여 인수하여야 한다.

국문 색인

ㄱ

ㅈ

ㅊ

ㅌ

ㅍ

ㅎ

영문 색인

A

B

C

D

E

F

G

O

P

Q

R

S

T

V

W

Z

| 저자 소개 |

감 형 규(甘炯奎)

성균관대학교 경영학과 졸업
성균관대학교 대학원 졸업(경영학석사, 경영학박사)
SK경제연구소 경영연구실 실장
한국재무관리학회 회장
한국재무학회 상임이사
한국기업경영학회 부회장
한국생산성학회 상임이사
청운대학교 기획처장
현, 청운대학교 인천캠퍼스 경영학과 교수
  하나손해보험(주) 사외이사

[저서 및 주요논문]

Perpect 재무관리 Ⅰ, Ⅱ(공저, 유원북스)
파생금융상품(제2판, 공저, 유원북스)
에센스선물옵션(제2판, 공저 유원북스)
에센스 재무관리(제8판, 공저, 유원북스)
고급재무관리(공저, 박영사)
증권투자론(제5판, 공저, 율곡출판사)
재테크와 금융상품(공저, 율곡출판사)
주식수익률과 거시경제변수의 관계에 관한 실증적 연구
한국주식시장에서의 역행투자성과에 관한 실증적 연구
정보유형과 주가변동성의 관계에 관한 연구
자본투자와 주식수익률의 관계에 관한 연구 외 다수

신 용 재(辛容在)

성균관대학교 경영학과 졸업
성균관대학교 대학원 졸업(경영학석사, 경영학박사)
한국재무관리학회 회장
Brock University 비지팅 스칼라(Visiting Scholar)
공인회계사, 경영지도사 시험 출제위원
한국재무학회, 한국증권학회, 한국파생상품학회 이사
기술보증기금 자문위원
한국기업경영학회, 대한경영학회 논문편집위원
현, 한경국립대학교 경영학과 교수

[저서 및 주요논문]

에센스 재무관리(제8판, 공저, 유원북스)
재테크와 금융상품(공저, 율곡출판사)
에센스 선물옵션(제2판, 공저, 유원북스)
파생금융상품(제2판, 공저, 유원북스)
증권투자론(제5판, 공저, 율곡출판사)
고급재무관리(공저, 박영사)
Perpect 재무관리 Ⅰ, Ⅱ(공저, 유원북스)
Reducing Agency Con≠icts with Target Debt Ratios
Momentum Proöts and Idiosyncratic Volatility: The Korean Evidence 외 다수

이 의 택(李義澤)

서울시립대학교(경영학사)
서울대학교 대학원(경영학석사)
성균관대학교 대학원(경영학박사)
일본 구마모토학원대학 교환교수
대전대학교 대외협력실장, 경영대학장
현, 대전대학교 경영학과 교수

[저서 및 주요논문]

증권투자론(제5판, 공저, 율곡출판사)
경영학원론(공저, 고려출판사)
한국기업의 주식소유구조가 기업가치에 미치는 영향에 관한 실증적 연구
내부자거래와 주식시장의 효율성에 관한 실증적 연구 외 다수

경영분석

공저자 | 감형규 · 신용재 · 이의택
발행인 | 이구만
발행처 | 유원북스 도서출판
주소 서울특별시 마포구 토정로 222, 한국출판콘텐츠센터 416호
대표전화 (02) 593-1800 팩스 (02) 593-1801
www.uwonbooks.com uwbooks@daum.net
출판등록 2011. 9. 6. 제25100-2012-3호

초판 2쇄 | 2023. 8. 1.
초판 발행 | 2022. 1. 5.

ISBN 979-11-6288-147-7 93320
편집 | 이채린
편집 디자인 | 성지이디피
표지 디자인 | 이채현

정가 32,000원